Als jedoch unsere Männer noch zauderten,
besonders wegen der Tiefe des Wassers, beschwor der Adlerträger
der zehnten Legion die Götter, sein Handeln möge der Legion
Glück bringen, und rief: »Hinab ins Wasser, Kameraden, wenn ihr nicht
den Adler dem Feind ausliefern wollt! Ich wenigstens will meine Pflicht
gegenüber Staat und Feldherrn getan haben.«

(Caesar, *Der Gallische Krieg,* IV, 25)

ADRIAN GOLDSWORTHY

Die Legionen Roms

Das große Handbuch zum Machtinstrument eines tausendjährigen Weltreiches

Mit 245 Abbildungen

Aus dem Englischen von Udo Rennert

ZWEITAUSENDEINS

Inhalt

I Das republikanische Heer

II Das Berufsheer

Seite 1: Römischer Soldat mit Legionsadler (aquila). Ab dem 1. Jahrhundert v. Chr. war der Adler das wichtigste Feldzeichen einer Legion. Bronzestatuette.

Titel: Der Hadrianswall ist das größte und eindrucksvollste Bauwerk, das vom römischen Heer hinterlassen wurde. Der besonders gut erhaltene Abschnitt liegt im Westen des Forts Housesteads.

rechts: Der Konstantinsbogen (4. Jh. n. Chr.) in Rom macht einen extensiven Gebrauch von Skulpturen früherer römischer Monumente. Sehr ungewöhnlich ist die unverhohlene Darstellung des Sieges Konstantins über eine andere römische Armee in der Schlacht an der Milvischen Brücke 312 n. Chr.

Deutsche Erstausgabe.
1. Auflage, August 2004.

Die englische Originalausgabe ist 2003 unter dem Titel »The Complete Roman Army« bei Thames & Hudson Ltd., London, erschienen.
Published by arrangement with Thames & Hudson, London,

Lektorat der deutschen Ausgabe: Ekkehard Kunze (Büro W, Wiesbaden).
Korrektorat: Florian Kohl, Berlin.
Satz und herstellerische Betreuung der deutschen Ausgabe:
Dieter Kohler GmbH, Nördlingen.
Printed and bound in Hong Kong by Toppan.

Dieses Buch gibt es nur bei Zweitausendeins im Versand, Postfach, D-60381, Frankfurt am Main, Telefon 069-420 8000, Fax 069-415 003. Internet www.Zweitausendeins.de, E-Mail info@Zweitausendeins.de. Oder in den Zweitausendeins-Läden in Berlin, Düsseldorf, Essen, Frankfurt am Main, Freiburg, 2 x in Hamburg, in Hannover, Köln, Mannheim, München, Nürnberg, Stuttgart.

In der Schweiz über buch 2000, Postfach 89, CH-8910 Affoltern a. A.

ISBN 3-86150-515-0

[redacted]

III Das Leben eines römischen Soldaten

IV Die Armee im Krieg

V Die Armee der Spätantike

Kurzer Überblick über die römische Geschichte

Rom gewann allmählich an Größe und Glanz. Die meisten Monumentalbauten, deren Überreste heute auf dem Forum zu sehen sind, wurden während der Kaiserzeit errichtet. Der Krieg spielte eine wesentliche Rolle in der römischen Geschichte, und so wie sich Rom änderte, änderte sich auch das Heer, das zu seinem Schutz kämpfte.

Nach römischer Überlieferung wurde Rom 753 v. Chr. von Romulus gegründet. Gegen Ende des 6. Jahrhunderts v. Chr. wurden die Könige der ursprünglichen Monarchie vertrieben und an deren Stelle trat die Republik. Mit der Zeit dehnte Rom sich weiter aus und verleibte sich die übrigen Lateinisch sprechenden Gemeinschaften und andere italische Völker ein, sodass es zu Beginn des 3. Jahrhunderts v. Chr. die gesamte Halbinsel südlich des Po beherrschte. Ein langer und verbissener Kampf mit Karthago brachte Rom seine ersten Provinzen außerhalb Italiens ein und bis zur Mitte des 2. Jahrhunderts v. Chr. die unangefochtene Herrschaft über den Mittelmeerraum. Die Expansion ging weiter, doch die enormen Gewinne aus den eroberten Gebieten führten innerhalb des republikanischen Regierungssystems zu starken Spannungen und zu einer zunehmend gewalttätigen Politik. Das 1. Jahrhundert v. Chr. erlebte eine Abfolge von Bürgerkriegen und Aufständen, die 31 v. Chr. beendet wurde, als Caesars Adoptivsohn Oktavian seinen letzten Rivalen besiegte.

Oktavian, der später den Namen Augustus annahm, setzte an die Stelle des republikanischen Regierungssystems eine römische Variante der Monarchie, das Prinzipat. Nach außen stellte sich der Prinzipat als den ersten Bürger und Diener des Staates dar, doch in Wirklichkeit hatte er die Macht aller politischen Institutionen an sich gezogen, einschließlich die des Senats und der Volksversammlung, und schon frühzeitig während seiner Regierung suchte er seinen Nachfolger aus. Augustus setzte die Expansionspolitik des Reiches fort, und bei seinem Tod im Jahr 14 n. Chr. hatte es im Wesentlichen die Grenzen erreicht, die es für die nächsten Jahrhunderte behalten sollte. Abgesehen von wenigen Ausnahmen – 43 n. Chr. fiel Claudius in Britannien ein und 101–106 n. Chr. machte Trajan Dakien zur römischen Provinz – gab es nicht mehr die früheren großen Eroberungen. Das Prinzipat verlieh Rom über 200 Jahre lang Stabilität und es kam nur noch zweimal zu Bürgerkriegen, als Kaiser starben, ohne einen unumstrittenen Nachfolger zu hinterlassen.

Im 3. Jahrhundert n. Chr. änderte sich das und die Bürgerkriege wurden wieder so häufig wie in den letzten Jahrzehnten der Republik. Die Herrschaft der Kaiser währte in der Regel nur wenige Jahre und die meisten von ihnen starben eines gewaltsamen Todes, da die Armee sich in inneren Kämpfen verzehrte. Das Reich begann auseinander zu brechen und manche Herrscher regierten nur noch über kleine Teile davon. Zugleich ermutigte seine Schwäche äußere Feinde, zahlreiche Niederlagen waren die Folge. Schließlich spaltete sich das Reich in einen östlichen und westlichen Teil mit jeweils eigenen Kaisern. Zu dauerhafter Stabilität kam es nie wieder, auch wenn einige mächtige Herrscher für ein paar relativ friedliche Jahrzehnte sorgten, doch die Stärke Roms war noch immer größer als die jedes seiner Widersacher.

Das Westreich ging schließlich im 5. Jahrhundert unter, doch das Ostreich mit seiner Hauptstadt Konstantinopel behauptete sich und bewahrte bis ins Mittelalter hinein viele der römischen militärischen Institutionen.

Das römische Heer im Wandel der Zeit

Das römische Heer spielte in der Geschichte der Stadt eine zentrale Rolle. Es schuf und sicherte ein Reich, das im Lauf der Zeit Europa, Nordafrika und den Vorderen Orient umfasste. Das gängige Bild dieses Heeres ist das einer perfekt organisierten und straff disziplinierten Streitmacht aus Berufssoldaten, die bereits erstaunlich viele Aspekte eines modernen Heeres aufwies. Zumindest ein Teil dieses Bildes ist für bestimmte Perioden der römischen Geschichte zutreffend, doch es sagt nichts aus über die weitreichenden Veränderungen innerhalb der militärischen Einrichtungen Roms während der Jahrhunderte seiner Herrschaft. In diesem Buch werden wir die drei Hauptphasen in der Geschichte des römischen Heeres beschreiben.

Wir beginnen mit dem Milizheer der mittleren Republik (3. bis 2. Jh. v. Chr.), denn für diese Periode ist die Quellenlage ausreichend gut, um uns eine klare Vorstellung vom römischen Heer zu vermitteln. Rekrutiert wurde es aus Bürgern, die sich für die Dauer eines Krieges der militärischen Disziplin unterwarfen und danach wieder ins Zivilleben zurückkehrten. Die Soldaten waren begüterte Männer, in der Regel Bauern, die genügend Grundbesitz hatten, um aus dessen Erträgen für ihre Waffen und sonstige Kriegsausrüstung selbst aufzukommen. Für diese Soldaten war der Dienst im Heer kein Beruf mit Aufstiegsmöglichkeiten, sondern eine Pflicht, die sie Rom schuldeten. Es war dieses Milizheer, das Italien eroberte, Karthago besiegte und Rom die Vormachtstellung im gesamten Mittelmeerraum erkämpfte.

Römische Soldaten wurden immer wieder in Filmepen gezeigt, auch wenn die Regisseure es mit der historischen Wirklichkeit nicht immer so genau nahmen. Die Szene aus *Gladiator* zeigt einen hohen Offizier, der zwischen Legionären und Bogenschützen von Auxiliartruppen hindurchreitet. Auf den ersten Blick sieht die Ausrüstung der Männer ziemlich realistisch aus und die Szene vermittelt zweifellos einen guten Eindruck vom ungepflegten Äußeren römischer Soldaten während eines Feldzugs.

Die zweite Phase (1. Jh. v. Chr. bis zum frühen 3. Jh. n. Chr.) begann mit der Aufstellung eines stehenden Heeres aus Berufssoldaten. Die Ausdehnung des Machtbereichs bedeutete, dass Kriege in immer größerer Entfernung von Italien geführt wurden, was in den eroberten Gebieten umfangreiche Garnisonen erforderlich machte. Das Milizsystem war hierfür nicht mehr geeignet. An die Stelle des wohlhabenden Bauern, der aus einem Gefühl der Verpflichtung gegenüber der Republik für kurze Zeitspannen im Heer diente, trat nun der Legionär, zumeist ein armer Mann, der im Heer eine Chance zu beruflichem Aufstieg sah. Das Ergebnis war ein grundlegender Wandel im Verhältnis zwischen Armee und Staat, der jene Bürgerkriege möglich machen sollte, die die Republik erschütterten. Schließlich schuf Augustus ein Heer, das allein ihm und seiner Familie loyal ergeben war, und an diesem Prinzip hielten auch seine Nachfolger fest. Unter dem Prinzipat erreichte die römische Armee den Gipfel ihrer Effizienz, indem sie die Eroberungen des Reiches vollendete und anschließend die Herrschaft Roms sicherte. Während dieser Zeit entsprach das römische Heer am ehesten seinem heute verbreiteten Bild.

Die letzte Phase (3. bis 5. Jh. n. Chr.) fällt in die Spätantike, als das stehende Heer sich in wachsendem Maße Bedrohungen von außen gegenübersah, während es gleichzeitig in Bürgerkriegen zermürbt wurde. Man führte neuartige Einheiten ein, neue Waffen und Ausrüstung, und die Struktur des Heeres veränderte sich während dieser Auseinandersetzungen. Doch trotz alledem blieb vieles beim Alten und es gab größere Unterschiede zwischen dem Heer der mittleren Republik und dem unter dem Prinzipat als zwischen dem Letzteren und den Streitkräften des spätrömischen Reiches.

Quellen

Obwohl die römische Armee während einer enorm langen Zeitspanne bestand, verschwand sie irgendwann und hinterließ nur Spuren ihres Dahinschwindens in den Überresten ihrer Lager und Kastelle, den Fragmenten ihrer Ausrüstung und den Schilderungen ihrer Taten in den Berichten römischer und griechischer Geschichtsschreiber. Alles in allem verfügen wir über einen beträchtlichen Fundus an Quellenmaterial, mit dessen Hilfe wir die Einrichtungen und das Alltagsleben der römischen Armee rekonstruieren können, doch jeder Quellentypus stellt uns vor eigene Probleme der Interpretation. Deshalb empfiehlt es sich, an dieser Stelle etwas näher auf die Eigenart unserer Quellen einzugehen.

1 *Literatur.* Politik und Krieg waren die beiden Hauptthemen der römischen Geschichtsschreiber. Die Geschichte war zuerst und vor allem ein Zweig der Literatur und sollte im Hinblick auf Stil und Rhetorik hohen Ansprüchen genügen, was zuweilen auf Kosten der Genauigkeit ging. Berichte über das Heer bei einem Feldzug konzentrierten sich in der Regel auf dramatische Geschehnisse wie Schlachten und Belagerungen. Es gab auch literarische Themen oder Versatzstücke *(topoi)*, die in der Erzählung eines Historikers nicht fehlen durften, weil sie von den gebildeten Lesern erwartet wurden. Das bewog den Autor im besten Fall dazu, nach geeigneten Themen zu suchen, die er in seine Darstellung aufnehmen konnte, im schlechtesten Fall dagegen griff er zu reinen Erfindungen. Zwar liefern uns die Geschichtsschreiber viele Schilderungen von den Taten des Heeres im Krieg, dafür jedoch beschreiben sie weitaus seltener die alltäglichen Seiten der Streifengänge an den Grenzen, die Disziplinierung der unterdrückten Bevölkerungen und die zahlreichen Verrichtungen in Friedenszeiten.

Ein weiteres Ergebnis der Bedeutung von Stil und Lesbarkeit für die alten Historiker äußert sich in dem Widerstreben, zu viele technische Einzelheiten in die Darstellung aufzunehmen. Topografische Schilderungen, selbst von Merkmalen, die für einen bestimmten Feldzug von Bedeutung waren, sind häufig wenig ausführlich und bleiben unbestimmt. Detaillierte Angaben über die Ausrüstung, Organisation, Taktik und Logistik des Heeres sind außerordentlich selten und bestehen oft aus Bruchstücken, die vom Autor eher beiläufig erwähnt werden.

Tor der Saalburg im Taunus, die im 19. Jahrhundert aufwendig rekonstruiert wurde. Solche Projekte können zwangsläufig nicht mehr sein als eine Kombination von bekannten Fakten, von denen wir durch Ausgrabungen wissen, und einem Gutteil Vermutungen. Sehr wahrscheinlich waren die Türme beiderseits des Tors ursprünglich höher.

Manche Geschichtsschreiber haben diese Informationen einfach aus dem Grund weggelassen, weil sie annahmen, dass ihre Leser ohnehin damit vertraut waren. Julius Caesar, der uns eine einzigartige Schilderung der Feldzüge seines eigenen Heeres hinterlassen hat, erzählt kaum etwas über die Zusammensetzung seiner Legionen oder ihre Bewaffnung und erwähnt kein einziges Mal, dass seine Männer Panzerkleidung trugen, während wir aus anderen Quellen wissen, dass dies der Fall war.

Es empfiehlt sich, für jede dieser drei Perioden die Quellen anzugeben und ihren jeweiligen Nutzen zu erörtern. Für das Heer der mittleren Republik ist unser wichtigster Bericht der des griechischen Geschichtsschreibers Polybios, der sein Werk in den Jahren um 145 v. Chr. verfasste. Polybios, der selbst im römischen Heer diente, wurde ursprünglich als Geisel nach Rom geschickt, wo er ein Vertrauter des römischen Generals Scipio Aemilianus wurde und ihn während der Belagerung Karthagos 147–146 v. Chr. begleitete. Bei ihm findet sich eine ausführliche Beschreibung der römischen Legionen in dieser Zeit einschließlich ihrer Organisation, Ausrüstung und der Anlage ihrer Lager. Der andere wichtige Autor als Quelle für diese Zeit, der römische Geschichtsschreiber Livius, schrieb am Ende des 1. Jahrhunderts v. Chr. und ist weniger zuverlässig, was die militärischen Details angeht. Zu weiteren Quellen über jene Periode gehören der griechische Geschichtsschreiber Appian sowie Plutarch, die beide im frühen 2. Jahrhundert n. Chr. schrieben und an manchen Stellen Informationen aus früheren Quellen, die nicht überliefert sind, bewahrt haben.

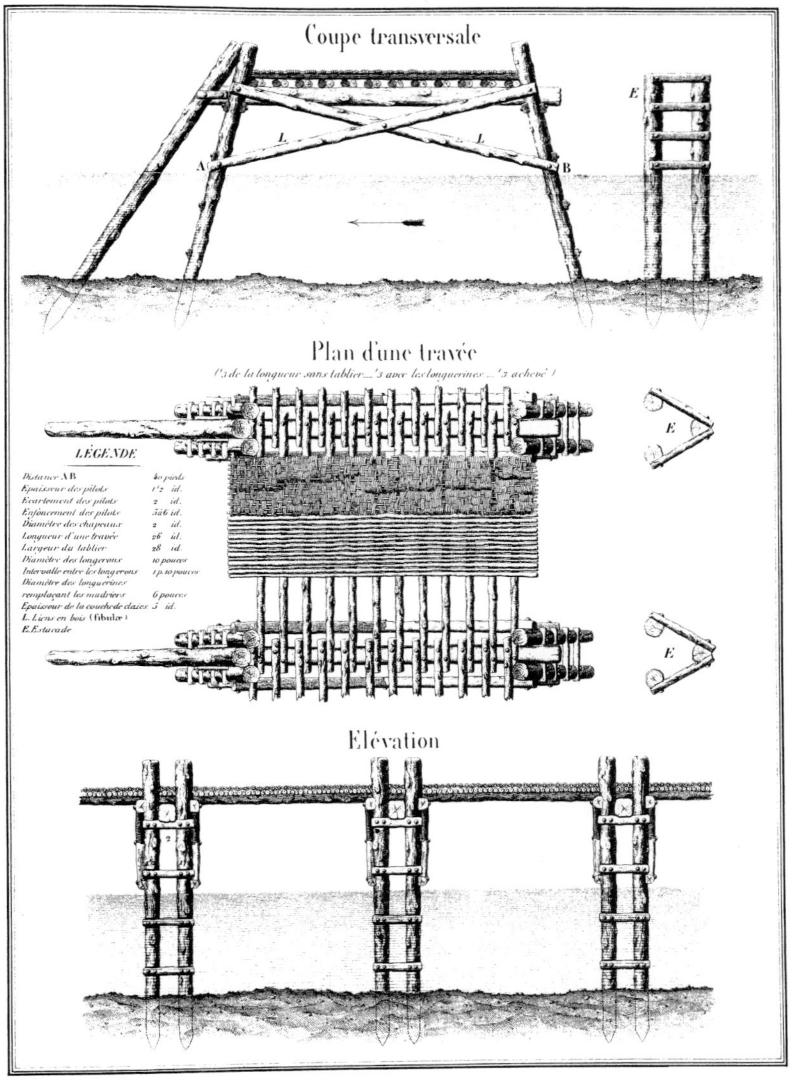

Eine der Brücken, die 55 v. Chr. von Legionären über den Rhein geschlagen wurden. Die aus dem 19. Jahrhundert stammende Darstellung beruht auf der von Caesar in seinem *Gallischen Krieg* gegebenen Beschreibung dieses Bauwerks und nicht auf archäologisch gewonnenen Informationen. Unsere literarischen Quellen überliefern uns viel über das Heer, auch wenn sie nicht immer so viele technische Details enthalten, wie es wünschenswert wäre.

Zum stehenden Heer aus Berufssoldaten sind die Denkschriften *(commentarii)* über den Krieg in Gallien und den Bürgerkrieg von Julius Caesar von unschätzbarem Wert für ein Verständnis des Heeres im Krieg. Tacitus, der im frühen 2. Jahrhundert n. Chr. schrieb, hat uns viele Einzelheiten über das Heer des frühen Prinzipats überliefert. Dem jüdischen Geschichtsschreiber Josephus Flavius, der während des jüdischen Aufstands des Jahres 66 n. Chr. gegen Rom gekämpft hatte, bevor er zum Gegner überlief, verdanken wir einen noch ausführlicheren Bericht von einem einzelnen Krieg sowie eine Schilderung des Heeres, die der Darstellung des Polybios für die Zeit der Republik entspricht.

Die literarischen Quellen für das römische Heer

im 2. und 3. Jahrhundert n. Chr. fließen spärlich und sind wenig zuverlässig. Für einen Teil des 4. Jahrhunderts ist eine überaus detaillierte Darstellung umfangreicher Invasionen und Belagerungen sowie relativ kleiner Überfälle durch den römischen Geschichtsschreiber Ammianus Marcellinus überliefert. Als Stabsoffizier hatte Ammianus einige der geschilderten Ereignisse selbst miterlebt.

Ein anderes Genre als historische Berichte, das jedoch ebenfalls primär der Literatur zugerechnet wird, sind die theoretischen Handbücher, von denen mehrere erhalten sind. Zur Armee unter dem Prinzipat haben wir die *Stratagemata* (Kriegslisten) des Frontinus, eine Sammlung kriegsgeschichtlicher Anekdoten, »Die Schlachtordnung gegen die Ala-

Chronologie der Kriege Roms

v. Chr.

753	überliefertes Datum der Gründung Roms durch Romulus
509	überliefertes Datum der Vertreibung von Tarquinius Superbus, des letzten Königs Roms
396	Einführung der Besoldung der Armeeangehörigen
390	Plünderung Roms durch die Kelten
280–275	Krieg gegen König Pyrrhus von Epirus
264–241	1. Punischer Krieg
225	Sieg über das einfallende Keltenheer bei Telamon
218–201	2. Punischer Krieg
214–205	1. Makedonischer Krieg
200–196	2. Makedonischer Krieg
192–189	Syrischer Krieg gegen den Seleukidenkönig Antiochos III.
172–167	3. Makedonischer Krieg
149–146	3. Punischer Krieg
112–106	Krieg gegen König Jugurtha von Numidien
105	Kimbern und Teutonen vernichten ein großes römisches Heer bei Arausio
102	Marius besiegt die Teutonen bei Aquae Sextiae
101	Marius und Catulus besiegen die Kimbern bei Vercellae
91–88	Bundesgenossenkrieg, letzter großer Aufstand der italischen Verbündeten Roms
88	Sulla führt seine Legionen gegen Rom
88–85	1. Mithridatischer Krieg
83–82	Bürgerkrieg endet mit dem Sieg Sullas
83–82	2. Mithridatischer Krieg
74–66	3. Mithridatischer Krieg
73–70	Spartakusaufstand
58–50	Caesars Krieg in Gallien
55	Caesars erste Expedition nach Britannien
54	Caesars zweite Expedition nach Britannien
53	Crassus wird von den Parthern unter Surenas bei Karrhai besiegt und getötet
52	Aufstand fast aller Gallierstämme unter Vercingetorix
49–45	Bürgerkrieg zwischen Caesar und Pompeius
44	Ermordung Caesars durch eine Verschwörung unter der Führung von Brutus und Cassius
44–31	wiederholte Bürgerkriege, zunächst zwischen den Anhängern Caesars und den Verschwörern, dann zwischen Antonius und Oktavian
31	Seesieg Oktavians über Antonius bei Actium, Oktavian (der bald darauf den Beinamen Augustus erhält) wird faktisch alleiniger Herrscher des römischen Prinzipats des Augustus (27 v.Chr.–14 n.Chr.)
16–15	Eroberung der Alpenländer
12–7	Eroberung Pannoniens und Germaniens

n. Chr.

6–9	Pannonisch-Dalmatinischer Aufstand
9	vernichtende Niederlage des Varus gegen Arminius im Teutoburger Wald, Verlust von drei Legionen

Julisch-claudische Dynastie: Tiberius, Caligula, Claudius und Nero

14–37	Prinzipat des Tiberius
14–16	Krieg gegen Arminius
37–41	Prinzipat des Gaius (Caligula)
41–54	Prinzipat des Claudius
43	Invasion Britanniens
54–68	Prinzipat Neros
55–64	Kriege gegen die Parther um die Herrschaft über Armenien
60–61	Aufstand unter Königin Boudicca in Britannien
66–74	Jüdischer Aufstand
68–69	Bürgerkrieg, »Vierkaiserjahr«; Galba, Otho und Vitellius bemächtigen sich rasch nacheinander des Throns, Sieger ist Vespasian

Flavische Kaiser: Vespasian, Titus und Domitian

70–79	Prinzipat Vespasians
70	Einnahme und Zerstörung Jerusalems nach langer Belagerung
73–74	Belagerung Masadas
79–81	Prinzipat des Titus
81–96	Prinzipat Domitians
85–89	Krieg gegen König Decebalus von Dakien
96–98	Prinzipat Nervas
98–117	Prinzipat Trajans
101–102	1. Dakienfeldzug Trajans
105–106	2. Dakienfeldzug Trajans
113–117	Partherkrieg
117–138	Prinzipat Hadrians
122	Beginn der Errichtung des Hadrianswalls
131–135	Aufstand des Bar Kochba in Judäa

Nach seiner Eroberung Dakiens (Rumänien) 106 n. Chr. befahl Trajan die Errichtung eines neuen Forum-Komplexes in Rom, in dessen Mitte sich die Trajanssäule befand, die mit Szenen aus den Kriegen verziert ist. Wenngleich in stilisierter Form bietet uns die Säule einen detaillierten Blick auf das römische Heer des frühen 2. Jahrhunderts n. Chr. während eines Feldzugs. In dieser Szene überqueren römische Legionäre in ihren bekannten Segmentpanzern eine Pontonbrücke, vom Flussgott oder Flussgeist *(links)* beobachtet. Die Spitze der Kolonne bilden die Feldzeichenträger mit den Feldzeichen.

138–161 Prinzipat des Antoninus Pius

140–143 Beginn der Errichtung des Antoninuswalls

161–180 Regierung unter Mark Aurel und Lucius Verus (161–169)

162–166 Partherkrieg unter der siegreichen Führung des Lucius Verus

167–180 ständige Kriegszüge gegen Germanenstämme an der Donau

180–192 Regierung des Commodus

193–197 Bürgerkrieg, siegreich beendet durch Severus

197–208 Regierung des Septimius Severus

211–217 Bürgerkrieg nach der Ermordung Caracallas (reg. 208–211)

222–235 Regierung des Severus Alexander

235–238 Regierung des Maximinus, endet mit dessen Ermordung

238–244 Regierung Gordians III., endet mit dessen Ermordung

244–249 Regierung des Philippus Arabs, von Decius in der Schlacht bei Verona getötet

249–251 Regierung des Decius, endet mit dessen Niederlage und Tod gegen die Goten bei Abrittus; Wiederaufflammen des Bürgerkriegs

253–260 Regierung Valerians, endet mit seiner Gefangennahme durch die Perser

260–268 Regierung des Gallienus, endet mit seiner Ermordung

268–270 Regierung des Claudius Gothicus, Tod durch Krankheit

270–275 Regierung Aurelians; er unterdrückt den Aufstand der Königin Zenobia von Palmyra, wird von seinen eigenen Offizieren ermordet

275–276 Regierung des Tacitus (M. Claudius)

276–282 Regierung des Probus, endet mit dessen Ermordung

284–305 Regierung Diokletians und Schaffung der Tetrarchie (Vierherrschaft); das Reich wird formal in den Westen und den Osten geteilt, die jeweils von einem Kaiser (Augustus) und einem von ihm adoptierten Cäsar regiert werden; Diokletian dankt ab, das System in seiner reinen Form hielt sich nicht lange

306 Constantius Chlorus, Augustus des Westens, stirbt in Eburacum (York); das Heer ruft seinen Sohn Konstantin zum Kaiser aus

312 Konstantin besiegt seinen Rivalen Maxentius in der Schlacht an der Milvischen Brücke und wird Kaiser des Westens

324–337 Regierung Konstantins des Großen als Alleinherrscher des gesamten Reiches; offizielle Anerkennung des Christentums

337–360 Krieg mit Persien; Regierung des Constantius II.

357 Julian Apostata (Cäsar des Westens) besiegt die Alamannen bei Straßburg

363 Julian marschiert gegen Persien und fällt auf dem Rückmarsch

394 Sieg des Theodosius in der Schlacht am Frigidus

410 Plünderung Roms durch gotische Auxiliartruppen unter der Führung Alarichs

429 Vandalen marschieren in Nordafrika ein und überrennen es

451 Schlacht auf den Katalaunischen Feldern; Aetius besiegt Attila und dessen Hunnenheer

469–478 Westgoten fallen in Spanien ein

476 Romulus Augustulus (Augustus), der letzte Kaiser des Westens, wird von Odoaker abgesetzt, der das ostgotische Königreich Italien begründet

502–506 Krieg mit Persien

526–532 Krieg mit Persien

533–554 Kaiser Justinian versucht Nordafrika und Italien zurückzuerobern

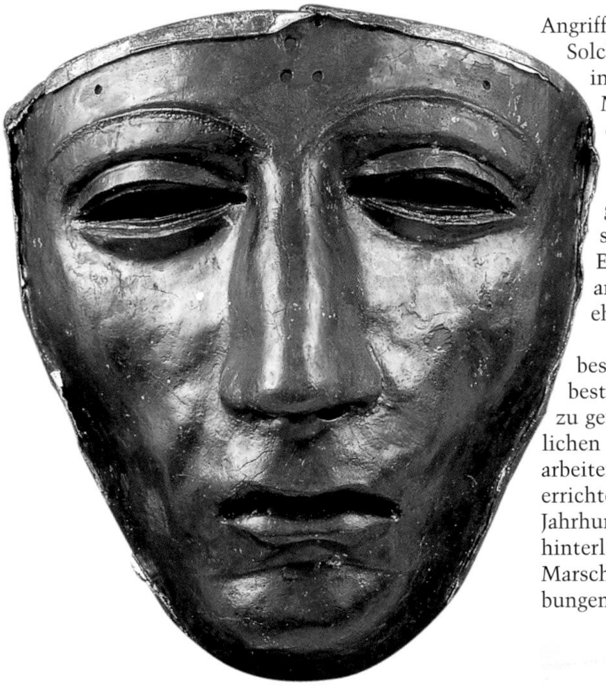

Gesichtsmaske eines römischen Helms, der bei Kalkriese (östlich Bramsche) ausgegraben wurde, wahrscheinlich der Ort im Teutoburger Wald, wo 9 n. Chr. drei römische Legionen vernichtend geschlagen wurden. Die Analyse von Fundstücken militärischer Ausrüstung hat uns zu einem wesentlich klareren Bild vom Aussehen der römischen Soldaten verholfen. Das bedeutet jedoch nicht, dass sich derartige Funde ohne weiteres interpretieren lassen. Bislang hat man angenommen, dass solche Gesichtsmasken nur bei Paraden oder bestimmten Zeremonien getragen wurden, doch dieses Exemplar wurde offensichtlich auf einem Schlachtfeld aufgefunden.

nen« und die »Taktik« des Arrianus sowie die Abhandlung *De munitionibus castrorum* (»Über Lagerbefestigung«) von Pseudohyginus. Gegen Ende des 4. Jahrhunderts verfasste Vegetius seine *Epitoma rei militaris*, einen vierbändigen Auszug aus älteren Geschichtsschreibern und Kriegsschriftstellern, der in unsystematischer Weise unterschiedliche Perioden behandelt und zum Teil vermutlich aus reinen Erfindungen besteht. Alle diese Quellen sind nützlich, man darf jedoch nicht vergessen, dass theoretische Arbeiten dazu neigten, die Armee zu idealisieren, statt sie so darzustellen, wie sie wirklich war.

2 *Archäologie.* Unsere literarischen Quellen sind seit Jahrhunderten bekannt und erforscht und es ist äußerst unwahrscheinlich, dass heute noch neue Texte aus der Antike entdeckt werden. Dagegen sind archäologische Ausgrabungen eine sich ständig vergrößernde Quelle und haben in hohem Maße zu unserem Wissen von der römischen Armee beigetragen. Heute sind viele militärische Fundstätten bekannt, die man teilweise freigelegt hat, aber bislang wurden nur wenige Festungen von Auxiliartruppen und keine Legionärsfestungen vollständig ausgegraben. Militärische Ausrüstungsgegenstände und Spuren der Anwesenheit von Soldaten wurden auch an Fundstätten geborgen, die in einem weniger unmittelbaren Zusammenhang mit dem Heer standen.

Nur selten finden sich Spuren des Heeres während seiner Feldzüge und noch weniger von den vielen Schlachten, die es geschlagen hat, und nur die wenigsten Schlachtfelder lassen sich mit Sicherheit nachweisen – die jüngsten Ausgrabungen am Ort der vernichtenden Niederlage im Jahr 9 n. Chr. im Teutoburger Wald sind eine der seltenen Ausnahmen. Während der Belagerungen, die länger währten als die Schlachten, errichtete das Heer oft umfangreiche Bauwerke, Umfassungsgräben und Wälle, Forts oder Angriffsrampen, und diese sind erhalten geblieben. Solche Belagerungslinien hat man unter anderem in Numantia (Spanien), Alesia (Gallien) und Masada (Judäa) gefunden. An einigen Stätten entdeckte man auch Anhaltspunkte für die Gräueltaten des Heeres, wenn es eine Festung des Feindes erobert hatte, vor allem an den grausig zugerichteten Skeletten, die man im spanischen Valencia und in Maiden Castle in England gefunden hat. Aber ansonsten sind die archäologischen Belege für das römische Heer eher dürftig.

Die Archäologie eignet sich wesentlich besser dazu, kleine Einblicke in das Leben an bestimmten Orten und zu einer bestimmten Zeit zu gewähren, und erst in ihrer Gesamtheit ermöglichen uns die Belege vieler Fundstätten das Herausarbeiten langfristiger Trends. Ein in Massivbauweise errichteter Stützpunkt, der über Jahrzehnte oder gar Jahrhunderte hinweg vom Heer genutzt wurde, hinterlässt zwangsläufig weit mehr Belege als ein Marschlager, das nur für eine Nacht diente. Ausgrabungen können Aufschlüsse über Größe und Anlage

(*rechts*) Luftaufnahme des Römerlagers gegenüber der eisenzeitlichen Bergfestung in Burnswark, Schottland. In der Nähe der Festungstore wurden Schleuderkugeln und Wurfmaschinengeschosse gefunden. Eine Zeit lang behaupteten manche Forscher, als dieses Lager errichtet wurde, sei die Bergfestung bereits verlassen gewesen und vom römischen Heer als Ausbildungslager genutzt worden. Heute gehen die meisten davon aus, dass dies ein echtes Belagerungslager war. Derartige Kontroversen zeigen, wie schwierig es sein kann, archäologische Belege richtig zu deuten.

eines Stützpunkts ermöglichen, vielleicht sogar über den Zeitpunkt seiner Errichtung und eventueller späterer Umbauten oder sonstiger Änderungen der Anlage. Sie sagen uns allerdings nichts darüber, warum gerade diese Stelle gewählt wurde, ob die Einrichtung ständig besetzt war oder worin die Aufgaben der Garnison bestanden.

3 *Andere literarische Quellen: Papyri und Schreibtafeln.* Einige Texte sind unmittelbar aus der antiken Welt überliefert und wurden von Archäologen geborgen, anders als die Werke der antiken Schriftsteller, die auf uns überkommen sind, weil sie im Lauf der Jahrhunderte immer wieder kopiert wurden. In den östlichen Provinzen, vor allem in denen mit heißem, trockenem Klima wie Ägypten, sind viele militärische Dokumente und persönliche Briefe an oder von Soldaten erhalten geblieben. In Europa tauchen in letzter Zeit ähnliche Dokumente auf hölzernen Schreibtafeln auf, von denen ein Fund im Kastell Vindolanda in Nordengland besondere Bekanntheit erlangte. In diesen Texten geht es hauptsächlich um das Alltagsleben und den Dienst der Soldaten. Einige haben mit der Verwaltung der Truppeneinheit zu tun, etwa Berichte über die Stärke, die Inspektionen der Ausrüstung oder Urlaubsanträge, während andere die Privatkorrespondenz betreffen. Weder diese noch die Texte, in denen es um geschäftliche Transaktionen oder Rechtsfragen geht, behandeln die großen Ereignisse, die von den Geschichtsschreibern geschildert werden, oder die langfristigen Trends, die aufgrund archäologischer Befunde erkannt werden. In den meisten Fällen ging es um Fragen und Maßnahmen, die nur für die unmittelbar Beteiligten von Bedeutung waren. Doch mehr als alles andere sagen uns diese Dokumente etwas darüber, wie das Leben in einer Garnison aussah.

Fragmente eines Briefs, der Ende des 1. Jahrhunderts n. Chr. auf ein hölzernes Schreibtäfelchen geschrieben wurde. Man hat es im Kastell Vindolanda gefunden. Derartiges Material kann nur unter günstigen Bedingungen überdauern, aber man hat ähnliche Dokumente schon an anderen Grabungsstätten Nordeuropas gefunden. Auf den Schreibtäfelchen von Vindolanda findet sich amtliche und private Korrespondenz der kommandierenden Offiziere des Kastells, auch vieles, das mit dessen administrativen Aufgaben zu tun hat.

4 *Inschriften.* Eine weitere wichtige Quelle sind griechische oder lateinische Inschriften (Epigraphen) auf Denkmälern, die von militärischen Einheiten oder einzelnen Soldaten errichtet wurden. Offizielle Inschriften dienten häufig dem Zweck, an die Vollendung eines Bauwerks zu erinnern, und diese ermöglichen uns glücklicherweise eine präzise Datierung der entsprechenden Projekte. Religiöse Inschriften, häufig auf Altären, können uns Aufschlüsse geben, und zwar nicht nur über die Glaubensvorstellungen der Soldaten. Einzelne Personen nennen häufig ihren Rang und ihre Einheit und gelegentlich wurden Altäre auch von einer ganzen Einheit unter der Führung ihres Kommandeurs im Rahmen der formellen Religion des Heeres gestiftet. Die zweite wichtige Gruppe sind die Inschriften auf Grab- oder Gedenksteinen, in denen in vielen Fällen Einheit und Dienstgrade des Soldaten und gelegentlich auch die Stationen seiner Laufbahn festgehalten sind. Ein Großteil von dem, was wir über die militärische Hierarchie und das Beförderungssystem im römischen Heer wissen, stammt aus Inschriften.

Bei der Interpretation von Inschriften und anderen Quellen müssen wir sehr vorsichtig sein. Sie sagen uns nicht mehr und nicht weniger als das, was im Text steht, dass diese oder jene Einheit einen neuen

BRITANNIA
GERMANIEN
Teutoburger Wald
Colonia Agrippina (Köln)
GERMANIA INFERIOR
BELGICA
LUGDUNENSIS
Rhein
Donau
ATLANTISCHER OZEAN
RAETIA
NORICUM
Carnuntum
GERMANIA SUPERIOR
AQUITANIA
Lugdunum (Lyon)
ALPES POENINAE
PANNONIA
Aquileia
ALPES COTTIAE
ALPES MARITIMAE
Rhône
Bononia (Bologna)
DALMATIA
NARBONENSIS
Massilia (Marseille)
Salonae
ITALIA
TARRACONENSIS
CORSICA
Tarraco
Rom
LUSITANIA
Neapolis (Neapel)
Pompeii
Beneventum
BAETICA
Corduba
SARDINIA
BALEARES
Carthago Nova
MITTELMEER
SICILIA
Syracusae
Carthago
MAURETANIA TINGITANA
MAURETANIA CAESARIENSIS
NUMIDIA
AFRICA PROCONSULARIS
AFRICA PROCONSULARIS
Italien
römische Erwerbungen bis 201 v. Chr.
römische Erwerbungen bis 100 v. Chr.
römische Erwerbungen bis 44 v. Chr.
römische Erwerbungen bis 14 n. Chr.
römische Erwerbungen bis 96 n. Chr.
römische Erwerbungen bis 106 n. Chr.
römische Erwerbungen bis 200 n. Chr.
befestigtes Römerlager
Römisches Reich bei seiner größten Ausdehnung 200 n. Chr.
0
250 km

Der Aufstieg des Römischen Reichs

Relief mit drei Feldzeichenträgern am Tropaeum Traiani (Anfang 2. Jh. n. Chr.) in Adamklissi, Rumänien. Jeder hat einen Kettenpanzer an. Der Mann in der Mitte trägt ein *signum*, die beiden anderen tragen ein rechteckiges *vexillum*. Das *signum*, getragen von einem Offizier, dem *signifer*, war das Feldzeichen einer Zenturie. Das Bauwerk wurde von der Armee selbst errichtet und zeigt viele Details der Ausrüstung, wie sie tatsächlich in Gebrauch war; dafür zeigt es keine idealisierten Porträts von Soldaten, die für offizielle Monumente wie der Trajanssäule üblich waren.

(rechts) Eine weitere nützliche Informationsquelle über die militärische Ausrüstung sind die Darstellungen von Soldaten auf ihren Grabsteinen. Dieser Stein erinnert an Flavinus, einen Feldzeichenträger der Ala Petriana, der einen mit einem Busch verzierten Helm und ein Feldzeichen trägt. Der Stein steht heute in der Hexham Abbey in Northumberland.

Torbogen errichten ließ, dass ein Offizier einer lokalen Gottheit einen Altar geweiht hat oder dass ein Mann nach seiner Dienstzeit gestorben ist und in dieser Einheit und in dem und dem Rang gedient hatte. Aus derartigen Hinweisen versuchen wir auf vieles zu schließen, zum Beispiel auf die Identität der Einheit, die in einem befestigten Lager stationiert war, oder die ethnische Herkunft ihrer Soldaten, die sich in der Regel aus ihren Namen ergibt, und vielleicht auf die Gottheit, die von ihnen verehrt wurde. Doch einiges davon bleibt reine Vermutung und alles, was wir wirklich haben, ist die Bezeugung, dass eine Einheit an der betreffenden Stelle eine Aufgabe ausführte oder dass ein Einzelner hier einen Altar errichten ließ oder an dieser Stelle starb.

5 *Kunstwerke und Skulpturen.* Der Archäologie verdanken wir viele Beispiele für typische römische Ausrüstungsgegenstände. Fundstücke aus Metall – Helme, Rüstungen, Waffen, Gürtelschnallen, Zierrat des Pferdegeschirrs und anderes – sind vergleichsweise zahlreich überliefert, während Gegenstände aus Leder wie Stiefel oder Gürtel seltener sind und sich nur unter besonders günstigen Bedingungen erhalten haben. Gewebte Stoffe, Kleidungsstücke, Umhänge, Tuniken oder Strümpfe sind kaum erhalten. Um uns eine Vorstellung davon zu verschaffen, wie römische Legionäre aussahen, müssen wir uns an die Bilder halten, die in den Kunstwerken, Mosaiken und Wandmalereien, den Reliefs, Münzen und Denkmälern von ihnen überliefert sind.

Die Trajanssäule in Rom wurde zum Gedenken an den Sieg dieses Kaisers über die Daker 106 n. Chr. errichtet und trägt auf einem Reliefband Szenen, in denen die Feldzüge geschildert werden. Es ist ebenso eine Feier des Heeres wie des Kaisers, von dem dieses geführt wurde, und zeigt ein ideales römisches Heer, dessen unterschiedliche Einheiten alle die obligatorischen Uniformen tragen. Das Tropaeum Traiani in Adamklissi, Rumänien, wurde von einem der Provinzheere errichtet, das an diesen Kriegen beteiligt war, und schildert dessen Taten. Dieses Bauwerk ist ganz anders in seinem Stil als die differenzierter ausgearbeitete Säule in Rom und zeigt lokale Varianten von Waffen und Rüstungen und stellt das Äußere der Soldaten wahrscheinlich realistischer dar. Es sind noch andere Säulen und Bögen mit Darstellungen des Heeres erhalten, aber im Hinblick auf die Reichhaltigkeit des Details, ihre Wirklichkeitstreue und den Erhaltungszustand stehen sie hinter der Trajanssäule zurück.

In einem kleineren Maßstab, aber nicht weniger bedeutsam, sind die zahlreichen Darstellungen von Soldaten, wie man sie auf Grabsteinen gefunden hat. Sie zeigen das Bild, das die Krieger selbst oder die Stifter ihrer Bildnisse zeigen wollten und das nicht immer der offiziellen Auffassung entsprach, die auf größeren Monumenten zu sehen ist. In einigen Fällen ist die Ausrüstung sehr detailliert wiedergegeben, in anderen tragen die Legionäre dagegen eine Art Freizeituniform ohne Rüstung oder Waffen.

Die Zusammenschau der Quellen

Die verschiedenen Quellen bieten uns in ihrer Gesamtheit eine Fülle von Informationen, auf deren Grundlage wir uns ein Bild vom römischen Heer machen können. Dabei dürfen wir jedoch nicht vergessen, dass unsere Belege nur einen Bruchteil dessen umfassen, was es damals insgesamt gegeben haben muss. Das meiste der historischen Darstellungen, Biografien und Militärhandbücher, die während der Römerzeit verfasst wurden, ist nicht einmal in Bruchstücken erhalten. Die übrigen Texte deuten auf große Mengen militärischer Aufzeichnungen und auf ausgiebige Briefwechsel, sind jedoch nicht mehr als eine statistisch nicht signifikante Stichprobe. Auch wenn wir über eine ansehnliche Zahl militärischer Grabsteine verfügen, gab es eine unendlich größere Zahl von Männern, die im römischen Heer gedient haben, ohne dass solche Gedenksteine Zeugnis von ihrer Existenz ablegen. Grabungen an militärischen Stützpunkten haben meist nur einen kleinen Teil der Anlage freigelegt, während einige umfassendere archäologische Projekte überraschende Ergebnisse ans Licht gebracht haben. Die Erforschung des Lebens in der Antike, insbesondere das des römischen Heeres, heißt, aus einer begrenzten Menge von Informationen das Beste zu machen.

Außerdem fließen diese Quellen ganz unterschiedlich im Lauf der Zeit. Aus dem 2. und 3. Jahrhundert n. Chr. ist kaum etwas Schriftliches überliefert. Die archäologischen Befunde sowie die Inschriften stammen überwiegend vom Heer des Prinzipats und in weit geringerem Maße aus der Spätantike. Die Milizsoldaten der mittleren Republik waren noch das römische Volk in Waffen; am Ende eines Feldzugs kehrten sie nicht in das Lager, sondern ins Alltagsleben zurück und mischten sich wieder unter die Bevölkerung. Eine solche Streitmacht hinterließ für die Archäologen kaum erkennbare Spuren.

Jeder Quellentyp ermöglicht uns eine etwas andere Perspektive auf die römische Armee und trägt mit den übrigen Quellen zu einem umfassenderen Bild bei. Wir dürfen jedoch nicht damit rechnen, dass die Informationen aus den unterschiedlichen Quellen sich decken oder nahtlos aneinander passen. Es wäre jedenfalls ein Fehler, die Informationen der einen Quelle unter dem Blickwinkel einer anderen interpretieren zu wollen. Die in der Anlage und Größe eines befestigten Lagers festzustellenden verschiedenen Phasen müssen aus sich selbst heraus datiert und erklärt werden, ohne sie in das Korsett einer umfassenderen Politik in der betreffenden Provinz zu zwängen. Wo sich eine solche Korrespondenz zu ergeben scheint, sollten sich die komplementären Interpretationen unabhängig voneinander entwickeln. In diesem Zusammenhang ist daran zu erinnern, dass der Hadrianswall, vermutlich das größte und auf jeden Fall das besterforschte Grenzbauwerk des römischen Heeres, in den noch erhaltenen griechischen und römischen Texten nur selten erwähnt und sein Zweck nirgends deutlich erklärt wird. Das römische Heer war eine große Institution, die über Jahrhunderte existierte.

Denn wer wäre so gleichgültig, so oberflächlich,
dass er nicht zu erfahren wünschte,
wie und durch was für eine Art von Einrichtung
und Verfassung ihres Staates beinahe der ganze Erdkreis …
unter die alleinige Herrschaft der Römer gefallen ist?

(Polybios, Buch I, 1)

Polybios schrieb im späten 2. Jahrhundert v. Chr. und hatte zu Lebzeiten den Aufstieg Roms zu seiner unangefochtenen Vorherrschaft im Mittelmeerraum erlebt. In weniger als hundert Jahren hatten die Römer das mächtige Handelsreich Karthago besiegt und vernichtet. Es folgten Siege, die mit einer fast verächtlichen Mühelosigkeit über die berühmten hellenischen Königreiche Makedonien und Seleukeia am Tigris errungen wurden. Polybios war der Meinung, einer der wichtigsten Gründe für den römischen Erfolg seien die besonderen Institutionen des römischen Heeres gewesen, ein Thema, über das er sich ausführlich äußerte. Die Legionen dieser Zeit unterschieden sich deutlich von der verbreiteten Vorstellung des Römerheeres als einer streng disziplinierten Streitmacht aus Berufssoldaten. Das waren die Legionäre keineswegs, sondern gewöhnliche Bürger, für die der Militärdienst eine Unterbrechung ihres normalen Lebens war.

Das von Polybios geschilderte römische Heer hatte sich im Verlauf von Jahrhunderten herausgebildet und die Veränderungen während dieses Prozesses waren häufig der Ausdruck von veränderten Strömungen in Gesellschaft und Politik. Rom war im 8. oder 7. Jahrhundert v. Chr. als eine von vielen kleinen Lateinisch sprechenden Gemeinschaften in Mittelitalien entstanden. In jenen Tagen wurden seine häufigen Kriege mit benachbarten Völkern von aristokratischen Kriegern und ihrem Gefolge geführt. Rom nahm an Größe und Einwohnerzahl zu, und die Verpflichtung, Heeresdienst zu leisten, wurde jedem männlichen Erwachsenen auferlegt, der für seine Kriegsausrüstung selbst aufkommen konnte. Diese Männer kämpften, wenn die Republik dies von ihnen verlangte, und kehrten nach dem Feldzug in ihr normales Alltagsleben zurück. Der Kriegsdienst war eine Pflicht, die sie der Gemeinschaft, der sie angehörten, schuldeten; er war kein Beruf mit Aufstiegsmöglichkeiten. Viele damalige Stadtstaaten hatten ihre Soldaten ursprünglich auf diese Weise rekrutiert, doch alle, die allmählich größer wurden, gaben dieses System auf und führten ein stehendes Heer aus Berufssoldaten ein. Allein die römische Republik hielt am alten System fest, und ihre Bürger waren auch die Einzigen, die sich freiwillig der Disziplin innerhalb der Legionen unterwarfen. Nach einer zweckmäßigen Ausbildung und unter einer fähigen Führung bewiesen die Legionen eine taktische Flexibilität, die sie allen anderen zeitgenössischen Heeren überlegen machte.

Grabmalerei mit samnitischen Kriegern (4. Jh. v. Chr.) aus Paestum, Italien. Die Römer führten mehrere schwere Kriege gegen die Samniten, verleibten sich ihr Reich schließlich ein und machten sie zu Bundesgenossen, die Soldaten für den Kampf gegen die Gegner Roms stellen mussten.

I Das republikanische Heer

Die Anfänge des römischen Heeres

Die ersten Heere

Rom nahm nur langsam an Größe zu und blieb jahrhundertelang ein kleines Gemeinwesen, das entsprechend begrenzte Kriege führte. Spätere Erinnerungen an diese Zeit erzählen von häufigen Konflikten mit den nächsten Nachbarn, deren Adlige mit ihrem Gefolge Raubzüge unternahmen. Es gibt kaum zuverlässige schriftliche Quellen für die frühen Perioden der römischen Geschichte, da die Römer erst ab dem Ende des 3. Jahrhunderts v. Chr. begannen, ihre Geschichte aufzuschreiben, und selbst sie konnten nur auf wenige Quellen zurückgreifen. Die Geschichten der Könige und der Gründung der Republik mögen Elemente tatsächlicher Ereignisse mit realen Akteuren enthalten, doch es ist uns heute unmöglich, Fakten und Mythen voneinander zu trennen. Wir werden nie erfahren, ob Romulus wirklich gelebt hat, und falls ja, ob er tatsächlich eine Leibwache aus 300 Mann, die *celeres*, hatte. Selbst scheinbar plausible Vorfälle in der frühen Geschichtsschreibung von Livius und Dionysios von Halikarnassos, die beide im ausgehenden 1. Jahrhundert v. Chr. schrieben, können nicht einfach für Tatsachenberichte genommen oder so ausgelegt werden, als seien sie eine überzeugendere Deutung bestimmter Ereignisse. Wir können es schlichtweg nicht wissen.

Die Archäologie kann uns zumindest zu einer gewissen Vorstellung von den Waffen und der sonstigen Ausrüstung jener Zeit verhelfen. Eisen war anfangs selten, erst allmählich wurden bronzene Speerspitzen, Dolche und Schwerter durch Waffen aus Eisen ersetzt. Helme waren unterschiedlich geformt, boten hauptsächlich der Schädeldecke Schutz, hatten aber noch keinen wirksamen Genickschutz oder Backenstücke. Die Kammhelme der Villanovakultur (bei Bologna) sind wahrscheinlich optisch die eindrucksvollsten; ihre Kalotte besteht aus zwei Halbschalen, deren Verbindungsnaht mit einer hohen, senkrecht stehenden, pfeilförmigen Platte verziert ist. Ohne einen praktischen Wert, ließ dieser Helm seinen Träger größer und somit für den Feind furchterregender erscheinen. Andere Helmformen, etwa die Glockenform, waren ähnlich, nur fehlte ihnen der hohe Kamm. Die Rüstungen für den

(rechts) Etruskischer Helm vom Typus Villanova, gefunden in Tarquinia. Solche Helme erscheinen in Verbindung mit Bestattungen (vom 9. bis 7. Jh. v. Chr.) in Nord- und Mittelitalien. Die über der Mitte spitz zulaufende Platte hatte offensichtlich keinen praktischen Zweck.

(gegenüber links) Krieger auf einer Schmuckplatte aus Elfenbein (4. Jh. v. Chr.), gefunden in Palestrina. Der Krieger trägt die typische Ausrüstung eines Hopliten: einen metallenen – vermutlich bronzenen – Panzer, einen Helm mit Helmzier sowie Beinschienen aus Bronze und Rundschild. Wichtigste Bewaffnung ist der schwere Wurfspieß.

Körper waren ziemlich einfach und bestanden aus metallenen Brustplatten. Ein Großteil der für uns relevanten Fundstücke waren Grabbeigaben (Feuer- und Erdbestattungen waren üblich), ergänzt durch einige künstlerische Darstellungen von Kriegern. Die in einem Grab deponierten Objekte müssen nicht notwendig Gegenstände des täglichen Gebrauchs gewesen sein. Es sind in der Regel Ausrüstungsgegenstände der Reichen, es kann aber auch sein, dass bestimmte Objekte eigens für das Bestattungsritual ausgewählt oder angefertigt wurden. So waren die massiven Bronzeschilde, die man in Italien und außerhalb entdeckt hat, wahrscheinlich nicht für den Krieg gedacht, da ihr dünnes Metall keinen Lanzenstoß ausgehalten hätte, sondern wohl eher für Zeremonien oder als Grabbeigaben. Wir haben Grund zu der Annahme, dass sie nach dem Muster der praktischeren Holzschilde gearbeitet waren, doch da diese nicht erhalten sind, können wir über ihr Aussehen nichts Genaues sagen. Es hilft auch nicht viel, Vermutungen darüber anzustellen, wie groß die Zahl der Krieger in einem Kontingent war, die ein Schwert oder eine Rüstung getragen haben, oder wie viele Krieger ein Kontingent umfasste.

Bauer und Soldat: Die »Hoplitenrevolution«

Irgendwann übernahmen die Römer die Hoplitenphalanx, die in Italien wahrscheinlich durch griechische Kolonisten eingeführt wurde. Hopliten waren mit Lanzen bewaffnete Fußsoldaten, deren Name sich aus dem runden Holzschild *(hoplon)* ableitet. Der Schild hatte einen Durchmesser von rund 90 Zentimetern, war mit einem Bronzeblech verkleidet, bot hervorragenden Schutz, wog aber schwer; er musste mit der Hand an einem Griff in der Mitte gehalten und außerdem mit einem Riemen am Unterarm in der Höhe des Ellbogens befestigt werden. Weiteren Schutz boten ein bronzener Helm, der in einigen Varianten auch das Gesicht bedeckte,

(*unten*) Bronzener Muskelpanzer, gefunden in Italien, heute im Britischen Museum. Diesen Panzer hat vielleicht ein Hoplit, ähnlich dem auf nebenstehendem Bild, getragen. Die Rüstung dieses Typus bot guten Schutz, war jedoch schwer, unbequem und teuer. Als das Heer größer wurde und auch weniger wohlhabende Männer aufnahm, wurde eine solide Ausrüstung dieser Art seltener.

Beinschienen für die Unterschenkel sowie ein Brustharnisch aus Bronze oder gestärktem Leinen. Manche Krieger konnten sich auch Schienen für Arm und Schienbein leisten. Die eigentliche Angriffswaffe war eine zweieinhalb Meter lange Stoßlanze, die am unteren Ende mit einem Dorn versehen war, der als Gegengewicht und als Waffe dienen konnte, falls das obere Ende abbrechen sollte. Daneben gehörte ein Kurzschwert zur Bewaffnung des Hopliten, das je nach Ausführung als Hieb- oder Stichwaffe benutzt werden konnte.

Die Hopliten kämpften eng nebeneinander stehend in geschlossener Formation, sodass ihre ungeschützte rechte Körperhälfte durch den Schild ihres rechten Nebenmanns zum Teil geschützt war. Ziel war es, mit dem Feind Mann gegen Mann zu kämpfen und die Schlacht schnell zu entscheiden, wobei sie mit ihren Lanzen auf Gegner stießen, die nicht mehr als einen Schritt von ihnen entfernt standen. Obgleich Schild, Helm und Rüstung guten Schutz boten, war der Kampf Mann gegen Mann gefährlich, vor allem wenn der Feind ähnlich ge-

(rechts) **Krieger mit der italischen Version eines attischen Helms; Detail eines Wandbilds (4. Jh. v. Chr.), bei Neapel entdeckt. In vielen Aspekten – das Gesicht ist nur durch Backenstücke geschützt, während die Ohren unbedeckt sind – hat dieser Typus manches mit den späteren Helmen gemeinsam. Die Verwendung von Federn als Helmzier war in dem von Polybios geschilderten Heer üblich.**

rüstet und zum Angriff entschlossen war. Die Hoplitenphalanx kam zuerst in Griechenland auf, möglicherweise im 8. Jahrhundert v. Chr. (über diese Frage gehen die Meinungen bis heute auseinander), und manches deutet darauf hin, dass eine siegreiche Phalanx durchschnittlich etwa fünf Prozent Verluste zu beklagen hatte. Die meisten Verluste gab es zwangsläufig in den vordersten Reihen der Formation. Diese Form des Kampfes war so aufreibend, dass man es für notwendig hielt, die Phalangen sehr tief zu staffeln. Selten wurden weniger als acht Schlachtreihen aufgestellt, in manchen Fällen betrug die Staffelung 40 Reihen. Die Kämpfer in der zweiten Reihe konnten ihre Lanzen über die Schultern der Vordermänner nach dem Feind stoßen und sie mussten die Verwundeten und Gefallenen vor ihnen ersetzen. Die Männer in den hinteren Reihen hatten keine Möglichkeit, in den Kampf einzugreifen; ihre Aufgabe bestand in der Hauptsache darin, die Kämpfenden moralisch zu unterstützen. Die Masse der Krieger, die dicht gedrängt hinter der Angriffslinie standen, sollte den Feind einschüchtern, ihn im Idealfall in die Flucht schlagen, noch bevor es zum Zusammenstoß der beiden Phalangen kam. Noch wichtiger war, dass die physische Präsenz der hinteren Reihen die eigenen Männer in der vordersten Kampflinie an der Flucht hinderte. Eine Phalanx brach unvermeidlich von hinten zusammen, wenn die Männer in den letzten Reihen in Panik gerieten und flohen. Tiefer gestaffelte Phalangen hatten im Kampf das bessere Stehvermögen.

Die Phalanx war für Gefechte zwischen großen Gruppen dicht formierter Kämpfer gedacht. Individuelle adlige Helden hatten in Kämpfen dieser Art wenig Möglichkeiten, sich durch Tapferkeit auszuzeichnen. Die Übernahme dieser Gefechtsformation durch Rom und andere Städte war nicht einfach eine Frage der militärischen Weiterentwicklung, sondern Teil eines umfassenderen politischen und sozialen Wandels. Die Hopliten mussten für ihre teure Kriegsausrüstung selbst aufkommen, mussten also über ein gewisses Vermögen verfügen. In der Regel war der Hoplit Grundeigentümer, ein Bauer, der bereitwillig kämpfte, da er ein ureigenes Interesse am Wohlergehen seines Landes hatte. Die Entwicklung der geschlossenen Schlachtreihe markiert das Wachstum der römischen Bevölkerung, sie ist aber auch ein Hinweis, dass ein beträchtlicher Teil der Bevölkerung Grundbesitzer waren. In der Vergangenheit verdankten die Anführer von Kriegerscharen ihre Macht innerhalb der Gemeinschaft ihrer Tüchtigkeit im Krieg. Die militärische Rolle der Bauern als Hopliten brachte ihnen auch wachsenden politischen Einfluss.

(oben) Eine der wenigen Darstellungen einer Hoplitenphalanx in der Schlacht. Die Zeichnung ist der Malerei auf der so genannten »Chigivase« (7. Jh. v. Chr.; Villa Giulia, Rom) nachempfunden. Ähnlich wie auf dem Bayeux-Teppich (11. Jh., den Sieg Wilhelm des Eroberers darstellend) sieht man dichte Reihen sich überdeckender Krieger. Mit den Speerspitzen über den tatsächlich kämpfenden Hopliten sollen wohl die Kämpfer in den hinteren Linien angedeutet werden.

(rechts) Ein griechischer Hoplit, geschützt durch den Helm, der den größten Teil seines Gesichts bedeckt, den Bronzepanzer und bronzene Beinschienen, die mit Spangen auf die Unterschenkel geschoben sind; neben ihm der bronzene Rundschild _(hoplon)_ mit einem Durchmesser von knapp einem Meter.

Die Phalanx war eine Formation für Feldschlachten auf freiem Gelände. Die Ausrüstung der Hopliten war auf diese besondere Form des Kämpfens zugeschnitten, was natürlich nicht heißt, dass Helme, Rüstung und selbst der schwere Schild in einer offeneren Schlachtordnung ganz nutzlos gewesen wären. Selbst nachdem Rom definitiv die Phalanx eingeführt hatte, gab es den Quellen zufolge auch weiterhin Raubzüge und Scharmützel neben den großen Schlachten. Häufig scheinen an solchen kleineren kriegerischen Auseinandersetzungen Adlige und ihr kriegerisches Gefolge sowie ihre Verwandten beteiligt gewesen zu sein. Die Übernahme der Phalanx bedeutete keinen völligen Bruch mit früheren Strategien der Kriegführung. Rom blieb ein relativ kleiner Stadtstaat, der immer wieder mit den Nachbarstädten in kleinere militärische Auseinandersetzungen verwickelt war.

Comitia centuriata und servianische Reform

Der Überlieferung zufolge übernahmen die Römer die Phalanx, nachdem sie auf etruskische Hopliten gestoßen waren, und dank dieser Neuerung war es ihnen möglich, die Etrusker zu besiegen. Das klingt einleuchtend, ebenso wie die verbreitete Annahme, dass die Etrusker diese Taktik ihrerseits von griechischen Kolonisten in Italien gelernt hatten. Wann in Rom das erste Hoplitenheer aufgestellt wurde, ist weitaus schwieriger abzuschätzen, zumal heute manches dafür spricht, dass es keine plötzliche Abkehr von adligen Kriegerscharen zu einer Phalanx aus Bürgern gab. Die Römer schrieben Servius Tullius (578–534 v. Chr.), dem sechsten ihrer sieben Könige, eine umfassende Heeresreform zu, die so genannte servianische Reform. Ob es diesen König tatsächlich gegeben hat oder nicht, Spuren einer

Die Infanterie im servianischen System

Die Tabelle zeigt den Aufbau des servianischen Systems. Alle männlichen römischen Bürger wurden aufgrund einer Schätzung ihres Vermögens in Klassen eingeordnet. Die Zahlen der letzten Spalte geben die Anzahl der Zenturien an. Die Größe der einzelnen Zenturien schwankte beträchtlich; jede Klasse war in zwei Altersstufen (*seniores* und *iuniores* – Ältere und Jüngere) unterteilt.

Klasse	*Vermögen (Asse)*	*Ausrüstung*	*Juniores*	*Seniores*	*gesamt*
I	100.000	Helm, Rundschild, Beinschienen, Brustpanzer, Lanze, Schwert	40	40	80
II	75.000	Helm, Langschild, Beinschienen, Lanze, Schwert	10	10	20
III	50.000	Helm, Langschild, Lanze, Schwert	10	10	20
IV	25.000	(Langschild bei Livius), Lanze, Wurfspieß	10	10	20
V	11.000	Schleuder, Steine (Wurfspieß)	15	15	30

Infanterie gesamt: 170

Außerplanmäßig:
18 Zenturien Kavallerie
2 Zenturien Pioniere
2 Zenturien Musikanten
1 Zenturie *proletarii* (*capite censi* oder »nach dem Kopf Geschätzte«. Bürger, die über kein ausreichendes Vermögen verfügten, um auch die notwendigste Ausrüstung selbst zu bezahlen. Sie waren nicht zum Kriegsdienst verpflichtet und wurden nur in ihrer Gesamtzahl erfasst.)

(oben) **Die drei Figuren bilden den Griff am Deckel einer Truhe (Ende 4. Jh. v. Chr.), die in Praeneste (Palestrina) gefunden wurde. Die Männer tragen Panzer, die im Unterschied zum Muskelpanzer nicht aus einem Stück, sondern aus mehreren Segmenten bestehen. Die dem griechischen Typus ähnelnden Beinschienen hat man nicht mit Riemen befestigt, sondern mit Spangen.**

(links) **Der berittene Krieger trägt weder Rüstung noch Waffen und reitet anscheinend ohne Sattel. Szene aus den Grabfresken (4. Jh. v. Chr.) von Paestum (bei Salerno).**

frühen Militärorganisation haben sich jedenfalls bis zum Ende der Republik in Gestalt der comitia centuriata (Zenturiatskomitien) erhalten, eine der wichtigsten Versammlungen des römischen Volkes.

Livius und Dionysios beschreiben das servianische System ausführlich und unterscheiden sich nur in nebensächlichen Details. In einem Zensus aller erwachsenen Männer wurden diese entsprechend dem Wert ihres Vermögens in verschiedene Klassen eingeteilt. Diese Klassen wurden wiederum in Zenturien unterteilt und es ist unklar, ob je die Absicht bestanden hat, dass sie jeweils 100 Männer zählen sollten. Jede Klasse war verpflichtet, sich mit einem Mindestarsenal auszurüsten, wobei die Wohlhabendsten (die *equites* oder die Angehörigen der Ritterschaft) in den 18 Zenturien der Kavallerie dienten. Zur Klasse I zählten offenbar die voll ausgerüsteten Hopliten und man hat sogar vermutet, dass diese Männer die ursprüngliche Phalanx gebildet haben, während die übrigen Klassen erst hinzukamen, als Bevölkerung und Wohlstand der Stadt wuchsen.

Die Version dieses Systems ist nicht stimmig. Die Unterschiede in der Ausrüstung zwischen den Klassen I bis III (und auch IV) sind zu geringfügig, um eine Bedeutung gehabt zu haben, auch wenn der Gebrauch unterschiedlicher Schildtypen innerhalb desselben Heeres von den Figuren auf der Situla von Certosa (ein Bronzegefäß, 600 v. Chr., Bologna) bestätigt wird. Außerdem ist fraglich, warum der größte Teil der Bevölkerung der wohlhabendsten Schicht angehören soll, ist doch die Klasse I fast ebenso stark wie alle Fußsoldaten zusammengenommen. Vieles spricht dafür, dass Livius und Dionysios oder ihre Quellen von der bekannten Struktur der *comitia centuriata* ausgingen und daraus ein militärisches System konstruiert haben. Die Römer hielten es für angemessen, dass die Wohlhabenden ein überproportionales Mitspracherecht in Staatsangelegenheiten hatten und deshalb enthielt jede Zenturie in Klasse I weniger Mitglieder als die niedrigeren Klassen, sodass in der obersten Klasse die Stimme eines Mannes das Gewicht von mehreren hatte.

Die »polybische« Legion

Polybios verfasste seine ausführliche Beschreibung der Organisation des römischen Heeres um die Mitte des 2. Jahrhunderts v. Chr., allerdings nicht als selbständige Darstellung, sondern im Rahmen seiner Geschichte des 2. Punischen Krieges. Der griechische Geschichtsschreiber war offenbar der wohl zutreffenden Meinung, dass an der Grundstruktur des römischen Heeres seit dem frühen 3. Jahrhundert v. Chr. nur wenige entscheidende Änderungen vorgenommen worden waren.

Das römische Heer blieb ein Milizheer und der Zensus erfasste alle Bürger, die aufgrund ihres Vermögens zum Kriegsdienst herangezogen werden konnten. Um die Lasten des Dienstes gleichmäßig zu verteilen, musste jeder Mann an höchstens 16 Feldzügen teilnehmen bzw. 16 Jahre Dienst tun. Der

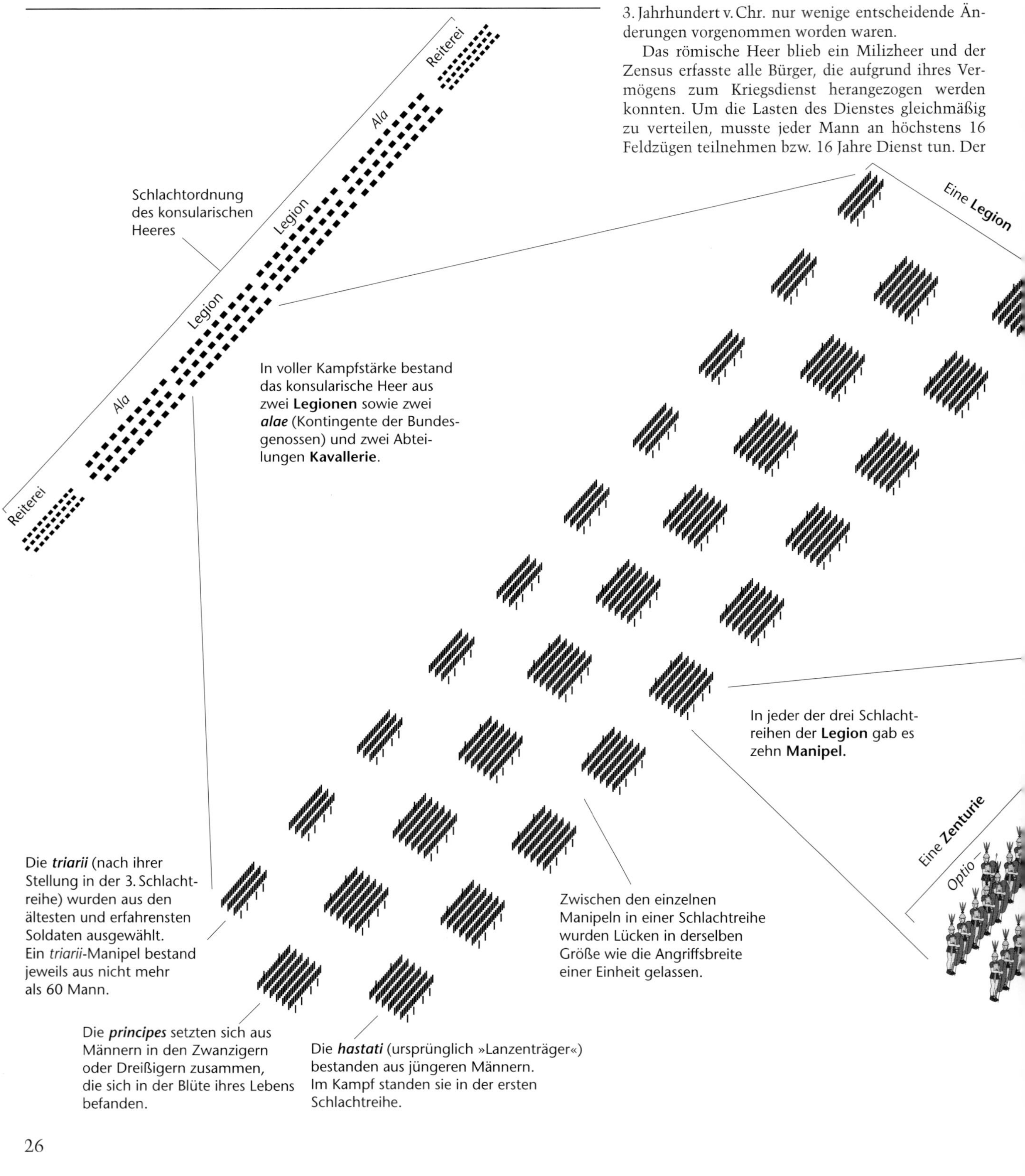

Ältestenrat der Republik, der Senat, hatte jedes Jahr zu beschließen, wie viele Soldaten eingezogen und wohin sie entsandt werden sollten. Die Heere wurden von gewählten Magistraten befehligt, die ihre Herrschaftsgewalt *(imperium)* zwölf Monate lang innehatten; diese Zeitspanne konnte vom Senat verlängert werden. Die beiden jährlich neu gewählten Konsuln zählten zu den höheren Magistraten und übernahmen die wichtigsten militärischen Aufgaben. Kleinere Operationen konnten den Prätoren übertragen werden, nach den Konsuln die ranghöchsten Magistraten. Die Zahl der für jeweils ein Jahr gewählten Prätoren stieg im Verlauf der Punischen Kriege von einem auf fünf. Als Rom noch klein war, hatte es in der Regel gleich alle wehrfähigen Männer in den Krieg geschickt, doch die Ausdehnung des Stadtstaates und die wachsende Zahl der Konflikte machten eine Aufteilung der Kriegsanstrengungen erforderlich. Der Begriff »Legion« *(legio)* bedeutet ursprünglich »Aushebung« und bezog sich auf das gesamte römische Heer, doch spätestens seit dem 4. Jahrhundert v. Chr. bezeichnete man mit »Legion« die Hauptabteilungen des Heeres. In den Tagen des Polybios war es üblich, dass ein Konsul ein Heer aus zwei Legionen befehligte, während die Prätoren an der Spitze nur einer Legion standen.

Eine Legion bestand in der Regel aus 4200 Fußsoldaten und 300 Reitern. Wie in der Vergangenheit bildeten die vermögendsten Bürger die Reiterei *(equites)* und wurden in zehn Schwadronen *(turmae)* unter dem Befehl von drei Dekurionen (»Führern von Zehn«) aufgeteilt. Kern der Reiterei blieben die 18 Reiterzenturien, rekrutiert aus den wohlhabendsten Bürgern, denen der Staat die Pferde ersetzte, falls diese in der Schlacht getötet wurden, doch zur Zeit des Polybios dienten auch viele wohlhabende Bürger freiwillig in der Reiterei. Nach Polybios hatten die *equites* seit langem eine Ausrüstung im griechischen Stil übernommen, ohne dass er diese näher beschreibt, wohl weil er annehmen konnte, dass sie seinen Lesern bekannt war. Wir können davon ausgehen, dass die römische Reiterei in geschlossener Formation kämpfte, mit Lanze und Schwert bewaffnet und durch Helm, Brustharnisch und Rundschild geschützt war.

Die militärische Aufgabe der Fußsoldaten der Legion richtete sich nicht allein nach ihrem Vermögen, sondern auch nach ihrem Alter. Die ärmsten Bürger, die immer noch genug besaßen, um zum Heeresdienst herangezogen zu werden, wurden im Unterschied zu den *capite censi* als leichte Infanterie *(velites)* eingesetzt, desgleichen die Männer, die noch zu jung waren, um in der Hauptschlachtreihe zu kämpfen. Die *velites* waren mit einem Bündel leichter Wurfspieße, einem Schwert (spätestens seit dem frühen 2. Jh. v. Chr.) und einem kleineren Rundschild ausgerüstet. Zumindest einige von ihnen trugen Helme und alle trugen Stücke von Tierfellen, vor allem Wolfsfell, die an ihren Helmen oder Lederkappen befestigt waren. Bei Polybios heißt es, dies habe es den Offizieren ermöglicht, sie in der Schlacht zu erkennen und später je nach ihrem Einsatz zu belohnen oder zu bestrafen, doch ursprünglich hatten sie möglicherweise eine totemistische Bedeutung. Gewöhnlich kämpften 1200 *velites* in einer Legion, aber darüber, wie sie organisiert waren oder befehligt wurden, wissen wir nichts.

Die »polybische« Legion

Die Hauptstärke der Legion lag in ihrer geschlossenen Formation aus Fußsoldaten, die in drei Schlachtreihen aufgestellt waren. Die erste, die *hastati* (Lanzenträger), die dem Feind in vorderster Linie gegenüberstanden, waren jüngere Männer, zwischen 17 und 23 Jahren. Hinter ihnen standen die *principes*, Männer in den Zwanzigern oder Dreißigern. In der dritten Schlachtreihe standen die *triarii*, die ältesten und erfahrensten Soldaten. Normalerweise kämpften im Heer jeweils 1200 *hastati* und *principes*, aber nur 600 *triarii*. Jede Schlachtreihe war aufgeteilt in zehn Manipel, die taktischen Einheiten des Heeres. Aus administrativen Gründen wurde ein Manipel in zwei Einheiten unter dem Befehl je eines Zenturios unterteilt, dem jeweils ein *optio* (Feldwebel), ein *signifer* (Feldzeichenträger) und ein *tesserarius* (Parolenträger) zur Seite standen. Der Zenturio der rechten Zenturie wurde zu seinem Posten ernannt, er war der verantwortliche Kommandeur. Danach bestimmte er den Zenturio für die linke Zenturie, der ihm im Rang nachgeordnet war. Bei Polybios lesen wir, dass für das Amt der Zenturionen besonders standhafte und entschlossene Führer ernannt wurden, Männer, die bei ihren Leuten blieben, und nicht einfach auf eigene Faust beim Angriff vorpreschten. Die Legion selbst hatte keinen einzelnen befehlshabenden Offizier. Stattdessen gab es sechs Militärtribune, die abwechselnd alle zwei Monate die Befehlsgewalt innehatten.

Ein **Manipel**, die taktische Grundeinheit des Heeres, bestand aus 120 Mann. Jeder Manipel umfasste zwei **Zenturien** von je 60 Mann mit je einem Zenturio an der Spitze, einem Feldzeichenträger und einem *optio* (Feldwebel).

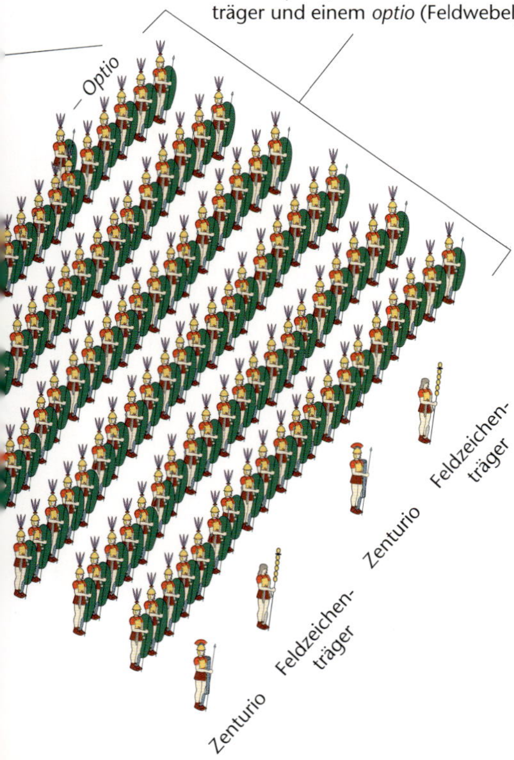

(links) Schlachtordnung der Manipularlegion. Die Formation aus Manipeln war wesentlich flexibler als die feste Phalanx, die von den Griechen bevorzugt wurde. Sie erlaubte es den Römern, sich über unebenes Gelände zu bewegen, ohne dass die Formation auseinander fiel, und sie ermöglichte eine schnellere Reaktion auf kritische Situationen während der Schlacht.

Eine Legion musste nicht exakt 4200 Fußsoldaten und 300 Reiter aufweisen, um ihre Aufgabe zu erfüllen. Krankheiten und Verluste minderten zwangsläufig die Stärke einer Einheit während eines Feldzugs. Andererseits konnte der Senat beschließen, sehr starke Legionen aufzustellen, falls die militärische Lage dies erforderte, und wir lesen, dass in besonderen Krisenzeiten Legionen aus 5000 bis 6000 Mann gebildet wurden. *Equites* und *triarii* rekrutierten sich aus einer zahlenmäßig begrenzten Gesellschaftsgruppe, sodass bei der Aufstellung größerer Legionen die zusätzlichen Kämpfer gleichmäßig auf die *hastati*, *principes* und die *velites* aufgeteilt wurden. Im Feld stand jeder Legion ein Kontingent Soldaten von Bundesgenossen Roms in ähnlicher Stärke zur Seite, eine *ala* (»Flügel«), deren Soldaten Latiner waren. Eine *ala* hatte in der Regel ebenso viele Fußsoldaten wie eine Legion, doch dreimal so viele Reiter. Unterteilt war sie in Kohorten, doch wissen wir nicht, ob es sich um taktische Einheiten handelte, aus wie vielen Kohorten eine *ala* bestand und ob sie eine festgelegte Größe hatten. Möglicherweise war dies ein unbestimmter Begriff, mit dem die Gesamtheit aller Soldaten einer einzelnen latinischen Kolonie bezeichnet wurde. Die Kohorten der Bundesgenossen hatten der Überlieferung zufolge eine Stärke von 400 bis 600 Mann, und ihre Größe schwankte wahrscheinlich entsprechend der Größe der *ala*. Diese wurde von drei Präfekten *(praefecti sociorum)* befehligt, die römische Bürger sein mussten. Im Kampf bildeten die Legionen das Zentrum des Heeres, während die *alae* deren Flügel deckten. In einem konsularischen Heer aus zwei Legionen und zwei *alae* wurden die Letzteren als »Linke« und »Rechte« bezeichnet. Die Elite der Bundesgenossen wurde von den *alae* abgesondert und bildete die *extraordinarii* (Garde), eine Streitmacht aus Fußsoldaten und Reitern, die unmittelbar dem Konsul unterstellt war.

In jener Zeit waren die Offiziere ausnahmslos keine Berufssoldaten. Die Magistraten, die das Heer befehligten, und die Tribunen wurden gewählt, die übrigen Offiziere ernannt, und weder militärische Erfahrung noch Tüchtigkeit spielten bei ihrer Auswahl eine besondere Rolle.

Waffen

Das pilum. Wie wir von Polybios wissen, trugen jeder *hastatus* und jeder *princeps* zwei ungleich schwere Wurfspieße. Das waren die berühmten *pila*, die über fünf Jahrhunderte lang zum Arsenal der Legionen gehörten. Ein *pilum* bestand aus einem Holzschaft von etwa 1,20 Meter Länge und einem in eine Spitze auslaufenden Eisen, etwa 60 Zentimeter lang, in dessen Tülle der Schaft mit eisernen Nieten befestigt war. Die Spitze war mit Widerhaken versehen. Ein *pilum* war eine schwere Waffe, und wenn es geworfen wurde, war sein ganzes Gewicht hinter seiner schmalen Spitze konzentriert, was ihm enorme Durchschlagskraft verlieh. Wenn es den Schild eines Feindes durchstoßen hatte, glitt das lange Eisen durch das Loch und konnte aufgrund seiner Länge in den Körper des Gegners eindringen. Selbst wenn dieser nur leicht verwundet wurde, war das *pilum* nur schwer zu entfernen und zog den Schild des Getroffenen zu Boden. Versuche mit *pila*-Nachbildungen haben gezeigt, dass diese Wurfspieße etwa 30 Meter weit geschleudert werden konnten, wobei

Die beiden Legionäre in der typischen Uniform der letzten 200 Jahre der Republik tragen einen Montefortino-Helm mit Busch aus Pferdehaaren sowie einen Kettenpanzer, der über den Schultern befestigt ist und fast bis zum Knie reicht. Der Schild ist das ovale *scutum* aus Sperrholz mit einem Lederüberzug, der ihm Widerstandsfähigkeit und Flexibilität verleiht. Szene vom Altar (1. Jh. v. Chr.) des Gnaeus Domitius Ahenobarbus.

der wirksame Bereich bei 15 Metern lag. Die Versuche bestätigten auch ihre Durchschlagskraft.

Der gladius. Im 3. oder frühen 2. Jahrhundert v. Chr. übernahmen die Römer das »spanische Schwert« *(gladius hispaniensis)* als hauptsächliche Seitenwaffe und ersetzten damit die verschiedenen kurzen Stoßwaffen, die bis dahin bei ihnen in Gebrauch waren. Wahrscheinlich waren die Römer auf diese Waffe gestoßen, als sie im 1. Punischen Krieg gegen iberische Söldner kämpften oder als die ersten römischen Heere während des 2. Punischen Krieges zur Iberischen Halbinsel gezogen waren. Es erfüllte die Römer mit Stolz, wirksame Taktiken oder Waffen ihrer Feinde zu kopieren und selbst einzusetzen. So hatten sie Kettenpanzer, Geschirr und Sättel für die Kavallerie und etliche Taktiken von den Galliern übernommen.

Bislang sind zu wenige römische Schwerter aus der mittleren Republik gefunden worden, als dass man daraus schließen könnte, diese seien damals im römischen Heer üblich gewesen, doch alle sind

Die »polybische« Legion

Legionäre des späten 3. Jahrhunderts v. Chr.

Die Szene zeigt eine Gruppe Legionäre auf dem Feldzug zu Beginn des 2. Punischen Krieges (218–201 v. Chr.). Wie alle Soldaten verbrachten auch die römischen Legionäre einen Großteil ihrer Zeit mit Warten und diese Gruppe vertrieb sich die Zeit beim Würfelspiel – einer jahrhundertelang in allen Gesellschaftsschichten Roms verbreiteten Leidenschaft. Links kniet ein *hastatus* oder *princeps*, neben ihm steht ein *veles* (Leichtbewaffneter), rechts ein Veteran der *triarii*. Diese Kurzzeit-Soldaten kamen für ihre Ausrüstung selbst auf und zeigen daher größere Unterschiede in ihrer Bekleidung, Ausrüstung und Bewaffnung als die Berufssoldaten der späteren stehenden Heere. Allerdings sind Belege für die Kleidung und Ausrüstung der Legionen jener Zeit vergleichsweise spärlich; ein Großteil der abgebildeten Szene ist pure Vermutung.

Pilum. Dieses *pilum* ist Exemplaren nachempfunden, die in Talamonaccio, Italien, und in Smihel, Slowenien, gefunden wurden. Das Langeisen mit Spitze ist wesentlich kürzer als bei späteren Wurfspießen und es hat zum besseren Halt eine Angel, die in eine Nut im Holzschaft eingelassen ist. Die Spitze ist ebenfalls größer als bei späteren Versionen.

Helm. Der Mann trägt einen Helm des Typs Montefortino. Die hohe Helmkalotte bot dem Schädel guten Schutz, hatte jedoch nur einen schmalen Nackenschutz. Normalerweise waren solche Helme mit einem Kamm aus Pferdehaar oder drei einzelnen Federn verziert – im Unterschied zu diesem Helm.

Brustplatte. Wie Polybios berichtet, trugen Legionäre, die sich keinen Kettenpanzer leisten konnten, eine einfache Platte, die über der Brust befestigt war. Sie war wahrscheinlich rechteckig oder rund.

Schwert. Es ist noch umstritten, wann die Römer das spanische Schwert *(gladius hispaniensis)* einführten. Es kann sein, dass für diese Waffe die Schwerter iberischer Söldner als Vorbild dienten, die in den Punischen Kriegen auf der Seite Karthagos gekämpft hatten.

Wurfspeer. Die *velites* trugen mehrere Wurfspeere. Der Mann hält mit der rechten Hand einen längeren Wurfspeer, der durch eine Steckhülse mit dem Schaft verbunden ist, und in der linken hinter dem Schild zwei kleinere Wurfspeere mit breiteren Spitzen. Nach Polybios trug jeder *veles* ein spanisches Schwert, doch das muss nicht von Anfang an so gewesen sein; dieser Krieger hat nur einen kurzen Dolch.

Helm. Der Mann trägt eine einfachere Version des Montefortino – ohne Backenstücke. Um den Helm ist ein Stück Wolfsfell gewickelt. Wie wir von Polybios wissen, schmückten die *velites* ihre Helme auf diese Weise, damit ihre Offiziere sie im Kampfgetümmel besser erkennen konnten.

Schild. Die *velites* kämpften als Plänkler, für die das schwere *scutum* viel zu unhandlich gewesen wäre. Stattdessen trugen sie einen kleineren und leichteren Rundschild.

Helm. Der *triarius* trägt einen etruskisch-korinthischen Helm, der anscheinend ebenso verbreitet war wie der Montefortino. Er ist mit drei Federn verziert, die nach Polybios entweder rot oder schwarz waren.

Schild. Dieser Schild ist ein ziemlich verbreitetes Modell eines ovalen *scutum*, dessen Ränder oben und unten durch einen Bronzebeschlag geschützt sind. Die Längsversteifung aus Holz wurde in der Mitte durch einen Schildbuckel verstärkt. Nachbauten von Schilden dieses Typs sind sehr schwer und wiegen fast 10 Kilo. Hinter dem Schild hat der Mann seinen etwa 2,40 Meter langen Wurfspieß aufgestellt.

Kettenpanzer. Wohlhabendere Soldaten trugen Kettenpanzer, wie sie ursprünglich vermutlich von den Kelten getragen wurden. Die Schulterverstärkungen dienten gleichzeitig als Befestigungen für den Brustpanzer.

etwas länger als die Formen, die später im stehenden Heer verwendet wurden. Es sind gut ausbalancierte Klingen, in erster Linie für den Stoß gedacht, mit denen man aber auch einen wirkungsvollen Hieb führen konnte. Livius behauptet, im Jahr 200 v. Chr. habe ein makedonisches Heer entsetzt die Leichen von Männern gesehen, die durch das spanische Schwert getötet wurden. Köpfe und Gliedmaßen seien mit Schwerthieben von den Körpern abgeschlagen worden.

Der pugio. Einige römische Soldaten führten neben dem Schwert auch einen Dolch *(pugio)* mit sich. Obwohl Polybios keine Dolche erwähnt, hat man in Spanien in einer Schicht (etwa 2. Jh. v. Chr.) einzelne Exemplare gefunden. Der *pugio* ist eine zusätzliche Waffe, wurde aber wohl eher für die alltäglichen Verrichtungen während eines Feldzugs benutzt. Später bürgerte es sich ein, den *pugio* an der linken und den *gladius* an der rechten Hüfte zu tragen.

Der Speer. Bei Polybios lesen wir, dass die ersten beiden Schlachtreihen der Fußsoldaten mit dem *pilum* ausgerüstet gewesen seien, die Kämpfer in der dritten Reihe, die *triarii*, aber noch immer den alten Hoplitenspieß verwendeten. Dies war eine schwere Waffe, dazu gedacht, nicht geschleudert, sondern gestoßen zu werden. Bei einer Gelegenheit im Jahr 223 v. Chr. erhielten die *hastati* die Spieße der *triarii* und blieben in dichter Formation, um den ersten Ansturm eines gallischen Angriffs aufzufangen. Dionysios von Halikarnassos behauptet, im Krieg gegen Pyrrhus hätten die *principes* ebenfalls Spieße verwendet und diese mit beiden Händen geführt. Das erscheint etwas merkwürdig, weil der Krieger ja auch noch den normalen römischen Schild gehalten haben soll. Einige Historiker haben behauptet, dass die Einführung des *pilum* ein allmählicher Prozess war und dass ursprünglich alle drei Schlachtreihen Lanzenträger waren. Die bisher aufgefundenen Belege reichen nicht aus, um diese Frage endgültig zu klären.

Schutzwaffen

Rüstung. In jener Zeit wurden mehrere Formen von Rüstungen verwendet. Die teuerste und beste war ein aus Eisenringen bestehender Kettenpanzer. Er bot guten Schutz und war geschmeidig genug, um eine gewisse Beweglichkeit zuzulassen. Einziger Nachteil war sein Gewicht, dessen größter Teil auf den Schultern des Trägers lastete, während der Gürtel den unteren Teil der Last etwas gleichmäßiger verteilte. Offenbar wurde der Kettenpanzer von den keltischen Stämmen in Norditalien übernommen und war vielleicht eine keltische Erfindung. Römische und keltische Kettenpanzer wurden an den Schultern durch eine zweite Lage von Ringen verstärkt.

Vielleicht haben einige Legionäre auch Schuppenpanzer getragen, die aus vielen kleinen Bronzeplättchen bestanden. Weniger flexibel als ein Kettenpanzer, konnte ein solcher Harnisch hell poliert werden, sodass er den Gegner stärker beeindruckte. Die Männer trugen auch eine Beinschiene zum Schutz des linken Beins, mit dem sie näher zum Feind standen. Ranghohe Offiziere und Reiter haben anscheinend unterschiedlich geformte Brustpanzer getragen, die wohl meist aus Bronze waren. Unter diesen metallenen Rüstungen trugen sie eine wahrscheinlich gepolsterte Lederkleidung.

Nicht alle Männer konnten sich diese teuren Alternativen leisten und trugen – wie Polybios schreibt – einfache Brustplatten. Diese gewöhnlich runden oder rechteckigen Platten aus Bronze oder Eisen wurden mit Riemen vorn auf der Brust gehalten.

Helme. Aus jener Zeit wurden zwar einige Helme gefunden, aber in den meisten Fällen konnten wir sie nicht sicher dem römischen Heer zuordnen. Da jeder Soldat seine Ausrüstung selbst besorgte, waren Rüstungen und Helme zwangsläufig uneinheitlich. Die verbreitetste Helmform war der Montefortino, hochgewölbt mit Scheitelknauf, kurzem Nackenschutz und drehbaren Backenstücken. Ein anderes Modell war der etruskisch-korinthische Helm, anscheinend aus den Helmen der korinthischen Hopliten entwickelt: Er bedeckte Schädel und Gesicht, was das Hören einschränkte, ermöglichte die Sicht durch zwei schmale Öffnungen und konnte in Gefechtspausen nach hinten geschoben werden, sodass das Gesicht frei war. Die italische Version dieses Helms wurde stets in dieser Weise getragen, behielt jedoch die Augenöffnungen zur Zierde bei. Ziemlich sicher ist, dass in Süditalien auch attische Modelle in Gebrauch waren und auch von den Römern und ihren Bundesgenossen getragen wurden. Alle diese Helme waren aus Bronze.

Der Montefortino war gallischer Herkunft, ebenso die ähnlichen, allerdings gewöhnlich niedrigeren Coolus-Formen, die in der späten Republik erschei-

Statue eines gallischen Edelmannes aus Vachères, Südfrankreich. Sie gibt uns eine gute Anschauung von den Galliern, die anfangs gegen die römischen Armeen und später als Auxiliartruppen mit ihnen kämpften. Es ist sehr wahrscheinlich, dass die Römer das Modell des Kettenpanzers von den Galliern übernahmen. Seine charakteristischen Merkmale – vor allem die doppelt gepanzerte Schulter – sind auch für die Kettenhemden typisch, die vom römischen Heer getragen wurden. Der als Schmuck um den Hals getragene Torques wurde später als Auszeichnung für Tapferkeit vom römischen Heer vergeben.

nen. Die Römer begannen auch einige keltische Helme aus Eisen nachzuahmen (Agen- und Port-Formen). Diese waren der Kopfform besser angepasst und hatten einen breiteren Backenschutz. Die Gestaltung der römischen Helme bis zur Spätantike ging in vielen Aspekten auf die bereits in der Republik gängigen Formen zurück.

Innerhalb der Reiterei waren anscheinend fast alle diese Formen vertreten. Daneben waren aber auch böotische Helme in Gebrauch, eine griechische, speziell für Reiter entwickelte Form.

Der Schild (scutum). Polybios beschreibt den Schild, der von den schwer bewaffneten Fußsoldaten getragen wurde, als gewölbt, etwa 1,20 Meter lang und 0,75 Meter breit. An Skulpturen können wir sehen, dass seine Form meist oval war. Er bestand aus drei kreuzweise verleimten Lagen Furnierholz, die mit Kalbsleder überzogen waren. Die Verbindung dieser beiden Materialien verlieh ihm Elastizität und Festigkeit. In der Mitte hatte er einen eisernen Schildbuckel und die obere und untere Kante waren mit Eisen beschlagen, um zu verhindern, dass das Holz beim Abfangen der Stöße splitterte.

Das einzige Beispiel für einen Schild dieser Machart, wahrscheinlich römischen Ursprungs, wurde in Kasr el-Harit, Ägypten, gefunden. Er hat keinen metallenen Schildbuckel, sondern einen gerstenkornförmigen hölzernen Knauf auf der entgegengesetzten Seite des quer angebrachten Handgriffs. Eine nach diesem Fundstück angefertigte Rekonstruktion wiegt zehn Kilo, mehr als der massive Schild der Hopliten, und im Unterschied zu diesem wird sein ganzes Gewicht von der linken Hand gehalten, da er keinen Schulterriemen für das Gefecht hat.

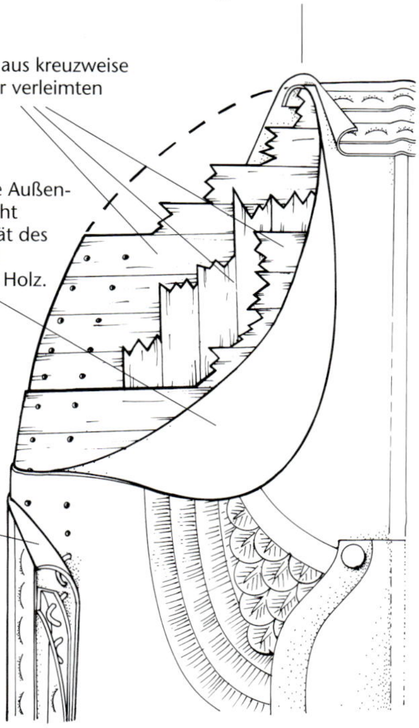

Schildaufbau des *scutum* nach einem in Ägypten gefundenen Exemplar und der Beschreibung von Polybios. Das ovale *scutum* war zwar schwer, bot jedoch guten Schutz; außerdem konnte es offensiv benutzt werden, um einen Gegner niederzuschlagen oder aus dem Gleichgewicht zu bringen.

Die römische Reiterei benutzte kleinere und leichtere, wahrscheinlich runde Schilde. Polybios beschreibt nur das überholte Muster eines Reiterschilds und nicht die Form, die von den *equites* seiner Zeit verwendet wurde.

***(unten)* Zwei römische Reiter *(links)* treffen auf makedonische Reiter, deren eines Pferd zusammenbricht. Die Römer tragen Kettenpanzer, die den Panzern des Vachères-Kriegers sehr ähnlich sind. Relief auf dem Denkmal des Aemilius Paullus in Delphi, das an den Sieg der Römer über König Perseus von Makedonien am 22. Juni 168 v. Chr. erinnert.**

Die »polybische« Legion

(rechts und unten) **Plan von Lager III in Renieblas, Nordspanien, nahe dem belagerten Numantia. Die Zeichnung stützt sich auf die Ausgrabungen von A. Schulten Anfang des 20. Jahrhunderts. Dieser behauptete, die befestigten Lager seien ähnlich organisiert gewesen wie die von Polybios beschriebenen Marschlager.**

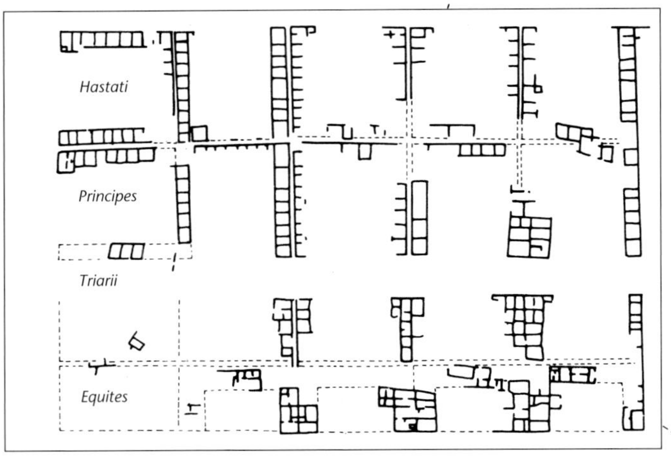

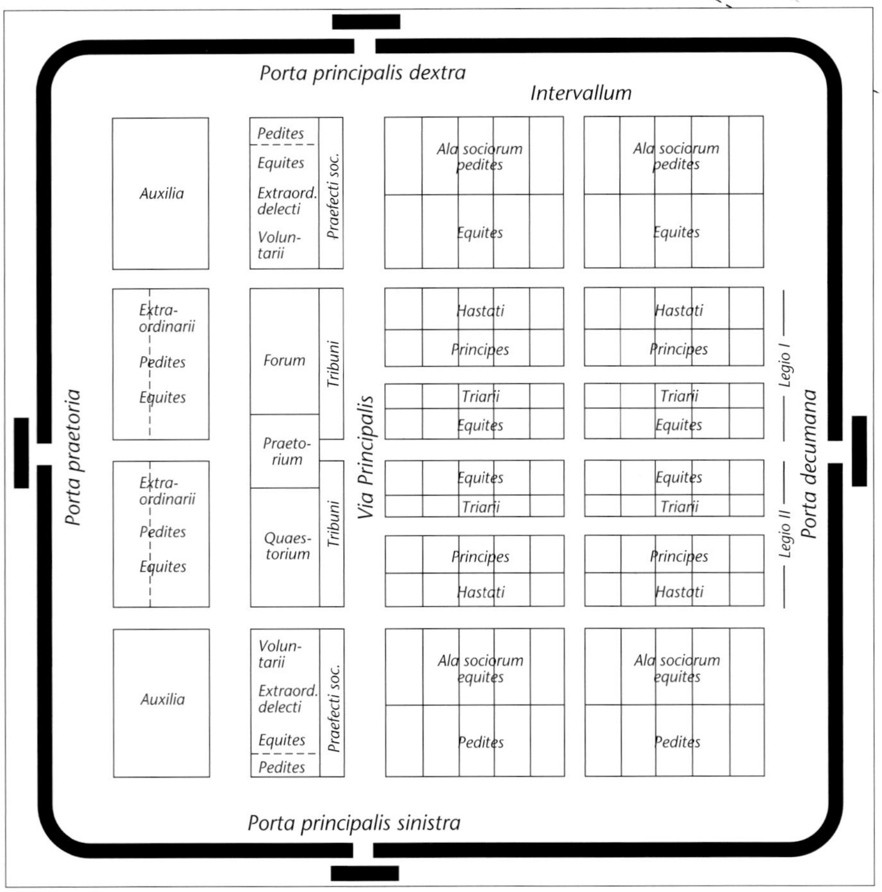

(links) **Lagerplan, gezeichnet nach den Angaben des Polybios, die er in seiner Beschreibung eines von einem konsularischen Heer aus zwei Legionen und zwei *alae* errichteten Marschlagers gemacht hat. Jede Abteilung der Legion – die drei Linien schwere Infanterie und die Kavallerie – nahm ein eigenes Revier ein. Eine Reihe schmaler Gassen, die zu den beiden Hauptstraßen führten, ermöglichte es den Truppen, schnell in Formation anzutreten.**

Das Leben im Feldlager

Die Milizarmee war im Grunde kein stehendes Heer, und selbst wenn die aufgestellten Legionen noch eine Zeit lang bestehen blieben, wurden sie anscheinend mit Beginn des nächsten Konsularjahres neu nummeriert. Die kriegstauglichen Männer wurden eingezogen, sie dienten gewöhnlich nicht länger als während der Dauer eines Feldzugs und kehrten dann wieder in ihr Alltagsleben zurück. Im Jahr 396 v. Chr. hatten die Römer den Sold für ihre Soldaten eingeführt, der aber nur für das Lebensnotwendigste reichte und keine nennenswerte Einkommensquelle war. Manche mochte die Aussicht auf Beute verlockt haben, zumal wenn der Feind als wohlhabend galt, denn die Beute wurde mehr oder weniger gerecht im ganzen Heer verteilt. Die meisten römischen Bürger dienten im Heer, weil sie sich mit ihrem Staat identifizierten. Während der Dauer des Kriegsdienstes unterwarfen sie sich bereitwillig dem harten militärischen Reglement, bei dem sie der meisten Rechte verlustig gingen, deren Schutz sie im zivilen Leben genossen. Die kommandierenden Offiziere konnten Soldaten züchtigen oder hinrichten lassen. Feigheit vor dem Feind zog die Todesstrafe ebenso nach sich wie Schlafen während der Wache oder Diebstahl und Sodomie im Lager. Rechtlich wie ideologisch wurde ein deutlicher Unterschied gemacht zwischen dem Status und dem angemessenen Verhalten eines Bürgers im Frieden *(domi)* und im Krieg *(militia)*. Die Aufnahme in die Legionen erfolgte auf dem Campus Martius, dem »Marsfeld«, außerhalb der Stadtgrenzen, um diesen Unterschied hervorzuheben. Die Legionen durften Rom nur am Tag des Triumphs eines Heerführers betreten, wenn er mit ihnen durch die Straßen paradierte, um ihren Sieg über den Feind zu bekunden.

Die vom römischen Heer während eines Feldzugs errichteten Marschlager *(castra)* symbolisierten die geordnete Existenz der Bürger während ihrer Zeit in den Legionen. Anlage und Errichtung solcher Lager hat Polybios näher beschrieben. Am Ende eines Tagesmarsches folgte jede römische Einheit einem festen Plan, dem entsprechend sie Straßen, Zeltreihen und Pferdereihen anlegte und das Ganze mit Wall und Graben umgab. Jeder in seinem Manipel wusste, wo er zu schlafen und welche Aufgaben er zu erfüllen hatte, da auch alle Arbeiten vorgegeben waren. Erst als Pyrrhus die Ordnung eines römischen Lagers sah, soll er überzeugt gewesen sein, dass er es nicht mit Barbaren zu tun hatte.

Die Archäologen haben bislang nur wenige Lager aus jener Zeit entdeckt. Einige Lager in der Umgebung der keltiberischen Festung Numantia (nahe Burgos, Nordspanien) datieren offenbar aus dem 2. Jahrhundert v. Chr. Manche Lager wurden anscheinend länger als nur eine oder zwei Nächte benutzt, denn man fand in ihnen Spuren einfacher Bauten, die in etwa den Zelten eines gewöhnlichen Lagers nach einem Tagesmarsch entsprechen. Das besterhaltene Lager in Renieblas weist bei wohlwollender Betrachtung einige Merkmale des von Polybios beschriebenen Lagers auf, wobei die Legionen in Kampflinien und Manipel aufgeteilt waren.

Das römische Marschlager bot Schutz vor Überraschungsangriffen. Tag und Nacht waren Feldwachen in bestimmten Entfernungen vor den Gräben aufgestellt, um vor einem Angriff zu warnen und die Angreifer aufzuhalten. Die Soldaten, die hierfür abkommandiert waren, mussten schwören, ihren Posten unter keinen Umständen zu verlassen. Der um das Lager gezogene Graben mit Wall sollte die Angreifer kurze Zeit aufhalten können, doch wenn die Legion länger am Ort blieb, konnten die Verteidigungsmaßnahmen wirksamer gemacht werden. Nur in den seltensten Fällen trafen die Römer Vorbereitungen, sich notfalls auch vom Lager aus zu verteidigen; sie zogen es vor, aus dem Lager auszurücken und sich dem Feind im offenen Feld zu stellen, wobei sie sich auf die Beweglichkeit und taktische Stärke ihrer Truppen verließen. Zwischen den Wällen und den Unterkünften eines Lagers zog sich ein breiter freier Streifen, das *intervallum*, der gewährleistete, dass die Zelte nicht in Reichweite von Wurfspießen lagen, die von außerhalb des Lagers geschleudert werden konnten. Wichtiger aber war: Dieser Raum bot dem Heer die Möglichkeit, sich innerhalb kurzer Zeit in Gefechtsformation aufzustellen. Es gab drei Kolonnen, gelegentlich eine vierte für die Reiterei. Jede Kolonne bildete eine Schlachtreihe und die Manipel stellten sich in der Formation auf, die sie auch später im Gefecht einnahmen. Die Kolonnen marschierten von einem der vier Tore des Lagers zu der Stelle, wo die Legion ihre Gefechtsstellung einnehmen würde. Das Marschlager ermöglichte es dem römischen Heer, in geordneter Aufstellung in die Schlacht zu ziehen – und das war entscheidend.

Die Figur – möglicherweise der Kriegsgott Mars – trägt die Uniform eines hohen Offiziers des republikanischen Heeres. Die sechs Tribunen an der Spitze der sechs Manipularlegionen dürften etwa genauso ausgesehen haben. Relief (Ausschnitt) am Denkmal des G. Domitius Ahenobarbus.

Die römische Flotte

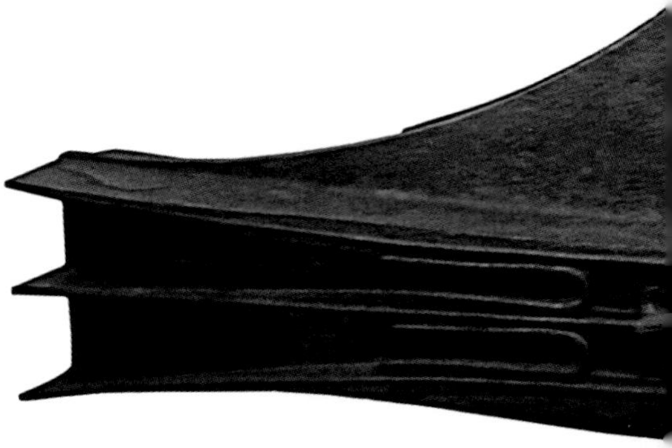

Anfänge

Lange Zeit hielten die Römer eine eigene Flotte nicht für notwendig, da ihre Feinde in Italien alle zu Lande vom ihrem Heer bekämpft werden konnten. 311 v. Chr. berief die Republik zwei Beamte *(duumviri navales)* für das Flottenwesen, die für den Bau und die Unterhaltung von Kriegsschiffen verantwortlich waren. Jeder *duumvir* befehligte ein Geschwader von zehn Schiffen, wahrscheinlich Triremen (Trieren oder »Dreiruderer« mit drei Rudererreihen übereinander). Wir erfahren wenig über die Aktivitäten dieser Geschwader, ausgenommen die Fälle, in denen die Römer eine Niederlage hinnehmen mussten wie im Jahr 282 v. Chr. durch die Flotte der Tarentiner. Wenn wirklich einmal eine größere Flotte benötigt wurde, wandte sich die Republik an die verbündeten Städte mit seefahrerischen Traditionen, und diese *socii navales* mussten dann Schiffe und Mannschaften statt Soldaten stellen.

265 v. Chr. entsandten die Römer eine Expedition nach Sizilien, die dort mit den Karthagern in Konflikt geriet. Karthago besaß die größte und am besten ausgebildete Flotte im westlichen Mittelmeer, was es den Römern schwer machte, auf der Insel Streitkräfte zu unterhalten und mit Nachschub zu versorgen. Außerdem erkannten die Römer schnell, dass die Hauptstärke des Feindes und sein ganzer Stolz in der Flotte bestanden und dass ein Sieg über diese ein weitaus härterer Schlag als jeder auf dem Land errungene Erfolg sein würde. 261 v. Chr. befahl die Republik den Bau einer Flotte aus 100 Quinqueremen (»Fünfruderer«) und 20 Triremen. Es war der Auftakt zu einem umfangreichen Flottenbauprogramm mit dem Ziel, die punische Seemacht zu vernichten.

Seeschlachten

Die Kriegsschiffe der Flotten im Altertum waren mit Rudern ausgerüstete Galeeren, in deren schmalen Rümpfen im Vergleich zu ihrer Größe eine große Zahl von Mannschaften untergebracht war. Zwar verfügten einige der größeren Schiffe auch über Wurfmaschinen, doch mit diesen war kein feindliches Schiff kampfunfähig zu schießen oder gar zu versenken. Dafür gab es zwei andere Methoden im Seekrieg: Rammen und Entern.

Jedes Kriegsschiff war an seinem Kiel in Höhe der Wasserlinie oder knapp unterhalb davon mit einem metallenen Rammsporn ausgerüstet. Dieser war allerdings nicht fester Bestandteil des Kiels, da sonst das ganze Schiff beim Rammen zu starken Kräften ausgesetzt gewesen wäre. Ein Angriff mit dem Rammsporn erfolgte am besten gegen die Seite oder das Heck, und zwar in einem spitzen Winkel, weil sonst die Gefahr bestand, dass der Rammsporn so tief in das Holz des gegnerischen Bootes eindrang, dass er sich nicht mehr herausziehen ließ. Zweck des Angriffs war, das Spantenwerk zu beschädigen. Eine zweite Methode für den Einsatz des Rammsporns

Relief mit römischem Kampfschiff mit einer Reihe Soldaten an Deck. Vor einer großen Seeschlacht wurden viele Soldaten an Bord genommen, um die überwiegend aus Ruderern bestehende Schiffsmannschaft zu verstärken. Die Ruderer kamen aus den ärmsten Schichten der eigenen Bevölkerung oder wurden von den Verbündeten gestellt. Nur ganz selten, wenn sprichwörtlich Not am Mann war, wurden auch Sklaven eingesetzt.

Griechischer Rammsporn aus Bronze (3. Jh. v. Chr.), gefunden im Wasser vor der Burg Athlit (Pilgerschloss), heute im Schifffahrtsmuseum Haifa. Die Rammsporne an den römischen Kampfschiffen dürften ähnlich ausgesehen haben. Der Sporn ist etwas abgestumpft, damit sich das Schiff wieder vom gerammten Gegner lösen konnte.

bestand darin, mit hoher Geschwindigkeit längsseits des feindlichen Schiffes zu rudern und dessen Ruder durchzubrechen, doch ein solches Manöver erforderte großes Können von Mannschaft und Steuermann, da dabei auch die eigenen Ruder leicht zu Bruch gehen konnten.

Auch beim Entern fuhr man längsseits des gegnerischen Schiffes und versuchte es mit dem eigenen Schiff zu verklammern. Danach konnten die Soldaten auf das andere Boot springen. Bei solchen Kämpfen kam es auf die Zahl der Ruderer und Krieger sowie auf Können und Angriffslust an. Schnelle, bewegliche Schiffe mit gut ausgebildeten Mannschaften waren für die Rammtechnik am besten geeignet. Beim Entern dagegen waren größere Schiffe von Vorteil, weil sie mehr Krieger befördern konnten.

Der corvus

Im Jahr 261 v. Chr. verfügten die römischen Schiffsbesatzungen noch nicht über die Ausbildung und Erfahrung wie ihre karthagischen Gegner, weshalb ihre neu gebauten Schiffe wesentlich langsamer und

Nachdem die Enterbrücke herabgelassen war und ihr Dorn sich in das Deck eines karthagischen Schiffs gebohrt hatte, stürmten die römischen Soldaten über diesen *corvus* und enterten das feindliche Schiff. Trotz ihrer überlegenen seemännischen Tüchtigkeit erwies sich die Flotte der Karthager während des 1. Punischen Kriegs als unfähig, gegen die *corvus*-Taktik ein Gegenmittel zu entwickeln.

Die Seeschlacht von Ecnomus 256 v. Chr.

Im Jahr 264 v. Chr. entsandte der römische Senat ein Heer nach Sizilien, um einer Herausforderung Karthagos zu begegnen. Daraus entwickelte sich der jahrelange und kostspielige 1. Punische Krieg, in dessen Verlauf Rom eine eigene große Flotte baute, um sich gegen die Karthager behaupten zu können. 256 v. Chr. stießen die beiden Flotten vor der Küste Siziliens nahe des Bergs Ecnomus (Eknomos) aufeinander, als die Karthager versuchten, eine römische Flotte aufzuhalten, die eine Invasion Nordafrikas beabsichtigte.

Die Seestreitkräfte

Römer: 330 Galeeren (überwiegend Quinqueremen, »Fünfruderer«, aber mit mindestens zwei weiteren »Sechsruderern« und wahrscheinlich vielen kleineren Schiffen). Jede Quinquereme war mit 300 Seeleuten und 120 Seesoldaten bemannt, alles in allem rund 140.000 Mann. Den Oberbefehl hatten die Konsuln Lucius Manlius Vulso und Marcus Atilius Regulus.
Karthager: Etwa 350 Galeeren (auch hier zumeist »Fünfruderer«) mit insgesamt ca. 150.000 Mann. Die Flotte wurde von Hamilkar Barkas befehligt, dem Oberkommandierenden aller Land- und Seestreitkräfte auf Sizilien.

Die Schlacht

Die römische Flotte teilte sich in vier Geschwader, von denen die beiden ersten in Keilform Aufstellung nahmen, dahinter das dritte, das Transportschiffe im Schlepptau hatte, und das vierte (scherzhaft als *triarii* bezeichnet), das die Nachhut deckte. Die karthagischen Schiffe bildeten eine weit auseinander gezogene Linie,

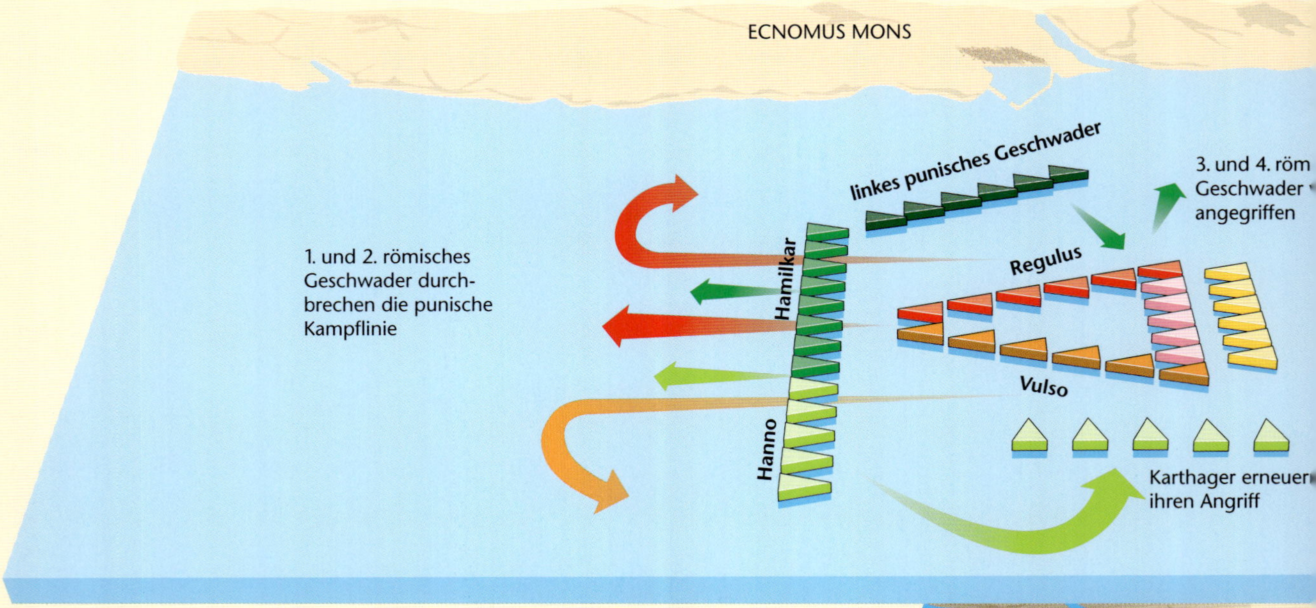

(links) **Die Punischen Kriege begannen, als Römer und Karthager sich in die internen Streitigkeiten in Messana einmischten. Der 1. Krieg wurde überwiegend auf Sizilien und den umgebenden Meeren ausgetragen.**

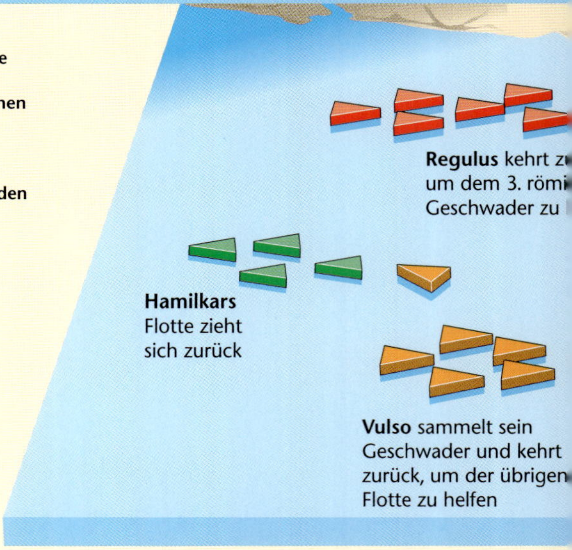

die am linken küstennahen Ende nach vorne abknickte. Hamilkar Barkas wollte die römische Flotte in kleine Kontingente auseinander sprengen und sie mit seinen schnelleren und beweglicheren Schiffen der Reihe nach vernichten. Die Schlacht begann, als die Konsuln das 1. und 2. römische Geschwader gegen die punische Linie vorschickten, deren Schiffe sich zunächst zurückzogen, um den Feind in die Falle zu locken. Bis sich die Schiffe in diesem Bereich einander näherten, hatten andere karthagische Schiffe das 3. und 4. römische Geschwader eingekreist. Der Plan von Hamilkar Barkas schien zu glücken, aber seine Männer konnten den Enterbrücken der Römer nichts entgegensetzen. Wenn ein Schiff der Karthager eine römische Galeere angriff, wurde dort die Enterbrücke herabgelassen und das gegnerische Schiff mit dem Haken festgehalten. In einer Serie verworrener Aktionen, die nun folgte, zogen die Karthager fast immer den Kürzeren. Die Konsuln hatte ihre Schiffe besser unter Kontrolle, und im entscheidenden Augenblick steuerten sie das siegreiche 1. und 2. Geschwader zurück, um der übrigen Flotte zu helfen.

Römisches Kriegsschiff mit Legionären. Vorn am Bug steht ein Kampfturm, von dem aus Speere auf das Deck feindlicher Schiffe geschleudert werden konnten. Relief (Ende 1. Jh. v. Chr.) aus Praeneste.

Verluste

Bei den Römern: 24 Schiffe versenkt, aber keines gekapert.
Bei den Karthagern: 94 Schiffe verloren, davon 30 versenkt und 64 gekapert.

Ergebnisse

Die römische Flotte hatte einen klaren Sieg errungen, war jedoch erschöpft und kehrte nach Sizilien zurück. Kurz darauf schiffte sich die Invasionsstreitmacht ungehindert nach Nordafrika ein.

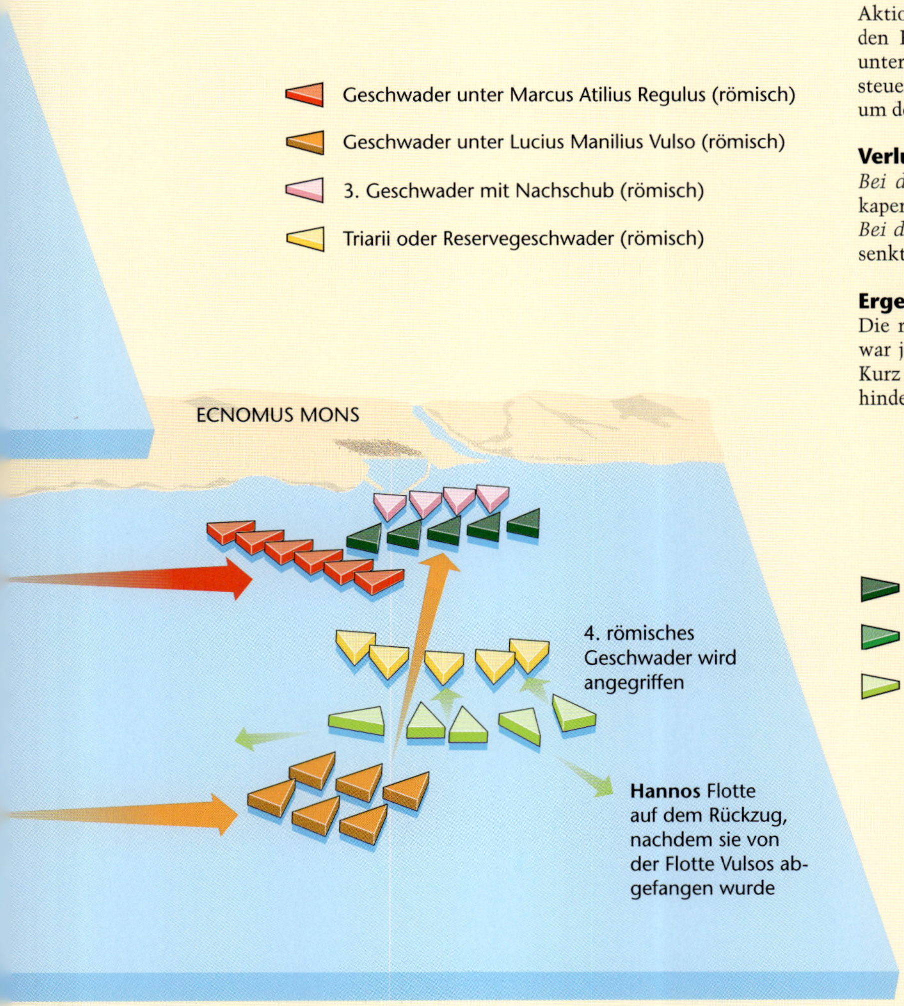

schlechter zu manövrieren waren. Die Römer setzten daher auf die Legionäre, die sie für den Kriegsdienst auf See eingezogen hatten, und versuchten dem Feind ihre Form des Kampfes aufzuzwingen. Die Lösung war der »Rabe«, der *corvus*, eine neuartige Enterbrücke, mit der jedes römische Schiff ausgerüstet war. Es handelt sich um eine Fallbrücke mit einem Dorn am Ende, die an einem auf Deck montierten Mast befestigt und hochgezogen war. Wenn ein feindliches Schiff nahe genug herankam oder einen Angriff mit dem Rammsporn führte, wurde die Brücke herabgelassen und der Dorn bohrte sich in die Planken des gegnerischen Schiffs. Das feindliche Boot konnte nicht mehr entkommen und wurde von den römischen Legionären geentert. Seit seinem ersten Einsatz in der Seeschlacht von Mylae 260 v. Chr. (nördlich Siziliens) erwies sich der *corvus* als überaus erfolgreich. Da die Karthager gegen diese neuartige Taktik kein Gegenmittel fanden, erlitt ihre Flotte Niederlage um Niederlage und konnte in dem zwanzig Jahre währenden Konflikt nur eine wichtige Schlacht für sich entscheiden. Aber schließlich verzichteten die Römer auf die Enterbrücken, und man hat wohl zu Recht vermutet, dass ihr Gewicht die römischen Schiffe in ihrer Seetüchtigkeit beeinträchtigte und ein wesentlicher Grund für die hohen Verluste der römischen Flotte bei schlechtem Wetter war. Der *corvus* hatte seinen Zweck längst erfüllt. In der letzten entscheidenden Seeschlacht des 1. Punischen Krieges, 242 v. Chr. bei den Ägatischen Inseln (westlich Siziliens), waren es die römischen Mannschaften, die eine überlegene Ausbildung zeigten und ihre Schiffe besser manövrierten als ihre punischen Gegner.

Kampfschiffe mit Rudern

Es gibt noch immer vieles über die mit Rudern versehenen Kampfschiffe der Antike, was wir nicht wissen. Im Unterschied zu Handelsschiffen, die mit

(unten) Relief auf einem Sarkophag mit einer stark stilisierten Darstellung einer Seeschlacht. In vieler Hinsicht waren Seeschlachten für einen Bildhauer noch schwerer realistisch darzustellen als Feldschlachten.

(rechts) Die rekonstruierte Trireme (»Dreiruderer«) *Olympias*. Zur Zeit des 1. Punischen Krieges hatten solche Schiffe nur noch eine unterstützende oder aufklärerische Aufgabe, während die Schlacht selbst zwischen den größeren und schwereren *Quinqueremen* (»Fünfruderern«) ausgetragen wurde.

Segeln bestückt waren und durch Windkraft fortbewegt wurden, sind Überreste solcher Schiffe äußerst selten, und man hat aus der ganzen in diesem Buch behandelten Periode nur zwei Exemplare vor der Küste von Massala (Lilybaeum) gefunden. Die Bauklassen der Kampfschiffe wurden nach der Zahl der übereinander angeordneten Rudererreihen benannt. In einer Trireme oder Triere (»Dreiruderer«) saßen drei Ruderer übereinander, jeder auf einer Bank und jeder bediente ein Ruder. Nach der Rekonstruktion einer Triere im Maßstab 1:1 und umfangreichen Testfahrten mit diesem Modell auf dem Meer wissen wir über diesen Schiffstyp mehr als über alle anderen. Die nachgebaute Trireme erwies sich als außerordentlich wendig und schnell und erreichte kurzfristig 8 Knoten, wie sie für einen Rammstoß erforderlich waren und sonst nur von Segelschiffen erreicht wurden.

Triremen waren Rammschiffe par excellence, doch zur Zeit der Punischen Kriege waren sie zu

Die Schlacht von Cannae 2. August 216 v. Chr.

Der 2. Punische Krieg dieses ein Jahrhundert währenden Kampfes zwischen Rom und Karthago begann, als der karthagische Feldherr Hannibal in Italien einfiel. Er vernichtete 218 v. Chr. ein römisches Heer am rechten Po-Nebenfluss Trebbia und 217 ein weiteres am Trasimenischen See, das er in einen Hinterhalt gelockt hatte. 216 bot die römische Republik eine beispiellos große Zahl von Soldaten auf, die den Feind bei Cannae stellen sollten.

Die Streitkräfte

Römer: 8 Legionen und 8 *alae* der Bundesgenossen mit insgesamt 80.000 Fußsoldaten und 6000 Mann Reiterei unter den beiden Konsuln Lucius Aemilius Paullus und Marcus Terentius Varro.

Karthager: 40.000 libysche, spanische und gallische Fußsoldaten sowie 10.000 numidische, spanische und gallische Reiter unter Hannibal.

Erste Phase

Die Römer hatten erkannt, dass die Kavallerie Hannibals ihren eigenen Reitern an Zahl und Kampfkraft überlegen war. Deshalb wählten sie ein schmales Schlachtfeld zwischen dem Fluss Aufidus (Ofanto) und der Hochebene bei der aufgegebenen Stadt Cannae. So wollten sie die Flanken ihres Heeres vor einer Umklammerung durch die Karthager schützen. Die Schlacht sollte durch die schwer bewaffneten Fußsoldaten in der Mitte gewonnen werden. Diese wurden in dicht und tief gestaffelter Formation massiert, wobei die übliche flexible Manipulartaktik aufgegeben wurde.

Hannibal hoffte, die Kampfkraft der Römer gegen diese selbst zu richten. Seine bewaffnete Reiterei war auf der Linken massiert, gegenüber den römischen *equites*. Auf der Rechten postierte er seine leichten numidischen Reiter, die die Reiter der gegnerischen Bundesgenossen in Scharmützel verwickeln sollten. Die Hauptschlachtreihe aus spanischen und gallischen Fußsoldaten bildete einen Keil, um die römischen Fußsoldaten zu einem schnellen Angriff zu provozieren. Hinter jeder Flanke seiner Schlachtreihe stand eine Einheit libyscher Fußsoldaten, die mit erbeuteten römischen Waffen ausgerüstet waren.

Zweite Phase

Der Kampf wurde mit belanglosem Geplänkel vor den Hauptkampflinien eröffnet. Dann ging die schwer bewaffnete punische Reiterei unter Hasdrubal zum Angriff über und durchstieß die römische Kavallerie unter Paullus. Die römischen Fußsoldaten waren mit den spanischen und gallischen Fußsoldaten zusammengeprallt. Die Spitze des karthagischen Keils wich zurück und die Legionäre

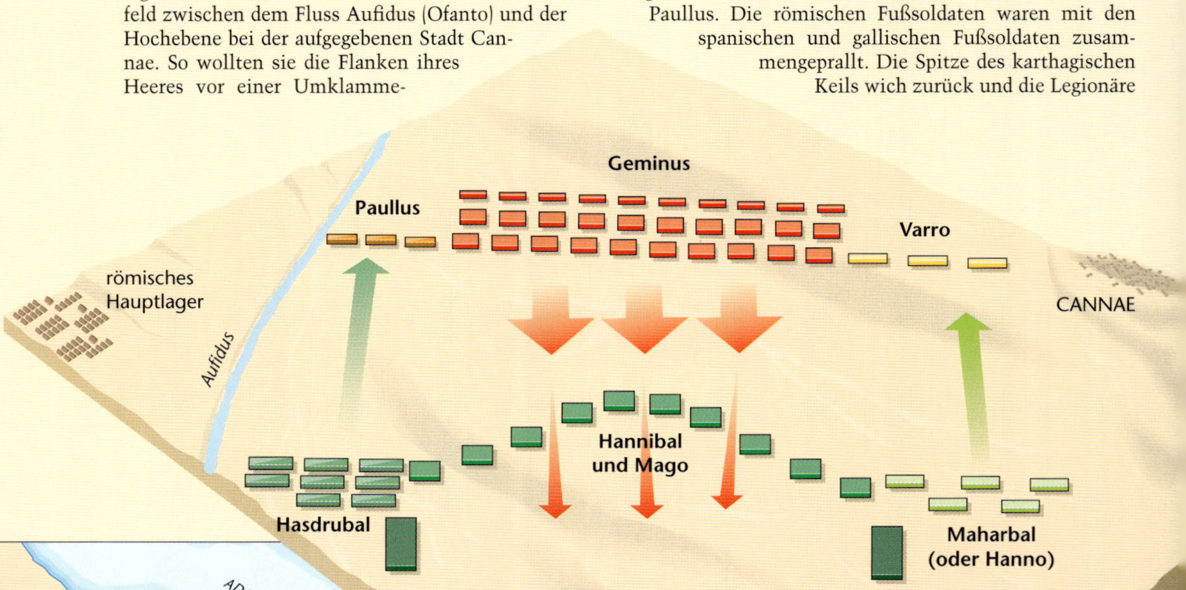

(links) 218 v. Chr. überquerte Hannibal die Alpen und fiel in Italien ein. In den folgenden Jahren drang er nach Süden vor, erst 216 konnten ihm die Römer bei Cannae nennenswerten Widerstand entgegensetzen.

stürmten durch die sich öffnende Lücke, wodurch die geschlossene Formation auseinander fiel und die römischen Soldaten nur noch einen großen ungeordneten Haufen bildeten. Dieser wurde von beiden Flanken von den Libyern angegriffen, was den Spaniern und Galliern Zeit gab, sich zu sammeln und wieder in die Schlacht einzugreifen. Die Römer wurden aufgehalten und waren nicht in der Lage, auf diese neue Bedrohung zu reagieren. Hasdrubal hatte seine Reiterei zusammengezogen und war hinter die römische Linie gelangt, um die Kavallerie der Bundesgenossen anzugreifen; er trieb sie vom Schlachtfeld weg. Dann griff er mit seinen Reitern die Nachhut der römischen Fußtruppen an, die umzingelt und in einem langen blutigen Kampf niedergemacht wurde. Das römische Heer war praktisch vernichtet.

Verluste

Bei den Römern: 45.000 Fußsoldaten und 2700 Reiter getötet, darunter Aemilius Paullus; rund 18.700 Gefangene.
Bei den Karthagern: ca. 5700 bis 8000 getötete Krieger.

Ergebnisse

Cannae war eine furchtbare Katastrophe für die Römer; die meisten ihrer Bundesgenossen in Süditalien liefen zum Feind über. Hannibal konnte seinen taktischen Sieg nicht für einen langfristigen strategischen Erfolg nutzen; die Römer leisteten weiterhin Widerstand und gewannen schließlich den Krieg.

Eine Büste, die angeblich Hannibal in seinem späteren Leben darstellt. In der Schlacht bei Cannae war der Feldherr noch ein junger Mann, der allerdings durch eine Krankheit schon damals auf einem Auge erblindet war.

HANNIBAL (um 247–188 v. Chr.)

Wie es hieß, hatte Hannibal als der älteste Sohn des Hamilkar Barkas, der im 1. Punischen Krieg (265–241 v. Chr.) mit einigem Erfolg gegen die Römer gekämpft hatte, seine Feindschaft gegen Rom von seinem Vater geerbt. Als der 2. Punische Krieg begann, führte Hannibal ein Heer von seinem Stützpunkt in Spanien durch Gallien und über die Alpen nach Italien. Dort fügte er den Römern eine Reihe von verheerenden Niederlagen zu: 218 v. Chr. an der Trebbia, 217 v. Chr. am Trasimenischen See und 216 v. Chr. vor Cannae. Diese Siege bewogen einen Großteil Süditaliens, zu Karthago überzulaufen, aber dennoch war Hannibal nicht in der Lage, Rom zu einem Frieden zu zwingen. Über ein Jahrzehnt blieb sein Heer in Italien und wurde in keiner größeren Schlacht besiegt. 203 v. Chr. wurde Hannibal zurückgerufen, um Karthago gegen einen Angriff der Römer zu verteidigen. Im Jahr darauf wurde er in der Schlacht bei Zama von Scipio Africanus besiegt, und nun waren die Karthager gezwungen, Frieden zu schließen.

Nach dem Krieg trug die geschickte Verwaltung Hannibals rasch zur wirtschaftlichen Erholung Karthagos bei, doch schließlich wurde er von politischen Rivalen in die Verbannung getrieben, bedingt auch durch die erneute Feindschaft des römischen Senats. Er stellte sich als Offizier dem Seleukidenkönig Antiochos III. zur Verfügung, erhielt jedoch in dessen unglücklichem Krieg gegen Rom nur einen untergeordneten Posten. Nach seiner Flucht wurde einer der größten Feldherren der Antike von den Römern unnachsichtig verfolgt und schließlich in den Selbstmord getrieben.

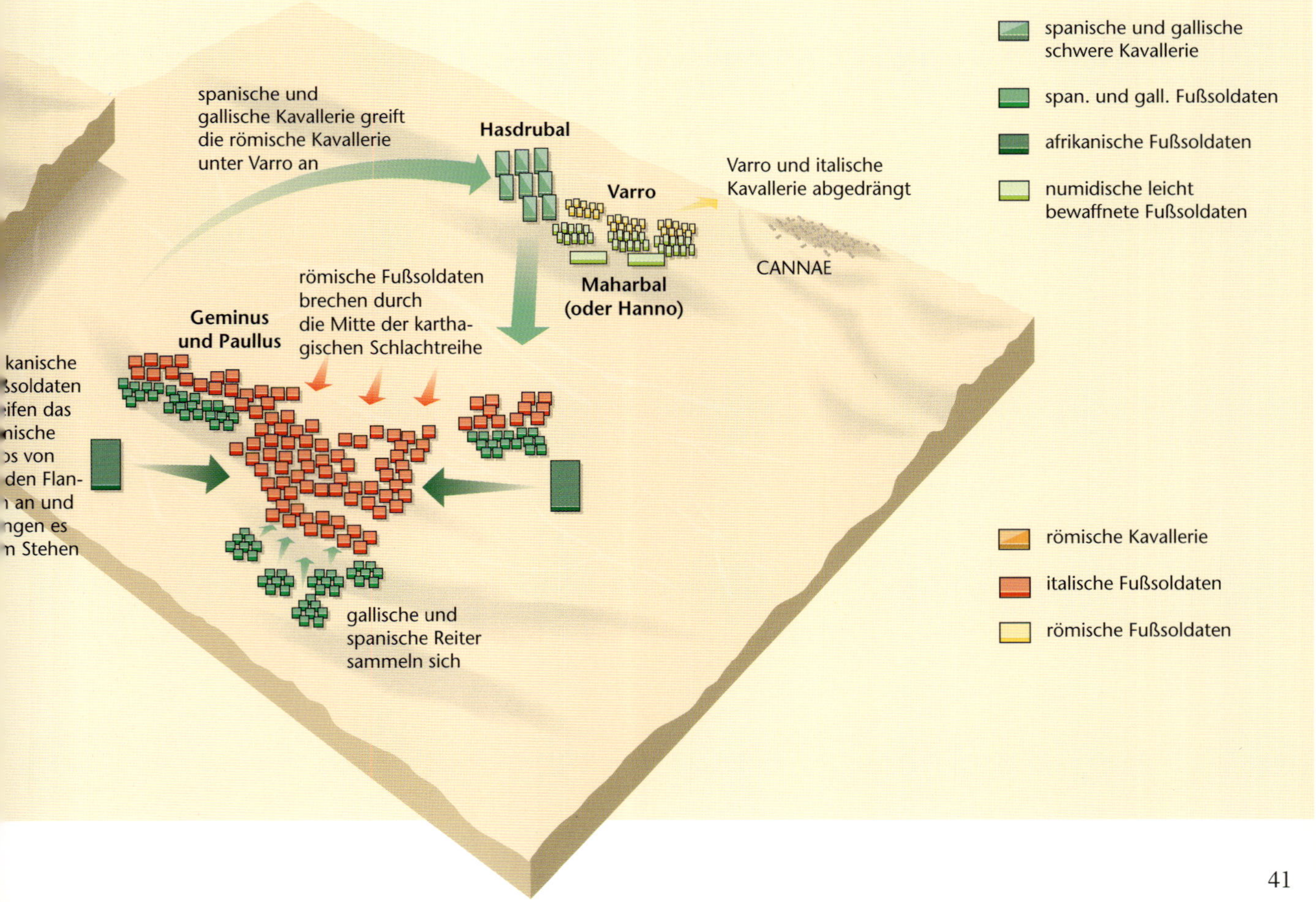

(oben) Wandmalerei aus Pompeji mit einer der besterhaltenen Darstellungen auf See manövrierender Kampfschiffe. Bei jedem Schiff sind die Rammsporne in Höhe der Wasserlinie zu sehen; die Decks sind dicht besetzt mit bewaffneten Fußsoldaten.

(rechts) Münze mit Kampfschiff, im Jahr 49 v. Chr. geprägt. Das Schiff hat Segel gesetzt und die Ruder ausgefahren; in der Praxis allerdings wurden diese Schiffe entweder mit Wind- oder mit Ruderkraft fortbewegt. Während der Probefahrten der *Olympias* auf offener See erreichte die Trireme unter Segel acht Knoten. Eine solche Geschwindigkeit konnten die Ruderer nur bei kurzen Sprints erreichen, bei längeren Fahrten waren vier Knoten möglich.

klein, um in der Hauptschlachtlinie zu fahren, und wurden durch Quinqueremen (»Fünfruderer«) ersetzt. Die Konstruktion dieser Schiffe ist umstritten, sie waren auf jeden Fall höher, wahrscheinlich etwas breiter und länger als Triremen. Die wahrscheinlichste Verteilung der fünf Ruderer, die jeweils ein Team bildeten, sah so aus, dass auf den beiden oberen Bänken jeweils zwei saßen und auf der untersten Bank einer. Quinqueremen waren nicht so wendig wie Triremen, doch ihr größerer Rumpf war widerstandsfähiger und sie konnten wesentlich mehr Seesoldaten an Bord nehmen. In der Seeschlacht von Ecnomus 256 v. Chr. hatten Polybios zufolge die römischen Quinqueremen eine Besatzung von 300 Mann (davon 20 als Deckmannschaft, der Rest waren Ruderer) sowie 120 Seesoldaten.

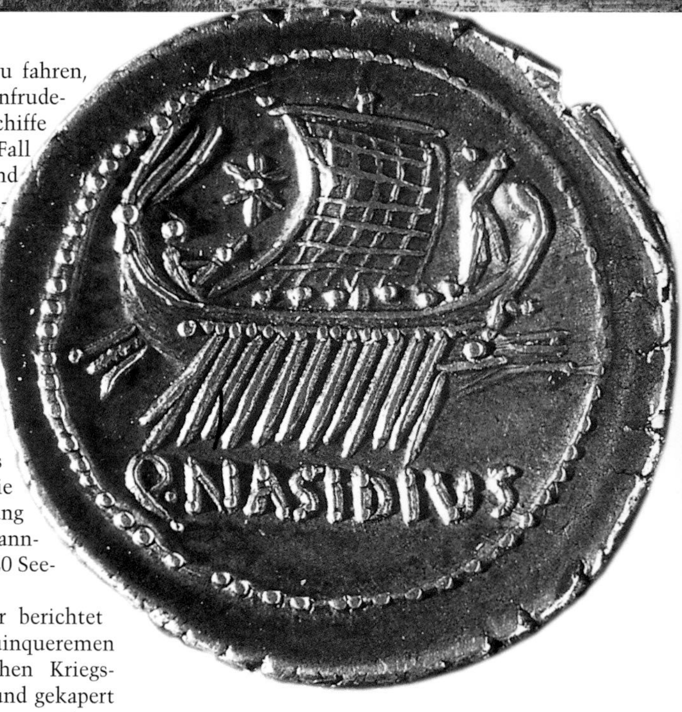

Der griechische Geschichtsschreiber berichtet weiter, dass die ersten römischen Quinqueremen direkte Nachbauten eines karthagischen Kriegsschiffs waren, das auf Grund gelaufen und gekapert worden war, und dass für den Bau der ersten Flotte nicht mehr als 60 Tage benötigt wurden. Auch wenn diese Geschichte in der Vergangenheit für wenig glaubhaft gehalten wurde, ist sie doch durch die jüngste Entdeckung der Überreste von zwei kleinen punischen Kriegsschiffen im Meeresboden vor der Küste Siziliens wahrscheinlicher geworden. Das Spantenwerk des besser erhaltenen Schiffs ermöglichte zahlreiche Aufschlüsse über seine Konstruktion. Zahlen und Buchstaben des punischen Alphabets auf dem Kiel bezeichneten die Stellen, an denen die Spanten angebracht werden sollten, und andere Anweisungen markierten die Stellen für Schlitze und Zapfen. Das Schiff war offenbar das Produkt eines perfekt organisierten Systems der Massenherstellung nach einem Einheitsentwurf. Es waren wohl die Technik und die Seetüchtigkeit des Schiffes, die die Römer bewogen, dieses Modell nachzubauen.

Seekriegsstrategie

Mit seiner großen Mannschaft im Verhältnis zur geringen Größe des Schiffs hatte das Ruderkriegsschiff nur eine kurze strategische Reichweite. Es gab wenig Platz für Vorräte und Trinkwasser, auf das die Ruderer angewiesen waren, die sich in der Hitze der Mittelmeerregion abmühten. Ruderer und Seesoldaten durften sich während der Fahrt nicht frei auf dem Schiff bewegen, da es sonst zu kentern drohte. Die Flotten der Antike blieben nur selten länger als drei Tage auf hoher See. Sie liefen öfters Häfen an oder wurden auf den Strand gesetzt, damit die Mannschaften sich erholen und Vorräte an Bord bringen konnten. Gute Häfen zu haben oder zumindest die Küsten zu kontrollieren war wesentlich, wenn die Seemacht sich über größere Entfernungen hinweg erstrecken sollte.

Das Milizheer: Triumphe und Niedergang

Reiter mit Muskelpanzer und attischem Helm. Eine derart fein gearbeitete Ausrüstung haben wahrscheinlich nur ganz wenige hohe Offiziere getragen. Reliefs auf Sarkophagen zeigen zwar häufig kriegerische Szenen, doch die künstlerische Konvention wollte keine wirklichkeitsgetreue Darstellung.

Das Milizsystem bewährte sich gut bis zur Mitte des 2. Jahrhunderts v. Chr. Es hatte zwei entscheidende Vorteile gegenüber anderen Militärsystemen jener Zeit. Der erste war die Heeresstärke. In dem Maße, wie sich die Römer in Italien ausbreiteten, nahm auch die Zahl der römischen Bürger zu. Manchen Gemeinwesen wurde das Bürgerrecht gewährt, während andere den Status von Latinern oder noch weniger erhielten, aber gleichwohl verpflichtet waren, wehrfähige Männer zu stellen. Nach Polybios hatten die römische Republik und ihre Bundesgenossen über 700.000 Mann in Registern erfasst, die im wehrfähigen Alter waren und über ein ausreichendes Vermögen verfügten, um Kriegsdienst zu leisten. Von all diesen wurde von Zeit zu Zeit immer nur ein Bruchteil eingezogen, und so konnte die Republik aufgrund der Masse der Reservisten die furchtbaren Verluste des 2. Punischen Krieges verschmerzen und siegreich bleiben. Kein anderer damaliger Stadtstaat wäre dazu im Stande gewesen, und immer wieder zwangen die Römer Feinde, die weit geringere Verluste erlitten hatten, zur Kapitulation. Der zweite große Vorteil des Milizsystems bestand in der Bereitschaft der römischen Bürger und ihrer Bundesgenossen, sich der Disziplin und dem Befehl des Heeres zu unterwerfen. Nach ihrer erstmaligen Aushebung benötigten die Legionen und *alae* eine intensive Ausbildung. Je länger ein römisches Heer im Feld stand, desto schlagkräftiger wurde es. Die Heere der letzten Jahre des 2. Punischen Krieges und der anschließenden Jahrzehnte bestanden aus erfahrenen und gut ausgebildeten Männern.

Doch das Milizsystem hatte auch seine Nachteile, vor allem den, dass es nicht auf Permanenz angelegt war. Veteranenheere wurden am Ende eines Krieges entlassen, und immer wenn ein neues Heer ausgehoben wurde, musste es erst ausgebildet werden und Erfahrungen sammeln, bevor es seine entscheidende Schlagkraft erreichte. Es war kaum möglich, die Schlachterfahrung der Soldaten wirklich zu nutzen, denn selbst wenn die Männer ein zweites Mal eingezogen wurden, dienten sie nicht mit den einstigen Kameraden, nicht unter denselben Offizieren und nie in denselben Einheiten wie zuvor. Viele Niederlagen Roms gingen darauf zurück, dass die Konsuln Schlachten mit Armeen führten, die erst kurz zuvor aufgestellt und noch wenig erfahren waren. Außerdem gab es keine speziell ausgebildeten Soldaten oder Offiziere, wie sie etwa für Pionier- oder Belagerungsbauten benötigt wurden. Das Milizheer war für Belagerungen denkbar ungeeignet.

Die Expansion über die Grenzen Italiens hinaus brachte ihre eigenen Probleme mit sich. Die Kriege mussten in immer größerer Entfernung von Rom geführt werden und konnten Jahre dauern, und die Provinzen außerhalb Italiens erforderten die Unterhaltung ständiger Garnisonen. Die Bauern, die das Gros der Rekruten für die Hauptschlachtreihen der Legionen stellten, wurden über Jahre hinweg der Scholle entzogen, was für ihre Familien schwere Belastungen und gelegentlich den wirtschaftlichen Ruin zur Folge hatte. Anstelle eines schnellen und einträglichen Feldzugs in Italien konnte Heeresdienst nun zehn Jahre Dienst in einer Garnison mit permanenten Scharmützeln in Spanien bedeuten, ohne Aussicht auf Ruhm oder persönlichen Gewinn. Der Kriegsdienst verlor an Attraktivität, und die Römer mussten feststellen, dass die Zahl der kriegstauglichen Männer rückläufig war. Mehrfach wurde daher das für den Militärdienst erforderliche Mindesteinkommen gesenkt, ohne dadurch den Trend spürbar beeinflussen zu können. Nach einer Periode relativen Friedens zwischen 180 und 155 v. Chr. waren zwangsläufig immer weniger Männer mit Kriegserfahrung in den römischen Legionen. Dennoch blieben die Römer zuversichtlich, jeden Krieg zu gewinnen, und vergaßen die harte Vorbereitung und die sorgfältige Ausbildung, welche einst ihre Triumphe ermöglicht hatten. Seit etwa 150 v. Chr. begann fast jeder militärische Konflikt mit verheerenden, oft demütigenden Niederlagen für die Römer. Aber am Ende trugen sie stets den Sieg davon, da sie so lange neue Soldaten und Hilfsmittel in das Kriegsgebiet schickten, bis der Feind überwunden war.

Anfangs blieb die Legion unbeweglich stehen
und benutzte die engen Schluchten als Deckung.
Als sie aber ihre Speere mit sicherem Wurf
auf die näher gerückten Feinde abgeworfen hatte,
brach sie in der Form eines Keils vor.

(Beschreibung der Niederlage
der Königin Boudicca in Britannien 60 n. Chr.;
Tacitus, Annalen, XIV, 37)

Die großen Kriege mit Karthago und den hellenistischen Mächten wurden vom römischen Milizheer gewonnen, doch während des 2. Jahrhunderts v. Chr. erwies sich dieses System der Anwerbung von Soldaten als zunehmend ungeeignet. Der Erwerb von Provinzen außerhalb Italiens machte die ständige Stationierung großer Garnisonen notwendig und das hieß: Viele Legionäre konnten nach einem Krieg nicht mehr zu ihren Familien zurückkehren, sondern mussten zehn Jahre oder länger dienen. Das konnte die Kleinbauern, die traditionell den größten Teil des römischen Heeres stellten, schnell in den Ruin führen. Die Römer selbst befürchteten den Niedergang der Bauernschaft, und ihre Befürchtungen bekamen noch mehr Nahrung, als mehrere Kriege in Folge mit verlorenen Schlachten begannen und erst nach verlustreichen Kämpfen gewonnen werden konnten. Schließlich musste die Republik das Milizsystem aufgeben und ein stehendes Heer aus Berufssoldaten aufstellen, die überwiegend aus den ärmsten Bevölkerungsschichten rekrutiert wurden. Diese Änderung wurde gelegentlich mit dem großen Feldherrn Gaius Marius in Verbindung gebracht, es spricht aber auch vieles dafür, dass sie sich über einen viel längeren Zeitraum anbahnte. Wie auch immer, mit dem Wandel änderte sich der Charakter der Legionen grundlegend. Der Heeresdienst wurde zu einem Beruf mit Aufstiegschancen und die Legionäre übten diesen während des größten Teils ihres Lebens aus, sodass sie immer längere Zeiten vom zivilen Leben getrennt waren. Die Männer hatten kaum Vermögen und auch sonst keine Einnahmequelle, wenn das Heer ihre Dienste nicht mehr brauchte. Viele waren daher bereit, unter ihren Befehlshabern auch gegen andere römische Heere zu kämpfen. Längere Bürgerkriege während des 1. Jahrhunderts v. Chr. hatten den Zusammenbruch der Republik zur Folge, und an deren Stelle trat das Prinzipat.

Unter dem Prinzipat wurde die Aufstellung eines Berufsheeres vollendet. Alle Soldaten kämpften nun in dauerhaften Einheiten, von denen viele jahrhundertelang bestanden. Berufssoldaten dienten 25 Jahre, während sich in den höheren Rängen noch Elemente des alten Milizsystems erhalten hatten. Legionen und Auxiliartruppen wurden von Senatoren bzw. Angehörigen des Ritterstandes befehligt. Viele Senatoren verbrachten nur einen Teil ihrer Laufbahn im Heer und bekleideten daneben wie bisher zivile Ämter.

Parade der Prätorianergarde. Die Männer tragen Zierhelme im klassischen Stil, Muskelpanzer sowie stark verzierte Schilde.
Detail eines Reliefs (Anfang 2. Jh. v. Chr.), das in Rom gefunden wurde.

II Das Berufsheer

Das postmarianische Heer

Marius und die capite censi

Die Schaffung eines Berufsheeres ist häufig Gaius Marius zugeschrieben worden. 107 v. Chr. wurde er zum Konsul gewählt und trotz starker Opposition des Senats zum Feldherrn im Jugurthinischen Krieg ernannt. Da ihm das Recht bestritten wurde, neue Legionen zur Verstärkung des Heeres aufzustellen, blieb ihm nur die Möglichkeit, Freiwillige anzuwerben. In einer bis dahin beispiellosen Aktion suchte Marius diese unter den besitzlosen Bürgern *(proletarii)*, die nicht genug Vermögen hatten, um sich für den Heeresdienst zu qualifizieren. Diese *capite censi* (»nach dem Kopf Geschätzten«) reagierten begeistert und erwiesen sich als tüchtige Soldaten. Die prinzipielle Verknüpfung von Vermögen und Heeresdienst war damit für immer durchbrochen; die Rekruten mussten von nun an lediglich römische Bürger sein und kamen zunehmend aus der Schicht der Besitzlosen.

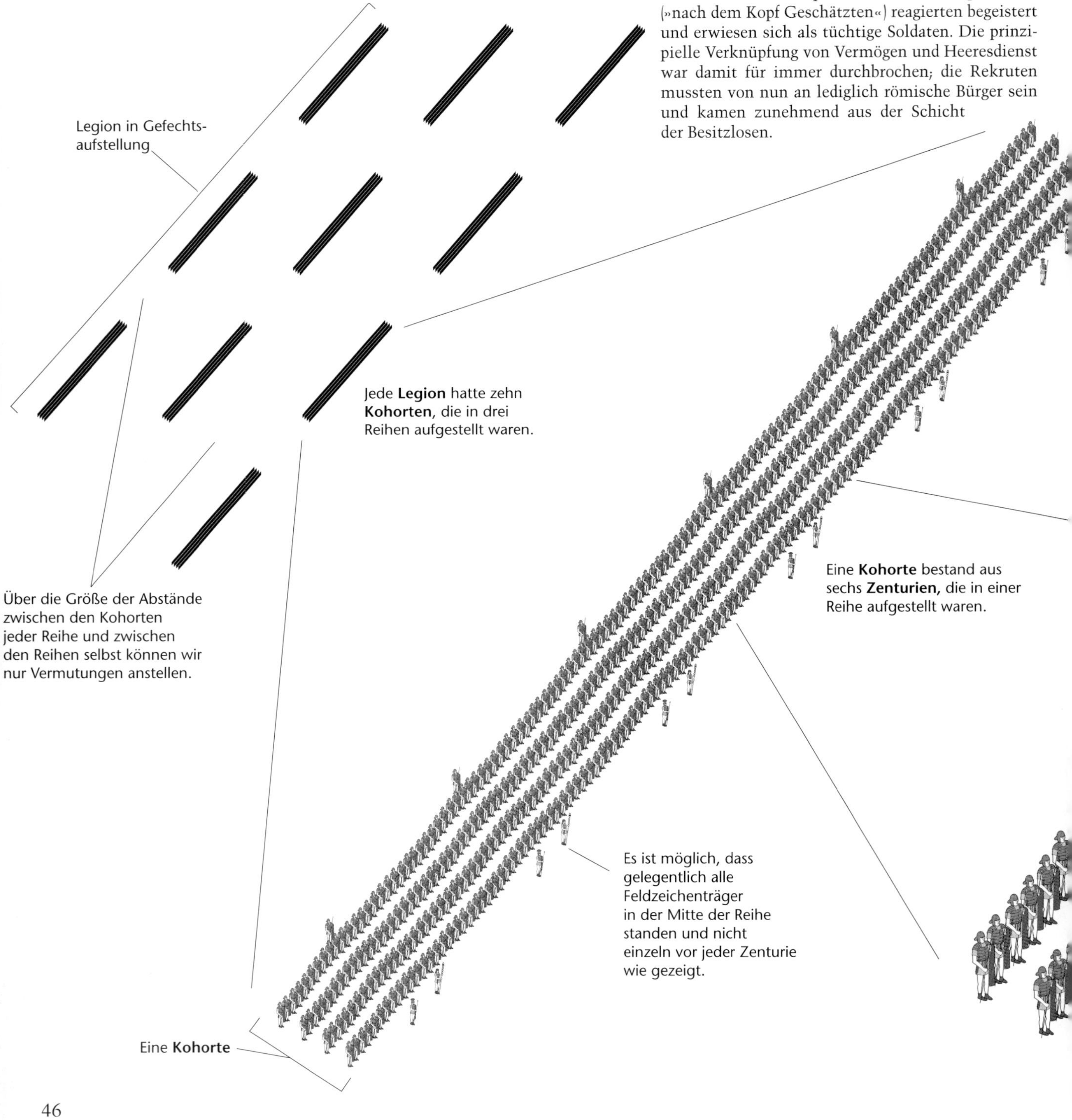

Die Veränderung wurde sicher nicht von heute auf morgen eingeführt. Manche Historiker behaupten, Marius habe bloß eine längst übliche Praxis offiziell sanktioniert. So war der Mindestzensus für die Aufnahme in das Heer bereits mehrfach herabgesetzt worden und es gibt Hinweise, dass schon früher ärmere Freiwillige in den Legionen dienten, die faktisch Berufssoldaten waren, auch wenn wir nicht wissen, wie groß ihr Anteil im Heer war. Gleichwohl war die Reform des Marius sicherlich ein wichtiger Schritt bei der Aufstellung des Berufsheers. Bald darauf führte der letzte große Aufstand der italischen Verbündeten Roms, der Bundesgenossenkrieg, zur Verleihung des Bürgerrechts an praktisch alle Gemeinwesen südlich des Po. Die *alae* verschwanden und von nun an wurden alle Soldaten in Legionen aufgenommen, die in derselben Art und Weise organisiert waren.

Die neuen Legionen

Auch wenn viele Traditionen des Milizheeres bewahrt wurden, waren die neuen Einheiten, die überwiegend aus Berufssoldaten bestanden, in ihrem Geist und ihrer Taktik etwas völlig anderes. Die neuen Legionen bestanden wesentlich länger und behielten auch so lange ihren Namen und ihre Nummer. In der Vergangenheit hatte jede Legion fünf Feldzeichen getragen – Adler, Pferd, Stier, Wolf und Bär –, doch Marius gab jeder Legion einen einzelnen silbernen Adler als Feldzeichen. Legionäre, die ihren Dienst im Heer als Beruf auffassten und darin nicht mehr eine Unterbrechung ihres alltäglichen Lebens sahen, identifizierten sich sehr eng mit ihrer Legion, und diese Einheiten entwickelten auch einen starken Korpsgeist. Kluge Führer wie Caesar machten sich den Stolz der Soldaten auf ihre Legionen und die Rivalitäten der Einheiten untereinander zu Nutze.

Die Soldaten mussten sich nicht mehr selbst um ihre Ausrüstung kümmern, sondern erhielten Waffen, Kriegsausrüstung und Kleidung vom Staat. Die Klassenunterschiede in der Legion verschwanden und mit ihnen die Kavallerie und die leicht bewaffneten Fußsoldaten. Alle Legionäre waren jetzt schwer bewaffnete Fußsoldaten und trugen sowohl das *pilum* als auch den *gladius*. Die Männer waren wie zuvor in Zenturien eingeteilt, die nun einheitlich 80 Mann umfassten, und je zwei Zenturien bildeten einen Manipel. Aber der Manipel als taktische Grundeinheit wurde nun durch die größere Kohorte ersetzt. Diese bestand aus drei Manipeln, jeweils eine aus den alten Schlachtreihen, deren Namen in den Titeln der Zenturionen bewahrt blieben, und zählte zumindest theoretisch 480 Mann. Die Kontingente der Bundesgenossen wurden eine Zeit lang zu Kohorten zusammengefasst, und Polybios erwähnt zweimal diese Formation, die zusammen mit den Legionen während des 2. Punischen Krieges in Spanien eingesetzt worden war. Bei ihm heißt es, dass eine Kohorte aus drei Manipeln bestand, doch ist der Text hier etwas mehrdeutig. Möglicherweise war »Kohorte« der Begriff, der für jede kurzfristig gebildete Einheit verwendet wurde, die größer als ein Manipel und kleiner als eine Legion war. Es kann auch sein, dass die Verhältnisse in Spanien den Gebrauch dieses Begriffs durch die dort kämpfenden Legionen gelegentlich nahe legten, aber es gibt keinen Grund anzunehmen, dass alle Legionen während der ganzen Zeit vor Marius in Kohorten und Manipel organisiert waren.

Die Kohorte bot gegenüber derselben Zahl von Soldaten, die in Manipel organisiert waren, mehrere Vorteile. Es handelte sich um eine Einheit, die es gewohnt war zusammenzuarbeiten und die ihren eigenen Kommandeur hatte, auch wenn wir dies keiner unserer Quellen ausdrücklich entnehmen können. Kommandeur war vermutlich einer der sechs Zenturionen an der Spitze der Zenturien. Eine oder mehrere Kohorten bildeten eine einheitlich organisierte, wirkungsvolle Abteilung, die zum Beispiel für eine Operation benötigt wurde, die den Einsatz einer ganzen Legion nicht gerechtfertigt hätte.

Zum Kampf stellte sich die Legion nach wie vor in dreifacher Schlachtreihe auf, vier Kohorten in der vordersten Reihe und drei in der mittleren und hinteren Reihe. Jede Kohorte hatte die gleiche Größe und Ausrüstung. Eine so zusammengesetzte Legion konnte sich aus taktischen Gründen ebenso gut in zwei oder vier Reihen aufstellen. Sie war für den Kommandeur einfacher zu befehligen, da er seine Instruktionen nur noch zehn Kohortenführern übermitteln musste und nicht mehr jedem einzelnen Führer der 30 Manipel. Eine Kohorte konnte sich mit den übrigen in einer Reihe bewegen, sie war aber auch als unabhängige Einheit einsatzbereit. Die Ko-

Ein Silberdenar aus dem Jahr 49 v. Chr., der einen Legionsadler *(aquila)* zeigt, eingerahmt von zwei Standarten mit Feldzeichen *(signa)*. Der Überlieferung zufolge war es Marius, der jeder Legion einen Adler als ihr wichtigstes Feldzeichen gab.

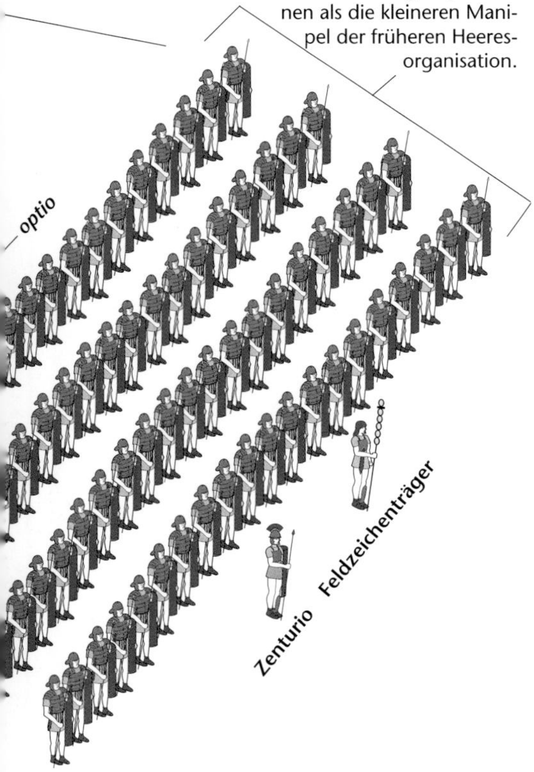

Eine **Zenturie** mit 80 Mann, in vier Reihen aufgestellt. Die größere Zahl der Mannschaften einer Zenturie machte sie besser geeignet für selbständige Operationen als die kleineren Manipel der früheren Heeresorganisation.

***(links)* Eine Legion aus zehn Kohorten in Gefechtsformation. Alle Kohorten waren in derselben Weise für den Kampf ausgebildet und ausgerüstet; sie mussten also keine bestimmte Position einnehmen, um ihren Auftrag zu erfüllen.**

Belagerungslinien, die von der Armee Julius Caesars 52 v. Chr. um Alesia errichtet wurden. Die Rekonstruktion zeigt das hohe Niveau der Bautechnik der Berufssoldaten. Bei Alesia errichteten die Römer zwei solche Linien (eine mit Blick nach innen auf die belagerte Stadt und die zweite mit Blick nach außen, um sich gegen das gallische Entsatzheer zu verteidigen), jede über 17,5 Kilometer lang, mit 23 kleinen Kastellen und Türmen in einem Abstand von 24 Metern entlang des Belagerungswalls.

hortenlegion war strategisch und taktisch flexibler als ihre Vorgängerin aus Manipeln.

Die neue Heeresorganisation brachte auch noch andere Vorteile mit sich. Erfahrung und technisches Wissen konnten leichter bewahrt und an die nächste Generation weitergegeben werden und gingen nicht mehr verloren, sobald ein Feldzug beendet war und die Legion aufgelöst wurde. Während des 1. Jahrhunderts v. Chr. zeigte das römische Heer erstmals seine meisterliche Beherrschung von Pionierbauten, wie sie von keinem seiner Rivalen erreicht wurde. Die Legionen führten Spezialisten und Facharbeiter sowie Soldaten mit sich, die sich auch als Arbeiter einsetzen ließen. In Caesars Heer waren Männer, die in der Lage waren, Brücken über den Rhein zu schlagen, Schiffe zu bauen und zu reparieren, Rampen anzulegen und Kriegsmaschinen zu konstruieren, um zum Beispiel Avaricum (Bourges) zu erstürmen, oder Befestigungslinien zu errichten, um Alesia während des Gallischen Krieges durch eine Blockade in die Knie zu zwingen. Diese Handwerker wurden nur für die Dauer einer bestimmten Aufgabe zu Arbeitsmannschaften zusammengestellt und blieben im Übrigen auf die einzelnen Kohorten verteilt, wo sie dieselben Pflichten verrichteten wie die anderen Soldaten.

Die besten Legionen, die das Milizsystem hervorgebracht hatte, hart erprobt und von erfahrenen Offizieren ausgebildet, waren möglicherweise nicht weniger selbstbewusst und taktisch geschickt als die besten späteren Legionen aus Berufssoldaten. Doch die neuen Einheiten waren im Allgemeinen besser ausgebildet und disziplinierter, weil sie nun permanent Kriegsdienst leisteten. Die Römer glaubten, nur jahrelange erfolgreiche Kämpfe könnten eine Militäreinheit auf den Gipfel ihrer Effizienz führen. Einer von Caesars Offizieren behauptete, eine Legion auf ihrem achten Feldzug in Gallien, auch wenn sie sich bisher gut bewährt hatte, könne es mit einer Veteraneneinheit des Heeres nicht aufnehmen.

Unter der Führung begabter und ehrgeiziger Feldherren traten die bestens ausgebildeten Legionen aus Berufssoldaten in die intensivste Eroberungsperiode der römischen Geschichte ein. Da die leichte Infanterie oder Kavallerie von früher fehlten, stützten sich die römischen Heere nun auf die Bundesgenossen, die häufig an Ort und Stelle herangezogen wurden, um diese unterstützenden Waffengattungen bereitzustellen, doch die Hauptlast einer Operation trugen stets die Legionen. Männer wie Marius, Sulla, Pompeius, Lucullus und Caesar demonstrierten stets aufs Neue die Flexibilität der Kohortenlegionen. In Europa, Nordafrika und im Vorderen Orient nahmen die Römer den Kampf mit ganz unterschiedlichen und häufig zahlenmäßig überlegenen Feinden auf und vernichteten sie, oft mit fast verachtungsvoller Leichtigkeit. Die daraus resultierende Überheblichkeit war ein wesentlicher Grund für das Desaster bei Carrhae (Karrhai) 53 v. Chr., als das Heer unter Crassus von den Parthern völlig aufgerieben wurde.

Berufsoffiziere

Die Legion aus zehn Kohorten hatte noch immer keinen festen Befehlshaber. Es bürgerte sich jedoch zunehmend ein, dass einem der Statthalter des Feldherrn *(legati)* das Kommando übertragen wurde. Im Kampf gegen den germanischen Heerführer Ariovist 58 v. Chr. ernannte Caesar seinen *quaestor* und fünf *legati* zu Kommandeuren seiner sechs Legionen. Der Quästor war ein gewählter Magistrat, ein Senator zu Beginn seiner Laufbahn, der für die Finanzen einer Provinz zuständig war und als Stellvertreter des Feldherrn auftrat. *Legati* wurden nicht gewählt, sondern vom Feldherrn aus dem Kreis seiner Familie, seiner Freunde und politischen Bundesgenossen bestimmt. Einige mochten ehemalige Feldherren und Heerführer gewesen sein, die aufgrund ihrer Erfahrung für eine begrenzte Zeit auf dieser Ebene die Führung übernahmen.

Daneben gab es noch sechs Tribune in jeder Legion. Manche waren junge, unerfahrene Adlige, die eine politische Laufbahn anstrebten, doch viele stammten aus dem Ritterstand (dessen Angehörige bisher in der Reiterei gedient hatten). Viele von diesen waren ebenso Berufssoldaten wie die Offiziere und Mannschaften, denn es wurde für sie anscheinend üblich, für eine längere Zeit zu dienen. Die Zunahme von Kriegen außerhalb Italiens und das häufige Aufflammen von Bürgerkriegen im 1. Jahrhundert v. Chr. hatten zur Folge, dass viele Offiziere fast ständig im Heer Dienst taten.

Ein weiterer wichtiger Faktor bei der Bewahrung kollektiver Erfahrungen und Fertigkeiten im Heer war das Aufkommen des Berufs-Zenturios. Zwar weist Polybios darauf hin, dass große Sorgfalt darauf verwendet wurde, entschlossene Kämpfer auszuwählen, um die Ränge des Zenturionats zu füllen, doch erst in der späten Republik gewinnen diese Männer an Bedeutung. In Caesars Bericht von seinen eigenen Feldzügen ist es der Zenturio, der mehr als jeder andere Offiziersrang Aufmerksamkeit und Lob erhält. Männer wie Sextus Baculus in Gallien und Crastinus in der Schlacht bei Pharsalos in Griechenland (48 v. Chr., wo Caesar Pompeius besiegte) werden als Helden dargestellt, die die Soldaten unter ihrem Kommando begeisterten. Wiederholt schreibt Caesar, dass er tapfere Zenturionen von niederem Dienstgrad in Veteranenlegionen in höhere Positionen in neu ausgehobenen Einheiten beförderte. Nur ein Mal in allen seinen Schriften erwähnt Caesar einen Mann, der aus den Reihen der Legionen in das Zenturionat kam, und der Betreffende diente unter Pompeius und nicht unter Caesar. Ansonsten haben wir keinen Hinweis auf die Auswahl dieser Offiziere oder darauf, ob sie aus den unteren Rängen in ihr Amt befördert wurden. Fest steht lediglich, dass ein Mann von dem Tag an, an dem er zum Zenturio befördert wurde, einen gewissen Status und mit der Zeit auch Wohlstand erlangte.

Berufssoldaten

Das postmarianische Heer war in vieler Hinsicht eine flexiblere und effektivere Streitmacht als zuvor. Auch sein Verhältnis zur Republik war völlig anders. Das alte Milizheer war noch der ganze Staat und das Volk in Waffen. Je nachdem als was sie im Heer gedient hatten, genossen die Männer in unterschiedlichem Maße ein politisches Mitspracherecht. Der Kriegsdienst mochte gelegentlich Ruhm und auch Gewinn gebracht haben, doch die Bürger leisteten ihn aus einem Gefühl der Verpflichtung gegenüber der Republik, mit der sie sich stark identifizierten. Man pflegte das alte Hoplitenideal, da die Männer, die für den Staat kämpften, ihm auch das meiste verdankten.

Die Berufssoldaten kamen dagegen überwiegend aus den ärmsten Bevölkerungsschichten, die so gut wie keinen politischen Einfluss hatten. Das Heer ernährte und kleidete diese Männer, sorgte für ein regelmäßiges Einkommen und gab ihrem Leben einen Inhalt. Das alles war vorbei, sobald sie entlassen wurden. Der Senat verschloss sich der Einsicht, dass das Heer keine Miliz der begüterten Schichten mehr war, sondern eine Streitmacht aus Soldaten, die für ihren Unterhalt auf die Armee angewiesen waren. Deshalb wandten sich die Soldaten an ihre Feldherren, um ihren Unterhalt zu sichern; gewöhnlich bekamen sie ein Stück Land, wenn sie ins Zivilleben zurückkehrten. Ein guter Heerführer, der mit seinen Truppen ausgedehnte und erfolgreiche Feldzüge geführt hatte und der vor allem ein begabter Feldherr war, konnte nun ein Heer schaffen, dessen Loyalität mehr seiner Person als dem Staat galt, der sich nicht um die Probleme der Soldaten kümmerte. Es ist kennzeichnend für die späte Republik, dass die Zeiten der größten Eroberungen zugleich die Zeiten immer wiederkehrender Bürgerkriege waren. Römische Legionen bekämpften einander mit derselben Rücksichtslosigkeit, mit der sie feindliche Heere bekämpften. Die großen Eroberer waren die hauptsächlichen Anführer in diesen inneren Konflikten, als immer wieder Legionen gegen Rom geführt wurden, um die politische Macht gewaltsam an sich zu reißen. Das Berufsheer spielte eine entscheidende Rolle, wenn Aufstände angezettelt wurden, die das republikanische Regierungssystem erschütterten und zur Schaffung des Prinzipats führten, das praktisch einer Monarchie gleichkam.

Ein Gedenkstein für Marcus Caelius Rufus, ranghoher Zenturio der Legio XIIX, und zwei seiner freigelassenen Sklaven. Caelius wurde im Alter von 53 Jahren getötet, als seine Legion und zwei weitere unter Publius Quinctilius Varus 9 n. Chr. im Teutoburger Wald in einen Hinterhalt gerieten und vernichtet wurden. Am Ende der Inschrift heißt es, seine Gebeine sollten hier begraben werden, sofern sie jemals gefunden würden.

Das Heer des Prinzipats

Die Legionen

Als Augustus, der erste Kaiser von Rom, 14 n. Chr. starb, war aus der römischen Armee ein Berufsheer und eine dauerhafte Institution geworden. Das Herz des Heeres blieben die Legionen, von denen viele jahrhundertelang bestanden, sofern sie nicht in einer Schlacht vernichtet oder, was seltener vorkam, in Ungnade aufgelöst wurden. Nach den Bürgerkriegen hatte Augustus 60 Legionen übernommen und sie auf 28 reduziert. In den folgenden drei Jahrhunderten waren es, mit geringfügigen Schwankungen, im Durchschnitt 30. Jede Legion bekam eine Nummer und konnte sich dann schnell Namen und Ehrentitel erwerben. Aber dieses System war nie ganz schlüssig, was vermuten lässt, dass einige der alten Legionen sich weigerten, ihre Identität aufzugeben. Infolgedessen gab es manche Nummern doppelt und drei Legionen hatten die Nummer III. Das System wurde noch verworrener, als spätere Kaiser neue Legionen aufstellten und mit ihrer Zählung wieder bei I begannen. Unter Augustus hatte die Legion XXII Deiotariana die höchste Nummer. Ihr Zustandekommen ist ungewöhnlich, denn sie wurde aus dem Heer des Galaterkönigs Deiotarus gebildet, der seine Soldaten nach römischem Vorbild ausrüsten und ausbilden ließ. Die ersten Angeworbenen erhielten anscheinend das römische Bürgerrecht, doch bald wurde die Legion auch aus römischen Bürgern rekrutiert und genauso behandelt wie alle anderen Legionen. Hinweise ihrer Entstehung haben sich auch in anderen Titeln erhalten: Drei Legionen, die X, XIII und XIV, waren als Gemina (»Zwillinge«) bekannt, die vermutlich durch die Zusammenlegung zweier Einheiten entstanden waren.

Einige Legionen hatten in der postmarianischen Zeit eine eigene Identität und einen eigenen Ruf erworben, doch die Reformen des Augustus institutionalisierten diesen Trend. Ihre Namen brachten manchmal kriegerische Eigenschaften zum Ausdruck, zum Beispiel Ferrata (»die Eisenharte«) oder Fulminata (»die Blitzgleiche«), oder erinnerten an Gebiete, in denen die Legion sich in Kämpfen ausgezeichnet hatte. Traditionen wurden nun innerhalb einer Legion von einer Generation an die nächste weitergegeben. Die Soldaten waren stolz auf die eigene Legion und blickten auf andere Legionen verächtlich herab. Feldzeichen und Symbole auf den Schilden der Männer, Besonderheiten der Kleidung und der Alltagsroutine machten jede Legion unverwechselbar. Selbst auf kurzen Inschriften und vor allem auf Grabinschriften erwähnten Soldaten gewöhnlich den Namen ihrer Legion. Um sich die Gunst der Legionäre zu sichern, verliehen ihnen die Kaiser bestimmte Titel. Der Legio XIV Gemina, die beim Sieg über Boudicca 60 n. Chr. eine herausragende Rolle gespielt hatte, verlieh Nero den Titel Martia Victrix (»dem Mars geweihte Siegerin«). Und Trajan, dessen voller Name Marcus Ulpius Traianus war, gab der Legion XXX den Namen Ulpia Victrix. Nicht alle Ehrentitel wurden im Krieg errungen; so gewährte Claudius den Titel Claudia pia fidelis (»dem Claudius ergeben, fromm und treu«) den Legionen VII Macedonia und XI, als diese sich weigerten, ihre Befehlshaber bei einem Putschversuch zu unterstützen.

Nach den Reformen des Marius gab es keine feste Obergrenze für den Kriegsdienst, auch wenn vermutlich die traditionelle Höchstzahl von 16 Feldzügen oder Jahren beibehalten wurde. Manche Legionen dienten für die Dauer eines Krieges, doch viele blieben auch nach seiner Beendigung in der Garnison. Augustus führte dann in seinen Legionen eine Dienstzeit von 16 Jahren ein, zu der 4 Jahre als Veteran kamen. Veteranen blieben bei ihrer Legion, brauchten jedoch nicht Posten zu stehen und waren eigentlich nur zur Verteidigung des Stützpunkts oder Lagers verpflichtet. Aber der Mangel an Rekruten führte später unter Augustus zu einer Verlängerung der Dienstzeit auf 20 Jahre plus 5 Jahren als Veteran. Obwohl diese Maßnahme anfangs übel aufgenommen wurde, blieb sie bis zum Ende des Prinzipats die Norm.

Unter Augustus wurde die Kommandostruktur der Legion etwas klarer formuliert und ein ständiger Befehlshaber ernannt. Das war der *legatus legionis*, ein Senator, meist Anfang dreißig. Sein Stellvertreter war der einzige weitere Senator in der Einheit, der *tribunus laticlavius*, in der Regel Anfang zwanzig oder zwei, drei Jahre jünger, der häufig wenig Kriegserfahrung hatte. Der zweite stellvertretende Kommandeur war der *praefectus castrorum*, der Lagermeister, ein erfahrener ehemaliger Zenturio, der wahrscheinlich den größten Teil seines Erwachsenenlebens im Heer verbracht hatte. Der Lagermeister war anscheinend für viele Aspekte der Verwaltung zuständig, die gewisse technische Kenntnisse erforderten. Darüber hinaus gab es fünf Tribunen, die aus dem Ritterstand rekrutiert wurden, die *tribuni angusticlavii*, die ebenfalls mit bestimmten Aufgaben betraut waren, aber keine Einheit der Legion befehligten. Neben diesen gab es Zenturionen, sechs in jeder Kohorte, deren Titel die Traditionen der alten Manipularlegion bewahrten. In aufsteigender Rang-

Den römischen Soldaten wurde am Ende eines jeden Jahres eine bestimmte Summe von ihrem Sold zur Deckung ihrer Begräbniskosten abgezogen. Dieser Betrag reichte anscheinend nur für einen ganz einfachen Grabstein. Viele Soldaten legten zusätzlich Geld für ein stattlicheres Grabmal zurück. Selbst eine schmucklose Inschrift wie diese hatte schon eine gewisse Investition erfordert.

Legionen des Prinzipats

Legion	*gebildet*	*vernichtet/aufgelöst*	*Bemerkung*
I Germanica	späte Rep.	aufg. 70 n. Chr.	nach einem Bürgeraufstand
I Adiatrix pia fidelis	Nero		ursprünglich aus ehemaligen Seesoldaten gebildet
I Italica	Nero		in Italien angeworben, anfangs sollten die Rekruten mindestens 1,80 Meter groß sein
I Macriana	Nero	aufg. 69/70 n. Chr.	kurzzeitig für den Bürgerkrieg
I Flavia Minervia pia fidelis	Domitian		Titel wegen Loyalität zu Domitian gewährt
I Parthica	Severus		aufgestellt für die Parther-Expedition
II Augusta	späte Rep./Augustus		hieß wahrscheinlich ursprünglich Gallica
II Adiatrix pia fidelis	Nero		ursprünglich aus ehemaligen Seesoldaten gebildet
II Italica	Mark Aurel		wahrscheinlich 165 n. Chr. gebildet
II Parthica	Severus		aufgestellt für die Parther-Expedition
II Traiana fortis	Trajan		»die Starke«, wahrscheinlich für Dakien aufgestellt
III Augusta pia fidelis	späte Rep./Augustus		
III Cyrenaica	späte Rep.		
III Gallica	Caesar		
III Italica concors	Mark Aurel		»die Einmütige«, wahrscheinlich 165 n. Chr. gebildet
III Parthica	Severus		aufgestellt für die Parther-Expedition
IIII Macedonica	Caesar	aufg. 70 n. Chr.	wegen Abfall zu den Bürgern
IIII Flavia felix	Vespasian		»die Glückliche«, gebildet aus den 70 n. Chr. aufgelösten Legionen
IIII Scythica	Mark Anton?		
V Alaudae	Caesar	vern. unter Domitian?	»die Lerchen«, ursprünglich im transalpinen Gallien aufgestellt
V Macedonica	späte Rep.		
VI Ferrata fidelis constans	Caesar		»die Eisenharte«, treu und beständig
VI Victrix	späte Rep.		»die Siegreiche«
VII Claudia pia fidelis	Caesar		Titel für ihre Loyalität zu Claudius 42 n. Chr.
VII Gemina	Galba		»Zwilling«, wahrscheinlich aus zwei Legionen um 70 n. Chr. gebildet
VIII Augusta	späte Rep.		
IX (bzw. VIIII) Hispana	späte Rep.	vern. unter Hadrian?	möglicherweise beim Bar-Kochba-Aufstand
X Fretensis	späte Rep.		genannt nach der Meerenge zwischen Italien und Sizilien
X Gemina	Caesar		»Zwilling«, aus zwei Einheiten gebildet
XI Claudia pia fidelis	späte Rep.		Titel für Loyalität gegenüber Claudius 42 n. Chr.
XII Fulminata	Caesar		»die Blitzgleiche«
XIII Gemina pia fidelis	späte Rep.		»Zwilling«, aus zwei Einheiten gebildet
XIV Gemina Martia Victrix	späte Rep.		»Zwilling«, Titel für die Niederschlagung des Boudicca-Aufstands 60–61 n. Chr.
XV Apollinaris	Augustus		Augustus beanspruchte eine besondere Beziehung zu Apollo
XV Primigenia	Caligula	aufg. 70 n. Chr.	wegen Abfall zu den Bürgern
XVI Gallica	Augustus	aufg. 70 n. Chr.	wegen Abfall zu den Bürgern
XVI Flavia Firma	Vespasian		reformierte Einheit aus XVI Gallica
XVII	Augustus	vern. 9 n. Chr.	in Germanien
XVIII (bzw. XIIX)	Augustus	vern. 9 n. Chr.	in Germanien
XIX	Augustus	vern. 9 n. Chr.	in Germanien
XX Valeria Victrix	Augustus		Titel wahrscheinlich für die Niederschlagung des Boudicca-Aufstands
XXI Rapax	Augustus	vern. unter Domitian?	»die Schnelle«
XXII Deiotariana	Augustus	vern. unter Hadrian?	gebildet aus dem Heer des Galaterkönigs Deiotarus
XXII Primigenia pia fidelis	Caligula		
XXX Ulpia Victrix	Trajan		aufgestellt für den Krieg gegen die Daker

ordnung waren dies der *hastatus posterior*, der *hastatus prior*, der *princeps posterior*, der *princeps prior*, der *pilus posterior* und der *pilus prior*. *Pilus* war eine andere Bezeichnung für *triarius*.

Eine Legion besaß eine kleine Einheit aus 120 Reitern, doch ihre eigentliche Kampfstärke waren nach wie vor die 10 Kohorten. Jede hatte eine Sollstärke von 480 Mann, aufgeteilt in sechs Zenturien unter dem Befehl je eines Zenturios. Die 80 Mann einer Zenturie waren wiederum aufgeteilt in zehn *contubernia* (Gefolgschaften/Zeltgemeinschaften) aus je acht Mann. Ein *contubernium* teilte auf Feldzügen ein Zelt und in einem Kasernenblock zwei Räume, in denen die Soldaten gemeinsam wohnten und ihre Mahlzeiten einnahmen. Solche Bedingungen sorgten für ein enges Band zwischen den ein-

Die Niederlage Boudiccas 60 n. Chr.

43 n. Chr. fiel Kaiser Claudius in Britannien ein. Der schwerste Aufstand, mit dem Rom auf der Insel jemals konfrontiert war, ereignete sich fast eine Generation später, 60 n. Chr. Angeführt wurde er von Boudicca, der Witwe Königs Prasutagus vom Stamm der Icener (die in der Gegend des heutigen Norfolk lebten), ausgelöst hatte ihn das brutale Vorgehen einiger römischen Beamten. Die Königin scharte zahlreiche Anhänger aus ihrem eigenen Stamm und aus den Nachbarstämmen um sich, eroberte Camulodunum (Colchester), Verulamium (St Albans) und Londinium (London) und besiegte eine Abteilung der Legio IX Hispana. Als der Aufstand ausbrach, befand sich der römische Statthalter der Provinz, Gaius Suetonius Paulinus, gerade auf einem Feldzug in Nordwales. Er kehrte um und stellte die Aufständischen an einem unbekannten Ort.

Die Streitkräfte

Römer: Der größte Teil der Legio XIV Gemina und ein Teil der Legio XX, unterstützt von Auxiliartruppen der Fußsoldaten und der Kavallerie. Alles in allem rund 10.000 Mann unter Suetonius Paulinus.
Britannier: Es gibt keine zuverlässigen Zahlen über das britannische Heer, aber es war sicher viel stärker als die römische Streitmacht.

Suetonius Paulinus wusste, dass seine Truppen zwar zahlenmäßig unterlegen, aber weit besser ausgerüstet und ausgebildet und auch disziplinierter waren. Er stellte sein Heer in einer Engstelle auf, sodass die Flanken und die Nachhut durch eine Anhöhe im Rücken und Wälder auf beiden Seiten gedeckt waren. Die Legionen standen in der Mitte, die Auxiliartruppen links

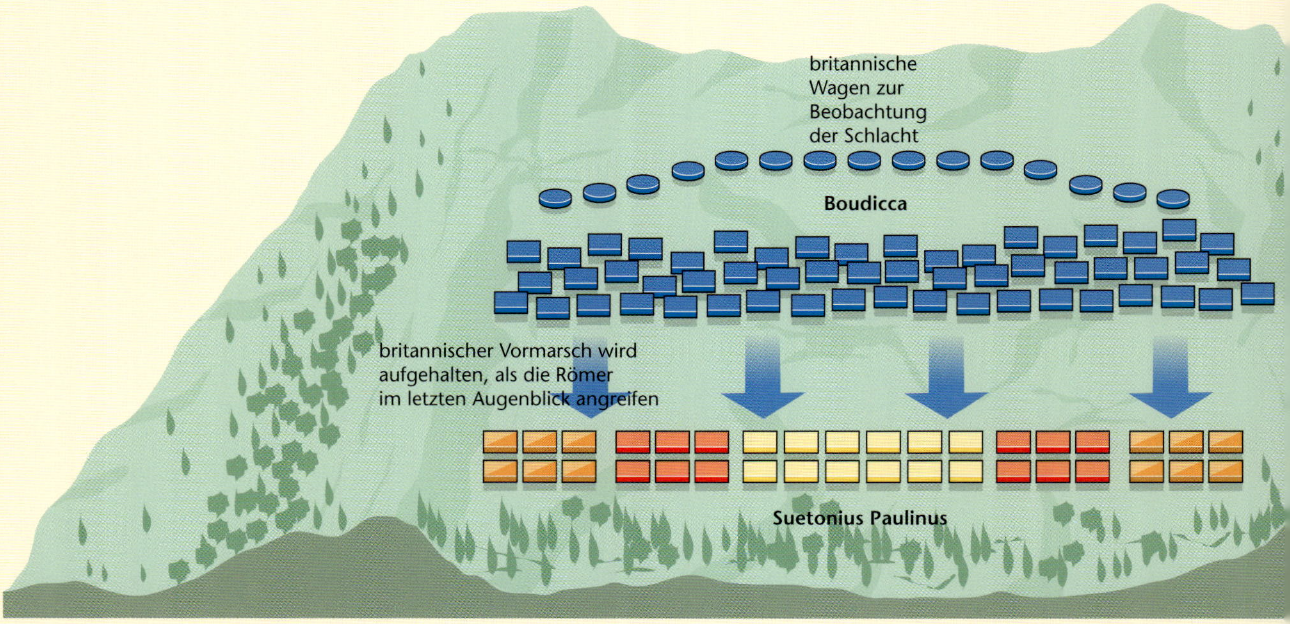

- Kavallerie der Auxiliartruppen (römisch)
- Infanterie der Auxiliartruppen (römisch)
- römische Legionäre
- britannische Wagen
- britannisches Heer

und rechts und die Reiterei an den Flügeln. Boudicca verließ sich auf die schiere Größe ihres Heeres, ohne besondere taktische Überlegungen. Hinter der Masse ihrer Krieger standen Wagen in einer Reihe, von denen die Kriegerfrauen den Kampf beobachteten. Die Römer warteten, bis die Britannier herangekommen waren, und griffen dann an. Die Britannier erlitten schwere Verluste und flohen.

Verluste

Bei den Römern: rund 400 Tote und etwas mehr Verwundete (ca. 8 bis 10 Prozent).
Bei den Britanniern: eine Quelle spricht von nicht weniger als 80.000 Toten; in jedem Fall waren es sehr hohe Verluste.

Ergebnisse

Die Aufständischen wurden vernichtend geschlagen, auch wenn noch einige Maßnahmen erforderlich waren, um den letzten Widerstand zu brechen. Boudicca soll aus Verzweiflung Selbstmord begangen haben.

Boudicca auf ihrem Streitwagen; stark romantisierte Statue (19. Jh.).

BOUDICCA (gestorben um 60/61 n. Chr.)
Boudicca war die Gemahlin des Icenerkönigs Prasutagus, der bald nach der Invasion Britanniens durch Kaiser Claudius 43 n. Chr. mit den Römern Frieden geschlossen hatte. Britannische Stämme hatten oft mehr als einen König gleichzeitig, und es kann sein, dass Prasutagus nur über einen Teil oder Clan der Icener geherrscht hat. »Boudicca« leitet sich wahrscheinlich von Bouda ab, einer keltischen Siegesgöttin. Als Prasutagus 60 n. Chr. starb und seinen Besitz zu gleichen Teilen seinen Töchtern und Kaiser Nero vermachte, plünderte der römische Prokurator Decianus Catus (der für die Finanzen der Provinz zuständig war) das Königreich. Seine Männer misshandelten Boudicca und schändeten ihre Töchter. Diese Gräuel lösten den Aufstand aus.

Der Geschichtsschreiber Cassius Dio, der 150 Jahre später schrieb, schilderte Boudicca als sehr groß gewachsen, mit langen roten Haaren, scharf blickenden Augen und einer harten Stimme – ein Bild, das vermutlich mehr dem Klischee von den nördlichen Barbaren als dem tatsächlichen Äußeren der Königin entsprach. Sie soll gewöhnlich ein buntes Kleid (wahrscheinlich mit Schottenmuster oder kariert) getragen haben, einen goldenen Halsring und einen langen Umhang, zusammengehalten mit einer Fibel.

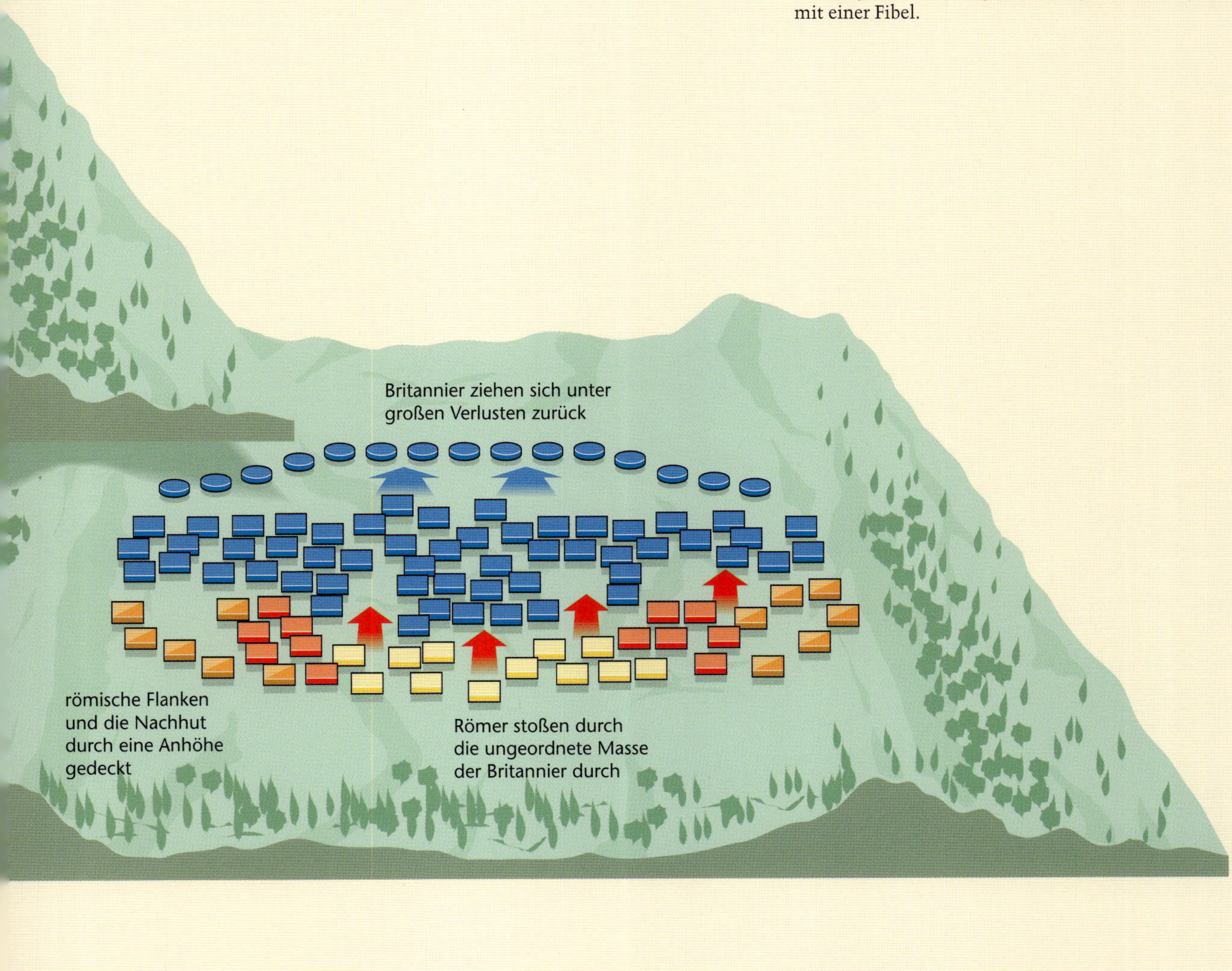

zelnen Legionären in der Gefolgschaft, wie sie auch in den kleinen Einheiten moderner Armeen zu beobachten sind. *Contubernalis* entwickelte sich als ein Wort für den Zelt- oder Kriegskameraden und wurde von den Offizieren wie den einfachen Soldaten gebraucht. Dem Zenturio standen bei der Führung seiner Einheit die gleichen Untergebenen *(principales)* zur Seite wie schon im alten republikanischen Heer der *optio*, der *signifer* und der *tesserarius*.

Bei der ersten Kohorte lagen die Dinge anscheinend anders. Zumindest bis zum späten 1. Jahrhundert n. Chr. bestand bei einigen, wenn nicht bei allen Legionen die erste Kohorte aus fünf statt aus sechs Zenturien.

Legionäre im Teutoburger Wald, 9 n. Chr.

Ende des 1. Jahrhunderts v. Chr. machten sich die Feldherren von Augustus an die Eroberung einer neuen germanischen Provinz zwischen Rhein und Elbe. 9 n. Chr. kam es zu einem großen Aufstand unter dem Cheruskerfürsten Arminius. Während er vorgab, loyal zu Rom zu stehen, lockte er den Unterstatthalter der Provinz, Publius Quinctilius Varus, in einen Hinterhalt. Das römische Heer, das aus den drei Legionen XVII, XIIX und XIX bestand, unterstützt durch drei *alae* Kavallerie und sechs Kohorten Infanterie aus Auxiliartruppen, wurde in die Wälder und Sümpfe des Teutoburger Waldes gelockt, wo es in mehreren Tagen vernichtend geschlagen wurde. Varus beging vor dem Ende der Schlacht Selbstmord, nur einer Hand voll seiner Männer gelang die Flucht. Der Verlust eines Zehntels der gesamten römischen Armee war ein furchtbarer Schlag für den alternden Augustus, der nach der Überlieferung in seinem Palast umherwanderte, seinen Kopf gegen die Wände schlug und rief: »Varus, Varus, gib mir meine Legionen wieder!« Obwohl weitere Legionen gegen Arminius ausgeschickt wurden und dieser einige Schlappen hinnehmen musste, gelang es den Römern nicht, die verlorene Provinz zurückzuerobern.

Maskenhelm. Allgemein sieht man darin einen Zierhelm, der bei Paraden getragen wurde, doch in Kalkriese hat man die Gesichtsmaske eines Helms gefunden, die vermuten lässt, dass er auch in der Schlacht getragen wurde. Der Grabstein eines Feldzeichenträgers zeigt diesen offenbar mit einem solchen Helm.

Signum **(Feldzeichen).** Die Stange mit den Feldzeichen einer Zenturie änderte ihr Aussehen über die Jahrhunderte offenbar nur wenig. Die Anzahl der Scheiben diente wohl der Identifizierung der Einheit, während die Hand *(manus)* ursprünglich vermutlich in Verbindung mit dem Manipel stand. Man beachte den vorstehenden Handgriff am unteren Teil der Stange. Standarten wurden oft in den Boden gerammt und es bedurfte einiger Anstrengung, sie wieder herauszuziehen.

Schuppenpanzer. Diesen *signifer* schützt ein Harnisch aus Bronzeschuppen. Gut poliert, verstärkten sie das prächtige Äußere des Mannes, der dieses Symbol zum Stolz der Zenturie trug.

Scutum **(Schild).** Römische Feldstandarten, an deren Stangen zahlreiche Auszeichnungen befestigt waren, wogen schwer. Deshalb wäre es für einen *signifer* unpraktisch gewesen, einen *scutum* normaler Größe zu tragen. Anscheinend führte er einen kleineren Rundschild mit sich.

Helmverkleidung aus Tierhaut. Ein weiteres Kennzeichen des *signifer* war seine Helmzier. Der Helm war mit einer Tierhaut samt Kopf und Vorderpfoten überzogen. Das verstärkte zwar den imponierenden Eindruck seines Äußeren, hatte aber wohl totemistische Ursprünge.

Kaiserlicher gallischer Helm. Dieser Zenturio – unter dem wir uns Marcus Caelius Rufus vorstellen können (S. 49) – hat einen hohen quer stehenden Helmbusch als Zeichen seines Ranges. Er trägt einen kaiserlichen gallischen Helm, wie er um die Mitte des 1. Jahrhunderts üblich war.

Kürass und Harnisch. Der Zenturio trägt ein Kettenhemd, darüber einen Lederkürass, an dem seine Auszeichnungen hängen sowie *phalerae* (Brustschmuck) und Halsringe. Zu Zeiten Caesars und vermutlich auch unter dem Prinzipat war es üblich, Orden in der Schlacht zu tragen.

Coolus-Helm. Der Soldat trägt einen bronzenen Helm der älteren Coolus-Form, die bald von den italischen und gallischen Helmformen, wie der Helm des Zenturios sie repräsentiert, verdrängt wurde.

Segmentpanzer. In Kalkriese wurde der Teil eines Kürass aus geschobenen Schienen *(lorica segmentata)* gefunden, das früheste bekannte Beispiel dieses Rüstungstyps, der bislang erst ab der Mitte des 1. Jh. n. Chr. bezeugt ist.

Schwert. Der Legionär führt einen *gladius* mit einer Klinge vom Typus Mainz. Im Unterschied dazu hat der Zenturio ein Schwert vom neueren Typus Pompeii.

Scutum **(Schild).** Der Mann sucht Schutz hinter dem rechteckigen *scutum*. Die Schildform der Legio XIIX ist nicht bekannt, und dieser Schild ist einem Schild der Trajanssäule nachempfunden.

Jede Zenturie hatte das Doppelte der normalen Stärke, also 160 Mann, sodass die erste Kohorte insgesamt 800 Mann zählte. In aufsteigender Rangordnung hießen ihre Zenturionen *hastatus posterior, hastatus, princeps posterior, princeps* und *primus pilus*. Alle diese Ränge und vor allem der des *primus pilus* waren mit großem Prestige verbunden; die Zenturionen lebten in dauerhaften Lagern in festen Häusern und nicht in Baracken. In seiner *Epitome* behauptet Vegetius (4. Jh. n. Chr.), die Männer der ersten Kohorte hätten größer sein müssen als die Männer der übrigen Legion. Neueren Erkenntnissen zufolge umfasste die erste Kohorte auch die Veteranen. Wie auch immer, beides legt den Schluss nahe, dass die erste Kohorte eine Art Elite innerhalb der Legion war. Wir wissen aber nicht, ob alle Legionen in dieser Weise umorganisiert wurden oder nur einige, die vielleicht aus Prestigegründen oder aufgrund lokaler militärischer Erfordernisse vergrößert wurden.

Infanterist der Auxiliartruppen. In der rechten Hand hält er einen Wurfspeer, zwei weitere sind an seinem flachen ovalen Schild festgeklemmt; Relief (1. Jh. n.Chr.) aus dem Hauptquartier des römischen Kastells in Mainz.

Die *auxilia* im Berufsheer

Die Römer hatten sich schon immer zur Ergänzung ihrer Heere auf Soldaten der Bundesgenossen gestützt. Diese hießen *auxilia* (Auxiliartruppen), da sie den Bürgerlegionen Hilfe leisteten und sie unterstützten. In der mittleren Republik wurde jede Legion durch eine *ala* verstärkt, und viele Heere hatten auch Kontingente nichtitalischer Bundesgenossen, die oft ihre eigenen Kampfmethoden hatten. Gewöhnlich wurden diese Krieger in dem Gebiet eingezogen, in dem der Feldzug geführt wurde. In den Punischen Kriegen ergänzte man die römischen Heere auf Sizilien durch Truppen aus den griechischen Städten der Region, die Heere Norditaliens bekamen Hilfe von den dortigen gallischen Stämmen, die Streitkräfte in Spanien enthielten viele Krieger aus iberischen und keltiberischen Stämmen und der Sieg über Hannibal in Nordafrika war nicht zuletzt den numidischen Bundesgenossen zu verdanken. Lokale Verbündete waren eine nützliche Ressource nicht nur zur zahlenmäßigen Vergrößerung der Kontingente, sondern auch, weil sie Soldaten stellten, deren Kampfmethoden den Bedingungen der Region angepasst waren. Solche Verbündete waren allerdings nicht immer zuverlässig. In Spanien kam es 212 v. Chr. zu einer Katastrophe, als ein römisches Heer von keltiberischen Bundesgenossen im Stich gelassen und dann von den zahlenmäßig überlegenen karthagischen Kräften überwältigt wurde.

Nach dem Bundesgenossenkrieg wurden die Soldaten der italischen Verbündeten *(socii)* auf die Legionen verteilt, wodurch der Anteil der Soldaten ohne römisches Bürgerrecht in den meisten römischen Feldheeren kleiner wurde. Es wurden aber weiterhin Kontingente aus Gegenden außerhalb Italiens als Auxiliartruppen herangezogen, deren Bedeutung im Lauf der Jahre noch zunahm. Die postmarianische Legion verfügte nicht mehr über eine Kavallerie und leicht bewaffnete Fußsoldaten, sodass die Befehlshaber genötigt waren, diese Truppenteile woanders auszuheben. Während der Feldzüge in Gallien ergänzte Caesar seine Legionen durch gallische, spanische und germanische Reiter und numidische, kretische und germanische Plänkler. Einer der Gründe für die Niederlage in Carrhae 53 v. Chr. lag

Bekannte Auxiliarregimenter

Name der Einheit	*weiterer Titel*	*aufgestellt*	*eingesetzt*
Ala I Brittonum	Veterana civium Romanorum	Domitian?	Pannonia inferior, Syria?
Cohors I Septimia Belgarum	equitata	spätes 1. Jh.?	Dalmatia, Germania inferior*
Cohors I Britannica	Milliaria equitata civium Romanorum	Claudius? oder Domitian	Pannonia, Moesia superior, Dacia
Cohors I Brittonum	Milliaria Ulpia Torquata Pia Fidelis civium Romanorum	Vespasian?	Noricum, Pannonia, Moesia, Dacia
Cohors II Britannorum	Milliaria civium Romanorum Pia Fidelis	?	Germania inferior, Moesia, Dacia
Cohors II Flavia Brittonum	equitata	Flavian?	Moesia inferior
Cohors II Augusta Nervia Pacensis	Milliaria Brittonum	Trajan	Pannonia, Dacia
Cohors III Britannorum		Flavian?	Raetia
Cohors III Brittonum	Veterana equitata	Flavian?	Moesia superior
Cohors VI Brittonum	equitata Pia Fidelis		Cappadocia?

* Ein vermuteter britannischer Ursprung dieser Einheit lässt sich nicht nachweisen.

(links) **Grabstein des Soldaten Genialis, eines *imaginifer* (Träger eines Kaiserbildnisses, vermutlich des Claudius) in der Cohors VII Raetorum. Die Tierhaut, die über seiner linken Schulter drapiert ist, wurde wahrscheinlich normalerweise über dem Helm getragen. Er starb, nachdem er 13 Jahre im Heer gedient hatte, im Alter von 35 Jahren.**

(rechts) **Eine *ala quingenaria* vor dem Einsatz mit 16 *turmae* zu 32 Mann, jeweils geführt von einem Feldzeichenträger. An der Spitze der gesamten Formation reiten der Präfekt und ein Soldat mit dem Feldzeichen der *ala*. In Wirklichkeit wird eine Einheit in einer derart tief gestaffelten Formation nicht gekämpft haben.**

darin, dass Crassus viel zu wenige Reiter und mit Wurfspeeren bewaffnete Fußsoldaten gegen die berittenen Bogenschützen und Panzerreiter der Parther hatte. Über die Bundesgenossen Roms zu jener Zeit ist kaum etwas bekannt, sodass wir nicht wissen, wie gut sie ausgebildet waren. Zumindest einige dieser Einheiten blieben im Wesentlichen die persönliche Gefolgschaft eines Stammesfürsten und Heerführers und kämpften für diesen in derselben Weise, wie sie dies bei Stammeskriegen gewohnt waren.

Augustus und seine Nachfolger machten die *auxilia* zu einer geordneteren Streitmacht aus Berufssoldaten. Aber sie wurden nicht in Formationen in der Größe von Legionen oder der alten italischen *alae* organisiert, sondern in Einheiten etwa in der Größe einer Kohorte, weil diese sich wesentlich einfacher an jedem beliebigen Ort im Reich einsetzen ließen, wo es die Lage eben erforderte. Außerdem bedeutete die höhere Ebene innerhalb der Kommandostruktur der Legion für die Bürgersoldaten in offener Feldschlacht einen deutlichen Vorteil, falls

die fremden Auxiliartruppen einmal rebellieren sollten.

Es gab drei Formen von Auxiliartruppen: Infanterie, Kavallerie und gemischte Einheiten. Die Fußtruppen waren in Kohorten organisiert, in einer nominellen Stärke von 500 *(quingenarius)* oder 1000 Mann *(milliarius)*. Trotz ihrer Bezeichnungen bestand eine Fünfhunderter-Kohorte aus 480 Mann, aufgeteilt in 6 Zenturien zu je 80 Mann, und eine Tausender-Kohorte aus 800 Mann, aufgeteilt in 10 Zenturien zu je 80 Mann. Die Kavallerie war ebenfalls in solchen Einheiten organisiert, die jedoch nicht Kohorten, sondern *alae* hießen. Eine Fünfhunderter-*ala* zählte 512 Mann, aufgeteilt in 16 Schwadronen *(turmae)* zu je 32 Mann. Eine Tausender-*ala (milliaria)* bestand aus 768 Mann in 24 *turmae*. Die Organisation der gemischten Einheiten *(cohortes equitatae)* ist unklarer; es scheint, dass sie ebenso viele Fußsoldaten hatten wie eine normale Kohorte sowie 120 bzw. 240 Reiter bei der Fünfhunderter- bzw. der Tausender-Kohorte. Diese Reiter waren nicht so gut bewaffnet oder ausgerüstet wie die Männer in den Reiter-*alae*.

Die *auxilia* stellten den größten Teil der Reiterei im kaiserlichen Heer. Unter ihnen dienten auch Männer mit Waffen, die eine größere Reichweite hatten als das *pilum*, darunter Einheiten einfacher und berittener Bogenschützen. Außerdem gab es unter den Auxiliartruppen Schleuderer, auch wenn wir bis heute keine ausschließlich mit Schleudern bewaffnete Einheit kennen. Es ist auch möglich, dass kleinere Kontingente innerhalb größerer Einheiten gekämpft haben. Aus unseren schriftlichen Quellen geht hervor, dass einige Kohorten leicht bewaffnet waren, auch wenn keine von ihnen durch eine Inschrift besonders bezeugt ist. Der größte Teil der Auxiliarinfanterie kämpfte in geschlossener Ordnung ähnlich wie die Legionen. Sie »unterstützte« die Legionen eher mit der Zahl ihrer Kämpfer als durch neuartige Kampfmethoden. Die kleineren und flexibleren Einheiten der *auxilia* waren besonders für den Grenzschutz geeignet.

Auxiliarsoldaten, sie tragen Kettenpanzer, ovale Schilde und in der rechten Hand ein Schwert. Metope (frühes 2. Jh. n. Chr.) am Tropaeum Traiani in Adamklissi, Rumänien.

In Italien stationierte Truppen

Erst Ende des 2. Jahrhunderts n. Chr. wurde eine Legion in Italien selbst dauerhaft stationiert. Augustus und seine Nachfolger wollten vermeiden, dass die Heranziehung von Auxiliartruppen zu augenfällig würde. Trotzdem benötigte der Kaiser ein gewisses Truppenkontingent in Rom und Italien, und das führte zur Aufstellung der Prätorianergarde und städtischer Kohorten.

Viele römische Feldherren hatten sich eine Leibwache gehalten, die *cohors praetoria*, die nach dem Lagerhauptquartier *(praetorium)* benannt war. Augustus unterhielt eine solche Einheit auch in den Zeiten nach den Bürgerkriegen. Ihre Stärke betrug 9 Kohorten zu je 480 Mann, etwas kleiner als die einer Legion. Anfangs waren in Rom jeweils nur 3 Kohorten stationiert, doch unter Tiberius wurden alle 9 Kohorten in neu errichteten Baracken *(castra praetoria)* am Rande der Stadt untergebracht. Spätere Kaiser erhöhten die Mannschaftsstärke der Kohorten auf 1000. An der Spitze jeder Kohorte stand ein Tribun, und die gesamte Prätorianergarde wurde von zwei Präfekten befehligt. Alle diese Offiziere gehörten dem Ritterstand an.

Die Prätorianergarde setzte den Kaiser in den Stand, der Bevölkerung Roms seinen Willen aufzuzwingen. Sie erwarb sich bald einen üblen Ruf, weil sie römische Adlige festgenommen und hingerichtet hatte, die im Verdacht standen, sich gegen den Kaiser verschworen zu haben. Von der Unterstützung der Prätorianergarde hing das Wohl und Wehe eines Kaisers ab. Claudius wurde hinter einem Vorhang versteckt entdeckt, nachdem die Prätorianer Caligula ermordet hatten; sie zwangen den widerstrebenden Senat, diesen als neuen Kaiser anzuerkennen. Neros Stellung wurde erst in dem Augenblick hoffnungslos, als die Garde nicht mehr hinter ihm stand. Im Jahr 193 n. Chr. wurde die Macht der Prätorianer sogar noch provozierender demonstriert. Nachdem er den Kaiser Pertinax ermordet hatte, versteigerte der Prätorianerpräfekt den Thron von den Mauern der *castra praetoria* aus an den Meistbietenden.

Die Prätorianer hatten den Kaiser in den Krieg zu begleiten. Dazu kam es im 1. Jahrhundert n. Chr. noch selten, später aber umso häufiger. Als militärische Einheit wurden die Prätorianer wie die Legionäre ausgebildet und bewaffnet, aber ihre Ausrüstung war viel aufwendiger verziert. Wir wissen von Prätorianergarden, die ihre reich geschmückten Standarten auf Packtiere laden durften, wenn die Träger Mühe hatten, sie auf einem langen Marsch selbst zu schultern.

Zur Prätorianergarde gehörte eine Kavallerietruppe, die ständig an Größe zunahm und zusammen mit den Reitergarden des Kaisers *(equites singulares Augusti)* zum Ende des 2. Jahrhunderts n. Chr. 2000 Mann umfasste. Diese Männer wurden eigens aus der Auxiliarkavallerie ausgesucht und auf sehr hohem Niveau ausgebildet. Daneben gab es zwei paramilitärische Kontingente in Rom. Die drei (später fünf) städtischen Kohorten hatten die Funktion einer Polizeitruppe und stellten eine Einheit für die Bewachung der kaiserlichen Münze in Lugdunum (Lyon) in Gallien ab. Daneben gab es sieben Kohorten von *vigiles*, die in Rom als Feuerwehr und nächtliche Polizeitruppe eingesetzt wurden. Beide Einheiten wurden nur in Krisenzeiten eingesetzt, wie sie bei Bürgerkriegen herrschten.

Prätorianer in Parade-uniformen; sie tragen klassische Helme, auf deren Scheitel dichte Buschen Rosshaar in langen Halterungen angebracht sind. Reliefausschnitt (wahrscheinlich 2. Jh. v. Chr.), in Rom gefunden.

Soldaten (möglicherweise Prätorianer) mit etwas kleineren Helmbüschen; Reliefausschnitt auf der Trajanssäule.

Senatorische Offiziere unter dem Prinzipat

(oben) **Kaiser Tiberius bei der Darbietung eines Opferkuchens; Relief aus Holland.**

(gegenüber) **Kaiser Trajan in der Uniform eines hohen senatorischen Offiziers auf dem Feldzug; Szene auf der Trajanssäule.**

Während die Einführung des Prinzipats den Senat jeglicher wirklicher Freiheit und Unabhängigkeit beraubte, spielten die einzelnen Senatoren in Sachen Reichsführung eine entscheidende Rolle bis weit in das 3. Jahrhundert hinein, da die meisten Provinzstatthalter und hohen Offiziere aus ihren Reihen kamen. Einige wenige Senatoren bekleideten Ämter, die es schon in der Republik gab, aber die meisten hatten neu geschaffene Posten inne, die deutlich erkennen ließen, dass ihre Macht vom Kaiser kam. Alle betrieben nun ihre Amtsgeschäfte in einer anders gearteten politischen Umgebung, die ihren Handlungsspielraum einschränkte. Die Männer wurden nicht mehr in die Ämter gewählt, die mit bürgerlichen und militärischen Pflichten verbunden waren; eine erfolgreiche Karriere beruhte nun auf Einfluss und Patronage und erforderte vor allem die Billigung des Kaisers. Das galt insbesondere für die höchsten Kommandostellen im Heer, denn kein Kaiser hätte die Kontrolle über die Legionen einem Mann überlassen, der eines Tages sein Rivale sein würde.

Ein Senatorensohn, der eine Laufbahn im Staatsdienst anstrebte, diente normalerweise vor Erreichen des zwanzigsten Lebensjahres als niederer Beamter. Die meisten übten ein Amt der »Zwanzigmänner« *(vigintiviri)* in Rom aus, bevor sie ihre ersten militärischen Erfahrungen in einer Legion als *tribunus laticlavius* sammelten. Anscheinend war es üblich, in der Einheit in einer Provinz zu dienen, deren Statthalter ein Familienangehöriger oder enger Freund war. Es ist denkbar, dass die Statthalter um eine Ämterbesetzung dieser Art ersuchen durften, denn wir wissen mit Bestimmtheit, dass sie Männer auf zahlreiche weniger bedeutende Posten berufen konnten. In der Regel musste dieses Amt mindestens ein Jahr lang ausgeübt werden. Nur wenige dienten länger als nötig, und es sind Fälle bekannt, in denen Männer nacheinander in verschiedenen Legionen dienten, die in immer anderen Provinzen stationiert waren. Später, gewöhnlich mit 24 Jahren, aber auch schon früher, wurde der Anwärter formell in den Senat und zum Quästor berufen. Mit diesem Posten war die Verwaltung der Finanzen in einer befriedeten Provinz verbunden, in der Regel ohne militärische Aufgaben. In späteren Jahren konnte dieser Mann dann verschiedene Ämter bekleiden, die ihre frühere Bedeutung eingebüßt hatten und von ihm nur noch repräsentative Aufgaben verlangten.

Der nächste militärische Posten war der eines *legatus legionis* mit dem Kommando über eine Legion, den er gewöhnlich im Alter von etwa 30 Jahren erreichte. Als *legati* oder »Statthalter« waren diese Beamten als weisungsgebundene Stellvertreter des Kaisers herausgehoben. Die Vergabe dieser Ämter erfolgte nicht mehr durch die Provinzfürsten, sondern war allein dem Kaiser vorbehalten. Manche behielten den Befehl über eine Legion sechs oder sieben Jahre lang, die meisten drei Jahre. Nur selten kam es vor, dass jemand zum *legatus* über mehr als eine Legion ernannt wurde. Danach konnte der Beamte als Proprätor Statthalter einer befriedeten Provinz – ohne eine größere Militärgarnison – werden, bevor er nach Rom zurückkehrte und das Amt eines Konsuls übernahm.

Der Höhepunkt einer solchen Laufbahn war das Amt eines *legatus Augusti pro praetore*, die Verwaltung einer der militärischen Provinzen des Reiches. Wegen der begrenzten Zahl solcher Ämter erreichten die wenigsten Senatoren diesen hohen Rang. Die Amtszeit auf diesem Posten währte in der Regel drei Jahre, es gab jedoch viele Ausnahmen. Tiberius machte sich unbeliebt bei den Senatoren, weil er Provinzstatthalter außergewöhnlich lange auf ihren Posten beließ und zudem die Zahl dieser Ämter noch reduzierte. Im 2. Jahrhundert n. Chr. war es

(rechts) **Die einzige überlieferte Inschrift aus der zehnjährigen Dienstzeit des Pontius Pilatus in Judäa, gefunden in der Küstenstadt Caesarea; sie verzeichnet die Errichtung eines Bauwerks, das der Statthalter in Judäa Kaiser Tiberius gewidmet hatte. Als Titel des Pilatus ist Präfekt angegeben, doch unter der Regierung des Claudius trugen Statthalter des Ritterstandes den Titel eines Prokurators.**

(gegenüber rechts) **Die Trajanssäule, zum Gedenken an den Sieg des Kaisers über die Daker errichtet, steht in der Mitte des Trajansforums in Rom. Sie ist 100 römische Fuß hoch (29,80 m) und auf ihrer Spitze stand ursprünglich eine Statue Trajans.**

(gegenüber links) **Inschrift zu Ehren des Legaten Tiberius Claudius Paulinus, Befehlshaber der Legio II Augusta, die einige Angaben zu seiner Laufbahn enthält. Nach seiner Zeit als Legionslegat war er Prokonsul einer der Provinzen in Gallien und anschließend kaiserlicher Legat einer anderen Provinz. Das Monument datiert vermutlich aus der Zeit vor 220 n. Chr., weil Paulinus in diesem Jahr *legatus Augusti* in Britannia inferior wurde.**

nicht ungewöhnlich, dass ein kaiserlicher Beamter in einer kleineren Militärprovinz diente, bevor er das Kommando über eines der größten Heere in Britannien, Pannonien oder Syrien erhielt. In Krisenzeiten konnte es vorkommen, dass erfahrene und loyale Männer entsandt wurden, um das militärische Kommando über ein Gebiet zu übernehmen, das mit einer Rebellion oder anderen gravierenden Problemen zu kämpfen hatte.

Es gab nur zwei Provinzen mit Garnison, die nicht von kaiserlichen Statthaltern regiert wurden. Die eine war Ägypten, wo ein Ritter an der Spitze der Verwaltung stand (worauf wir noch eingehen werden), die andere war Afrika, die einzige vom Senat verwaltete Provinz mit einer festen Garnison, und an ihrer Spitze stand ein Prokonsul, der nach eigenem Ermessen handeln konnte. Auch wenn dieser vom Senat gewählt und ernannt wurde, stand außer Frage, dass er die Zustimmung des Kaisers haben musste; unter Caligula wurde dieser Prokonsul des Senats durch einen kaiserlichen Statthalter ersetzt.

Kompetenz und Erfahrung, Verdienst und Patronage

Bevor er zum Kommandeur eines Heeres ernannt wurde, hatte ein Provinzstatthalter Erfahrungen als Militärtribun und Unterfeldherr in der Legion gesammelt. Plinius der Jüngere hat anscheinend den größten Teil seiner Amtszeit als Tribun in einer Legion in Syrien mit alltäglicher Verwaltungsarbeit, vor allem mit sorgfältiger Rechnungsprüfung, verbracht. Aber später hat er nie in einer höheren Stellung beim Heer gedient. Und Tacitus schreibt, sein Schwiegervater Agricola habe im Gegensatz zu den meisten Militärtribunen seine Zeit nicht mit Ausschweifungen vergeudet, sondern Amt und Aufgaben ernst genommen. Offenbar hing viel vom Naturell der einzelnen Beamten und ihrer Vorgesetzten sowie von den lokalen Umständen ab. Ähnliches gilt auch für die Unterfeldherren in der Legion, auch wenn deren Befugnisse größer waren. Nach heutigen Maßstäben waren die Feldherren der römischen Armee Amateure.

Manche Historiker behaupten, mit Beginn der beruflichen Laufbahn eines römischen Adligen seien sein Benehmen, seine Loyalität und seine Fähigkeiten einer genauen Prüfung unterzogen und seine Eignung für den höheren Staatsdienst beurteilt worden. Das habe zur Bildung einer Gruppe, der *viri militares* (»kriegstüchtige Männer«), geführt, die für die wichtigsten Kommandos in den Provinzen vorgesehen waren. Es gibt aber dafür keine Belege noch Hinweise darauf, wer diesen Gremien von Amtskollegen angehört hätte. Soweit wir wissen, entschied die Ämterpatronage mehr als alles andere darüber, ob die Karriere eines Beamten vorzeitig beendet war oder ob ihm die höchsten Stellen offen standen. Empfehlungsschreiben sind die bei weitem häufigsten schriftlichen Quellen, die wir aus der römischen Welt haben. Für die Römer hatte das nichts mit Korruption zu tun – sie hielten es für vernünftig und angemessen, dass ein Mann seine Macht dazu nutzte, seine Freunde zu begünstigen. Plinius d. J. brachte diese Einstellung in einem Brief an den Statthalter einer der großen Militärprovinzen zum Ausdruck:

> Aus zwei Gründen habe ich Euch ausgesucht, um mich mit einer Bitte an Euch zu wenden, an deren Erfüllung mir sehr viel gelegen ist. Euer Kommando über ein großes Heer gibt Euch eine

Fülle von Möglichkeiten, anderen Eure Gunst zu bezeigen, und zum anderen währte Eure Amtszeit lange genug, dass Ihr für Eure Freunde Sorge tragen konntet. Wendet Euch nun den meinen zu – es sind nicht viele.

Der Kaiser war die höchste Quelle der Ämtervergabe, seine Gunst war ausschlaggebend für die Ernennung eines Unterfeldherrn oder eines Provinzstatthalters. Die Kaiser waren auf tüchtige Männer angewiesen, die die Heere befehligten und die Provinzen verwalteten; sie mussten bei den Ernennungen vorsichtig sein, weil sie keine Männer mit Macht ausstatten wollten, die zu tüchtig waren und vielleicht zu Rivalen werden konnten. Das Treiben der Provinzfürsten wurde schärfer überwacht als je zuvor unter der Republik. Augustus schärfte seinen Kommandeuren Wachsamkeit ein und wusste die traditionell aggressiven Neigungen der römischen Adligen in Grenzen zu halten, sobald diese ein Heer zu befehligen hatten. Claudius rief den Statthalter der Provinz Germania inferior zurück, als dieser sich anschickte, in das Gebiet eines germanischen Stammes östlich des Rheins einzufallen. Der Statthalter, Gnaeus Domitius Corbulo, einer der berühmtesten Feldherren des 1. Jahrhunderts, kommentierte den Rückruf mit dem Hinweis, wie glücklich doch die Heerführer unter der Republik gewesen seien, bevor er den kaiserlichen Befehlen gehorchte und zu seiner Provinz zurückkehrte.

Ritter als Offiziere unter dem Prinzipat

Ein hoher römischer Offizier, der einen Barbaren niederreitet. Trotz starker Verwitterung kann man den Muskelpanzer, dekorative *pteryges* (Lederstreifen) und einen wehenden Umhang erkennen. Die Figur auf der Metope aus Adamklissi könnte Trajan darstellen.

Unter der Republik hatten Angehörige des Ritterstandes nur selten Gelegenheit, im Heer oder in der Verwaltung der Provinzen einen Posten mit Machtbefugnissen zu bekommen. Das sollte sich unter dem Prinzipat ändern, als Augustus und seine Nachfolger zahlreiche Ämter für den Ritterstand einrichteten. Auf diese Weise gebot der Kaiser nicht nur über mehr Statthalter, als der Senat für sich hätte stellen können, er sicherte sich damit auch die Unterstützung seines Regimes durch die Ritter. Dieser Stand war allen vermögenden Bürgern offen, und da das Bürgerrecht immer mehr Bürgern aus den Provinzen verliehen wurde, konnten immer mehr adlige Familien aus immer größeren Teilen des Reiches in den Ritterstand und damit in den höheren Staatsdienst eintreten.

Es gab viel mehr Ritter als Senatoren und die von ihnen bekleideten Ämter in Heer und Verwaltung waren vielfältiger als die Senatorenämter. Daher gab es unter den Rittern nicht die fest vorgegebene Laufbahn im Staatsdienst, wie sie für die Senatoren galt. Im Folgenden werden wir auf die verschiedenen Ämter, die Rittern offen standen, eingehen.

Befehlshaber von Auxiliartruppen

Mit der Aufstellung der regulären *auxilia* als Fußsoldatenkohorten oder Reiterschwadronen entstanden einige Hundert neue Posten. Von bestimmten Reiterabteilungen der Bundesgenossen *(alae)* ist bekannt, dass sie in der Frühzeit des Prinzipats von ehemaligen Zenturionen befehligt wurden, doch diese Praxis wurde bald aufgegeben. Ansonsten standen alle Auxiliartruppen unter dem Befehl von Rittern. Die kommandierenden Offiziere der Fünfhunderter-Kohorten und *alae* waren die Präfekten *(praefecti)*. Die Tausender-Einheiten und jene Kohorten, die *civium Romanorum* hießen, wurden von Tribunen geführt. (Die *cohortes civium Romanorum* waren ursprünglich von Augustus während der Militärkrisen in den Jahren 6 und 9 n. Chr. aus freigelassenen Sklaven gebildet worden. Mit ihrer Freilassung erhielten die Sklaven auch das Bürgerrecht, doch der Kaiser wollte nicht, dass diese Männer in den Legionen dienten. Nachdem die ursprünglich Angeworbenen wieder entlassen worden waren, wurden diese Einheiten zu gewöhnlichen Auxiliartruppen, in denen auch Männer ohne römisches Bürgerrecht kämpften, doch der Titel wurde beibehalten.)

Auxiliareinheiten operierten häufig unabhängig, sodass ihre Kommandeure beträchtlichen Bewegungsspielraum und Möglichkeiten hatten, ihre Tüchtigkeit unter Beweis zu stellen. Garnisonskommandeure waren meist die ranghöchsten Statthalter der römischen Macht in der näheren und weiteren Umgebung und mussten deshalb auch lokale Verwaltungsaufgaben übernehmen.

Legionsoffiziere

In jeder Legion gab es fünf berittene *tribuni augusticlavii*, die viele Stabsaufgaben erfüllten. Sie konnten auch zu Kommandeuren größerer Abteilungen (Fähnlein) ernannt werden, die ein bestimmtes Projekt ausführen oder sich einer Feldarmee anschließen sollten. Jede Legion hatte außerdem einen Lagerpräfekten (Lagermeister), der dem Ritterstand angehörte. War mehr als eine Einheit im selben *castrum* untergebracht, gab es für alle nur einen Präfekten. Wir wissen auch von Rittern, die direkt zu Zenturionen in der Legion ernannt und von diesem Posten im Militärdienst aus weiter befördert wurden.

Truppen in Rom

Die Loyalität der militärischen und paramilitärischen Einheiten in Rom war für jeden Kaiser von existenzieller Bedeutung. Statt diese Einheiten dem Befehl von Senatoren zu unterstellen, die dann die Möglichkeit für einen Putsch gehabt hätten, wurden diese Soldaten von Rittern kommandiert. An der Spitze der Kohorten der Prätorianergarde stand je ein Tribun. Von wenigen kurzzeitigen Ausnahmen abgesehen, wurde die Garde von je zwei Prätorianerpräfekten geführt, da die wenigsten Kaiser eine solche Machtfülle in die Hände eines einzigen Mannes legen wollten, auch wenn er nur ein Ritter war. Die Kommandostruktur der städtischen Kohorten und der *vigiles* (Feuerwehr und Polizei) war ähnlich, aber beiden stand nur je ein Präfekt vor und diese und die Tribunen standen im Rang unter ihren Pendants in der Prätorianergarde.

Ritterprovinzen

Augustus gründete einige Provinzen, an deren Spitze er Ritter stellte. Abgesehen von Ägypten waren dies kleinere Gebiete als jene, die von Legaten aus dem Senat beherrscht wurden. Es waren meist Grenzprovinzen, in denen allenfalls Auxiliartruppen in Garnisonen, aber keine Legionen stationiert waren. Ein Beispiel war Judäa, auch wenn sich nach dem Aufstand 66 n. Chr. unter Nero die Überzeugung durchsetzte, dass dort eine Legionsgarnison erforderlich sei, und die Provinz wieder einem Legaten aus dem Senatorenadel unterstellt wurde. Statthalter aus dem Ritterstand hießen zuerst Präfekten, doch dieser Titel wurde vor der Mitte des 1. Jahrhunderts n. Chr. in Prokurator geändert.

Unter dem Prinzipat sah sich Ägypten keiner nennenswerten äußeren Bedrohung ausgesetzt, aber seine Bevölkerung war gelegentlich aufsässig. Deshalb wurde dort eine Garnison mit zwei Legionen unterhalten, die vor den Toren Alexandrias lag, von wo die Unruhen häufig ausgingen. Ein perfekt organisiertes Feldbausystem, das die jährlichen Nilschwellen nutzte, produzierte landwirtschaftliche Überschüsse, sodass Ägypten einen großen Anteil des Getreides liefern konnte, das von Italien und Rom gebraucht wurde. Augustus ernannte einen Präfekten aus dem Ritterstand zum Statthalter über diese wichtige Provinz und untersagte allen Senatoren, Ägypten ohne ausdrückliche Erlaubnis zu besuchen. Wie dem auch sei, der erste Präfekt Ägyptens, Cornelius Gallus, beging Selbstmord, als man ihn des Hochverrats anklagte, weil er seine militärischen Erfolge allzu ausgiebig hatte feiern lassen.

Die ägyptischen Legionen hatten als einzige weder einen *legatus* noch einen *tribunus laticlavius*. Sie wurden von einem *praefectus legionis* befehligt, der dieselben Aufgaben hatte wie die Befehlshaber aus dem Senat in anderen Provinzen.

Die militärische Laufbahn der Ritter

Ein Ritter, der einen Posten im römischen Heer anstrebte, war entweder ritterbürtig oder kam aus einer Familie, die erst zu seinen Lebzeiten in diesen Stand aufgenommen wurde. Der *primus pilus* einer Legion wurde spätestens in seinen Vierzigern Ritter, nachdem er in dieser Position ein Jahr gedient hatte, und konnte dann in höhere Ränge befördert werden; andere wurden Ritter, sobald sie ein bestimmtes Vermögen erlangt hatten. Und Felix, der spätere Prokurator von Judäa unter Claudius, war ein freigelassener Sklave des Kaisers. Ritter traten also in den verschiedensten Lebensaltern und mit ganz unterschiedlichen Ambitionen in das Heer ein.

Die übliche Laufbahn eines Ritters von Geburt waren die »drei Kriegsdienste« *(tres militiae)*:

(1) Präfekt einer Auxiliarkohorte von Fußsoldaten.
(2) *Tribunus augusticlavius* in einer Legion.
(3) Präfekt einer *ala*.

Kaiser Claudius wollte das Prestige des Militärtribunats erhöhen und machte den Tribun zum dritthöchsten Posten, eine Maßnahme, die unpopulär war und bald wieder zurückgenommen wurde. Der Präfekt einer *ala* hatte meist mehr Unabhängigkeit als der Stabsoffizier einer Legion und das Kommando über eine Abteilung von Reitern war mit einem gewissen Glanz verbunden, selbst wenn diese keine römischen Bürger waren. Da das Heer mehr Militärtribunen benötigte als Präfekten von *alae*, konnten selbst unter normalen Umständen nicht alle Tribunen befördert werden. Im 2. Jahrhundert wurde,

Ritter als Offiziere unter dem Prinzipat

Feldzeichenträger in ziviler Kleidung, ohne Rüstung oder Helm. Jeder hält ein rechteckiges *vexillum*. Im Gegensatz zu den vielen bärtigen Legionären auf der Trajanssäule sind die Soldaten auf dem Tropaeum Traiani in Adamklissi unterschiedslos glattrasiert dargestellt.

Der Kavallerist Vonatorix, Sohn des Duco. Er hatte 17 Jahre in der Ala Longiniana gedient und starb mit 45 Jahren. Der Auxiliarreiter ist barhäuptig, er trägt aber einen Schuppenpanzer, einen Speer und an der rechten Hüfte ein Langschwert *(spatha)*. Der Grabstein (Mitte 1. Jh. n. Chr.) wurde bei Bonn gefunden.

wahrscheinlich unter Hadrian, die Militärhierarchie weiterentwickelt und ein vierter Posten geschaffen: der Kommandeur einer Tausender-*ala*. Aber diese Stellen blieben den Fähigsten oder den Offizieren mit den besten Beziehungen vorbehalten, da es höchstens jeweils etwa ein Dutzend dieser prestigeträchtigen Einheiten gab.

Im Unterschied zu den einfachen Soldaten, auf deren Grabsteinen häufig ihr Alter und die Anzahl ihrer Dienstjahre angegeben sind, fehlen solche Angaben auf den Rittergrabmalen, es sei denn, sie fanden den Tod während ihres aktiven Dienstes. Aufgrund unserer Quellen können wir sagen, dass viele, vielleicht sogar die meisten Männer aus dem Ritterstand ihre militärische Laufbahn mit 30 Jahren begannen und auf jedem Posten drei, vier Jahre dienten. Sie hatten zuvor als lokale Magistraten gedient und manche kehrten nach ihrer Militärzeit in diese Ämter zurück. Andere blieben länger im Heer, bekleideten dann die verschiedensten Posten, und wenn sie in eine andere Einheit wechselten, war das meist mit einem Wechsel in eine andere Provinz verbunden. Ehemalige ranghöchste Zenturionen *(primipilares)*, die in den Ritterstand aufgenommen wurden, befehligten nach dem 1. Jahrhundert nur noch selten Auxiliartruppen. Viele dienten dann als Lagerpräfekten, bekamen einen Posten bei römischen Einheiten oder wurden Prokuratoren.

Aber nicht nur für die Laufbahn der Ritter, auch für die der Senatoren spielte die Patronage eine große Rolle. Als Plinius *legatus Augusti* in Bithynien war, empfahl er in einem Brief an Trajan einen gewissen Nymphidius Lupus, den Sohn eines ehemaligen *primus pilus*, der Ritter geworden war und einige Jahre zuvor, als Plinius *tribunus laticlavius* war, als Hilfspräfekt gedient hatte. Lupus hatte bereits eine Amtszeit als *praefectus cohortis* hinter sich und hoffte wohl auf einen weiteren Posten.

Ritter als Offiziere unter dem Prinzipat

Ebenso dürfte Patronage dafür gesorgt haben, dass Publius Aelius Tiro schon im Alter von 14 Jahren eine Kohorte befehligte. Wir wissen nicht, ob sein Posten lediglich nominell war und es ihm erlaubte, ein Gehalt zu beziehen und sich des Prestiges zu erfreuen, ohne jemals in seiner Einheit präsent zu sein. Ohne einen einflussreichen Gönner konnte kein junger Mann eine solche Anstellung finden. Der spätere Kaiser Pertinax bemühte sich in seiner Jugend vergeblich um ein Kommando als Zenturio. Erst als Mittdreißiger wurde er Präfekt einer Auxiliarkohorte. Aber er erwies sich als ein tüchtiger Soldat, der immer höher befördert und schließlich unter Mark Aurel in den Senat berufen wurde. Andere, denen es vielleicht unmöglich gewesen war, auf normalem Wege aufzusteigen, gaben ihre formellen Ämter als Ritter auf und ließen sich zum Zenturionat versetzen. Die mit dem höchsten Prestige verbundenen Positionen in den in Rom stationierten Einheiten und vor allem die Kommandos in den Provinzen waren Personen mit besonders guten Beziehungen vorbehalten.

Der Reiter Longinus Sdapeze aus einer thrakischen Kavallerie. Sein Grabstein ist etwas jüngeren Datums als der des Vonatorix *(gegenüber)* und zeigt ebenfalls das vertraute Motiv eines Reiters, der einen unbewaffneten, meist nackten Barbarenkrieger niederreitet. Zu seinem Stammesnamen Sdapeze hat der Kavallerist den im Heer häufigen Beinamen Longinus bekommen, als er in römische Kriegsdienste trat. Er diente 15 Jahre und starb mit 40 Jahren in Colchester. Wie Vonatorix trägt er einen Schuppenpanzer, doch bei ihm sieht man kein Schwert (das er vermutlich auf der linken Seite trug).

Sonstige Offiziere: Das Zenturionat und darunter

Unterhalb der Ränge, die ausschließlich von Senatoren und Rittern bekleidet wurden, gab es zahlreiche weitere Positionen. Die wichtigste war die des Zenturios, von denen 59 oder 60 auf jede Legion entfielen, insgesamt rund 1800; hinzu kamen etwa ebenso viele in den Auxiliartruppen im gesamten Römischen Reich. Dem Zenturio standen die *principales* zur Seite: ein *optio*, ein *signifer* und ein *tesserarius*. Daneben gab es Stabsstellen, etwa den *librarius* (Schreiber) und den *cornicularius* (Stabsfeldwebel) beim Hauptquartier der Legion oder im Stab eines Provinzstatthalters, sowie niedere Ränge wie den eines *beneficiarius* (Hilfskraft), der für niedere Aufgaben abkommandiert wurde. Viele weitere Posten, vom Waffeninstrukteur bis zum Folterknecht, sind bezeugt, aber wir wissen nicht, ob sie mit bestimmten Rängen verknüpft waren. Außerdem konnte ein Soldat als *immunis* eingestuft werden, was bedeutete, dass er von gewöhnlichen Pflichten und schweren Arbeiten entbunden war. Ansonsten hatten solche Soldaten keine besonderen Befugnisse, die sie ihren Kameraden übergeordnet

In den letzten Jahrzehnten haben sich in Großbritannien viele so genannte »Living History«- oder Reenactmentgruppen gebildet, die Aufführungen veranstalten, um einem breiteren Publikum das römische Heerwesen näher zu bringen. Mit ihren liebevoll gearbeiteten Rekonstruktionen und Erprobungen von Rüstungen, Waffen und Werkzeugen haben sie viel zu unserem Wissen von der militärischen Ausrüstung der Römer beigetragen. Das Foto zeigt die Mitglieder der Ermine Street Guard, der ersten seriösen Gruppe, vor dem wiederaufgebauten Kasernenblock in Wallsend. In der Mitte steht ein Zenturio mit seinem großen, quer stehenden Helmbusch. Über seinem Kettenpanzer trägt er ein Gurtwerk mit Zierstücken, darunter zwei Torques und tellerartig gewölbte *phalerae*. Rechts neben ihm stehen ein Feldzeichenträger *(signifer)* und neben diesem ein Musikant *(cornucen)*.

hätten. Viele dieser Posten und Ränge sind unter denselben oder äquivalenten Bezeichnungen für die Auxiliartruppen bekannt.

Unsere Quellen, die uns Aufschlüsse über militärische Positionen und Ränge ermöglichen, sind meist Inschriften auf Grab- und Gedenksteinen, da niedere Offiziere und einfache Soldaten in den schriftlichen Quellen kaum Spuren hinterlassen haben. Die Geschichtsschreibung besorgte die gesellschaftliche Elite für diese Elite und sie zeichnet oft ein herablassendes und klischeehaftes Bild der sozial unter ihnen stehenden Menschen. Wenn wir die Karrieremuster primär aus solchen Inschriften rekonstruieren, laufen wir Gefahr, diese Belege in eine künstliche Ordnung zu zwängen oder sie in einer Weise zu interpretieren, dass sie mit unseren eigenen Vorstellungen, wie ein Heer organisiert sein müsste, übereinstimmen. Nicht von ungefähr haben die deutschen Historiker, die am Ende des 19. Jahrhunderts als Erste eine Rekonstruktion der Rangordnung im römischen Heer versucht haben, das Bild einer Streitmacht gezeichnet, das bemerkenswerte Ähnlichkeiten mit dem preußischen und anderen deutschen Heeren ihrer Zeit hatte. Später neigten britische Wissenschaftler dazu, Ähnlichkeiten mit der britischen Armee zu sehen, und konstruierten Parallelen zwischen dem Zenturio und dem britischen »warrant officer« (Feldwebelleutnant). Wir dürfen den Römern nicht anachronistische kulturelle Annahmen überstülpen und sollten immer im Auge behalten, dass die Quellen auf viele Fragen keine Auskunft geben.

Zenturionen in der Legion

Einen Zenturio sollte man sich nicht als einen spezifischen Rang, sondern eher als einen Offiziersgrad oder -typ vorstellen. Die Zenturionen der ersten Kohorte, die *primi ordines*, hatten sicher einen höheren Status als die übrigen Zenturionen der Legion. Das Verhältnis zwischen den Zenturionen der neun übrigen Kohorten der Legion ist weniger klar. Wir wissen, dass der Befehlshaber jeder der sechs Zenturien in einer Kohorte einen eigenen Titel hatte, und können daraus schließen, dass man die Unterschiede im Dienstalter zwischen den drei Reihen des republikanischen Heeres wahrte. Ein Großteil der Verwaltungsarbeit wurde auf der Ebene der Zenturie geleistet, und die Soldaten sahen sich eher als Angehörige einer Zenturie und nicht einer Kohorte. Andererseits war die Kohorte die taktische Basiseinheit und spielte eine wichtige Rolle bei Bauprojekten, das heißt, sie konnte ohne Kommandeur ihren Auftrag nicht effektiv erfüllen. Es gibt keine Hinweis auf einen Rang, der dem eines Hilfspräfekten entsprochen hätte, und so müssen wir annehmen, dass ein Zenturio die Rolle des Kohortenkommandeurs innehatte. Der *pilus prior*, der Befehlshaber der ranghöchsten Zenturie, könnte der Kandidat für diese Aufgabe gewesen sein, es ist aber auch denkbar, dass der höchste Rang und damit das Kommando sich aus der Zahl der militärischen Dienstjahre ergab.

Caesar schreibt, dass Zenturionen von einem niederen Rang in einer erfahrenen Legion in einen höheren Rang in einer neu aufgestellten Einheit befördert wurden, was einen Aufstieg im Hinblick auf Prestige und Verantwortung und vielleicht auch Bezahlung bedeutete, jedoch nicht die Aufnahme in die erste Kohorte. Vegetius (4. Jh. n. Chr.) schreibt, eine Beförderung zum Zenturio und in alle Ränge in der Legion sei mit einer Versetzung in eine andere Kohorte sowie in andere Zenturien verbunden gewesen. Ihm zufolge war die erste Kohorte die ranghöchste, gefolgt von der zweiten, dritten und so fort. Bei seiner Beförderung sei ein Mann direkt in die zehnte Kohorte versetzt worden und habe sich von Kohorte zu Kohorte hochdienen müssen. Deshalb waren manche Historiker überzeugt, dass ein Mann seine Karriere normalerweise als *hastatus posterior* der zehnten Kohorte und damit als niederster Zenturio der ganzen Legion beginnen und alle Ränge durchlaufen

Diesen Altar, der heute in Chester steht, hatte der *optio* Aelius Claudianus in Erfüllung eines Gelübdes dem Genius oder Schutzgeist seiner Zenturie geweiht. Viele Legionäre identifizierten sich weniger mit ihrer Kohorte als vielmehr mit ihrer Zenturie und Legion.

Reenactors der Ermine Street Guard, *principales* oder Unteroffiziere einer Zenturie darstellend: rechts ein *optio* mit Amtsstab *(hastile)*. Wir wissen nicht, ob bestimmte Helmbüsche auch von den *optiones* und *tesserarii* als Rangabzeichen getragen wurden, wie es bei den Zenturionen üblich war.

musste, bis er *primus pilus* in der ersten Kohorte war. Es fragt sich allerdings, wie dieses System funktionieren konnte. Wenn dieser Beförderungsprozess sich nicht unglaublich lange Zeit hinziehen sollte, dann durfte niemand länger als ein paar Monate in einem bestimmten Rang gedient haben. Einer anderen Interpretation zufolge waren die sechs Ränge der Zenturionen in den Kohorten zwei bis zehn gleichwertig, sodass eine Beförderung entweder in eine ranghohe Zenturie in irgendeiner Kohorte oder schließlich in die privilegierten Reihen der *primi ordines* erfolgte. Andere meinen gar, dass es außerhalb der ersten Kohorte keinen Unterschied zwischen den Zenturionen gegeben habe. Auch wenn wir das System nicht durchschauen, so steht doch fest, dass es ein System gegeben hat.

Die Ernennung zum Zenturio

Unseres Wissens gab es grundsätzlich drei Aufstiegsmöglichkeiten zum Zenturio:

(1) Nach einem Dienst in den unteren Rängen als *principalis* oder auf einer untergeordneten Stabsposition in der Legion: Es dauerte schätzungsweise 15 bis 20 Jahre, bis man auf diesem Wege Zenturio wurde.

(2) Am Ende oder im Verlauf eines Dienstes in der Prätorianergarde: Prätorianer dienten nur 16 Jahre, sodass ihre Veteranen etwas jünger waren als die Veteranen einer Legion.

(3) Direkte Ernennung: Es gab Ritter, die auf diese Weise Zenturio wurden, andere, die weniger wohlhabend, aber noch gut situiert waren, hatten zuvor als Magistraten in der Stadt ihrer Herkunft gedient.

Alle drei Wege sind zwar für das 1. und 2. Jahrhundert bezeugt, aber welcher Weg der häufigste war, lässt sich nur schwer einschätzen. Einer der ersten Historiker, die auf diesem Gebiet geforscht haben, war der Auffassung, dass die meisten Offiziere aus den Reihen der Prätorianergarde gekommen seien. Damit habe der Kaiser gewährleistet, dass das Gros der Zenturionen in den Legionen aufgrund ihrer Loyalität gegenüber seiner Person befördert wurde. Da jedoch ein überproportionaler Anteil erhaltener Inschriften aus Italien stammt, wo die Prätorianer, aber nicht alle Legionäre rekrutiert wurden, ist anzunehmen, dass italische Zenturionen und somit ehemalige Prätorianer in den Quellen überrepräsentiert sind. Heute sind nur noch wenige Historiker dieser Auffassung. Die meisten gehen davon aus, dass die überwiegende Mehrzahl der Zenturionen in den Legionen zunächst unter den niederen Dienstgraden gedient haben und dass die wenigsten direkt ernannt wurden, selbst wenn diese Männer aufgrund ihrer guten Beziehungen größere Chancen hatten, in die höheren Offiziersstellen aufzusteigen. Wie dem auch sei, für diese allgemeine Ansicht gibt es nur eine sehr

Sonstige Offiziere: Das Zenturionat und darunter

Der Zenturio Marcus Favonius Facilis, dargestellt in voller Rüstung und mit einem Weinstock *(vitis)*, der sowohl ein Rangabzeichen als auch ein Züchtigungsinstrument war. Als Zenturio trägt Facilis links seinen *gladius*. Wie bei den meisten Gedenksteinen von Zenturionen verzeichnet auch dieser Grabstein (1. Jh. n. Chr.) aus Colchester kaum Einzelheiten über Dienst oder Alter des Dargestellten. Wir erfahren lediglich, dass Facilis Zenturio in der Legio XX war.

schmale Quellenbasis. In den meisten einschlägigen Belegen gibt es keine Hinweise auf einen vor diesem Amt ausgeübten Dienst, wie überhaupt bei vielen *primipilares* keine vorgeordneten niederen Stellen erwähnt werden. Der Grund dafür sei, so heißt es, dass diese Männer, nachdem sie erst einmal einen höheren Posten innehatten, ihren Dienst als einfache Soldaten nicht mehr erwähnen wollten. Das klingt plausibel, aber nicht weniger plausibel ist die Vorstellung, dass die Männer, die ausdrücklich ihren Aufstieg von unten erwähnen, stolz auf diese besondere Leistung waren und das auch bekunden wollten.

Der Status der Zenturionen

Die Zenturionen waren äußerst wichtige Personen, die gelegentlich in hohe, verantwortungsvolle Positionen berufen wurden; manche mussten ganze Regionen einer Provinz verwalten, in denen sie die ranghöchsten Repräsentanten des römischen Staats waren. Diese Pflichten sowie die von ihnen erwartete Verwaltungsroutine in ihrer Einheit erforderten eine gediegene Bildung und mathematische Kenntnisse. Wir wissen nicht, wie hoch der Anteil der gewöhnlichen Neuzugänge in den Legionen war, die gebildet waren. Die ranghöchsten Zenturionen mussten gelegentlich größte Verantwortung tragen; so wissen wir von mindestens einem *primus pilus*, der als Botschafter zu den Parthern geschickt wurde. Zenturionen, die aus dem Dienst ausgeschieden waren, gehörten zu den wichtigen Männern in ihren Städten oder Dörfern.

Wie hoch der Sold der Zenturionen oder überhaupt der Offiziere war, wissen wir nicht genau, doch lag er offenbar deutlich über dem Sold der einfachen Soldaten. Plinius d. J. war es gelungen, einem seiner Klienten eine Anstellung als Zenturio zu verschaffen – vermutlich direkt aus dem zivilen Leben –, und er stattete diesen mit 40.000 Sesterzen für Waffen und Uniform aus. Zu einer Zeit, da einfache Legionäre nicht mehr als 1200 Sesterzen Sold im Jahr erhielten, war das mehr, als sie während ihrer gesamten 25-jährigen Dienstzeit verdienten. Die Zenturionen genossen ein hohes Ansehen, auch wenn sie nicht so einflussreich waren wie die Offiziere aus dem Ritter- und Senatorenadel. Wenn einige Ritter sich zu einer Stellung als Zenturio entschlossen, spricht das für die Bedeutung und das Ansehen dieser Position. Es scheint also sehr wahrscheinlich, dass die meisten Zenturionen direkt ernannt oder nach relativ kurzer Zeit, in der sie als *principales* oder in einer niederen Stabsstellung dienten, befördert wurden. Wir wissen von einem Zenturio, der mit 18 Jahren starb, was vermuten lässt, dass der junge Mann diese Stellung einer Patronage zu verdanken hatte. Wie bei den höheren Offizieren waren auch hier gute Beziehungen für eine steile Karriere wichtiger als persönliche Tüchtigkeit und reiche Erfahrung. Gleichwohl war das System nicht so starr, dass nicht auch fähige Männer ohne Beziehungen in die höchsten Posten kommen konnten. Es gab einige, die *primipilares* wurden – von denen der eine oder andere anfangs in den unteren Rängen gedient hatte – und die auf diese Weise Ritter werden und höhere Ritterämter bekleiden konnten. Deren Söhne konnten später eine für Ritter übliche Laufbahn einschlagen, so wie manche Ritterfamilien schließlich in den Senat gelangten. Gewöhnlich erstreckte sich solcher Aufstieg über eine ganze Generation, aber es gab auch einzelne Fälle, in denen der Aufstieg ganz rasch ging. Eine gewisse soziale Mobilität war in Rom immer möglich.

Die Laufbahn eines Zenturios: zwei Beispiele

I. Die Laufbahn des Petronius Fortunatus (1./2. Jh. n.Chr.; verstorben mit 80 Jahren), aufgezeichnet auf seinem Grabstein, gefunden in Lambaesis, Nordafrika:

(1) Eingezogen in die Legio I Italica (Moesia inferior). Während vier Jahren nacheinander Bekleidung der Ämter eines *librarius, tesserarius, optio* und *signifer*.

(2) Beförderung zum Zenturio in derselben Legion aufgrund des Votums seiner Kameraden.

(3) Die folgenden 46 Jahre als Zenturio in der Legio VI Ferrata (Syria), I Minervia (Germania inferior), X Gemina (Pannonia superior), II Augusta (Britannia), III Augusta (Numidia), III Gallica (Syria), XXX Ulpia (Germania inferior), VI Victrix (Britannia), III Cyrenaica (Arabia), XV Apollinaris (Cappadocia), II Parthica (Italia?), I Aduitrix (Pannonia inferior?/superior?). Während dieser Zeit wurde er mit einer Mauerkrone ausgezeichnet (die derjenige erhielt, der als Erster eine feindliche Stadtmauer erstiegen hatte) sowie weiteren Auszeichnungen wie Torques (Halsringe) und *phalerae* (Brustschmuck).

(4) Auf seinem Grabstein wird auch ein Sohn erwähnt, der mit 35 Jahren gestorben war und sechs Jahre als Zenturio gedient hatte (also wahrscheinlich direkt ernannt worden war), nacheinander in der Legio XXII Primigenia und der Legio II Augusta.

II. Die Laufbahn des Gaius Octavius Honoratus (1./2. Jh. n. Chr.; Todesalter unbekannt), verzeichnet auf seinem Grabstein, gefunden in Thuburnica, Afrika:

(1) Direkte Ernennung zum Zenturio aus dem Ritterstand in die Legio II Augusta (Britannia).

(2) Dienst nacheinander in der Legio VII Claudia pia fidelis (Moesia superior), XVI Flavia firma (Syria), X Gemina (Pannonia superior). Beendete seinen Dienst als *princeps posterior* (vierthöchster Rang eines Zenturios in einer normalen Kohorte) in der 5. Kohorte von X Gemina. Sein Grabstein enthält keine Angaben über sein Alter oder die Dauer seines Dienstes.

(*links*) Das Relief aus Turin (2. Jh. n.Chr.) zeigt wohl einen Zenturio, da er sein Schwert links trägt. Seine Rüstung scheint ein traditioneller Muskelpanzer zu sein, könnte ursprünglich auch silbern bemalt gewesen sein, um einen Kettenpanzer anzudeuten. Der Soldat links neben ihm hatte sicher administrative Funktionen, worauf die Schreibtäfelchen hinweisen, die er in der linken Hand trägt.

Dieser Gedenkstein für die Familie des Voconius aus der Colonia Augusta Emerita (dem heutigen Merida in Spanien) lässt in seiner Inschrift keine Verbindung zum römischen Heer erkennen. Doch darüber sind das Gurtwerk eines Zenturios sowie zwei militärische Ehrenzeichen abgebildet – Torques und *armillae* (Armbänder). Wir können also vermuten, dass ein männliches Mitglied der Familie als Zenturio gedient hat.

Zenturionen in Auxiliartruppen

Weit weniger wissen wir über die Zenturionen in den Auxiliartruppen, auch wenn immer wieder behauptet wurde, dass sie aus den unteren Dienstgraden befördert wurden und deshalb derselben ethnischen Herkunft waren wie ihre Untergebenen. Manche Hinweise auf Papyri lassen vermuten, dass ein Mann gewöhnlich Dekurio über eine *turma* (Reiterschwadron) wurde, wenn er zwischen 8 und 25 Jahren in den unteren Rängen gedient hatte. Viele Zenturionen scheinen aber auch aus wohlhabenden Familien und dem lokalen Adel zu stammen und direkt ernannt worden zu sein. Das dürfte die gängige Praxis gewesen sein. Nach den Quellen konnten viele Auxiliarsoldaten weder lesen noch schreiben, sodass diese für eine Beförderung nicht in Frage kamen. Soweit wir wissen, wurde keiner der Texte aus Vindolanda von jemandem geschrieben, der einen niedrigeren Rang bekleidete als den eines *principalis*.

Mit ihren Waffenübungen wollen [die Römer] ... ebenso wohl den Körper als den Geist kräftigen. Ein weiteres Zuchtmittel ist die Abschreckung; denn ihre Gesetze bestrafen nicht nur Fahnenflucht, sondern auch geringere Vergehen mit dem Tode.

(Josephus Flavius, Der jüdische Krieg, III, 5.7)

Der römische Berufssoldat verbrachte einen Großteil seines Erwachsenenlebens in der Armee – meist 25 Jahre unter dem Prinzipat. Das war die Welt des Soldaten, abseits der Masse der Zivilbevölkerung, wo er in eine starre und klar definierte Hierarchie, in militärisches Recht und Reglement eingebunden war. In dieser Zeit war er in einem der dauerhaften Stützpunkte des Heeres stationiert; das konnte ein kleiner Haltepunkt oder Vorposten sein, wo eine Hand voll Männer untergebracht waren, ein größeres Auxiliarfort mit einer Garnison von 500 bis 1000 Mann oder ein massiv gebautes Legionsdepot mit über 5000 Soldaten. Das Lagerleben war erfüllt von Routinetätigkeiten, Paraden und Zeremonien, Ausbildung und Drill, schweren Arbeiten und vielen anderen Pflichten.

Die römischen Soldaten waren sehr unterschiedlicher Herkunft, sieht man einmal von dem Hauptunterschied zwischen den Bürgerlegionären und den Auxiliartruppen ab. Die Rekruten wurden aus praktisch allen Provinzen des Reiches und auch aus Gebieten außerhalb der Reichsgrenzen eingezogen. Viele Soldaten waren Einberufene, doch die große Mehrzahl bestand aus Freiwilligen. Im Heer waren alle derselben Disziplin unterworfen, aßen alle dieselben Rationen und wurden alle nach demselben Besoldungssystem bezahlt. Über das Leben jedes einzelnen Soldaten wurde von der Heeresbürokratie Buch geführt, von dem Augenblick, in dem er vor seinen Rekrutierungsoffizier kam, bis zu seiner Entlassung. Nur ein Bruchteil dieser Aufzeichnungen ist erhalten, doch er verschafft uns Einblick in die alltägliche Routine des Heeres. Andere Quellen verraten uns etwas über die privateren Aspekte des Lebens der Soldaten, beispielsweise die Götter und Göttinnen, die sie verehrten, und die Familien, die sie gründeten, obwohl ihnen eine Heirat offiziell verboten war.

Die Soldaten mussten sich auf den Krieg vorbereiten, aber auch die verschiedensten friedlicheren Tätigkeiten verrichten. Sie waren als Verwalter und Polizisten tätig oder auch als Handwerker, Ingenieure und Baumeister. Andere waren selbst zu Friedenszeiten mit militärischen Aufgaben betraut, sie mussten patrouillieren; wieder andere führten kleinere Gefechte an den Grenzen und in einigen der gesetzloseren Regionen innerhalb des Reiches.

Szene in einem römischen Marschlager. Die acht Männer eines *contuberniums* übernachteten in ihrem Lederzelt und kochten auch gemeinsam ihr Essen. Jedem *contubernium* war ein Maultier zugeteilt, als Lasttier für das Zelt und sonstige schwere Ausrüstung.

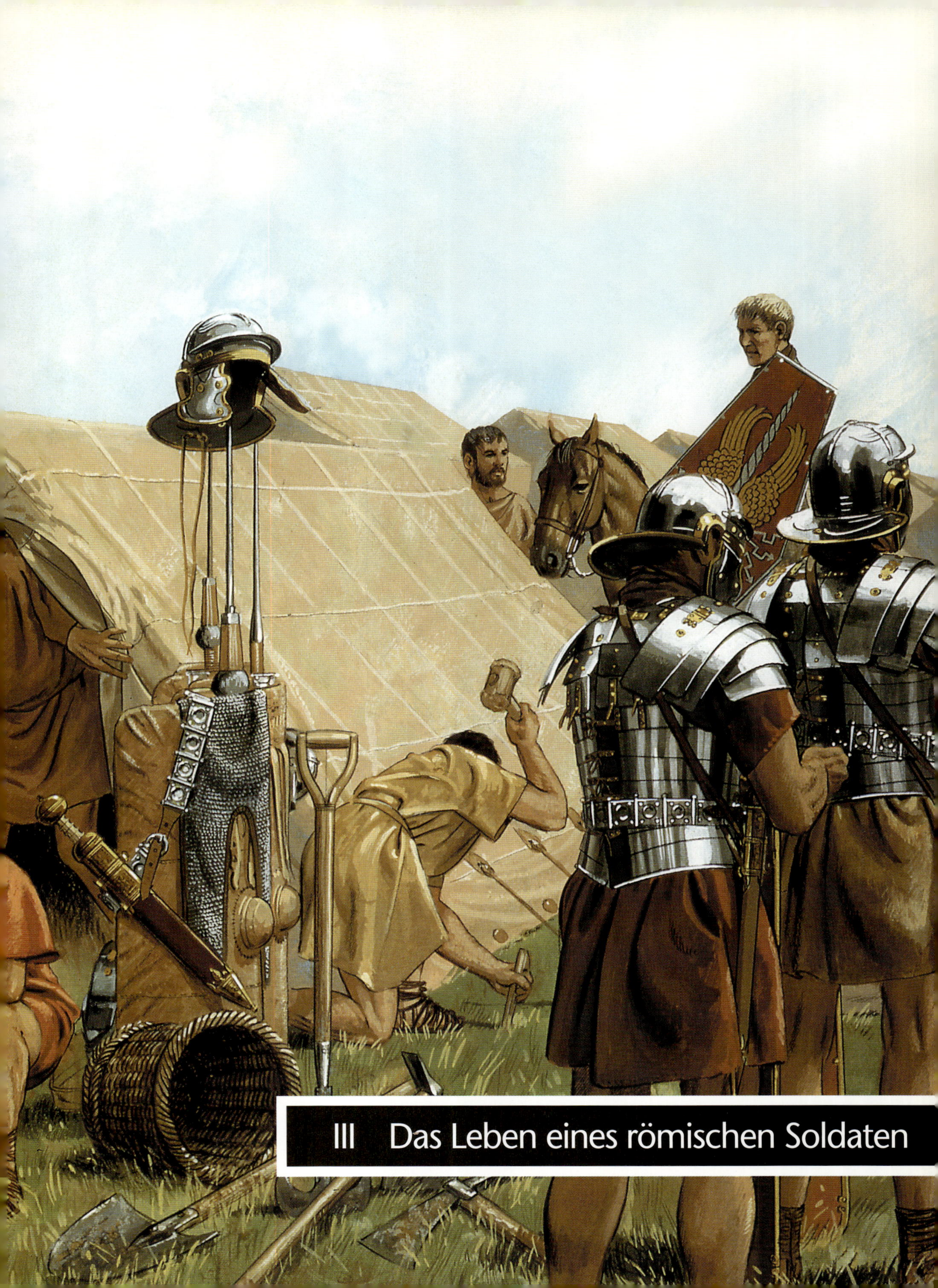

III Das Leben eines römischen Soldaten

Der Eintritt in die römische Armee

Die meisten Rekruten in den Heeren des Prinzipats waren Freiwillige. Nach dem Gesetz waren alle römischen Bürger verpflichtet, Militärdienst zu leisten, wann immer der Staat dies verlangte, doch Aushebungen waren äußerst unpopulär, vor allem in Italien. Augustus griff nur zweimal zu dieser Maßnahme – nach den verheerenden Niederlagen in Pannonien 6 n. Chr. und Germanien 9 n. Chr. Es gab viele Versuche, einer Einberufung *(dilectus)* zu entgehen, und der Kaiser verkaufte einmal einen Ritter in die Sklaverei, weil dieser seinen beiden Söhnen die Daumen abgeschnitten hatte, um sie kriegsuntauglich zu machen. Die meisten Nachfolger des Augustus vermieden Aushebungen in Italien; aber in den anderen Regionen wurden sie gelegentlich durchgesetzt, um Auxiliartruppen aufzustellen. Es gibt Hinweise auf den einen oder anderen *dilectus* mit dem Zweck, die Legionen einer Provinz auf volle Stärke zu bringen, meist im Rahmen konkreter Kriegsvorbereitungen. Was das im Einzelnen bedeutete – eine generelle oder teilweise Einberufung oder lediglich eine Verstärkung der Anwerbungsbemühungen –, wissen wir nicht genau.

Während seiner Zeit als Statthalter in Bithynien und Pontus war Plinius d. J. mit dem Problem konfrontiert, dass zwei Sklaven verbotenerweise in seinem Heer waren, und er erbat sich Trajans Rat, wie mit beiden zu verfahren sei. Aus der Antwort des Kaisers geht hervor, dass es drei Gruppen von Rekruten gab: Freiwillige *(voluntarii)*, Einberufene *(lecti)* und Ersatzleute *(vicarii)*. Einberufene wurden anscheinend von römischen Offizieren ausgewählt, die die Konskription zu beaufsichtigen hatten, oder von den Lokalbehörden in einer Provinz. Es ist aber auch denkbar, dass es da und dort einfach nur zu Zwangsaushebungen kam. Ersatzleute wurden wohl von wehrunwilligen Einberufenen oder ihren Angehörigen gestellt im Gegenzug für ihre Dienstbefreiung. In jenen Jahren wurden sicher Vorbereitungen für Trajans Feldzug gegen die Parther getroffen und möglicherweise wusste der Kaiser von den Aushebungen, die die Einheiten in den östlichen Provinzen auf ihre Sollstärke bringen sollten. Es gibt aber auch Hinweise, dass Teile der Truppen durch einen *dilectus* in dieser oder jener Form rekrutiert wurden. Doch das Heer unter dem Prinzipat war – im Vergleich zur Gesamtbevölkerung des Reiches – eher winzig, sodass die Zahl der Freiwilligen in der Regel ausgereicht haben dürfte, um den Bedarf zu decken.

Die Reize des Soldatenlebens

Attraktiv war der Dienst in den Mannschaften wohl am ehesten für die ärmeren Schichten der Bevölke-

(rechts) **Inschrift mit Angaben zur militärischen Laufbahn eines Quintus Pompeius Falco, der zu Anfang der Regierungszeit Hadrians *legatus Augusti* in Britannien war. Das alltägliche Leben einfacher Soldaten, die zum Heer gingen, war ziemlich verschieden von dem eines Offiziers aus dem Senat, dessen Militärdienst durch Dienstzeiten in zivilen Ämtern unterbrochen sein konnte.**

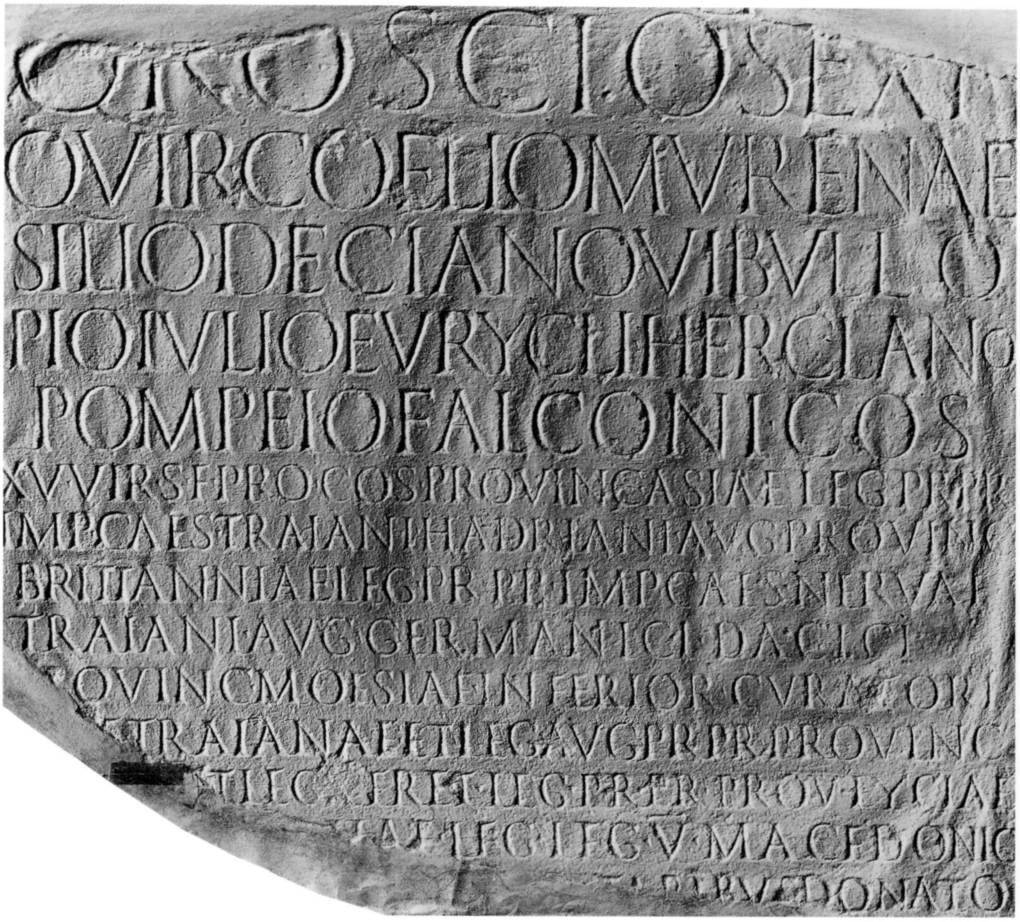

(links) **Kriegsgott in der Uniform eines römischen Legionärs. Der Segmentpanzer der Bronzestatuette ist stark stilisiert.**

rung. Die Armee sicherte dem Soldaten den Unterhalt in Form von Nahrung, Kleidung, Unterkunft, eine bessere medizinische Versorgung, als er normalerweise hatte, und einen festen Sold. Dieser war zwar bescheiden – selbst ein ungelernter und ungebildeter Hilfsarbeiter konnte ebenso viel oder mehr verdienen, vor allem in den großen Städten –, doch der Soldat hatte im Heer die Sicherheit eines festen Jahreseinkommens im Unterschied zu dem stets unsicheren Auskommen eines Tagelöhners. Für fähige Männer mit ausreichender Bildung bestand im Heer die Aussicht auf Beförderung, auf höheren Sold und bessere Bedingungen und damit auch auf Prestigegewinn. Wie Lohnabrechnungen auf erhalten gebliebenen Papyri belegen, konnten einfache Soldaten durchaus beträchtliche Summen Geld anhäufen. Alle Soldaten hatten gesetzliche Vorteile, ein Privileg, das der Satiriker Juvenal (60–140 n. Chr.) in der Geschichte eines Zivilisten thematisiert, der Schwierigkeiten hat, Wiedergutmachung für die Schädigungen durch einen Soldaten zu erlangen. Nur Soldaten durften auch dann ihre Habe vererben, wenn ihr Vater noch lebte (von Gesetz wegen gehörte diese bis zu dessen Tod dem Vater). Und jeder Legionär erhielt nach seiner Dienstzeit entweder eine Abfindung oder ein Stück Land.

Doch um in den Genuss all dieser Vorteile zu kommen, musste sich der Soldat für 25 Jahre verpflichten. Während dieser Zeit war er einem äußerst harten Disziplinierungssystem unterworfen, in dem körperliche Züchtigung und Todesstrafe von den Vorgesetzten verhängt werden konnten, gelegentlich willkürlich. Sicher ist der Grund für die vielen Fälle von Fahnenflucht auch in diesem Umstand zu suchen. Beförderungen waren möglich, setzten jedoch ein Maß an Bildung und Einfluss voraus, das bei den wenigsten Rekruten zu finden war. Die rechtliche Stellung der Soldaten kannte auch erhebliche Einschränkungen für diese. So war es ihnen während ihrer Militärzeit verboten zu heiraten, und bereits geschlossene Ehen wurden für ungültig erklärt. Dennoch gab es viele Soldaten im Heer, die langfristige Beziehungen eingingen und eine Familie gründeten, und hier sind auch die Gründe zu sehen, warum für Soldaten ein besonderes Erbschaftsrecht galt, denn nur auf diese Weise konnten sie ihr Eigentum ihren Kindern oder ihrer »Frau« vermachen. Vor dem Gesetz aber blieben diese Kinder unehelich und hatten nicht den Schutz des römischen Bürgerrechts.

Anforderungen an die Rekruten

Vegetius beschrieb den idealen Rekruten etwas ausführlicher, auch wenn einige seiner Ansichten die Rassenvorurteile seiner Zeit teilten. Damals glaubte man, dass Männer, die im gemäßigten Klima und nicht in den heißeren östlichen Provinzen aufgewachsen waren, zuverlässigere Soldaten abgaben; und dass man lieber Männer aus ländlichen Gebieten und nicht aus den Städten zum Kriegsdienst einzog, entsprach dem alten Hoplitenideal des Bauernsoldaten, aber auch praktischen Erwägungen. Denn Soldaten, die vom Land kamen, hatten ein härteres Leben geführt und waren an schwere körperliche Arbeit gewöhnt, während Rekruten aus der Stadt länger trainiert werden mussten, bis mit der eigentlichen militärischen Ausbildung begonnen werden konnte. Auch der Beruf der eingezogenen Männer war offenbar von Bedeutung, denn Vegetius schreibt, dass Tätigkeiten, die mit körperlicher Arbeit verbunden waren, wie die des Jägers, Metzgers oder Hufschmieds, den unmännlichen Berufen des Konditors, Webers oder Fischers vorzuziehen seien. Die Rekruten wurden einer eingehenden Untersuchung unterzogen, wobei Körpergröße und -kraft besonders wichtig waren.

Traditionell – Vegetius bezieht sich wahrscheinlich auf das Prinzipat – mussten die Rekruten für die erste Kohorte einer Legion oder *ala* in römischen Maßen mindestens 6 Fuß (1,77 m) groß sein, gelegentlich ist auch von über 5 Fuß die Rede. Wir lesen ferner, dass kleinere Männer mit kräftigem Körper ebenso genommen wurden, da die Kraft eines Soldaten entscheidender war als seine bloße Größe. Gefragt waren auch gebildete Rekruten, denn das Heer benötigte Schreiber und Verwaltungsleute auf allen Ebenen. Vegetius sagt wenig zum Alter der Rekruten, aus anderen Quellen können wir entnehmen, dass das Gros zwischen 18 und 25 Jahre alt war.

Manche Historiker haben etwas naiv angenommen, dass die meisten römischen Soldaten dem Ideal des Vegetius entsprochen hätten, aber sein militärtheoretisches Handbuch ist in dieser Hinsicht eher ein trügerischer Wegweiser zur damaligen Praxis und Wirklichkeit. Kaiser Tiberius beklagte einmal, dass die Legionen keine guten Männer fänden und in Italien nur noch die ärmsten Strolche rekrutiert würden. Verurteilte Männer, die den wilden Tieren vorgeworfen, auf eine Insel deportiert oder für eine bestimmte Zeit verbannt werden sollten, hatten in der Armee nichts zu suchen und wurden entlassen, wenn man sie im Heer erkannte. Gleiches galt für Männer, die sich anwerben ließen, um einer gerichtlichen Verfolgung zu entgehen. Das heißt, nur die Männer, die wegen schwerster Vergehen verurteilt waren, durften nicht Soldat werden, aber in den Reihen der Legionen befanden sich wahrscheinlich sehr viele Kleinkriminelle.

Der Eintritt in die Armee

Die Neuzugänge zur römischen Armee wurden anscheinend vom Statthalter der jeweiligen Provinz überprüft. Der erste Schritt war die Musterung *(probatio)* der Rekruten. Für jeden Kandidaten musste der rechtliche Status geklärt werden, denn nur römische Bürger durften in die Legionen eintreten; Sklaven waren generell vom Militärdienst ausgeschlossen. In Beantwortung des Plinius-Briefes erklärte Trajan, die beiden Sklaven hätten die volle Strafe des Gesetzes zu erwarten, sollten sie bei der Anwerbung fälschlich behauptet haben, Freigelassene zu sein. Wie dem auch sei, wenn die beiden Sklaven Ersatzmänner waren, dann hatten diejenigen Schuld, die sie gestellt hatten; waren sie Einberufene, dann lag der Fehler bei dem Offizier, der sie eingezogen hatte. Staatszugehörigkeit und rechtlicher Status waren eben im Römischen Reich ganz entscheidend, aber leider haben wir darüber wenige schriftliche Belege. Ein ägyptischer Papyrus aus dem Jahr 92 n. Chr. verzeichnet den Fall eines *optio* in der Legio III Cyrenaica, der beschuldigt wurde, kein römischer Bürger zu sein, und entlassen werden sollte. Der Mann konnte drei Zeugen benennen, seinen Status zu bezeugen, zwei Legionäre aus anderen Zenturien und ein Veteran.

Zur *probatio* gehörte auch eine ärztliche Untersuchung, wie aus einem anderen Papyrus hervorgeht. Dieser verzeichnet die am 24. April 52 n. Chr. erfolgte Entlassung eines gewissen Tryphon, Sohn des Dionysius, Weber, wegen schlechten Sehvermögens infolge grauen Stars. Unklar ist, ob Tryphon wirklich entlassen oder einem anderen Dienst im Heer zu-

Gesandte der Barbarenvölker in einer Szene auf der Trajanssäule. Einige Männer haben Haarknoten, eine Mode, die mit den germanischen Sueben in Verbindung gebracht wird; die Männer links tragen lange kaftanartige Gewänder, wie sie für die Sarmaten typisch waren. Die römischen Auxiliartruppen wurden aus einer bunten Völkervielfalt innerhalb und außerhalb der Provinzen rekrutiert.

geteilt wurde, aber es ist sehr wahrscheinlich, dass eine Entlassung aus medizinischen Gründen damals nicht anders verlief. Der Bericht (Ende 3. Jh. n. Chr.) über das Martyrium des Maximilianus vermittelt ein genaueres Bild vom üblichen Verlauf einer *probatio*, auch wenn es hier um eine Einberufung ging. Maximilianus wurde vor den Vizestatthalter gebracht und es wurde formell erklärt, dass er die für einen Soldaten erforderlichen Eigenschaften besitze und seine Größe von über 5 Fuß ausreiche und er eingezogen werden müsse. Maximilianus beteuerte immer wieder, seine Überzeugungen als Christ erlaubten ihm nicht, als Soldat zu dienen oder etwas Böses zu tun. Wegen seiner wiederholten Weigerung wurde er schließlich hingerichtet.

Wer freiwillig zum römischen Heer wollte, konnte sich die Aufnahmeprozedur erleichtern, indem er Empfehlungsschreiben vorlegte. Je höher der Rang des Schreibers und je enger die Verbindung zwischen ihm und dem verantwortlichen Offizier waren, desto wirkungsvoller war das Schreiben – sodass sich darüber Juvenal mit der Geschichte von einem Rekruten lustig machen konnte, der einen Brief der Göttin Venus an den Kriegsgott Mars vorlegte. Empfehlungsschreiben gaben Auskunft über den Status und die Fähigkeiten eines Kandidaten und trugen zu einer raschen Beförderung bei. So trat 107 n. Chr. ein gewisser Julius Apollinarius in eine Legion ein und wurde alsbald auf den Posten eines Schreibers *(librarius)* gesetzt. In einem Brief an seinen Vater gratulierte er sich dazu, dass er einen so leichten Dienst hatte, während seine Kameraden draußen im Steinbruch arbeiteten (vermutlich im Rahmen eines Bauvorhabens). Aber der freiwillige Eintritt in die Armee konnte auch für Enttäuschungen sorgen. Etwa zur selben Zeit bewarb sich ein Claudius Terentius als Legionär, wurde aber der weit weniger prestigeträchtigen Flotte zugeteilt. Dort war er mit seinen Aussichten nicht zufrieden und klagte, dass »ohne Geld nichts zu erreichen ist, und auch Empfehlungs-

schreiben nützen nichts, wenn man sich nicht selbst hilft«.

Nach der *probatio* wurden die für tauglich befundenen Rekruten zu ihren Einheiten geschickt. Sie erhielten das *signaculum*, ein beschriftetes Bleitäfelchen, das in einem Lederbeutel um den Hals getragen wurde und etwa dieselbe Funktion erfüllte wie die heutigen Erkennungsmarken. Wahrscheinlich hatten die Rekruten bereits ihren militärischen Eid *(sacramentum)* abgelegt, mit dem sie ihrem Kaiser Treue gelobten. Danach erhielten sie ihr Reisegeld *(viaticum)*, das offenbar generell aus drei Goldmünzen im Wert von 75 Denaren bestand. Obwohl dies eine nicht unbeträchtliche Summe war, wurde der größte Teil davon auf ihrer Reise verbraucht, und die Erleichterung der Rekruten um ihren neu erworbenen Wohlstand mag durchaus zu den Nebenverdiensten der sie begleitenden regulären Soldaten gehört haben. Von den Rekruten, die 117 n. Chr. bei der Cohors I Lusitanorum eintrafen, hatten die meisten kaum noch ein Drittel ihres Zehrgeldes übrig behalten, um diese Summe den Feldzeichenträgern in ihren Zenturien in Verwahrung zu geben. Ein anderes Dokument schildert die Einberufung von Rekruten:

Abschrift C. Minucius Italus an Celsianus
Erteilt die Anweisung, dass die sechs von mir bestätigten Rekruten für die von Euch befehligte Kohorte mit Wirkung vom 19. Februar in die Verzeichnisse eingetragen werden. Ich habe ihre Namen und besonderen Kennzeichen dem Brief beigefügt.

C. Veturius Gemellus	21 Jahre	keine besonderen Kennzeichen
C. Longinus Priscus	22 Jahre	Narbe an der linken Augenbraue
C. Julius Maximus	25 Jahre	keine besonderen Kennzeichen
-. Julius Secundus	20 Jahre	keine besonderen Kennzeichen
C. Julius Saturnius	23 Jahre	Narbe auf der linken Hand
M. Antonius Valens	22 Jahre	Narbe auf der rechten Stirn

Erhalten am 24. Februar 103 durch Priscus, *singularis*. Ich, Avidius Arrianus, *cornicularius* der Cohors III Ituraeorum, bestätige hiermit, dass sich das Original im Aktenbestand der Kohorte befindet.

Diese Rekruten einer Auxiliarkohorte, die wahrscheinlich kein Bürgerrecht hatten, wurden gleichwohl alle mit drei »römischen« Namen aufgeführt, und mit diesen Namen wurden sie in dem ausführlichen Dossier, das sie von nun an während ihrer gesamten militärischen Laufbahn begleitete, genannt. So teilte ein Ägypter namens Apion, der bei der Flotte angemustert hatte und nach Misenum in Italien versetzt worden war, seinen Angehörigen mit, er sei nun als Mitglied einer Zenturie unter dem Namen Antonius Maximus bekannt. Derselbe Mann versicherte seinem Vater, er befinde sich bei guter Gesundheit, und dankte ihm für die Bildung, die er ihm hatte zuteil werden lassen und die ihm bei seiner weiteren Karriere sicher helfen werde.

Bei der Ankunft in ihrer Einheit wurden die Rekruten in Namenslisten eingetragen und einer Zenturie oder einer *turma* zugeteilt. Sie mussten eine strenge Ausbildung absolvieren, bevor sie Soldaten waren.

Einberufung der Hilfssoldaten und ethnische Zusammensetzung der Einheiten

Legionäre mussten römische Bürger sein; allenfalls in Krisenzeiten oder während eines Bürgerkriegs wurden auch Fremde ins Heer geholt und ihnen dann anschließend das Bürgerrecht gewährt. Soldaten der Auxiliartruppen waren in der Regel keine römischen Bürger und erlangten römisches Bürgerrecht erst nach Ableistung ihres 25-jährigen Militärdienstes. Die meisten Hilfseinheiten trugen in ihrem Titel einen regionalen oder ethnischen Namenszusatz. Er bezog sich gewöhnlich auf die ursprüngliche Zusammensetzung der Einheit, denn die Römer haben sich anscheinend nicht besonders darum bemüht, auch späterhin nur Soldaten aus der jeweiligen ethnischen Gruppe zu rekrutieren. Die Armee suchte ihre Rekruten nach Möglichkeit in Standortnähe, und das galt auch für die Legionen, da unter dem Prinzipat die Zahl der Rekruten aus Italien ständig zurückging. Man rekrutierte praktischerweise in den Provinzgemeinden, die dem Heerlager am nächsten lagen. Waren die Truppen zufällig in der Nähe ihrer Herkunftsregion stationiert, dann konnte eine Kohorte oder *ala* ziemlich homogen und beständig aus Männern eben dieser Region bestehen, ansonsten setzten sich die Truppen mit der Zeit mehr und mehr aus Männern der Umgebung ihrer jeweiligen Standorte zusammen. Einheiten, die häufiger von einer Provinz in die nächste verlegt wurden, konnten sich aus Soldaten unterschiedlicher regionaler und ethnischer Herkunft zusammensetzen. Eine Inschrift auf dem Hadrianswall hebt die Germanen einer bestimmten Kohorte hervor. Aber wir wissen kaum etwas darüber, ob die verschiedenen ethnischen Gruppen jeweils eigene Zenturien bildeten oder einfach auf gemischte Einheiten verteilt wurden. Die Sprache, in der Befehle gegeben und die Heeresverwaltung organisiert wurde, war Lateinisch. Neuzugänge mussten sich also zumindest ein rudimentäres Verständnis der lateinischen Sprache aneignen. Allerdings wissen wir nicht, wie viele der Auxiliarsoldaten oder selbst der Legionäre lesen und schreiben konnten.

Die Grundausbildung

Die Ausbildung der Rekruten konzentrierte sich zunächst auf körperliche Ertüchtigung und die Gewöhnung der Neuankömmlinge an die Disziplin. Wichtig war das Exerzieren in geschlossener Formation, der Gleichschritt der Kompanie; außerdem mussten die Männer Übungsmärsche absolvieren, um ihre Dauerbelastbarkeit zu trainieren. Nach Vegetius mussten sie im normalen Marschtritt in fünf Stunden eine Strecke von 20 römischen Meilen (rund 30 Kilometer) bewältigen und im Schnellschritt 24 Meilen. Großer Wert wurde auf Dauerlauf und Springen gelegt. Einige Übungen wurden in voller Montur absolviert, bei den Märschen mussten die Soldaten häufig Gepäck und Ausrüstung mit sich tragen.

Die Ausbildung an den Waffen erfolgte nach dem Muster der Gladiatorenschulen. Man stellte einen 1,80 Meter hohen Pfosten auf, an dem der Rekrut fechten lernte. Er bekam ein Holzschwert und einen geflochtenen Schild, beides in normaler Größe, aber beträchtlich schwerer als die normale Ausrüstung, und damit musste er auf den Pfosten einschlagen. Während er die vorgeschriebenen Hiebe, Stöße und Paraden übte, stählte er seine Armmuskeln. Dann musste der Rekrut lernen, das *pilum* zu werfen, wobei der Pfosten als Ziel diente. Wahrscheinlich gab es auch eine Grundausbildung an anderen Waffen, an der Schleuder, am Bogen und an den verschiedenen Wurfmaschinen. Nach der Empfehlung des Vegetius sollten alle Soldaten Reit- und Schwimmunterricht erhalten.

War ein bestimmtes Ausbildungsniveau erreicht, begannen die Rekruten mit Scheingefechten und benutzten dabei Übungswaffen oder echte Waffen, deren Spitzen mit Lederscheiben versehen waren, um Verletzungen zu vermeiden. Anfangs wurde Mann gegen Mann gekämpft, dann in größeren Gruppen, und schließlich gab es Übungsgefechte zwischen ganzen Einheiten. Insgesamt dauerte die Grundausbildung zum qualifizierten Soldat einer Einheit wohl mehrere Monate. Aber damit war die militärische Ausbildung nicht beendet, denn diese dauerte die gesamte Dienstzeit. Die römischen Kommandeure hatten ihre Einheiten ständig zu drillen und einsatzbereit zu halten.

(oben) Mitglieder einer Reenactment-Gruppe zeigen, wie römische Soldaten den Umgang mit der Waffe übten – hier mit Speeren mit stumpfer Spitze. Zu Beginn ihrer Ausbildung benutzten die Rekruten Holzschwerter und trugen Korbschilde, die aber mehr wogen als die Ausrüstung, die sie im Krieg benutzten. Später übten sie mit richtigen Waffen, deren Spitzen in Lederscheiden steckten, um Verletzungen zu vermeiden.

(rechts) Der alte Ochsenschädel, gefunden in Vindolanda, ist von mehreren quadratischen Löchern durchbohrt, die von Bolzen einer leichten _ballista_ (Wurfmaschine) stammen. Vermutlich hat der Schädel den römischen Soldaten für Zielübungen gedient.

Alltägliche Routine

Einen Großteil ihres Soldatenlebens verbrachten die Männer in der Kaserne, und auf diese Umgebung wollen wir etwas näher eingehen. Den Rekruten aus den Städten wird das Leben in einem dicht belegten Militärstützpunkt nicht gänzlich unvertraut gewesen sein. Aber die Männer, die vom Land kamen, vor allem die vielen Auxiliarsoldaten, die aus den dünn besiedelten Provinzen stammten, müssen das Lager- und Kasernenleben als etwas völlig Neuartiges und Fremdes empfunden haben.

Die größeren der festen Stützpunkte des römischen Heeres und insbesondere jene Einrichtungen, in denen eine ganze Legion untergebracht werden konnte, bezeichnet man als befestigtes Lager und die kleineren Anlagen für die Hilfstruppen als Kastell. Aber auch provisorische Stützpunkte, seien sie groß oder klein, bezeichnet man ganz allgemein als Lager. Keiner dieser Begriffe scheint wirklich angemessen. Die Begriffe »befestigtes Lager« und »Kastell« suggerieren die Vorstellung von einer militärischen Anlage mit primär defensivem Charakter – wie wir das von einer mittelalterlichen Burg kennen. Tatsächlich waren die Stützpunkte des römischen Heeres in den seltensten Fällen mit besonders starken Befestigungen ausgestattet; es waren in erster Linie lediglich Baracken, die als Unterkünfte für eine große Zahl von Soldaten und als Speicherraum für die Vorräte dienten, die für ihre Verpflegung benötigt wurden.

Das befestigte Lager

Selbst nach der marianischen Reform verfügte die römische Armee nicht über feste Stützpunkte. Sie war und blieb im Wesentlichen eine Feldarmee, dazu bestimmt, schnelle Operationen ausführen zu können. Es war eine Zeit der Eroberungen, und bis zum Jahr 14 n. Chr. expandierte das Reich sehr rasch. Die Feldzüge beschränkten sich normalerweise auf die Zeit zwischen Frühjahr und Frühherbst, weil es außerordentlich schwierig für die Heere war, in den Wintermonaten ausreichend Nahrung und Viehfutter zu finden. Am Ende einer militärischen Saison trat die Legion den Rückmarsch an und begab sich in ihr Winterlager *(hiberna)*. In urbanisierten Gegenden konnte sie sich in einer Stadt einquartieren, doch anderswo musste sich die Legion zur Überwinterung eine wesentlich stabilere Version des Marschlagers errichten. Die Befestigungen waren dann massiver, die Schutzwälle aus Holz und Erde höher und mit Türmen verstärkt, und die Zelte wurden durch Hütten ersetzt. Diese Lager boten den Soldaten ein gewisses Maß an Komfort während der Wintermonate, was sie weniger anfällig für Krankheiten machte. Häufig erfüllten die Winterlager auch eine strategische Funktion und dienten dazu, neu unterworfene Regionen zu befrieden oder die Armee auf den Feldzug der kommenden Saison vorzubereiten.

Mit der Einführung des stehenden Heeres unter Augustus waren viele Legionen für längere Perioden als bislang im selben Gebiet einer Provinz stationiert. Und so entwickelten sich aus den alten Winterquartieren allmählich dauerhaftere Stützpunkte, die als Depots der Legionen genutzt wurden und in denen ein Großteil ihrer Akten und ihrer Verwaltung untergebracht war, auch wenn die Legion selbst sich auf einem Feldzug befand. Anfangs waren diese Stützpunkte bloß etwas besser gebaute Winterlager mit Holzgebäuden und Erdwällen und wurden nach und nach zu massiveren Anlagen ausgebaut. Bald ersetzten Dachziegel das Stroh, aus den Holzbaracken wurden massive Häuser aus Stein. Der Ausbau der Holz- zu Steinhäusern erfolgte meist in mehreren Etappen, und welche Gebäude zuerst Mauern erhielten, hing von den Prioritäten der jeweiligen Legion

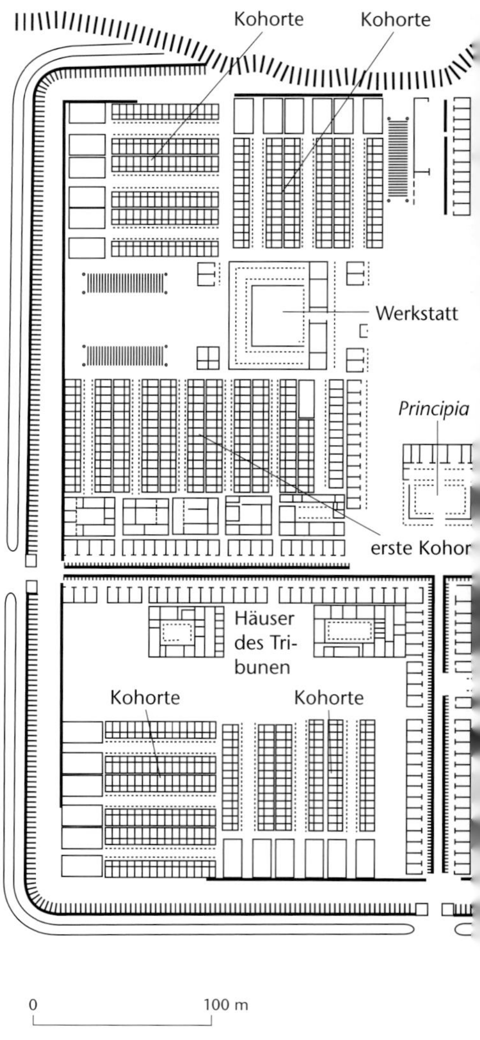

ab. Die Geschwindigkeit, mit der dieser Prozess ablief, war abhängig vom Zustand der bestehenden Holzgebäude und der lokalen Verfügbarkeit geeigneter Mauersteine.

Ein größeres befestigtes Lager hatte eine Fläche von 20 bis 25 Hektar. Das Römerlager Vetera am Niederrhein (das heutige Xanten) war noch größer und konnte zwei Legionen unterbringen. Viele dieser großen Lager liegen heute unter Städten, zum Beispiel unter Chester und York – mit der Folge, dass an den meisten Fundstellen sorgfältige Ausgrabungen nur in kleinen Bereichen möglich waren. Wir haben meist nur Ausschnitte, selten die Lager in voller Größe. Aber da die Römerlager anscheinend in ihrem Plan und ihrer Anlage weitgehend ähnlich waren, ist das in archäologischer Hinsicht nicht so schwerwiegend; wir dürfen nur nicht vergessen, dass jede bislang freigelegte archäologische Stätte einige besondere Eigenarten aufwies. Einige Lager wurden über mehrere Jahrhunderte hinweg genutzt und erlebten während dieser Zeit zahlreiche Umbauten.

Der Aspekt der Verteidigung war nur in seltenen Fällen ausschlaggebend für die Wahl des Standorts eines Lagers. Entscheidend für diese Stützpunkte war vielmehr ihre Anbindung an das Netz der Land- und vor allem Wasserwege, sodass die meisten Römerlager in der Nähe von schiffbaren Flüssen zu finden sind. Auch wenn es in der ersten Zeit gewisse Unterschiede gab, die meisten befestigten Lager haben den Umriss einer klassischen Spielkarte – ein Rechteck mit abgerundeten Ecken. Jeder römische Stützpunkt hat zwei Hauptstraßen. Die erste, die *via principalis*, verbindet die beiden Eingänge an den beiden Längsseiten des Rechtecks miteinander. Von ihr geht im rechten Winkel die *via praetoria* ab, die vom wichtigsten Eingangstor des Lagers, der *porta praetoria*, zum Gebäude des Hauptquartiers oder den *principia* verläuft, die hinter der *via principalis* liegen. Es gab noch weitere Wege innerhalb des Lagers, die *via decumana*, die von der Rückseite der Gebäude rund um die *principia* aus zur *porta decumana* im rückwärtigen Wall verlief.

***(unten links)* Grundriss des Römerkastells in Inchtuthil, Schottland, das Ende des 1. Jahrhunderts n. Chr. errichtet und noch vor seiner Fertigstellung aufgegeben wurde.**

***(unten)* Grundriss des Römerkastells in Caerleon (Isca Silurum), Südwales, in dem über 200 Jahre lang die Legio II Augusta stationiert war. Es hat zwar viele Ähnlichkeiten mit der Anlage in Inchtuthil, aber vollkommen identisch angelegte Kastelle hat es scheinbar nie gegeben.**

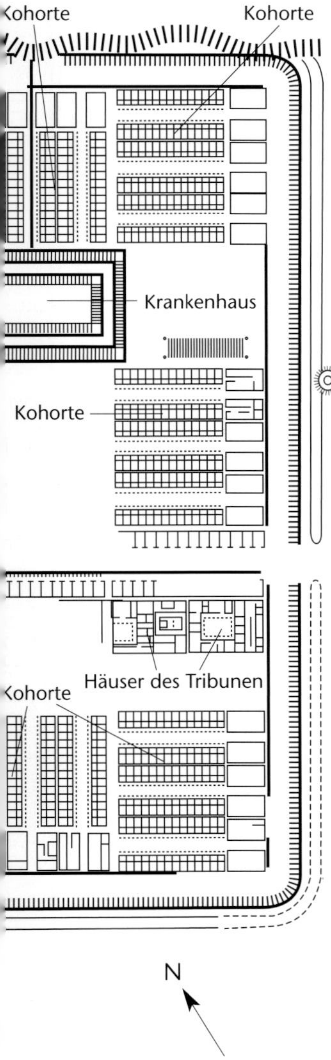

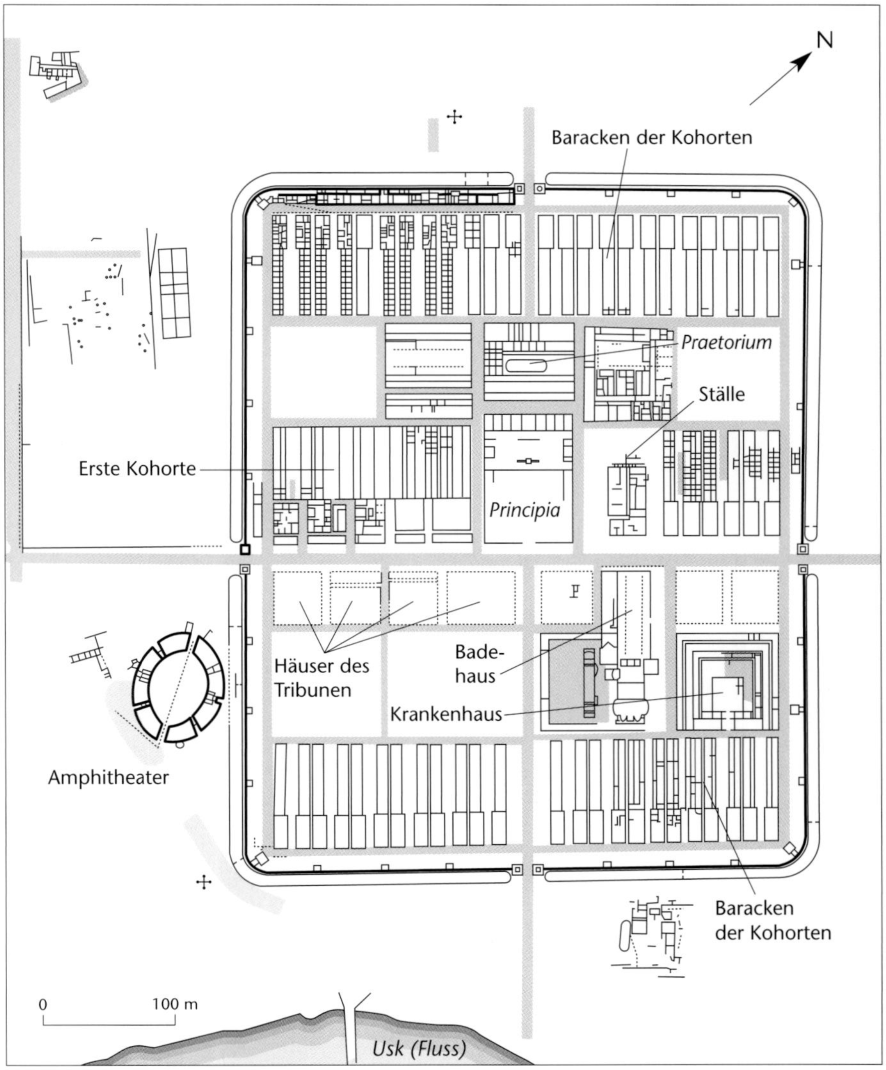

Einer der freigelegten Barackenblöcke in Caerleon. Vorne liegen die breiter angelegten Räumlichkeiten, die dem Zenturio (vielleicht auch anderen *principales*) als Unterkunft dienten und wohl zum Teil auch als Diensträume genutzt wurden. Weiter hinten befinden sich die Zimmerpaare, die jeweils für ein *contubernium* aus acht Mann bestimmt waren.

Innere Gebäude

Die principia. Das Hauptquartier war das administrative und spirituelle Zentrum der Legion. Sein Haupteingang, gewöhnlich in monumentaler Größe, lag auf einer Linie mit der *via praetoria*. Dieser öffnete sich auf einen meist gepflasterten Säulenhof, umgeben von Räumen, die möglicherweise als Büros gedient hatten. Dahinter befand sich eine große quer stehende Halle oder Basilika, etwa 9 bis 12 Meter breit mit einer Doppelreihe massiver Säulen an der Längsseite zur Stützung des hohen Dachs. Ausgrabungen in Caerleon und York lassen darauf schließen, dass in der Halle häufig überlebensgroße Statuen des Kaisers und seiner Angehörigen aufgestellt waren.

Dieser Bereich wurde anscheinend für offizielle Paraden und Zeremonien benutzt. Am einen Ende befand sich eine erhöhte Tribüne, von der aus der ranghöchste Offizier, der bei solchen Veranstaltungen den Vorsitz hatte, zur Versammlung sprechen konnte. In der Mitte der hinteren Mauer war der Eingang zum Schrein (*aedes* oder *sacellum*), wo die Feldzeichen der Legion, die 59 oder 60 *signa*, die *imagines* (Büsten) der kaiserlichen Familie, die von den Abteilungen getragenen *vexilla* (Fahnen) und der *aquila*, der Legionsadler, aufbewahrt wurden. Zwischenwände, zum Teil aus Stein, trennten den Schrein von der Haupthalle, ließen aber den Blick auf die kostbaren Feldzeichen frei. Auf beiden Seiten des Schreins lagen Büroräume, unter ihm war häufig ein Kellergewölbe mit dem Schatz der Legion.

Auch wenn die Abmessungen und gewisse Details von Lager zu Lager variierten, entsprachen die *principia* in den meisten Fällen diesem Muster. Eine Ausnahme war Lambaesis, Depot der Legio III Augusta in Nordafrika, wo die Funktionen der Haupthalle von einem offenen, mit Säulengängen gesäumten Platz übernommen wurden.

Das praetorium. Abgesehen von den in Ägypten stationierten Einheiten, die von Präfekten aus dem Ritterstand befehligt wurden, war der Kommandeur einer Legion ein römischer Senator und somit ein reicher und angesehener Mann. Die Räumlichkeiten, die für den Legaten, seine Familie und für den großen Haushalt mit Sklaven und Freigelassenen vorgesehen waren, mussten weitläufig sein. Das Haus des Legaten, das *praetorium*, war dem Stadthaus eines römischen Adligen nachempfunden. Um einen zentralen, quadratischen Innenhof standen einige Gebäude mit den Diensträumen sowie den privaten Wohnräumen; häufig gab es aber noch weitere, kleinere Innenhöfe.

An den Häusern der Legaten in Xanten und Caerleon schloss sich an einer Seite eine lange, mit Säulen bestandene Fläche mit abgerundeten Ecken an, wahrscheinlich ein Garten. Es waren luxuriöse, große Häuser mit Fußbodenheizung und eigenen Badehäusern. Das *praetorium* in Caerleon soll wesentlich größer als das größte Haus in Pompeji gewesen sein, und das entsprach dem Senatorenstatus der Legionslegaten, den Mitgliedern einer kaiserlichen Elite, deren Zahl sich auf einige Hundert belief. Ihre Häuser waren in Anlage und Stil römisch, auch wenn das Legionslager in einer Region mit ganz anderem Klima lag.

(links) Die *principia* in Lambaesis, Nordafrika, eines der besterhaltenen Beispiele für diese Gebäude, die das geistige und administrative Zentrum einer Legion waren. Im Unterschied zu den Verwaltungszentren in den kälteren und feuchteren Klimazonen Europas wird hier ein Großteil des Raumes von einem offenen Hof eingenommen, in dem Paraden abgehalten wurden.

(unten) Das Kastell in Vindolanda, wie es Ende des 2. Jahrhunderts n. Chr. ausgesehen haben könnte. Vor dem Einlasstor liegt der *vicus,* die zivile Ansiedlung, die sich zu einer Art Versorgungsbasis für einen dauerhaften Militärstützpunkt entwickelte. Die Langhäuser stehen mit ihrer schmalen Front zur Straßenseite, nur durch diese Anordnung haben möglichst viele Häuser direkten Zugang zur Straße. Im vorderen, der Straße zugewandten Teil befanden sich meist Läden oder Schankstuben.

Weitere Häuser. Auch die anderen ranghohen Offiziere einer Legion hatten eigene Wohnhäuser. Der *tribunus laticlavius* war ebenfalls Senator und hatte ein kleineres römisches Haus mit Innenhof für sich. Nicht ganz so luxuriös waren die Tribunen und wohl auch der *praefectus castrorum* untergebracht. Die Zenturionen der ersten Kohorte, die *primi ordines*, genossen einen höheren Status als die übrigen Zenturionen und durften in kleinen Häusern wohnen statt in einer Zimmerflucht am Ende eines Barackenblocks.

Die Baracken. In einem Barackenblock fand eine Zenturie von 80 Mann samt ihren Offizieren Platz. Ein Legionslager enthielt 60 Barackenblöcke, und wenn die erste Kohorte eine Tausender-Kohorte war, waren es 64. In einem Marschlager standen die Zelte jeder Zenturie in einer Reihe, und diese Anordnung galt auch für die langen schmalen Barackengebäude. Anstelle eines Zeltes erhielt jede Zeltgemeinschaft *(contubernium)* zwei benachbarte Räume. Der eine wird als Aufenthalts- und Schlafraum gedient haben, wahrscheinlich mit Etagenbetten, aber Hinweise dafür haben wir nicht. Im anderen Raum, der etwa dieselbe Größe von 4,5 Quadratmeter hatte, wurde wahrscheinlich die Ausrüstung aufbewahrt. Es gab keinen Innengang, stattdessen lief an der Vorderseite ein überdachter Gang entlang mit je einer Tür für ein Zimmerpaar. In der Umgebung von Baracken wurde häufig Fensterglas gefunden, deshalb kann man annehmen, dass sie Fenster hatten, gleichwohl dürfte es in den Zimmern eher düster gewesen sein, besonders in den rückwärtigen, da meist zwei Blöcke Rücken an Rücken standen, getrennt durch eine schmale Gasse.

Am Ende jedes Blocks gab es mehrere Räume, die unterschiedlich angeordnet waren. Dort waren wohl die Dienstzimmer für die tägliche Verwaltung der Zenturie sowie Räume für den Zenturio. Die Offiziere lebten in einem gewissen Komfort, die Wände ihrer Zimmer waren verputzt und mit dekorativen Mustern bemalt. Dazu gehörte meist auch eine private Toilette und ein Bad mit Abfluss. Offenbar lagen die größeren und schöneren Räume gewöhnlich an dem Ende des Blocks, der am weitesten von der Straße entfernt und etwas ruhiger war.

Theoretisch bestand ein Barackenblock aus den Zimmern und Büros des Zenturios und zehn Zimmerpaaren für die zehn *contubernia*, aber die bei Ausgrabungen freigelegten Blöcke weisen nur selten genau zehn Zimmerpaare auf, viel häufiger sind es 11 oder 12 Zimmerpaare. Wozu die zusätzlichen Zimmer gebraucht wurden, wissen wir nicht, vielleicht waren es Lagerräume oder Quartiere für die *principales*. In einigen Barackenblöcken hatte das vorderste Zimmer einen Herd, während in Lagern wie Caerleon die Öfen in die Innenseite der Hauptwälle eingebaut waren. Wenn die Einheiten volle Sollstärke hatten, dann musste das Leben in den Baracken sehr beengt und düster gewesen sein; doch solche Wohnbedingungen waren vermutlich nicht viel schlimmer als die in den Wohnblöcken *(insulae)* der großen Städte, in denen die ärmeren Einwohner lebten.

Das Hospital (valetudinarium). Ein weiterer Gebäudekomplex im Lager ist das Hospital, angelegt nach den damaligen medizinischen Erkenntnissen, wiederum als rechteckiges Gebäude um einen Innenhof. In Inchtuthil, Schottland, misst das Lagerhospital 91 x 56 Meter. Aufgeteilt war es in 64 Stationen von der Größe eines *contubernium*-Zimmers. Wenn diese Zimmer ebenfalls vier bis acht Soldaten aufnehmen sollten, dann hätten in dem Hospital theoretisch 5 bis 10 Prozent der Besatzung medizinisch versorgt werden können.

Die Stationen waren in einen inneren und einen äußeren Bereich getrennt und in kurzen Abständen durch Gänge miteinander verbunden. Die Hospitalgebäude, die man in den Römerlagern in Neuss und Xanten freigelegt hat, zeigen zwar diese Besonderheit nicht, sind jedoch ähnlich angelegt, nur dass sie hinter dem Haupteingang einen einzelnen größeren Raum aufweisen.

Die Magazine (horrea). Die häufig als Kornspeicher bezeichneten Gebäude waren in Wirklichkeit massiv gebaute Lagerhäuser, in denen neben Getreide auch andere Nahrungsmittel und sonstige Dinge gelagert

(rechts) Rekonstruierter Kornspeicher aus Holz in der Bauweise des 1. Jahrhunderts n. Chr. mit den Fenstern für die Lüftung und dem erhöhten Boden; Kastell Lunt bei Coventry.

(unten) Die steinernen Kornspeicher im Kastell Housesteads am Hadrianswall zeigen eine der Methoden zur Erhöhung des Fußbodenniveaus, um die Temperatur für die gespeicherten Waren regulieren und sie vor Schädlingen schützen zu können. Die Lebensmittelspeicher mit ihren dicken Mauern waren ziemlich massive Gebäude.

wurden. Die Überreste dieser Häuser sind eindeutig als Magazine zu erkennen, da der Fußboden immer über dem Erdboden lag und auf niedrigen Mauern oder auf Reihen von Steinstützen auflag. Auf diese Weise wurden die gelagerten Lebensmittel vor Schädlingen geschützt und konnten durch Lüftungsschlitze in den Wänden belüftet werden. In Speichern aus festen Steinmauern sind die Wände meist seitlich abgestützt. Das war wegen der Höhe der Gebäude erforderlich und weil das Dach seitlich weit überstand, um dadurch zu verhindern, dass das vom Dach fließende Regenwasser nicht direkt an den Gebäudewänden in den Boden sickerte. So konnte das Getreide kühl und trocken und längere Zeit ohne größere Verluste gespeichert werden.

Das Badehaus. Für die römischen Soldaten war das Badehaus nicht nur der Ort, wo sie sich waschen konnten, es war für sie auch ein sozialer Raum. Die Methode, wie die Römer die Temperaturen der verschiedenen Räume in einem Badehaus regelten, gehört mit zu ihren großen technischen Leistungen. Alle Militärstützpunkte verfügten über ein Badehaus, und in den Legionärslagern waren diese Häuser sehr großzügig ausgelegt und hatten eine gewisse Ähnlichkeit mit heutigen Sportcentern.

Sonstige Gebäude. Befestigte Römerlager waren weiträumig und enthielten viele weitere Baulichkeiten. In Inchtuthil hat man eine große Werkstatt *(fabrica)* freigelegt. In Lambaesis stieß man auf die Überreste eines Gebäudekomplexes, der vermutlich die *scholae* oder Vereinshäuser für bestimmte Ränge wie die Zenturionen beherbergte. Von etlichen Gebäuden kennt man nur die freigelegten Grundmauern, weiß aber nichts über ihre Funktion. In

Chester hat man die Überreste eines Bauwerks mit elliptischen Grundmauern entdeckt, das keinerlei Ähnlichkeit oder Zusammenhang mit den bekannten zivilen oder militärischen Bauwerken aufweist. In einigen Lagern gab es weite, unbebaute Räume, möglicherweise weil die ursprünglichen Pläne geändert wurden. Auch wenn viele große Lager über Jahrhunderte hinweg von den römischen Legionen genutzt wurden, heißt das nicht, dass alle Bereiche dieser Stützpunkte kontinuierlich in gutem Zustand gehalten wurden. Das Lager in Chester beispielsweise – und das dürfte kein Einzelfall gewesen sein – wurde während des 2. Jahrhunderts n. Chr. zum größten Teil aufgegeben und eine Reihe von Gebäuden verfiel, bevor das Lager später wieder in Betrieb genommen wurde.

Das steinerne Einlasstor des Kastells Arbeia (heute South Shields oberhalb der Tynemündung) wurde auf den Fundamenten des alten römischen Bauwerks rekonstruiert. Jüngste Ausgrabungen in Ägypten deuten darauf hin, dass die Tortürme noch ein weiteres Stockwerk hatten.

Befestigungsanlagen

Die Schutzwälle der römischen Militärstützpunkte waren nicht besonders hoch oder imposant. Im 1. und 2. Jahrhundert n. Chr. waren die Türme meist nicht dem Wall vorgelagert und konnten deshalb nicht gegen Angreifer genutzt werden, die gegen den Hauptwall anstürmten. Wie hoch die Wälle einst waren, lässt sich schwer schätzen; der Wehrgang dürfte etwa 3,5 bis 4,5 Meter über ebener Erde gelegen haben. Die Türme könnten doppelt so hoch oder höher gewesen sein; wir wissen nur, dass die Türme der Haupteingangstore besonders hoch und eindrucksvoll gebaut waren.

Der äußere Wall war bei allen Lagern von mindestens einem Graben umgeben, bei den Lagern für die Auxiliartruppen und bei Vorposten waren es meist zwei bis drei umlaufende Gräben. Die V-förmigen Gräben waren etwa zwei Meter tief und hatten am Boden eine rechteckige, tiefe Rinne, um die Reinigung und Beseitigung von Abfällen zu erleichtern. Angreifer, die den Graben überwinden wollten, konnten sich in der Rinne leicht den Fuß vertreten. Manchmal war die Fläche vor den Gräben mit getarnten Löchern durchsetzt, in denen oben angespitzte Pflöcke steckten. Das waren Fallgruben, die bei den Soldaten »Lilien« *(lilia)* hießen.

Die Verteidigungsanlagen der meisten Römerlager hätten ein erfahrenes Belagerungsheer nicht abhalten können. Aber damals, zur Zeit des Prinzipats, waren die Römer die Einzigen, die über effektive Belagerungstechniken verfügten. Gegen die üblichen Gegner reichten die Gräben und andere Hindernisse zweifellos aus, um einen Angriff zu verlangsamen und ihm dadurch seine Stoßkraft zu nehmen. Diese Zeit reichte, dass die Verteidiger die Angreifer mit einem Hagel von Wurfgeschossen eindecken konnten.

Kampfsituationen, die in unserer Zeit von so genannten Reenactment-Gruppen nachgestellt werden, zeigen, dass die Verteidiger die Gräben von den Wällen und Türmen des Kastells aus beschießen konnten. In manchen Stützpunkten gab es vielleicht schon Wurf- und Schleudermaschinen zur Verteidigung, auch wenn solche Geschütze in den kleineren Festungen erst im 3. Jahrhundert üblich wurden.

Die Römer besaßen die theoretischen und praktischen Kenntnisse, um ihre Stützpunkte mit effektiven Verteidigungsanlagen zu versehen, doch in der Zeit unter dem Prinzipat glaubten sie, darauf verzichten zu können. Ein Angriff auf ein befestigtes Römerlager wäre so oder so für die meisten Feinde Roms ein schwieriges und gefahrvolles Unternehmen gewesen. Die Römer brauchten keine verstärkten Verteidigungsanlagen, da die Strategie ihrer Heere die schnelle Operation war. Ehe es zu einem Angriff auf das Lager kam, konnten die Legionäre aus ihrer verteidigten Stellung hervorbrechen und den Angreifer auf offenem Feld besiegen.

Die Lager der Auxiliartruppen

Die Kastelle der Hilfstruppen waren im Grunde Legionärslager in kleinerer Ausführung; sie waren ange-

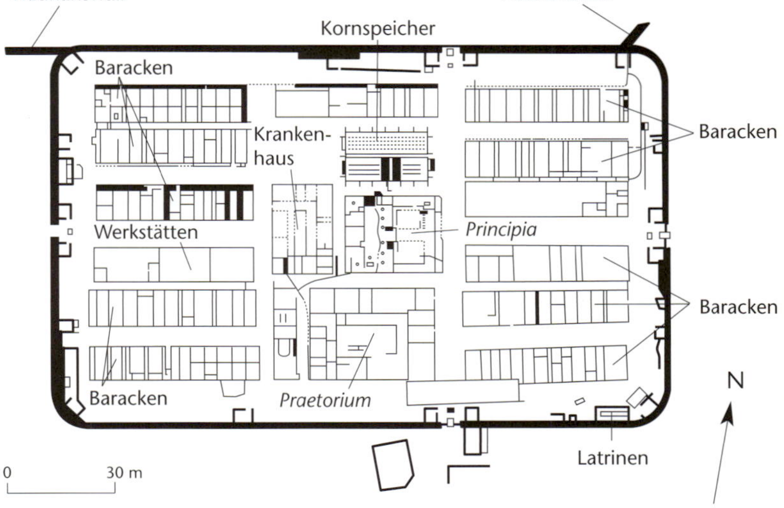

(*oben links*) Das rekonstruierte Tor zum Kastell Lunt vermittelt einen Eindruck von den Zugängen zu den mit Erdwällen umgebenen Kastellen aus Holzbauten. Auch hier wissen wir nichts über die ursprüngliche Höhe des Bauwerks.

(*oben rechts*) Grundriss des Kastells in Housesteads am Hadrianswall. Es ist ein gutes Beispiel für die Anlage eines Auxiliarlagers und seiner Größe im Vergleich zu den ausgedehnten Römerlagern. Housesteads war etwas größer als andere Auxiliarlager; anscheinend war es für eine Einheit in der Größe einer Kohorte ausgelegt.

Luftaufnahme von Housesteads. Sie zeigt das *praetorium* (vorne), Krankenhaus und *principia* in der Mitte, dahinter den Kornspeicher und einige Baracken (rechts hinten). Vor dem Wall liegen einige Gebäude des zivilen *vicus*, der wesentlich größer war und sich über den größten Teil des abfallenden Geländes im Süden und Westen erstreckte.

legt wie diese – die *via praetoria* und die *via principalis* trafen auf einer T-Kreuzung aufeinander, hinter der das Gebäude der *principia* lag, seinerseits wieder eine verkleinerte Ausgabe des Hauptquartiers einer Legion. Daneben befanden sich das *praetorium,* in seiner Größe eher den Häusern des Tribunen in einem Legionärslager ähnlich, und wahrscheinlich ein kleineres Hospital mit nur einer Zimmerflucht und ohne Innenhof. Die Barackenblöcke hatten etwa die gleiche Größe wie die im Legionärslager, aber es gab nur sechs für eine Fünfhunderter-Kohorte und lediglich zehn für eine Militäreinheit. Bei gemischten Kohorten und *alae* kamen noch Ställe in ähnlicher Größe wie die Baracken dazu. Die Badehäuser waren ebenfalls kleiner und lagen meist außerhalb des Lagers.

Das Leben in den Baracken

Die Römer hielten es für wichtig, ihre Soldaten ständig mit etwas zu beschäftigen. Die umfangreiche Militärbürokratie, von deren Tätigkeit kaum etwas erhalten geblieben ist, führte genau Buch darüber, wo sich jeder Soldat gerade befand und was er dort tat. Für eine Zenturie einer der ägyptischen Legionen, möglicherweise die Legio III Cyrenaica, ist ein Dienstplan (Ende 1. Jh.) überliefert. Darin werden für die ersten zehn Oktobertage die jedem der 31 Dienst tuenden Legionäre aufgetragenen Aufgaben aufgelistet: Wachdienst vor den *principia,* auf den Toren und dem Wall des Lagers; Patrouillengänge innerhalb und außerhalb des Stützpunkts und anderes mehr. Zu verschiedenen Zeiten verbrachten zwei Männer einen Tag bei der Artillerie; ob sie in der Handhabung der Schleudermaschinen unterwiesen wurden oder diese warten mussten, werden wir nie erfahren.

Es gab auch unangenehme Arbeiten: Betriebs-, Reinigungs- und Aufräumarbeiten im Badehaus, das Reinigen der Latrinen zum Beispiel. Einige Männer wurden zu den »Stiefeln« beordert, was heißen konnte, dass sie ihre Ausrüstung in Ordnung bringen mussten oder vielleicht das Schuhwerk ihrer Kameraden flicken sollten. Der Auftrag, die Stiefel des Zenturios zu putzen, bedeutete wohl, den Burschen zu spielen, und der Auftrag »in der Zenturie« bedeutete vielleicht ganz einfach, dass der Betreffende dem Zenturio und den *principales* zur Verfügung zu stehen hatte.

Ein solcher Dienstplan dürfte jedem Soldaten irgendwie vertraut erscheinen. Und dass die Zenturie anscheinend wenig oder gar nichts zu tun hatte, solange sie sich im Lager befand, wird kaum einen überraschen. Dienst tuende Legionäre wurden dahin geschickt, wo gerade jemand gebraucht wurde. Anfangs gab es dafür 31 Männer, später 35. Die restlichen 9 Soldaten der Zenturie, die demnach lediglich etwas mehr als die Hälfte ihrer Sollstärke von 80 Mann aufwies, waren *immunes* oder vom normalen Dienst befreite Soldaten. Sie wurden ebenfalls mit ihren Aufgaben als Spezialisten aufgeführt: unter anderem Wagner, Waffenwart und einige Verwaltungsposten. Männer in solchen Positionen, wie Julius Apollinaris seinem Vater geschrieben hatte, ließen die schweren und unangenehmeren Arbeiten die anderen machen. Dass in vielen Einheiten manche Soldaten die Zenturionen bestachen, um keine ungeliebten Dienste verrichten zu müssen, ist bekannt. Obwohl dieses Übel die Disziplin untergrub, konnte es anscheinend nie ganz ausgerottet werden.

In einigen erhaltenen Dokumenten sind die Tätigkeiten aller Soldaten einer Einheit aufgeführt, zum Beispiel haben wir die Namensliste der Soldaten der Cohors XX Palmyrenorum in Dura-Europos (Syrien) samt ihren jeweiligen Aufgaben. Jeder einzelne dieser Männer wurde offenbar mit ganz unterschiedlichen Arbeiten betraut und es ist weniger vom Dienst der ganzen Mannschaft innerhalb der Zenturien oder *contubernia* die Rede. Anscheinend haben die Einheiten über jeden ihrer Soldaten ein Berichtsheft geführt, in dem auch die Zeiten ihrer Abwesenheit von der Truppe vermerkt wurden. Ein anderer Papyrus (Ende 1. Jh.) aus Ägypten vermerkt die Abwesenheitszeiten von vier Soldaten der Legio III Cyrenaica über einen Zeitraum von sieben Jahren, in dem zum Beispiel der Legionär Marcus Papirius Rufus zweimal zum Magazin in das Quartier Mercurium und einmal zum Magazin in Neapolis in Alexandria geschickt wurde. Ein anderer, Titus Flavius Saturninus, hatte zeitweise an der Aushebung eines Hafens mitgewirkt, wurde dann zum Zenturio Timinius und schließlich zum Freigelassenen Maximus abkommandiert.

Paraden und religiöse Zeremonien

Auch wenn die Soldaten viel Zeit mit Arbeiten verbrachten, für die sie speziell eingeteilt worden waren, gab es doch – wie in jeder modernen Armee auch – ein Gemeinschaftsleben in ihrer Einheit. Der Tag begann anscheinend mit einem Morgenappell in den Baracken, bei dem ihre Anwesenheit überprüft wurde. Dann wird ein ranghoher Offizier die Tagesbefehle verlesen haben, wahrscheinlich von der Tribüne in den *principia* aus. Hier wurden einzelnen Männern bestimmte Aufgaben zugewiesen. Nach erneutem Appell wurden die Krankmeldungen aufgenommen und die Übrigen zu ihren üblichen Pflichten geschickt. Dann war Wachablösung im Lager, ein neues Passwort für den Tag wurde ausgegeben und das alles wird vermutlich mit Zeremonien verbunden gewesen sein.

Bei wichtigen Anlässen gab es weitere Aufmärsche. Der Papyrus *Feriale Duranum* aus Dura-Europos enthält den Festkalender der Cohors XX Palmyrenorum zur Zeit des Severus Alexander (222–235 n. Chr.). Das lateinisch geschriebene Dokument verzeichnet viele traditionelle römische Feste, an denen dem kapitolinischen Dreigestirn Jupiter, Juno und Minerva und Gottheiten wie dem Kriegsgott Mars Opfergaben dargebracht wurden. Zeremonielle Veranstaltungen von rein militärischer Bedeutung waren selten und beschränkten sich auf den Tag der *honesta missio* oder Demobilisierung am 7. Januar und die *rosaliae signorum* oder die Schmückung der Standarten am 10. und 31. Mai. Viele Feste wurden zu Ehren der kaiserlichen Familie, den Severern, veranstaltet und sollten die Soldaten an ihre Loyalität gemahnen. Auch die gottgleichen Kaiser Augustus,

Dienstplan einer Zenturie, Legio III Cyrenaica, Ägypten (spätes 1. Jh. n. Chr.)

Name	1. Okt.	2. Okt.	3. Okt.	4. Okt.	5. Okt.	6. Okt.	7. Okt.	8. Okt.	9. Okt.	10. Okt.
C. Domitius Celer					Latrinen?				Urlaub mit Erlaubnis des Präfekten	
C. Aemilius Valens		Bursche bei Helius					Baumwolle bewachen?	Zeughaus	Bäder	bei Zenturie/ beim Vieh?
C. Julius Valens	Ausbildung	Turm?	Kanalisation	Stiefel	Zeughaus		Bäder		bei Zenturie	Bäder
C. Julius Octavianus	wie zuvor				bei Zenturie	Bäder	Hauptquartier-Wache	Straßenpatrouille	bei Zenturie	?
P. Clodius Secundus	Lagermarkt?						Tor-Wache	Stiefel	Stiefel des Helius	
M. Arrius Niger			bei Zenturie			Dienst in den Lagergassen				
L. Sextilius Germanus	Tor-Wache	Feldzeichen	Bäder	Turm?	Dienst in der Zenturie von D. Decrius					
C. Julius F...		Artillerie?	Turm-Wache		Dienst in der Zenturie von Serenus					
Q. Cassius Rufus	Insel									Stiefel
C. Julius Longus Sido	Dienst im Lagermarkt?					bei Zenturie von Helius				bei Zenturie
C. Julius Longus Avso	wie zuvor		zusammen mit Asinius zu den Stiefeln?							
T. Flavius Priscus					Wall-Wache					
T. Flavius Niger	beim Tribunen									
M. Antonius Crispus	Bäder	Tragbaren	bei Zenturie	Polizist in Zivil	bei Zenturie		Eskorte des Tribunen			
M. Num...		Wache bei den *principia*			bei Zenturie			Straßen-Patrouille	bei Zenturie	
Q. Petronius		?		Bäder		Dienst beim Lagermarkt?				
. Car...s										
C. Aemilius...		Eskorte des Zenturio Serenus				Dienst beim Lagermarkt?				
C. Valerius...	Eskorte des *primus pilus*					Dienst in der Zenturie des D. Decrius				
T. Flavius...				Bäder			Tor-Wache			
Q. Fabius Faber	Bäder	Tor-Wache		Bäder						
M. Marcius Clemens	abkommandiert zu den Häfen mit Aelius oder aus gesundheitlichen Gründen entlassen?									
C. Valerius Felix	Dienst in der Zenturie des Caecilius?									
C. Cerficius Fuscus				Tor-Wache		Bäder		bei Zenturie		
T. Furius...			Straßen-Patrouille		bei Zenturie	bei Zenturie	Rüstkammer			
L. Gall...			Turm?					Straßen-Patrouille		
Q. Annius	Straßenfegen									
Q. V...co	Wache bei den *principia*						Tor-Wache			
M. Longinus										
M. Domitius...			abkommandiert zu den Magazinen in Neapolis							
M. Longinus A...						Latrinen				
M. Julius Felix	Eskorte von Serenus?					Tor-Wache				
T. Flavius Valens										
C. Sossius Celer										
L. Vi...eius Serenus										
M. Julius Longus										

(rechts) Das Ende des 1. Jahrhunderts n. Chr. errichtete Kastell sollte den Hardknott Pass im Lake District kontrollieren. Im Vordergrund sieht man die massiven, seitlich abgestützten Grundmauern des Kornspeichers und dahinter die *principia*.

(unten) Außerhalb des Kastells von Hardknott (Hintergrund) befindet sich eine ausgedehnte Fläche, die von der Besatzung des Kastells anscheinend als Paradeplatz genutzt wurde.

Claudius und Trajan wurden in Erinnerung gerufen, ebenso der göttliche Julius Caesar und selbst Germanicus, der Enkel des Augustus, der im Jahr 19 n. Chr. starb, weder zum Kaiser noch zu einem Gott erklärt worden, aber im Heer sehr beliebt war. Bei solchen Gelegenheiten hatte die Einheit zur Parade anzutreten; es wurde geopfert, meist Stiere, Ochsen oder Kühe. Anschließend folgte wohl ein Festschmaus, bei dem die Opfertiere verspeist wurden, eine Zeremonie, die zweifellos befolgt wurde, als Titus und sein Heer im Jahr 70 die Eroberung Jerusalems feierten.

Ausbildung der Einheit und Übungen

Vegetius meinte, Soldaten sollten ständig üben, um stets auf den Krieg vorbereitet zu sein, und Josephus Flavius hielt die nie enden wollenden beschwerlichen Übungen im Heer der Römer den mangelnden militärischen Vorbereitungen bei den anderen Völkern entgegen. Das römische Heer hatte eine so harte Ausbildung und sein Können und seine Disziplin wurden so vollkommen, dass der jüdische Geschichtsschreiber behauptete, »recht treffend könnte man ihre Übungen unblutige Schlachten, ihre Schlachten blutige Übungen nennen« (III.5.1). Für einen guten römischen Befehlshaber gehörte es sich, dass er seine Männer auch in Friedenszeiten einem harten Trainingsprogramm und Drill unterwarf.

Die Wirklichkeit entsprach oft nicht diesem Idealbild. In der Literatur jener Zeit wurde häufig die Überzeugung geäußert, dass das Heer in den östlichen Provinzen ein luxuriöses und leichtes Leben in den Garnisonen führe, da diese in den blühenden Städten der Region oder in deren Nähe lagen, weshalb die Legionäre schlecht diszipliniert und auf die Anstrengungen eines Feldzugs nicht vorbereitet seien. Das war vielleicht ein Vorurteil, doch für das gesamte Reich traf es sicher zu, dass seine sonstigen Pflichten das Heer daran hinderten, die nötigen militärischen Übungen zu absolvieren. Aus den überlieferten Dienstplänen können wir ersehen, dass die Soldaten wenig Zeit für gemeinsame Übungen in ihrer Einheit hatten, da sie vielfältige Aufgaben innerhalb und außerhalb des Lagers erfüllen mussten.

Andere Schriftstücke, auf die wir später noch eingehen werden, zeigen ebenfalls das Bild eines Heeres, dessen Einheiten häufig in viele kleine Abteilungen aufgeteilt waren, die immer weniger Gelegenheit fanden, gemeinsam zu üben, um Gemeinschaftsgefühl, Vertrauen und gegenseitiges Verständnis zwischen Offizieren und Mannschaften zu fördern. An das Heer wurden die verschiedensten Anforderungen gestellt, und gelegentlich behinderte deren Erfüllung die eigentlichen Kriegsvorbereitungen. Andererseits erwartete man von den Statthaltern der Provinzen und allen Offizieren, dass sie regelmäßige Übungen und Manöver abhielten, und es gab kaum einen Kaiser, der das nicht zu ihren wesentlichen Aufgaben zählte; einige ließen es auch nicht bei Ermahnungen. Zu Hadrians Regierungsgeschäften gehörte es, die Provinzen zu bereisen, das Heer in allen Regionen zu inspizieren und sich von seinem Ausbildungsstand zu überzeugen, wobei er sich auf sein Wissen über Waffen und Taktik stützen konnte.

Im Jahr 128 besuchte Hadrian das Heer in Nordafrika und verfolgte einige militärische Übungen der Legio III Augusta und der Auxiliartruppen der Provinz. Bei einem formellen Aufmarsch hielt Hadrian dann vor den Legionären eine mit Komplimenten an die Soldaten gespickte Ansprache *(alocutio)*, an die eine später aufgestellte Tafel mit dem Text erinnert.

Sprache und Stil solcher anfeuernden Reden haben sich im Lauf der Jahrhunderte kaum geändert. Hadrian redete seine Männer persönlich an, er sagte »mein Legat« und »meine Legion« und zeigte, dass er über die jüngste Geschichte der Legion genau unterrichtet war. Er erwähnte, dass eine Kohorte zum Dienst bei dem Prokonsul von Afrika abgestellt worden war und dass zwei Jahre zuvor eine weitere Kohorte zusammen mit je vier Männern aus den restlichen Zenturien zur Verstärkung einer anderen Legio III (Gallica oder Cyrenaica) entsandt worden waren, sodass sie gegenwärtig nicht ihre Sollstärke hatte. Außerdem habe die Legion mindestens zweimal ihren Stützpunkt verlegt und sei lange in viele kleine Vorposten zersplittert gewesen. Diese Faktoren, sagte er, hätte man als Entschuldigung für mittelmäßige Leistungen vorbringen können, aber einer solchen Entschuldigung bedürfe es gar nicht, denn er sei ganz und gar zufrieden mit ihnen, wobei er die *primi ordines* und andere Zenturionen eigens nannte. Während der ganzen Rede sparte der Kaiser nicht mit Lob für seine Offiziere, und mehrfach rühmte er den Eifer seines Legaten Quintus Fabius Catullinus.

Luftaufnahme der Bergfeste Woden Law in Schottland. Die Römerlager und Belagerungswerke außerhalb dieser eisenzeitlichen Siedlung sind unterschiedlich als Spuren von Militärübungen oder aber einer tatsächlichen Belagerung gedeutet worden.

Vor den Augen Hadrians hatte die Ala I Pannoniorum einige Übungen vorgeführt, bei denen die Reiter ihr Geschick im Schleudern verschiedener Wurfspieße demonstrierten. Ihnen folgte die Reiterei der Cohors VI Commagenorum, die – unterbesetzt, schlecht ausgerüstet und nicht mit den besten Pferden versehen – ihre Sache dennoch gut machte. Abgesehen von einigen kritischen Bemerkungen, dass zum Beispiel einige Reiter zu schnell angegriffen und den Gegner verfolgt und deshalb Unordnung ausgelöst hätten, fielen Hadrians Kommentare insgesamt äußerst positiv aus.

Die Vorführung enthielt auch Elemente eines Scheingefechts und einer gestellten Schlacht. Hadrian lobte besonders eine *cohors equitata*, die an einer bestimmten Position ein Lager errichtet, Steine für die Wälle genommen und trotz des harten Bodens einen Graben ausgehoben hatte, dann die Zeltreihen errichtet und ein Mahl zubereitet hatte, bevor sie sich wieder formierte und abmarschierte. Einige Fundstätten in England – zum Beispiel in Llandrindod Common in den Brecon Beacons, wo man mindestens 15 kleine Lager gefunden hat – weisen Spuren von Marschlagern auf, die offensichtlich zu Übungszwecken errichtet wurden. Es gibt sichere Belege für eine militärische Ausbildung, aber wir wissen nicht, inwieweit eine Ausbildung auf der Ebene der einzelnen Einheiten und des ganzen Heeres üblich war. Wahrscheinlich hing das von der jeweiligen lokalen Situation und der Gewissenhaftigkeit der Befehlshaber der kleineren Einheiten sowie der Provinzstatthalter ab. Die meisten, wenn nicht alle Lager hatten außerhalb ihrer Umgrenzung einen Exerzierplatz, doch größere Manöver wurden anderswo abgehalten, vielleicht gab es dafür ein besonderes Übungsgelände.

Schauvorführungen

Es ist ohnehin schwierig für die Reiterei einer (gemischten) Kohorte, eine ansprechende Vorführung zu bewerkstelligen, und es ist besonders schwierig, kein Missfallen durch die Vorführung durch eine *ala* zu erregen; die letztere nimmt eine größere Fläche in Anspruch, hat mehr Reiter, die Wurfspieße schleudern, vollführt häufige Schwenkungen nach rechts und zeigt den kantabrischen Ritt in dichter Formation und sie verfügt dank ihrer besseren Bezahlung über bessere Pferde und eine wertvollere Ausrüstung. Ihr habt jedoch diese Nachteile ausgeglichen, indem Ihr alles, was Ihr getan habt, tatkräftig und ungeachtet der hohen Temperaturen ausgeführt habt. Darüber hinaus habt Ihr Steine mit Schleudern geschleudert und mit Wurfspießen gekämpft und seid überall schnell aufgesessen. Die besondere Mühe, die sich mein Legat Catullinus gegeben hat, ist nicht zu übersehen ...

(Auszug einer Rede Hadrians an die Cohors VI Commagenorum nach einer Schauvorführung im Jahr 128 n. Chr. in Nordafrika)

Die Belohnungen des Dienstes

Soldparade, 70 n. Chr.

Da nämlich der Termin bevorstand, an welchem den Mannschaften der Sold verabfolgt werden musste, befahl er den Offizieren, das Heer an einen den Feind sichtbaren Ort ausrücken zu lassen und jedem Soldaten seine Löhnung auszuzahlen. Die Truppen zogen nun, wie üblich, mit entblößten Schwertern und in voller Rüstung einher; die Reiter führten außerdem ihre aufgeputzten Pferde am Zügel. Weithin glitzerte die Umgebung der Stadt von Silber und Gold, und so entzückend der Anblick für die Römer war, so schrecklich war er für ihre Feinde.

(Josephus Flavius, *Geschichte des jüdischen Krieges*, V.9.1)

Der Sold der Legionäre

Der Überlieferung zufolge begann die Römische Republik ihre Soldaten erst seit der zehnjährigen Belagerung von Veji (406–396 v. Chr.) zu bezahlen. Durch Polybios erfahren wir etwas über die Bezahlung römischer Reiter und Fußsoldaten um die Mitte des 2. Jahrhunderts v. Chr. Die Kavallerie erhielt einen besseren Sold als die Infanterie, damit sollte ihrem höheren Rang Rechnung getragen, aber auch die Kosten für das Pferdefutter abgegolten werden. Die Soldaten der Bundesgenossen wurden von Rom nicht in Geld entlohnt, sondern in Getreide. Polybios gibt die äquivalenten Werte in griechischer Währung an und schreibt, dass ein Zenturio täglich 4 Oboli erhielt, ein Fußsoldat 2 Oboli und ein Reiter 1 Drachme. Was diese Summen in römischer Währung ausmachten, ist schwer zu sagen, da wir nicht wissen, auf welcher Basis Polybios seine Berechnungen anstellte; es kann sein, dass er von einem Verhältnis 1:1 zwischen Drachme und *denarius* ausging. Der Sold sollte nicht das Haupteinkommen des Soldaten sein, sondern nur seine Unkosten decken, bis er wieder ins zivile Leben zurückkehrte.

Caesar verdoppelte den Sold seiner Legionäre, sodass sie nun jährlich 225 Silberdenare (9 Golddenare oder *aurei*) erhielten, das heißt, vor dieser Reform hatten sie einen Sold von 112,5 Denaren. Der von Caesar festgesetzte Betrag wurde bis zum Ende des 1. Jahrhunderts n. Chr. beibehalten. Ausgezahlt wurde er in drei Löhnungen *(stipendia)* zu jeweils 75 Denaren (symbolisch drei Goldmünzen, doch ziemlich sicher in praktischeren kleinen Silbermünzen), wahrscheinlich jeweils am 1. Januar, 1. Mai und 1. September. Während der Feldzüge waren diese regelmäßigen Auszahlungen nicht immer möglich, doch Titus ließ die Belagerung Jerusalems (70 n. Chr.) unterbrechen, um seine Soldaten zu entlohnen. Das erfolgte in einer großen Zeremonie, bei der die Soldaten in ihrer prächtigsten Ausrüstung paradierten, und dauerte vier Tage, jeweils ein Tag für eine der vier Legionen. Die Löhnung war vermutlich überfällig, denn die Parade wurde Ende Mai, Anfang Juni abgehalten, nachdem mehrere Schlappen die Zuversicht der Legionäre erschüttert hatten, und sollte wohl ihre Kampfmoral wieder aufrichten.

Am Ende des 1. Jahrhunderts erhöhte Domitian den Legionärssold auf 300 Silberdenare (12 *aurei*). Damit war vermutlich eine Auszahlung in vier Vierteljahresraten verbunden. Etwa ein Jahrhundert später erhöhte Septimus Severus den Sold noch einmal, möglicherweise auf 450 Denare, die anscheinend wieder in drei *stipendia* ausgezahlt wurden. Sein Sohn Caracalla steigerte den Betrag um weitere 50 Prozent, ein Hinweis auf die galoppierende Inflation während des 3. Jahrhunderts n. Chr.

Wie hoch der Sold der Offiziere entsprechend ihrer Ränge war, wissen wir nicht. Von Cassius Dio erfahren wir, dass unter Augustus die Männer der Prätorianergarde das Doppelte eines Legionärssolds erhielten, doch dabei kann es sich nur um eine grobe Schätzung handeln.

Der Sold der Auxiliartruppen

Sicher erhielten nicht alle Hilfssoldaten denselben Sold. Wir wissen, dass der Sold für Kavalleristen höher war als für Fußsoldaten, sodass eine Versetzung in eine *cohors equitata* eine Beförderung bedeutete. Und aus der Rede Hadrians in Lambaesis erfahren wir, dass die Männer einer *ala* einen höheren Sold bekamen als die Reitersoldaten einer gemischten Kohorte. Einige Männer, etwa die *principales* und Offiziere in anderen niederen Rängen, erhielten einen anderthalbfachen *(sesquiplicarii)* oder doppelten Sold *(duplicarii)*. Es gibt aber keine eindeutigen Belege für den einfachen Sold der unterschiedlichen Abteilungen der Hilfstruppen. Strittig ist, ob Fußsoldaten ohne römisches Bürgerrecht denselben Sold wie die Legionäre erhielten. Jüngeren Untersuchungen zufolge erhielt ein Legionär unter Augustus 225 Denare jährlich, ein Auxiliarsoldat 187,5, ein Kavallerist in einer Kohorte 225 und in einer *ala* 262,5 Denare. Die Fachleute sind sich einig, dass jede Waffengattung der Auxiliartruppen – die Reiter der *ala*, die Reiter in einer gemischten Kohorte und die einfachen Fußsoldaten – im ganzen Römischen Reich einheitlich entlohnt wurden. Das mag zutreffen, aber es ist ebenso gut möglich, dass die Einheiten, je

Der Kaiser belohnt Auxiliarsoldaten für besondere Verdienste; Szene auf der Trajanssäule. Unter dem Prinzipat kamen alle Auszeichnungen nominell vom Kaiser, selbst wenn der Provinzstatthalter sie verlieh.

nachdem, aus welcher Region diese stammten, unterschiedlich besoldet wurden.

Lohnabzüge und Ersparnisse

Der Sold war ein Bruttolohn, und das heißt, was der Soldat tatsächlich erhielt, war beträchtlich weniger. In Tacitus' Schilderung der Meuterei in der Rheinarmee nach dem Tod von Augustus im Jahr 14 n. Chr. beklagen sich die Meuterer über ihren geringen Sold, von dem die Kosten für Kleidung, Ausrüstung und Zelte abgezogen wurden. Wir haben wenige erhaltene Dokumente, in denen es um den Sold, die Abzüge und Rücklagen einzelner Soldaten geht. Eines führt die Konten von zwei Soldaten in Ägypten im Jahr 81 n. Chr. auf. Wahrscheinlich gehörten sie Auxiliartruppen an, da jede Löhnung niedriger liegt als die eines Legionärs. Die Zahlung erfolgte in Drachmen, wobei eine Drachme wohl den Wert einer Sesterze hatte. Nach bisherigem Verständnis entsprach ihre Standardlöhnung 250 Sesterzen (62,6 Denare), von denen 2,5 Sesterzen als Wechselgebühr (die Landeswährung waren Drachmen) abgezogen wurden. Das Konto des ersten Mannes enthielt die folgenden Posten:

Unter dem Konsulat des Lucius Asinius (81 n. Chr.)
QUINTUS JULIUS PROCULUS aus DAMASKUS
erhielt die erste Löhnung des dritten Jahres des Kaisers, 247,5 Drachmen, von denen abgezogen werden für:

Heu	10 Drachmen
Lebensmittel	80 Drachmen
Stiefel und Riemen (Socken?)	12 Drachmen
Saturnalien des Lagers	20 Drachmen
?	60 Drachmen
Ausgaben gesamt	182 Drachmen
Gutschrift auf das Konto	65,5 Drachmen
alter Kontostand	136 Drachmen
neuer Kontostand	201,5 Drachmen

erhielt die zweite Löhnung desselben Jahres, 247,5 Drachmen, von denen abgehen für:

Heu	10 Drachmen
Lebensmittel	80 Drachmen
Stiefel und Riemen (Socken?)	12 Drachmen
für die Feldzeichen	4 Drachmen
Ausgaben gesamt	106 Drachmen
Gutschrift auf das Konto	141,5 Drachmen
alter Kontostand	201,5 Drachmen
neuer Kontostand	343 Drachmen

erhielt die dritte Löhnung desselben Jahres, 247,5 Drachmen, von denen abgehen für:

Heu	10 Drachmen
Lebensmittel	80 Drachmen
Stiefel und Riemen (Socken?)	12 Drachmen
Kleidung	145,5 Drachmen
Ausgaben gesamt	247,5 Drachmen
Kontostand	343 Drachmen

Das Konto des zweiten Mannes ist ähnlich angelegt, nur dass ihm bei der ersten Löhnung 100 Drachmen für Kleidung abgezogen wurden und er ein geringeres Guthaben angespart hatte, sodass ihm am Jahresende nur 188 Drachmen übrig blieben. Die meisten anderen Posten waren identisch, was bedeutet, dass Abzüge wie die 80 Drachmen für Lebensmittel bei jeder Löhnung einheitlich für alle Soldaten anfielen. Unklar ist, warum die Männer für Heu bezahlen mussten, da sie doch offensichtlich nicht in der Kavallerie gedient haben. Vielleicht wurde es als Schlafunterlage benutzt, etwa für eine Art Matratze, oder es war Futter für das Maultier des *contuberniums*. Beide Männer bezahlten bei der dritten Löhnung 145,5 Drachmen für Kleidung, was heißen kann, dass bestimmte Kleidungsstücke jährlich ausgegeben wurden, weil man annahm, dass sie abgetragen waren.

Ein ähnliches Dokument wurde in Masada, Judäa, gefunden, das die Ausgaben eines römischen Soldaten auflistet, der in der Garnison der Festung nach deren Rückeroberung gedient hatte. Dieser Gaius Messius war römischer Bürger, wahrscheinlich aus der Legio X Fretensis. Hier sind alle Beträge in Denaren angegeben, von denen 20 – das Äquivalent zu 80 Drachmen – für Lebensmittel abgezogen wurden, ein erneuter Beleg für einheitliche Abzüge. Verzeichnet ist auch der Kauf bestimmter Sachen – ein Umhang und eine weiße Tunika – von anderen namentlich benannten Personen, wahrscheinlich Kameraden. Dem Mann wurde auch Geld für Hafer berechnet, weshalb vermutet wurde, dass er Kavallerist bei der Legion war. Es ist aber auch denkbar, dass der Hafer das Äquivalent zum Heu war (der entsprechende Posten auf dem ägyptischen Papyrus). Merkwürdigerweise wird bei der ersten Löhnung der Sold mit 50 und bei der zweiten mit 60 Denaren angegeben. Manche glauben, dass der Posten die Summe der gesamten Abzüge bezeichnete oder dass frühere Abzüge erfolgt waren, bevor der *signifer* der Einheit gekommen war, um den Sold auszuzahlen. Beide Interpretationen scheinen plausibel, doch wir wollen uns diesen Punkt eine Warnung sein lassen, dass man aufgrund einiger weniger Belege keine allgemeinen Schlüsse ziehen darf.

Unter Domitian war es den Soldaten untersagt, mehr als 250 Denare in der Schatzkiste der Einheit zu hinterlegen, nachdem ein Provinzstatthalter versucht hatte, mit diesem Geld einen Aufstand zu finanzieren. Aus den Aufstellungen auf anderen Papyri ergibt sich, dass es durchaus Soldaten gab, die solche Beträge und mehr angespart hatten, und so kann man annehmen, dass das Verbot nicht lange bestand.

Schenkungen

Bei seinem Tod hinterließ Augustus jedem Prätorianer 250 Denare, jedem Soldaten in den städtischen Kohorten 125 und jedem Legionär und jedem Mitglied der *cohortes civium Romanorum* (Einheiten aus Freigelassenen, die in den Krisen der Jahre 6 und 9 n. Chr. ausgehoben wurden) 75 Denare. Spätere Kaiser behielten diese Praxis bei, und weitere nennenswerte Schenkungen gab es bei der Thronbesteigung oder sonstigen besonderen Anlässen. Der Kaiser musste sich der Loyalität der Prätorianer versichern und deshalb erhielten diese Männer immer viel mehr Geld als jede andere Einheit des Heeres. Claudius verdankte den Thron allein seinen Prätorianern und belohnte jeden Mann der Garde mit 3750 Denaren. Als Mark Aurel und Lucius Verus ihre Thronbesteigung feierten (2. Hälfte des 2. Jh.), gewannen sie die Unterstützung der Prätorianergarde, indem sie jedem von ihnen 5000 Denare schenkten.

Die Belohnungen des Dienstes

Die Gratifikationen für die Legionäre stiegen ebenfalls, allerdings nicht so rasant. Die Auxiliartruppen wurden anscheinend erst in der Spätantike mit Prämien bedacht.

Auszeichnungen

Es gab nicht nur finanzielle Belohnungen für die Soldaten. Polybios war überzeugt, dass einer der Hauptgründe für die militärischen Erfolge Roms die Aufmerksamkeit war, mit der die Herrscher auf die Belohnung ihrer tapferen Soldaten achteten. Am Ende eines Feldzugs ließ man das Heer aufmarschieren, und der Feldherr hielt von einer Tribüne aus eine Rede. »Einige hätten sich mit größerer Körperstärke im Kampf ausgezeichnet ... Diesen werde er sofort die verdienten Auszeichnungen und Ehren zuteil werden lassen, und keiner von denen, die mehr als andere tun wollten, solle ohne Belohnung ausgehen.« Josephus Flavius schildert, wie Titus nach dem Fall Jerusalems 70 n. Chr. eine solche Parade abnahm:

Grabstein des Gnaeus Musius (1. Jh. n. Chr.). Der *aquilifer* (Adlerträger) der Legio XIV Gemina ist in seiner Rüstung samt dekoriertem Harnisch dargestellt; zu den vielen *dona* zählen *phalerae* und zwei Torques.

> Sogleich ließ er einige Beauftragte die Namen derer vorlesen, die irgendetwas Hervorragendes im Krieg geleistet hatten. Als sie nun herantraten, zeichnete er sie öffentlich aus, indem er sie beim Namen nannte, und freute sich, als ob es seine eigenen Erfolge gewesen wären. Er setzte ihnen goldene Kränze auf, verlieh ihnen goldene Halsketten, kleine goldene Speere, aus Silber gefertigte Feldzeichen und ließ jeden einen Rang aufrücken. Abgesehen davon verteilte er ihnen aus der Siegesbeute Silber, Gold und Kleider, aber auch einen reichlichen Anteil aus den übrigen Plünderungen. (*Der jüdische Krieg*, VII, 13–15)

Josephus zählt einige der häufigsten Ehrenzeichen *(dona)* auf: der Miniaturspieß mit stumpfer Spitze *(hasta pura)*, die Fahne *(vexillum)* und ein Torques. Kleinere Ehrenzeichen in der Form eines Torques neben scheibenförmigen Auszeichnungen *(phalerae)* wurden meist auf dem Harnisch über dem Brustpanzer getragen, Armreifen *(armillae)* um das Handgelenk. Die wichtigsten Auszeichnungen waren Kränze in verschiedenen Formen, der älteste und am meisten verehrte war der Bürgerkranz *(corona civica)*, der verliehen wurde, wenn jemand einem Mitbürger das Leben gerettet hatte. In früherer Zeit musste der Gerettete den Dank, den er seinem Retter schuldete, in der Weise abstatten, dass er mit eigenen Händen einen Kranz aus Eichenblättern flocht. Der Belagerungskranz *(corona obsidionalis)* aus gewundenem Gras wurde nur bei ganz seltenen Gelegenheiten Männern verliehen, die eine belagerte Garnison entsetzt hatten. Die übrigen Kränze waren aus Gold – der Mauerkranz *(corona muralis)* und der Wallkranz *(corona vallaris)*, der Ehrenkranz für den ersten Mann, der den feindlichen Wall oder die feindliche Mauer erstiegen hatte. Die Führung einer Abteilung zur Erstürmung einer Festung war gefährlich, konnte dafür aber einem siegreichen Führer großen Ruhm bringen. Nach der Eroberung von Carthago Nova 209 v. Chr. musste Scipio Africanus zwischen rivalisierenden Ansprüchen der Flotte und der Legionen schlichten, einer ihrer Leute habe als Erster die Mauer erklommen. Schließlich gab er beiden Anspruchstellern den Kranz.

Posthume Ehrungen waren bei den Römern höchst selten; so soll Caesar einen seiner Zenturionen geehrt haben, nachdem dieser 48 v. Chr. bei Pharsalos gefallen war. Ein Soldat musste normalerweise überleben, wenn er eine Belohnung für sich beanspruchte. Vielleicht lag es in der Natur der Sache, dass Offizieren häufiger eine Anerkennung ihrer Tapferkeit zuteil wurde als einfachen Soldaten. Das unter dem Prinzipat übliche System der Belohnungen für hohe Offiziere wie Tribunen und Legaten legt den Schluss nahe, dass die meisten dieser Auszeichnungen auf keine herausragende Tat, sondern einer Regel folgten.

Bei der Einnahme Jerusalems wurden die Soldaten, denen Ehrenzeichen verliehen wurden, auch befördert und sie erhielten ihren Anteil an der Beute. Solche Belohnungen waren stattlich, aber wir sollten deshalb nicht die tiefe emotionale Bedeutung der Ehrenmedaillen unterschätzen. Soldaten, die in dieser Form geehrt wurden, hatten ihren Mut unter Beweis gestellt und sich die Achtung und Bewunderung ihrer Kameraden erworben. Im Jahr 47 v. Chr., während des Bürgerkriegs zwischen Caesar und seinen Gegnern, weigerte sich der Feldherr Metellus Scipio anfänglich, einem Kavalleristen goldene *armillae* zu verleihen, weil dieser ein ehemaliger Sklave war. Der Vorgesetzte des Betreffenden, Labienus, wollte ihn stattdessen mit Goldmünzen belohnen. Als der Soldat das ablehnte, lenkte Metellus ein und erfreute den Mann, indem er ihm silberne *armillae* von wesentlich geringerem materiellen Wert überreichte. *Dona* waren so wichtig, dass sie oft auf den Grabsteinen der Empfänger erwähnt oder dargestellt wurden. In dem Wissen um die tiefe emotionale Bedeutung dieser Auszeichnungen achteten alle Kaiser darauf, dass diese nur in ihrem Namen verliehen wurden, um auf diese Weise die Loyalität des Heeres zu festigen.

Noch Ende des 1. Jahrhunderts n. Chr. wurden Auszeichnungen, wenn überhaupt, nur sehr selten an einfache Soldaten in den Hilfstruppen verliehen, an Offiziere dieser Einheiten schon. Besondere Tapferkeit wurde durch die Auszeichnung der gesamten Einheit gewürdigt. Gelegentlich erhielten die Soldaten vor ihrer Entlassung das römische Bürgerrecht, wie es der Cohors I Brittonum milliaria nach dem aktiven Dienst in Trajans Dakerkriegen widerfuhr. Solche Einheiten behielten gewöhnlich den Titel *civium Romanorum* (der römischen Bürger), selbst nachdem alle Soldaten, denen das Bürgerrecht gewährt worden war, das Heer längst verlassen hatten. Die den Auxiliartruppen gewährten Auszeichnungen benannte man oft nach den jeweiligen *dona*, sodass Einheiten Ehrentitel wie *torquata* oder *bis torquata* erhielten, *armillata* oder *coram laudata* (gewöhnlich abgekürzt als C.L.). Die Einheit der erwähnten Britannier sammelte im Lauf der Zeit eine lange Reihe solcher Ehrenbezeichnungen und hieß schließlich Cohors I Brittonum milliaria Ulpia torquata p.f. (pia fidelis) c.R. (civium Romanorum).

Die Belohnungen des Dienstes

Verproviantierung

Während eines Feldzugs gehörte die Versorgung der Soldaten mit ausreichenden Nahrungsmitteln zu den größten Sorgen eines römischen Feldherrn. Schon in Friedenszeiten kostete es viel Aufwand, die Lebensmittel für das Heer in den Garnisonen heranzuschaffen. Die Verpflegungskosten waren, wie wir gesehen haben, ein einheitlicher Betrag, der vom Sold jedes Legionärs abgezogen wurde, und sicherlich war es für die Moral und die Kampfkraft des Heeres entscheidend, dass immer ausreichende Rationen ausgegeben wurden. Aus schriftlichen Quellen kennen wir die Grundbestandteile der Nahrung im Militär: Getreide (gewöhnlich Weizen), Fleisch (meist Schinken), Käse, Weinessig (*acetum*, im Unterschied zu richtigem Wein, *vinum*), viel Gemüse und vor allem Linsen.

Die Rationen wurden unzubereitet ausgegeben, denn Gemeinschaftskantinen oder Speisesäle gab es noch nicht. Die Soldaten nahmen ihre Rationen einzeln in Empfang und bereiteten sie mit Kameraden ihres *contuberniums* auf Feuerstellen zu, die in die Lagerwälle eingelassen waren oder in den Baracken standen. Es gab täglich zwei feste Mahlzeiten, vormittags das Frühstück *(prandium)* und nachmittags die Hauptmahlzeit *(cena)*. Die Getreideration wurde

Das Römerkastell in Caerleon, nordöstliche Ecke. Links ist der Wall, rechts stand ein Barackenblock, dazwischen das *intervallum*. In den Wall waren die Herde eingelassen.

ungemahlen ausgegeben, bei Feldzügen auch als eine Art Zwieback *(bucellatum)*, und musste von den Soldaten selbst zu Mehl gemahlen werden. Kaiser Caracalla legte Wert darauf, bei Feldzügen wie ein einfacher Soldat zu leben, und es heißt, er habe mit einer Handmühle der Armee seine Getreideration selbst gemahlen. An manchen Fundstätten, wo einst Römerlager standen, hat man Mahlsteine für Handmühlen gefunden. Meist wurde aus dem Mehl Kommissbrot *(panis militaris)* gebacken. Ein Brotstempel aus dem Römerlager in Caerleon deutet darauf hin, dass ein Bäcker und zwei Helfer das Brotbacken für eine ganze Zenturie besorgten. Anscheinend gab es für die Offiziere ein Vollkornbrot besserer Qualität. Aus dem Getreide ließen sich auch ein Brei oder eine Suppe kochen, angereichert mit Gemüse und Fleisch, oder Teigwaren herstellen, wie sie aus Pompeji bekannt sind.

Ziemlich hartnäckig hält sich der Mythos, die römischen Soldaten seien in der Mehrzahl Vegetarier gewesen. Er beruht auf der Fehldeutung einiger Passagen eines Geschichtsschreibers, der behauptete, die römischen Soldaten seien gezwungen worden, sich überwiegend von Fleisch zu ernähren. Es steht jedoch außer Frage, dass die Soldaten nach Möglichkeit eine ausgewogene und abwechslungsreiche Kost bevorzugt haben. Speck und Schweinefleisch, die in unseren schriftlichen Quellen immer wieder erwähnt werden, gehörten zur üblichen Ernährung der italischen Zivilbevölkerung. Interessanterweise findet man bei Ausgrabungen Schweineknochen wesentlich häufiger in Legionärslagern als in Auxiliartruppenlagern, vor allem in Nordeuropa, was bedeuten kann, dass die Bürgersoldaten Schweinefleisch gern gegessen haben. Besonders häufig sind Schweineknochenfunde in frühen Römerlagern wie in Nijmegen, Holland, als die Legionen des Augustus Schweinefleisch in ähnlichen Mengen verzehrten wie die Italiker. Für die spätere Zeit sind weniger Schweineknochenfunde zu verzeichnen, vermutlich deshalb, weil der Anteil der Italiker unter den Legionären in den nördlichen Provinzen mit der Zeit sank. Allerdings fiel er selten unter 20 Prozent und lag im oberen Donautal wohl wesentlich höher.

Statt Schweinefleisch werden die Legionäre mehr Rindfleisch gegessen haben. Rinder liefern auch Häute, die zu Leder verarbeitet wurden, das vom Heer für die Anfertigung und Ausbesserung von Zelten und die unterschiedlichsten Zwecke benötigt wurde. Die Knochenfunde in den einstigen Auxiliartruppenlagern deuten darauf hin, dass die Hilfssoldaten viel Rindfleisch verzehrt haben, doch gewöhnlich ist dort im Vergleich zu den befestigten Lagern der Legionen der Anteil an Schafs- und Ziegenknochen wesentlich höher. Das kann mit den Essgewohnheiten zu tun haben, genauso gut aber auch mit den Tierarten, die regional als Weidevieh gehalten wurden. In Britannien hielt die Landbevölkerung, deren Leben sich seit der vorrömischen Eisenzeit wenig verändert hatte, überwiegend Schafe und Ziegen und ernährte sich von deren Fleisch, während die stärker »romanisierte« Bevölkerung, die in den Städten oder in Landhäusern wohnte, mehr Rindfleisch aß. Die Lager der Auxiliartruppen lagen meist in den weniger entwickelten Gebieten, und die dort stationierten Soldaten aßen mehr oder weniger dasselbe Fleisch wie die ansässige Bevölkerung, allerdings gewöhnlich in größeren Mengen als diese. Und wenn man bedenkt, dass man im Unterschied zu Schaf- und Rinderherden eine Schweineherde nicht so leicht über weitere Strecken treiben kann, erklärt sich auch, warum in den zentral gelegenen Legionärslagern Schweinefleisch leichter verfügbar war.

Die vom Heer ausgegebenen Lebensmittelrationen waren sicher ausreichend, aber wohl auch nicht vielfältig, sodass sie durch private Einkäufe ergänzt

Römische Kastelle und Wachtürme entlang der Donau; links entladen Auxiliarsoldaten Vorräte aus einem Boot. Oft war es einfacher, sperrige Güter auf dem Wasserweg statt über Land zu befördern. Szene auf der Trajanssäule.

wurden. Das Lageressen ist ein häufiges Thema in der überlieferten Korrespondenz der römischen Soldaten. Wir haben ein Dokument aus Vindolanda, wahrscheinlich die Rechnung eines Unternehmens ziviler Händler, die Getreide und Brot sowohl an die Einheit als auch einzelne Soldaten geliefert haben. Soldaten in Ägypten schrieben wegen zusätzlicher Lebensmittelsendungen an ihre Angehörigen. Nahrung ist auch das Hauptthema der vielen Ostraka, Tonscherben, auf die im 1. Jahrhundert Soldaten, die im abgelegenen Posten in Wadi Fawakhir an der Straße von Koptos zum Roten Meer in Garnison standen, ihre Wünsche einritzten. Sie baten um Brot, Gerste, Öl, Gemüse wie Zwiebeln, Rettich und Kohl, gesalzenen Fisch, Wein und Fleisch. Die besser bezahlten Offiziere konnten sich eher Luxusartikel wie Austern, Saucen und edle Weine kaufen. Von Schreibtäfelchen aus Vindolanda kennen wir den Bedarf eines Offiziershaushalts. Die Einkäufe wurden gewöhnlich von Sklaven gemacht. So schrieb ein Sklave namens Severus einem anderen namens Candidus, der zum Haushalt des Präfekten Genialis gehörte, dass er für ihn Lebensmittel, unter anderem Rettiche, besorgen werde. Ein anderer Brief, wahrscheinlich ebenfalls von Sklave zu Sklave, enthielt Anweisungen für den Kauf etlicher Artikel, die von einem großen Haushalt benötigt wurden: »geschrotete Bohnen, zwei Scheffel *(modii)* [17,5 Liter], Hühner, zwanzig, hundert Äpfel, wenn du schöne bekommen kannst, hundert bis zweihundert Eier, wenn sie nicht zu teuer sind … 8 *sextarii* [4,4 Liter] Fischsauce … ein *modius* Oliven …«

Daneben gab es auch die Möglichkeit der Jagd, um Nahrungsmittel zu beschaffen. Wir haben zahlreiche Hinweise, dass die römischen Soldaten auf Jagd gegangen sind. In den nördlichen Provinzen jagten sie Rotwild und Elche, der Nahrung wegen und aus reiner Jagdlust. Die germanischen Provinzen boten wohl bessere Jagdgründe als Britannien, denn die Knochenfunde in den Römerlagern auf dem Kontinent belegen die Jagd auf zahlreiche Tierarten wie Bär, Wolf und Auerochse (die in diesen Gebieten heute ausgestorben sind). Auch das Fischen diente der Nahrungsmittelbeschaffung, denn man hat an etlichen Fundstätten Fischgräten und Angelhaken geborgen.

Hinweise auf Bier *(cervisia)* gibt es in Vindolanda viele; möglicherweise gehörte es zur Grundration und wurde von den Soldaten in Caerleon gebraut. Bier war vor allem in den nördlichen und westlichen Provinzen verbreitet. Aus religiösen Gründen mögen einige Nahrungsmittel für Soldaten, die aus bestimmten ethnischen Gruppen rekrutiert wurden, tabu gewesen sein. Die Garnison von Bearsden am Antoninuswall hat wenig Fleisch gegessen, aber wir wissen über die Gründe oder die Herkunft der Besatzung wenig.

Neben den Bedürfnissen der Soldaten musste das Heer auch die der mitgeführten Reit- und Lasttiere befriedigen. Ein Dokument (Ende 1. Jh. n. Chr.) aus Carlisle verzeichnet die Zuteilung von Weizen und Gerste an die 16 *turmae* einer *ala*. Der Weizen war für die Soldaten, die Gerste für ihre Pferde bestimmt. Die großen Mengen an Getreide und Fleisch, die vom Heer benötigt wurden, stammten aus verschiedenen Quellen, eine davon war die Steuererhebung. Eine Beschaffung der Lebensmittel am Ort war nicht immer möglich, und der Bedarf einer ganzen Einheit konnte selten allein aus der Region des Lagerstandorts gedeckt werden. Oft mussten Getreide und sonstige Nahrungsmittel von weit herangeschafft werden. So wurden Depots, viele große Kornspeicher, in den Häfen oder an schiffbaren Flüssen angelegt – wie der Stützpunkt in Arbeia (South Shields) nahe der Tynemündung im 2. und 3. Jahrhundert. Von diesen Depots konnten die Einheiten mit Getreide beliefert werden.

Gesundheit und medizinische Einrichtungen

Gesundheit und gute körperliche Verfassung der Soldaten waren für die Kampfkraft des Heeres entscheidend. Die Standlager und Marschlager der Römer mussten an Orten errichtet werden, die der Gesundheit der Soldaten nicht abträglich waren. Man baute Badehäuser, in denen die Männer sich waschen konnten, und Abzugsrinnen sowie Latrinen, um den hygienischen Erfordernissen Rechnung zu tragen. Die Latrine in Housesteads ist gut erhalten: Die Männer saßen auf hölzernen Sitzen über steinernen Becken, die Exkremente fielen in einen Graben, der ständig von fließendem Wasser durchspült wurde. Es gab noch weitere Kanäle mit fließendem Wasser, in denen die Männer die Schwämme, die anstelle des heutigen Toilettenpapiers benutzt wurden, auswaschen konnten.

Manche provisorischen Lager hatten ein ziemlich großes Hospital mit Zeltdach. Meist handelte es sich um ein quadratisches Gebäude um einen zentralen offenen Platz, und diese Anlage wurde bei den dauerhafteren Gebäuden späterer Festungen beibehalten. Auch in Zeiten ohne größere Feldzüge waren die Hospitäler der Stützpunkte anscheinend immer belegt. Eine Stärkemeldung der Cohors I Tungrorum, die um 90 n. Chr. in Vindolanda stationiert war, ver-

**Das Römerkastell bei Housesteads mit dem Krankenhaus rechts im Hintergrund.
Aus einer Meldung über die Truppenstärke im benachbarten Vindolanda gehen die Gründe für die Krankmeldungen der Soldaten hervor: allgemeine Erkrankungen, Augenentzündungen und Verletzungen.**

(rechts) Medizinische Instrumente römischer Ärzte. Einige Stabsärzte waren nach damaligen Verhältnissen hoch qualifizierte Mediziner, und das Handbuch von Aulus Cornelius Celsus *Über die Arzneiwissenschaft* enthält viel Wissenswertes über die Wundbehandlung. Die römischen Soldaten wurden medizinisch besser versorgt als die Zivilisten der ärmeren Schichten.

(unten) Ein Sanitätsoffizier behandelt die Wunden eines Legionärs und eines Auxiliarsoldaten. Schlachtszenen auf der Trajanssäule.

zeichnet 31 Männer als dienstunfähig; davon waren 15 krank, 6 verwundet und 10 litten an einer Augenentzündung. Von insgesamt 265 Mann waren das fast 12 Prozent der Besatzung oder gut 4 Prozent der ganzen Einheit. Aus den schriftlichen Quellen wissen wir auch von anderen Einheiten, in denen ständig einige Männer aufgrund von Verwundungen und Krankheiten kampfunfähig waren. In einem der Briefe an seinen Vater entschuldigte sich der Legionär Claudius Terentianus dafür, dass er ihn nicht besuchen konnte: »... damals hatte ich einen schweren und scheußlichen Anfall von Fischvergiftung, der mich krank gemacht hat, und fünf Tage lang konnte ich dir nicht schreiben, und an einen Besuch war schon gar nicht zu denken. Keiner von uns war in der Lage, das Lager zu verlassen.« Als er genesen war, wurde er in Alexandria gegen einen Aufstand eingesetzt und kehrte, wahrscheinlich verletzt, wieder ins Hospital zurück.

In jeder Legion gab es medizinisch geschultes Personal. Der Wichtigste war der Arzt *(medicus)*, der im Rang einem Zenturion gleichgestellt sein konnte *(medicus ordinarius)*. Viele Ärzte stammten aus griechischen Provinzen, und einige waren große Könner ihres Fachs. Der bedeutende Arzt und Schriftsteller Galen empfiehlt ein Kopfschmerzmittel eines Stabsarztes namens Antigonus sowie eine Augensalbe aus Quecksilbersulfid und anderen Ingredienzien, die Axius entwickelt hatte, ein Augenarzt der römischen Flotte *classis Britannica*. Pedanios Dioscurides, ebenfalls ein Stabsarzt, hatte die von Galen zitierte fünfbändige Heilmittellehre *De materia medica* geschrieben, die lange Zeit benutzt wurde. Diese Männer gehörten sicher zu den besten Ärzten im römischen Heer; was der normale *medicus* verrichten konnte, dürfte bescheidener gewesen sein, auch wenn Celsus, ein anderer Autor und Arzt, behauptet, dass sie ebenso wie die Chirurgen an den Gladiatorenschulen weit mehr Gelegenheit hatten, Anatomie zu studieren, als ihre zivilen Kollegen.

Zum ärztlichen Personal unterhalb der *medici* gehörten der *optio valetudinarii*, der sicher für die Krankenhausverwaltung zuständig war. Die *capsarii*, genannt nach dem runden Behälter *(capsa)* für Verbandszeug und erste Hilfe, versorgten kleinere Verletzungen. Das Handbuch des Celsus enthält ausführliche Anleitungen für die Behandlung verschiedener Wunden, Heilmethoden, die sich von denen des vorletzten Jahrhunderts wenig unterschieden. Auch einige chirurgische Instrumente sind noch erhalten, mit denen komplizierte Operationen durchgeführt werden konnten. Die römische Armee bot ein Niveau der medizinischen Versorgung, das der armen Zivilbevölkerung nicht zur Verfügung stand.

Ein Altar, den die Legio II Augusta der *Disciplina* geweiht hatte, der personifizierten Gottheit der Militärdisziplin. Während des 2. Jahrhunderts n. Chr. wurde in einigen Provinzen der Disciplinakult besonders gepflegt.

Disziplin und Bestrafung

Die Disziplin im römischen Heer war hart, selbst zu der Zeit, als die Legionen noch unter den wohlhabenden Bürgern ausgehoben wurden, die aus Gründen der Loyalität gegenüber dem Staat im Heer dienten. Die Strafen wurden brutaler, als das Heer aus Berufssoldaten gebildet wurde. Vom ersten Tag der Ausbildung eines Rekruten an wurde ihm klar gemacht, welches Verhalten die Armee von ihren Soldaten erwartete. Wer dem entsprach, wurde belohnt, wer es nicht tat, sah seiner Bestrafung entgegen. Das aus späterer Zeit datierende byzantinische Militärhandbuch *Strategikon* hatte noch Drillkommandos in lateinischer Sprache bewahrt, die sich seit den Tagen des Prinzipats kaum verändert haben dürften. Schweigen und strenge Disziplin war eine permanente Forderungen, und die hinter den Reihen der Formation marschierenden *optiones* hatten lange Stangen, mit denen sie diejenigen schlugen, die sprachen oder ihren Platz verließen. Ebenso diente die *vitis*, der aus einem Weinstock geschnitzte Kommandostab des Zenturios, häufig als Prügelinstrument, das auf dem Rücken unfolgsamer Soldaten seine Narben hinterließ. Körperstrafen verhängten viele Offiziere anscheinend willkürlich und diese waren auch meist die Ersten, gegen die meuternde Soldaten aufbegehrten. Tacitus berichtet in den *Annalen* (I, 23), dass im Jahr 14 n. Chr. meuternde Legionen am Rhein den Zenturio mit dem Beinamen *cedo alteram* (»einen neuen (Stock) her!«) umbrachten, weil er seinen Kommandostock auf dem Rücken der Legionäre zu zerschlagen pflegte und dann nach einem neuen Stock zur Fortsetzung der Bestrafung brüllte.

Die Todesstrafe erforderte wohl die Zustimmung ranghöherer Offiziere, wurde aber wegen verschiedenster Vergehen verhängt. Legionäre auf Wache, die man schlafend angetroffen hatte – der alte Trick der Soldaten bestand darin, ihren hohen Schild mit dem *pilum* abzustützen und sich dann dagegen zu lehnen und einzudösen, während sie aufrecht standen –, wurden wie unter der Republik von den Kameraden, deren Leben sie aufs Spiel gesetzt hatten, zu Tode geprügelt. Soldaten, die vor der Schlacht davonliefen, konnten gekreuzigt oder wilden Tieren zum Fraß vorgeworfen werden; das waren Strafen, die normalerweise nur gegen Verbrecher der untersten Schichten, nicht aber gegen römische Bürger verhängt wurden. Die wohl berühmteste Bestrafung war die Dezimierung und wurde gegen Einheiten verhängt, die während einer Schlacht schmählich die Flucht ergriffen hatten. Durch Los wurde jeder zehnte Legionär zur Hinrichtung bestimmt. Die verbleibenden 90 Prozent der Einheit bekamen eine eher symbolische Strafe, sie mussten ihre Zelte außerhalb des Lagerwalls aufschlagen und dort nächtigen und sie erhielten Hafer statt Weizen. Wie die Auszeichnungen, die die militärischen Leistungen eines Legionärs sichtbar machen sollten, wurden auch die öffentlichen Demütigungen ernst genommen. Augustus hat nicht nur einfache Soldaten bestrafen lassen, sondern soll auch Zenturionen gezüchtigt haben, indem er ihnen befahl, einen ganzen Tag lang vor seinem Zelt stillzustehen, nur mit einer Tunika bekleidet und vielleicht eine Stange oder einen Erdklumpen in der Hand haltend.

Einfache Legionäre konnten gegen ihre Strafe keine Berufung einlegen. Der Geschichtsschreiber und Soldat Ammianus Marcellinus (4. Jh. n. Chr.) behauptete, der häufigste Grund für Fahnenflucht sei der Wunsch gewesen, einer Strafe zu entgehen. Das dürfte auch unter dem Prinzipat nicht anders gewesen sein, jedenfalls bezeugen unsere Quellen, dass Fahnenflucht für die Berufsarmee ein Dauerproblem war. Die Anführer der Feinde Roms, zum Beispiel Jugurtha, Tacfarinas und Decebalus, sollen ihre besten Leute unter römischen Deserteuren angeworben haben. Der gefürchtete Feldherr Corbulo (1. Jh. n. Chr.) ließ jeden Fahnenflüchtigen hinrichten, der wieder eingefangen werden konnte.

Außer Dienst

(rechts) Gedenkstein für die Soldatenfrau Tadia Vallaunius, gestorben mit 65 Jahren, und ihren Sohn Tadius Exuperatus; gefunden beim Kastell Caerleon.

(unten) Grabstein des Freigelassenen Victor, gestorben mit 20 Jahren, errichtet von seinem Herrn Numerianus, Soldat der Ala I Asturum. Der prächtige Stein ist Ausdruck der Wertschätzung, die der Herr gegenüber seinem Freigelassenen hegte.

Eheschließung und Familien

Seit Augustus war es den römischen Soldaten untersagt zu heiraten. Waren sie beim Eintritt in das Heer bereits verheiratet, wurde die Ehe annulliert. Der römische Staat war der Meinung, seine Armeen könnten wirkungsvoller operieren, wenn die Soldaten nicht durch Familienprobleme belastet seien, außerdem wollte er keinerlei Verantwortung für die nächsten Angehörigen seiner Soldaten tragen. Das Eheverbot galt länger als zwei Jahrhunderte, bis es schließlich von Septimius Severus aufgehoben wurde. Allerdings wissen wir über diese Reform nichts Genaues. Der Heeresdienst dauerte 25 Jahre, das machte den größten Teil des Erwachsenenlebens eines Mannes aus; insofern wäre es illusorisch gewesen, von ihnen zu erwarten, dass sie bis zu ihrer Entlassung warteten, bevor sie mit einer Frau eine dauerhafte Bindung eingingen. Trotz des offiziellen Verbots gab es viele Legionäre, die mit einer »Ehefrau« und in einer Verbindung lebten, die von beiden Seiten als Ehe angesehen wurde, und Kinder hatten. Die vermutlich von Anfang an gängige Praxis wurde die Norm, als die Einheiten der Armee (Ende 1., Anfang 2. Jh. n. Chr.) dauerhaftere Garnisonen bezogen. Viele dieser Frauen stammten aus den Provinzen, waren zum Teil ehemalige Sklavinnen, die von Soldaten gekauft, später freigelassen und geehelicht wurden. Im 2. Jahrhundert n. Chr. gab eine wachsende Zahl von Rekruten an, sie seien »im Lager« *(in castris)* geboren, was nichts anderes hieß, als dass sie aus solchen Verbindungen hervorgegangen waren. Auf einem Grabstein, der außerhalb des befestigten Lagers der Legio II Augusta in Caerleon gefunden wurde, stehen die Namen einer Frau, Tadia Vallaunius, und ihres Sohnes, Tadius Exuperatus, eines Soldaten, der auf einem Feldzug in Germanien gestorben war. Das Grabmal wurde von ihrer Tochter Tadia Exuperata errichtet und enthielt den Hinweis, dass neben ihr auch der Ehemann begraben liegt, wahrscheinlich auch ein ehemaliger Soldat.

Durch die *diplomata*, die man den Soldaten der Auxiliartruppen am Ende ihrer 25-jährigen Dienstzeit aushändigte, wurden die Realitäten stillschweigend anerkannt: Das römische Bürgerrecht wurde nicht nur dem Soldaten selbst, sondern auch seiner Frau und seinen Kindern gewährt, und falls er noch unverheiratet war, auch der Frau (aber nur dieser), die er zuerst heiraten würde. Auf einigen frühen *diplomata* werden der Soldat, seine Frau und seine Kinder namentlich genannt. Um die Mitte des 2. Jahrhunderts n. Chr. wurden die *diplomata* dahingehend geändert, dass von nun an den Kindern der Soldaten das römische Bürgerrecht nicht mehr gewährt wurde.

Legionäre waren bereits römische Bürger und erhielten deshalb am Ende ihrer Dienstzeit keine entsprechende Urkunde. Viele hatten schon eine Familie gegründet, doch die rechtliche Stellung von Ehefrau und Kindern war höchst unsicher. Die meisten Frauen hatten das Bürgerrecht nicht, und selbst wenn sie es besaßen, wurde die Ehe nicht anerkannt; damit galten die Kinder als unehelich und erhielten das Bürgerrecht ebenfalls nicht. Häufig war es für die Familien schwierig, ihr Erbe anzutreten. In vieler Hinsicht war der rechtliche Status eines Soldaten etwas Besonderes. Obwohl er nicht heiraten durfte, war er den Bußgeldern unterworfen, die alle kinderlosen Erwachsenen bezahlen mussten, bis Claudius die Soldaten von diesen Zahlungen befreite. Spätere Kaiser, die offen für die Wünsche ihrer Soldaten waren, ihren Besitz ihren Angehörigen vererben zu können, erlaubten ihnen – ohne jedoch das Heiratsverbot aufzuheben –, ein Testament zu Gunsten ihrer eigenen Familie aufzusetzen. Normalerweise war das einem Mann nicht möglich, solange sein Vater noch lebte, da diesem nach dem Gesetz der gesamte Hausrat des Sohnes gehörte. Hadrian bestätigte dieses Recht und erlaubte den Soldaten, Vermächtnisse zu Gunsten von Nichtbürgern aufzusetzen, und räumte sogar den Kindern von Soldaten einen Anspruch auf das Erbe des Vaters ein, wenn dieser, ohne ein Testament zu hinterlassen, verstorben war. Papyrustexte aus Ägypten bezeugen, wie ernst man diese Probleme genommen hat. In einem dieser Texte aus dem Jahr 131 n. Chr. erklärt Epimachus, Sohn des Longinus, dass das Mädchen Longinia, das von seiner Frau/Bettgenossin Arsus geboren worden war, seine Tochter sei. Solche formellen Vaterschaftserklärungen, die vor Zeugen abgegeben wurden, konnten für das Kind hilfreich sein, seine Identität zu beweisen und seine Ansprüche auf das väterliche Erbe zu bekräftigen. Wie schwierig solche Rechte zu sichern waren, wird an überlieferten Gerichtsentscheidungen deutlich. Im Jahr 117 n. Chr. versuchte die »Witwe« Lucia Macrina, Geld von dem Landgut ihres verstorbenen Mannes zurückzuerhalten, und wandte sich dabei an den Präfekten von Ägypten. Dieser befand, dass das Geld, das sie ihrem Mann, einem Soldaten, gegeben hatte, als Mitgift gelten sollte, obwohl er natürlich wusste, dass den Soldaten eine Heirat vom Gesetz verboten war, und wies ihr Begehren zurück. Einige Jahre zuvor versuchte ein römischer Bürger, der in einer Auxiliarkohorte diente und mit einer Bürgerin zusammenlebte, für die beiden gemeinsamen Söhne das Bürgerrecht zu erlangen. Der Präfekt gab dem Gesuch statt, lehnte es jedoch ab, sie zu ehelichen Kindern zu erklären. In einem anderen Fall bemühte sich eine Mutter namens Chrotis um eine Anerkennung der Legitimität ihres Sohnes, nachdem der Soldat Isidorus seinen Sohn zum Erben eingesetzt hatte, ohne formell seine Vaterschaft zu erklären. Auch hier betonte der Präfekt, ein im römischen Heer dienender Soldat könne keine ehelichen Kinder haben, gab jedoch dem Sohn die Erlaubnis, das Erbe anzutreten, da er im Testament des Vaters namentlich genannt war. Die rechtliche Stellung der Familienangehörigen von Soldaten war verworren und zumindest prekär.

Gedenkstein (2. Jh. n. Chr.) aus Germanien für die Tochter eines römischen Seesoldaten. Wie immer die offizielle Haltung zur Eheschließung und Familiengründung von Legionären gewesen sein mochte, diesen selbst waren ihre Familien jedenfalls wichtig.

Auch wenn man davon ausgehen kann, dass viele Soldaten – manche meinen, jeder zweite – eine Familie gründeten, ist unklar, wo diese Familien gewohnt haben. Bislang wurde angenommen, die Frauen und Kinder hätten in den *canabae*, den Zivilsiedlungen, außerhalb der Lager gelebt und die beweibten Männer hätten dort gelegentlich verweilt. Es gibt jedoch Funde innerhalb ausgegrabener Barackenblöcke – hauptsächlich Artefakte und Kleidungsstücke, die Frauen und Kindern gehört haben mussten –, die dafür sprechen, dass die Soldatenfamilien innerhalb des Lagers gelebt haben. Man wird hier vielleicht einwenden, unter solchen Umständen wären die Räume der *contubernia* hoffnungslos überfüllt gewesen und die Familien hätten keine Intimsphäre gehabt, doch sollte man bedenken, dass solche Verhältnisse bis weit ins 19. Jahrhundert hinein in vielen europäischen Heeren Praxis waren. Familienangehörige dürften auch nicht die einzigen Zivilpersonen gewesen sein, die innerhalb der Lager gelebt haben. Manche Soldaten hielten sich Sklaven als persönliche Diener, das Heer führte viele schlicht uniformierte *galearii* (»Helmträger«) mit, die Hilfsarbeiten verrichteten und sich bei Feldzügen um das Gepäck und die Bepackung der Lasttiere kümmerten.

Offiziersfrauen

Vom Heiratsverbot ausgenommen waren ranghohe Offiziere, zum Beispiel aus dem senatorischen und dem Ritteradel, die Zenturionen der Legionen und – manches spricht dafür – wahrscheinlich auch die der Auxiliartruppen sowie die Dekurionen. So konnte Plinius d. J. während seiner Dienstzeit als Statthalter von Bithynia et Pontus Kaiser Trajan erfolgreich darum ersuchen, der Tochter eines Zenturios einer Auxiliartruppe das Bürgerrecht zu gewähren; und es findet sich in der Korrespondenz kein Hinweis, dass der Zenturio eigentlich gar nicht hätte verheiratet sein dürfen. Gelegentlich erscheinen die Namen der Frauen von Dekurionen auf Inschriften,

Medaillon mit den Porträts von Kaiser Septimius Severus, seiner Frau Julia Domna und den zwei Söhnen, Caracalla und Geta. Severus gelangte aufgrund des Bürgerkriegs auf den Thron und ließ jeden wissen, dass seine Stellung auf militärischer Macht beruhe. Im Rahmen eines Propagandaprogramms zur Erhaltung der Loyalität der Truppe wurde seine Frau als die »Lagermutter« verehrt.

zum Beispiel Aelia Comindus, die mit 32 Jahren starb und derer ihr Mann Nobilianus, Dekurio in Carrawburgh am Hadrianswall, mit der Erwähnung ihres Namens gedachte. Für einen anderen Dekurio, Tiberius Claudius Valerius, der nach 30 Dienstjahren in der Ala II Hispanorum et Aravacorum mit 50 Jahren starb, ließen seine Frau und seine Tochter einen Grabstein in Teutoburgium in Pannonien errichten.

Senatoren und Offiziere aus dem Ritterstand verbrachten nur einen Teil ihrer Amtszeiten im Heer. Es war wohl üblich, dass ihre Frauen und Kinder sie während ihrer Militärzeit begleiteten, aber von ihrer Gegenwart erfahren wir nur ganz selten, sofern ihre Namen in einer Inschrift erwähnt werden. Rufinus, Präfekt der Cohors I Augustae Lusitanorum und später der Cohors I Breucorum, starb im Alter von 48 Jahren in High Rochester. Den Gedenkstein für ihren »verdienstvollen Ehemann« ließ Julia Lucilla errichten, die selbst aus einer Senatorenfamilie stammte. Ein außerhalb des befestigten Lagers aufgefundener Altar zeigt, dass das Paar von seinem Hausgesinde in die Grenzprovinz begleitet wurde. Errichtet hatten ihn einer seiner Freigelassenen und dessen Angehörige, die damit ein Gelübde gegenüber dem Gott Silvanus Pantheus erfüllten, zu dem Eutychus um das Wohlergehen seiner Herrschaften gebetet hatte. In Vindolanda gefundene Schreibtäfelchen vermitteln uns eine gewisse Vorstellung vom sozialen Leben der Frauen von Garnisonskommandeuren. Bekannt ist das Täfelchen mit der Einladung an die Frau von Flavius Cerealis, dem Kommandeur von Vindolanda, durch die Frau eines anderen Auxiliartruppenpräfekten:

> An Sulpicia Lepidina, die Frau von Cerealis, von Severa.
>
> Claudia Severa an ihre liebe Lepidina, sei gegrüßt. Zum 11. September, liebe Schwester, dem Tag meiner Geburtstagsfeier, möchte ich Dich herzlich einladen, damit Du auch ganz sicher zu uns kommst, weil dann der Tag durch Deine Anwesenheit fröhlicher wird ... Grüße mir auch Deinen Cerealis. Mein Aelius und mein kleiner Sohn ... senden ihm ihre Grüße. Ich werde Dich erwarten, Schwester. Lebe wohl, Schwester, meine liebste Seele, der es hoffentlich gut geht, und nimm meinen Gruß.

Der Text wurde wohl zum größten Teil von einem Sklaven oder einem Freigelassenen geschrieben, aber der letzte Satz trägt Severas eigene Handschrift. In einem anderen Brief schreibt Severa, sie müsse erst die Erlaubnis ihres Mannes bekommen, um Lepidina besuchen zu können – eine Bemerkung, die auf die Gefahren einer Reise in der exponierten nördlichen Grenzprovinz hinweist.

Offizieren aus dem Senat und dem Ritterstand war es verboten, Frauen aus der Provinz zu heiraten, in der sie Dienst taten. Zenturionen stand es jedoch frei, eine Nichtrömerin zu ehelichen, und je nach der Größe der Garnison konnte die Gemeinschaft der Offiziersfrauen größer oder kleiner sein. In einem Auxiliartruppenlager gehörte nur die Frau des Befehlshabers dem Ritterstand an, und die vielleicht ein halbes Dutzend zählenden Frauen der Zenturionen standen im Rang deutlich unter ihr. In einem Legionärslager waren der Legat und der ranghöhere Tribun Senatoren und ihre Frauen hatten eine ähnliche Herkunft. Daneben gab es die ritterbürtigen Tribunen mit ihren Angehörigen, den Lagerpräfekten und die ranghohen Zenturionen, die während ihrer Amtszeit in den Ritterstand erhoben worden waren, sowie die vielen, zum Teil verheirateten Zenturionen. Gelegentlich besuchten der Provinzstatthalter und seine Angehörigen – manchmal sogar der Kaiser und die Kaiserin – einen Militärstützpunkt oder eine Stadt in der Region, wenn sie gerade auf einer Inspektionsreise oder zur Beaufsichtigung eines Feldzugs unterwegs waren. Julia Domna, die Frau des Septimius Severus, begleitete ihren Mann nach Syrien, wo ihr 195 n. Chr. der Titel einer *mater castrorum* (»Lagermutter«) verliehen wurde, und später nach Britannien. In den Jahren 14 bis 16 n. Chr. lebten Agrippina und ihre Kinder in den Militärlagern, während ihr Mann Germanicus, der Adoptivsohn von Kaiser Tiberius, einen Feldzug jenseits des Rheins führte. Die Eltern kleideten ihren jungen Sohn Gaius in eine Kinderuniform im Stil des Legionärs, was diesem den Beinamen Caligula (»Soldatenstiefelchen«) eintrug. Agrippina nahm ihre Aufgabe sehr ernst, besuchte die Kranken und Verwundeten im Hospital und verhinderte sogar den Abbruch der Rheinbrücken, als Gerüchte von einem verheerenden Germanenansturm die Runde machten.

Die Frauen römischer Statthalter waren nicht alle derart mutig und vorbildlich. Einige Jahre später hatte Plancina – die Frau des Lucius Calpurnius Piso, den Germanicus als syrischen Statthalter entlassen hatte und von dem man munkelte, er stecke hinter dessen mysteriösem Tod – Militärübungen geleitet und versucht, unter den Offizieren eine ihr ergebene Truppe zu rekrutieren. Aber als ein Senator beantragte, dass die Angehörigen eines Statthalters diesen nicht mehr in die Provinzen begleiten dürften, fand er dafür wenig Unterstützung.

Die römischen Armeelager waren nicht nur von einer formellen Militärhierarchie geprägt, es gab in ihnen auch das beengte Leben der Frauen und Nachkommen, und in diesen größeren oder kleineren Gemeinden gab es auch den einen oder anderen Skandal. Während Caligulas Regierungszeit begann die Frau des Legaten Calvisius Sabinus ein Verhältnis mit dem *tribunus laticlavius* Titus Vinius, einem berüchtigten Lebemann. Einmal kleidete sie sich in eine Militäruniform und begleitete den Tribun bei seiner Inspektion der an diesem Abend wachhabenden Soldaten. Später kam heraus, dass sich das Paar in die *principia* begeben hatte, um sich dort der Liebe hinzugeben. Caligula ließ Vinius einsperren, doch als der Kaiser ermordet wurde, kam er wieder frei. Plinius d. J. war Ankläger in einem Prozess, in dem es um einen ähnlichen Skandal ging. Gallitta, die Frau eines Tribunen, hatte eine Affäre mit einem seiner Zenturionen. Der Zenturio wurde aus der Armee entlassen und in die Verbannung geschickt, während der Ehemann, der Plinius zufolge »offenbar befriedigt war, nachdem er seinen Rivalen los war«, gezwungen wurde, sich von seiner Frau scheiden zu lassen.

Canabae und vici

Im Umkreis fast aller römischen Militärlager entstanden nach kurzer Zeit zivile Siedlungen. In seiner Schilderung eines Überraschungsangriffs auf ein Winterlager seiner Legionen im Jahr 53 v. Chr. erwähnt Caesar die Anwesenheit von Händlern, die außerhalb der Befestigungen lagerten. Die vereinzelten kleinen Steinhütten, die außerhalb des römischen Belagerungscamps bei Masada (Judäa) lagen, sind ein Beleg dafür, dass Kaufleute und der Tross selbst während der Belagerung 74 n. Chr. unter den harten Bedingungen in der Wüste beim Heer blieben. Diese nicht auf Dauerhaftigkeit angelegten Siedlungen hießen *canabae*. Wahrscheinlich hatten auch die Angehörigen der Soldaten hier ihre Unterkünfte, zumal es im Lager ja keine geräumigen und dauerhaften Baracken gab. Sicher ist, dass die Menschen, die dem Heer folgten und in der Nähe seiner Lager wohnten, für die Truppen viele Dienstleistungen erbrachten. Händler verschafften ihnen zusätzliche Lebensmittel und Getränke zu ihren täglichen Rationen, auch Luxusgüter, die das Soldatenleben erträg-

Das Römerkastell von Vindolanda mit dem *vicus* im Vordergrund. Die bekannten Schreibtäfelchen, die man hier gefunden hat, geben uns einige Einblicke in das soziale Leben der Frauen hoher Offiziere.

(rechts) Das Amphitheater in Caerleon liegt am Graben, der den Wall des Römerkastells umgibt. Über den Steinwällen der Arena standen ursprünglich Holzgerüste mit den Sitzbänken, sodass das Ganze wesentlich höher war und mindestens der gesamten Legion von 5000 Mann Platz bot. Amphitheater wurden auch für Paraden und Vorführungen der Soldaten genutzt, doch meistens fanden in ihnen Gladiatorenkämpfe und andere blutrünstige Schauspiele statt.

licher machten. Die Legionäre in den Garnisonen wurden regelmäßig in barer Münze bezahlt und waren gute Kunden für die vielfältigsten Güter und Dienstleistungen. Die *canabae* trugen auch zur Unterhaltung bei – mit musikalischen Veranstaltungen, Kneipen und Bordellen. Ein Veteran der Legio II Augusta stiftete einen Grabstein für eine gewisse Polla Matidia, genannt Olympia, eine Tänzerin oder Unterhaltungskünstlerin im Kastell Asciburgium (Moers-Asberg bei Duisburg). Titus Aelius Iustus, ein Musikant der Legio II Aduitrix, der Wasserorgel *(hydraulus)* spielte, war mit Aelia Sabina verheiratet, eine Sängerin und ebenfalls Musikerin, die aber besser spielte.

Anfangs boten die Ansiedlungen in der Umgebung der Lager das Bild von Elendsquartieren oder Pionierbehausungen. In einem der Außenhäuser in der Nähe des Südtors des Lagers Housesteads entdeckte man die Skelette von einem Mann und einer Frau, die unter dem Fußboden beerdigt worden waren, etwas, das nur der Erbauer dieses Hauses getan haben konnte. Mit der Zeit wuchsen die *canabae* zu etwas geordneteren Gemeinwesen zusammen, und es entstanden *vici* oder Dörfer. Die Planmäßigkeit vieler *vici* lässt vermuten, dass die Armee an ihrer Planung beteiligt war. Meist sind die Siedlungen linear oder bänderartig angeordnet, wobei die Häuserreihen parallel zu der Straße verlaufen, die zum Lager oder um es herum führt. Gelegentlich wurde die vorhandene Straße zu einem freien Platz erweitert, auf dem der Markt stattfinden konnte. Und weil der knappe Platz zur Straße hin begehrt war, wurden die meisten Gebäude als Langhäuser mit der schmalen Giebelseite zur Straße hin errichtet, ein typisches Bild für viele römische Städte. Der vorderseitige Bereich des Hauses war meist offen und mochte als Laden oder Schankraum gedient haben.

Dorf und Lager bildeten eine Art Symbiose, denn beide profitierten voneinander, gleichwohl galt der *vicus* als eine selbständige Gemeinschaft und hatte wahrscheinlich einen Magistrat, der seine Angelegenheiten regelte. Die Einwohnerschaft dieser Siedlungen war meist sehr kosmopolitisch; aktive und entlassene Soldaten, Einheimische und Händler aus den unterschiedlichsten Provinzen lebten hier Tür an Tür. Barates, der aus Palmyra stammte, der großen Oasenstadt an der Seidenstraße im Osten des Römischen Reiches, ließ für seine Frau vor den Toren des Lagers bei South Shields an der nördlichen Grenze Britanniens einen Gedenkstein errichten. Sie – eine Bretonin, aus einem Stamm, der im Süden der Insel lebte – war einst seine Sklavin gewesen, die er freigelassen und geheiratet hatte. Barates ist möglicherweise identisch mit dem Mann, dessen Grabstein man ein Stück weiter weg am Hadrianswall in Corbridge gefunden hat, auf dem er als Standartenträger oder (was weniger wahrscheinlich ist) als Fahnenhändler bezeichnet wird. Ob Soldat oder Händler, diese Familie bezeugt die Mobilität bestimmter Teile der Bevölkerung in der römischen Welt.

Unterhaltung

Außerhalb des befestigten Lagers befand sich oft ein Amphitheater, manchmal auch in der Nähe der kleineren Lager der Auxiliartruppen. Diese Arenen

wurden von der Armee für den eigenen Gebrauch errichtet, anfangs meist aus Holz und erst später als dauerhafteres Bauwerk in Stein. Hölzerne Zuschauertribünen fallen in der Regel in die frühen Phasen eines Lagers. Grabungen beim Amphitheater außerhalb des Lagers der Legio II Augusta in Caerleon förderten Zenturiensteine zutage, mit denen der jeweilige Bauabschnitt markiert war, für den eine bestimmte Zenturio verantwortlich war. Der Stein zum Gedenken an die »Zenturie des Rufinus« war besonders fein bearbeitet und wohl als dauerhaftes Schaustück gedacht. Die Praxis, den Bau auf mehrere Arbeitsgruppen der militärischen Einheiten aufzuteilen, war bei größeren Bauvorhaben wie dem Hadrianswall üblich. Die Abmessungen des Amphitheaters von Caerleon betragen 81,4 Meter entlang der längsten Achse und 67,7 Meter in der Breite. Eine massive und stark abgestützte Außenmauer mit einer Mächtigkeit von 1,7 Metern trug den inneren Erdwall mit den Sitzreihen. Man schätzt, dass dieses Amphitheater gut 6000 Besuchern Platz bot, das heißt mehr Personen, als die gesamte Legion in voller Stärke zählte. Die Amphitheater der Legionen in Chester und Carnuntum an der Donau waren noch größer.

Amphitheater waren zur Inszenierung blutiger Veranstaltungen gedacht, von denen die Römer so fasziniert waren. Es ist unwahrscheinlich, dass Provinzgarnisonen sich derart spektakuläre Schauspiele leisten konnten, wie sie in Rom aufgeführt wurden. Auch wenn in den militärischen Arenen sicher regelmäßig Gladiatorenkämpfe oder Kämpfe mit wilden Tieren gezeigt wurden, so gab es doch Höchstgrenzen für die Beträge, die für Unterhaltungen dieser Art ausgegeben werden durften. Außerdem bot das Amphitheater eine Bühne und eine Arena für offizielle Paraden und militärische Schauvorführungen, bei denen die Disziplin und die Handhabung der Waffen durch die Legion gezeigt werden konnten.

Badehäuser und Badefreuden

Das Badehaus bot eine Vielzahl von Dienstleistungen, die über die einfache Hygiene hinausgingen. Für die Römer war Baden ein Ritual, bei dem man nacheinander mehrere Baderäume mit unterschiedlichen Temperaturen besuchte. Es gab den Kaltbaderaum *(frigidarium)* mit einem Tauchbad, das Schwitzbad *(laconicum)*, das lauwarme Luftbad *(tepidarium)* und das heiße Bad *(caldarium)*. Die Temperatur wurde über die Fußbodenheizung und die von heißer Luft durchströmten Mauern reguliert. Bei Ausgrabungen in Vindolanda hat man Holzsandalen gefunden, die davor schützten sollten, sich auf zu heißen Fußböden die Füße zu verbrennen. Die Badegäste rieben sich mit Öl ein und schabten dann den Schmutz mit einem *strigil* ab. Der Besuch des Badehauses wurde mit Muße genossen und wenn das eigentliche Baderitual beendet war, blieb man gern noch eine Weile im Badehaus. In größeren Badeanstalten gab es noch weitere Möglichkeiten zur körperlichen Ertüchtigung, doch in keinem Badehaus fehlten Räumlichkeiten für ein entspanntes geselliges Beisammensein. Man konnte sich unterhalten, etwas trinken oder sich beim Spiel vergnügen, wobei das Würfelspiel für die Römer einen ganz besonderen Reiz hatte.

Neben den Badehäusern, die von der Armee erbaut wurden, gab es in den *vici* meist noch andere Badeanstalten. In Caerleon wurde ein Badehaus in der Nähe des Amphitheaters ausgegraben, aber wir wissen nicht, ob diese Einrichtungen von Soldaten und Zivilisten gleichermaßen besucht wurden. Funde aus Militärbadehäusern belegen, dass sie außer von den Soldaten auch von Frauen aufgesucht wurden – möglicherweise zu unterschiedlichen Badezeiten.

(oben) Das Badehaus des Kastells Chesters am Hadrianswall liegt nahe am Fluss. Wegen der Brandgefahr errichteten die Römer die Badehäuser außerhalb des Lagerwalls.

(unten) Rekonstruktion des Badehauses des Kastells Vindolanda. In jedem Raum war das Wasser unterschiedlich temperiert. Für die Römer war das Badehaus ein Gemeinschaftsort.

Religion

Die offizielle Religion

Wir haben bereits die *Feriale Duranum* erwähnt, den Kalender der Cohors XX Palmyrenorum milliaria sagittariorum equitata, ein in Dura-Europos gefundener Text, der wahrscheinlich auf die Zeit 225–227 n. Chr. zurückgeht. Es folgen einige Auszüge daraus, die einen Eindruck von der Vielfalt der Feste vermitteln, die von der Einheit begangen wurden:

> *3. Januar.* Weil Gelübde für das Wohlergehen unseres Herrn Marcus Aurelius Severus Alexander Augustus und für das ewige Bestehen des Imperium Romanum gehalten und abgelegt wurden, für Jupiter Optimus Maximus einen Ochsen, für die Königin Juno eine Kuh, für Minerva eine Kuh, für Jupiter Victor einen Ochsen, für Juno Sospes eine Kuh … für Vater Mars einen Stier, für Mars Victor einen Stier, für Victoria eine Kuh …
> *19. März.* Zur Feier der Quinquatria ein Bittgebet; ähnliche Bittgebete bis zum 23. März …
> *4. April.* Zum Geburtstag des göttlichen Antoninus des Großen, für den göttlichen Antoninus einen Ochsen …
> *9. April.* Für die kaiserliche Macht des göttlichen Pius Severus, für den göttlichen Pius Severus einen Ochsen …
> *21. April.* Zur Feier des Gründungstags der Ewigen Stadt Rom, für die Ewige Stadt Rom eine Kuh …

Zwei der 17 Altarsteine, die man vor dem Auxiliarlager in Maryport an der Küste von Cumbria gefunden hat. Sie sind Jupiter Optimus Maximus geweiht (meist IOM abgekürzt), der linke Altar wurde vom Befehlshaber der Cohors I Baetasiorum civium Romanorum, der rechte von der Cohors I Hispanorum equitata gestiftet.

Die Quinquatria war eine Zeremonie zu Ehren der Minerva. Sie und die beiden anderen aus dem kapitolinischen Dreigestirn, Jupiter und Juno, die höchsten Gottheiten Roms, spielen in dem Kalender eine herausragende Rolle. Feste wie dieses und die Feier der Gründung Roms hatten speziell mit dem militärischen Leben wenig zu tun, sondern gehörten einfach zum normalen römischen Jahr. Lokale Gottheiten werden in dem Kalender nicht erwähnt, ebenso wenig Feste, die einen besonderen Bezug zur Cohors XX gehabt hätten. Man nimmt an, dass die römischen Truppen im ganzen Reich dieselbe Abfolge von Opfer-, Bitt- und Freudenfesten gekannt haben. Abgesehen von den Tagen zu Ehren der späteren Kaiser, vor allem der jeweils herrschenden Dynastie, findet sich wenig in dem Kalender, das nicht von Augustus hätte eingeführt sein können.

Ob nun die *Feriale Duranum* in dieser Form von allen Einheiten der römischen Armee gefeiert wurde, wissen wir nicht, aber viele der genannten Feste wurden auch anderswo gefeiert. Außerhalb des Römerlagers in Maryport an der Küste von Cumbria (Nordengland) wurden mehrere Altäre gefunden, die in der Nähe des vermutlichen Paradeplatzes der Garnison lagen. Nicht weniger als 17 waren IOM gewidmet – Jupiter Optimus Maximus (»Jupiter der Beste und Größte«). Die in den Stein gehauenen Texte sind ziemlich ähnlich, zum Beispiel: »Für Jupiter Optimus Maximus, von der Cohors I Hispanorum (erste spanische Kohorte) unter Marcus Maenius Agrippa, Tribun, errichtet« oder: »Für Jupiter Optimus Maximus, zum Heil des Antoninus Augustus Pius, Postumius Acilianus, vom Präfekten der Cohors I Delmatarum (1. dalmatinische Kohorte) errichtet«. Maenius Agrippa erscheint auf drei Altären als Führer, Postumius Acilianus nur auf zwei, andere erscheinen jeweils nur einmal, während der Tribun Gaius Cabillius Priscus vier Altäre stiftete. Sehr wahrscheinlich handelt es sich bei dieser Reihe um jährliche Widmungen eines Altars für Jupiter zum Heil des Kaisers, möglicherweise am 3. Januar wie in Dura-Europos (der von Trajan eroberten Stadt am oberen Euphrat). Die Altäre geben auch Einblick in die Dauer der von den berittenen Offizieren der Auxiliartruppen bekleideten Posten.

Bei derartigen Zeremonien vertrat der kommandierende Offizier seine Einheit, und nur sein Name erscheint auf dem Altar – auch wenn er im Namen der ganzen Kohorte handelte. Ein Fresko aus Dura-Europos zeigt eine solche Zeremonie: Soldaten sehen bei einer Parade zu, wie ihr Tribun Julius Terentius vor drei Statuen Opfer darbringt. Letztere wurden gelegentlich als lokale Gottheiten gedeutet, viel wahrscheinlicher aber ist, dass es sich um Mitglieder der kaiserlichen Familie handelt. Die Szene wirkt eher wie eine moderne Militärprozession, ein – neben dem reinen Akt der Verehrung – wichtiges Mittel zur Bekräftigung der Kohortenidentität der Soldaten. Die Tage, an denen die Standarten der Kohorten formell geschmückt wurden, waren eine weitere Bekräftigung des Korpsgeistes. Der Kirchenschriftsteller Tertullian (um 160–220 n. Chr.) war der Überzeugung, die Verehrung der Standarten durch die Legionäre komme einer religiösen Verehrung gleich.

Der Wert, den man auf die Jahrestage der kaiser-

In jedem Auxiliarlager stand in der Mitte der *principia* ein Schrein bzw. *aedes*, wo die Feldzeichen aufbewahrt wurden. Rekonstruktion eines Schreins im Senhouse Museum, Maryport, Cumbria. Die Statue zeigt Kaiser Hadrian.

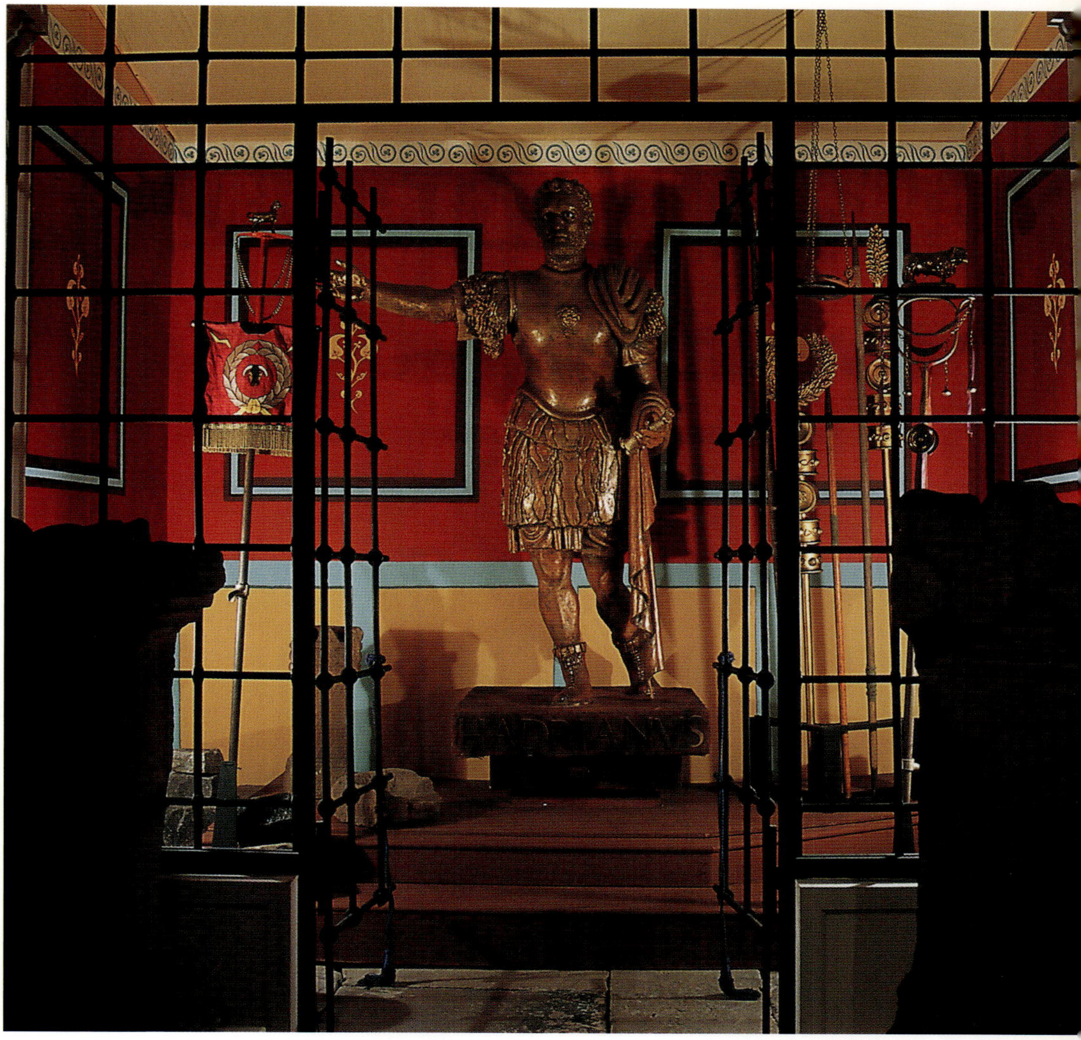

lichen Familie legte, und die enge Verknüpfung der Herrscherfamilie mit der Verehrung der traditionellen Götter und Göttinnen Roms zielten offenbar darauf ab, die Loyalität der Soldaten zu stärken. In der ersten Hälfte des 2. Jahrhunderts n. Chr. entwickelte sich ein militärischer *disciplina*-Kult, der höchstwahrscheinlich von Hadrian während seiner Inspektionen der Provinzarmeen eingeführt wurde. Solche abstrakten Dinge waren nicht selten das Ziel einer formellen Verehrung in der römischen Gesellschaft, und in diesem Fall wurde offenbar erwartet, dass damit nicht nur die Loyalität, sondern auch die militärische Effizienz gesteigert würde. Der Fahneneid *(sacramentum)* hatte deutlich religiöse Aspekte, was so weit ging, dass gelegentlich auch der Geist des Fahneneids *(genius sacramenti)* verehrt wurde.

Private Religion

Der Religion begegnete man überall in der römischen Welt, und zwar in einem Maße, das für uns heute nur schwer vorstellbar ist. Viele Aktivitäten des alltäglichen Lebens waren mit einer Verehrung oder einem Ritual verbunden. Neben den unzähligen Göttern und Göttinnen – auch der Göttinnen solcher Abstraktionen wie des Glücks oder der Gesundheit – verehrten die Römer auch unbestimmtere Geister wie die *genii* oder Schutzgeister eines Ortes, eines Berufs oder im Fall der Armee einer bestimmten Einheit oder eines Ranges. Unsere Belege dafür bestehen in der Hauptsache aus den materiellen Überresten, Tempeln und Altären mit ihren Inschriften und geweihten Gegenständen. Diese sagen uns zwar viel über die Zahl der Gottheiten, die von den Soldaten verehrt wurden, jedoch kaum etwas darüber, welche Bedeutung solche Kulte für sie hatten. Selbstverständlich hatten nur die wohlhabenderen Soldaten auch das Geld, solche Rituale zu veranstalten. Aber Kulte aufzuspüren, deren Praktiken keinerlei materielle Überreste produziert haben, dürfte unmöglich sein.

Auch wenn die Soldaten an religiösen oder quasireligiösen Zeremonien ihrer Einheit teilnehmen mussten, so blieb ihnen doch die Möglichkeit, ihre ganz persönliche Religion zu praktizieren. Die römische Form des Polytheismus war sehr offen und subsumierte die meisten anderen Kulte, denen er begegnete, nicht selten auch die Religionen der von Rom eroberten Völker. Die gleichzeitige Verehrung mehrerer Gottheiten war nicht selten, wie ein Altar in Housesteads belegt, der von einer Abteilung der Legio II Augusta zu Ehren des »Jupiter Optimus Maximus, des Gottes Cocidius und des Schutzgeistes dieses Ortes« errichtet worden war. Cocidius wurde an verschiedenen Orten am Hadrianswall verehrt und war anscheinend ein keltischer Kriegsgott, der hier und da mit Mars verbunden wurde. Einzelne Menschen wählten gelegentlich einen der offiziellen Kulte für sich persönlich, weil sie sich stark mit Rom, seinen Führern und den Schutzgeistern der Armee identifizierten. Gleich vier solcher Altäre ließ ein und derselbe Zenturio in der zweiten Hälfte des 2. Jahrhunderts in Schottland errichten:

Ein der Göttin Covventina geweihter Altar von Coscianus, Präfekt der Cohors I Batavorum, der damit sein Gelübde erfüllte.

»Für Jupiter Optimus Maximus und der siegreichen Victoria zum Heil unseres Kaisers und ihm und seiner Familie zum Heil, [von] Marcus Cocceius Firmus, Zenturio der Legio II Augusta [errichtet].«

»Für Diana und Apollo, [von] Marcus Cocceius Firmus, Zenturio der Legio II Augusta [errichtet].«

»Für den Schutzgeist des Landes der Britannier, [von] Marcus Cocceius Firmus, Zenturio der Legio II Augusta [errichtet].«

»Für Mars, Minerva, die Göttinnen des Paradeplatzes, Herkules, Epona und Victoria, [von] Marcus Cocceius Firmus, Zenturio der Legio II Augusta [errichtet].«

Die Soldaten huldigten einer unglaublichen Vielfalt von Kulten. Einige verehrten nur römische Gottheiten, andere die Götter der Region, in der sie stationiert waren, oder sie hielten den Göttern ihrer eigenen Heimat die Treue. Man verehrte verschiedene Aspekte des Kriegsgottes Mars, auch andere lokale Gottheiten, mit deren Namen kriegerische Tugenden verbunden waren. Herkules wurde vor allem im 3. Jahrhundert n. Chr. sehr verehrt, die meiste Zeit aber in unterschiedlichen Formen als Personifizierung männlicher Tugenden der Stärke und des Mutes. Wir haben Hinweise, dass römische Legions- und Auxiliarsoldaten im Bataver-Tempel des Hercules Magusanus in Empel (Millingen am Niederrhein) Opfer dargebracht haben. Es kam aber auch vor, dass Soldaten Götter und Göttinnen anbeteten, die in keiner erkennbaren Beziehung zum Militärwesen standen. Den Covventina-Kult, in dessen Mittelpunkt die heilige Quelle der Göttin stand, pflegten viele Soldaten aus den Garnisonen im Norden Britanniens. Anscheinend versuchte die Armee diese religiösen Bräuche nicht einzuschränken. Solange die Soldaten am gemeinsamen religiösen Leben ihrer Einheit teilnahmen, konnten sie in ihrer Freizeit ihren persönlichen religiösen Bedürfnissen nachgehen. Kultpraktiken, die während der vorrömischen Eisenzeit verbreitet waren, wie das Opfern von Metallgegenständen (meist militärische Ausrüstung wie Helme, die in Flüssen oder Seen versenkt wurden), überdauerten offenbar in römischer Zeit und wurden auch von Soldaten der römischen Armee gepflegt. Das für vorrömische Fundstellen belegte Vergraben ritueller Gegenstände, häufig in nicht mehr genutzten Getreidegruben (z. B. in der Bergfestung von Danebury in Britannien), hat Parallelen in Römerlagern wie Newstead. Die religiöse Praxis in der römischen Welt war überaus vielgestaltig.

Manchmal beging eine ethnische Gruppe innerhalb einer militärischen Einheit ihre religiösen Rituale gemeinsam. Unter den Altären, die von der Cohors II Tungrorum im Lager Birrens in Südwestschottland errichtet wurden, gab es einen mit der Widmung »für Mars und den Sieg des Kaisers« von den »Stammesgenossen Rätiens«, einen anderen zu Ehren der Göttin Ricagambeda von den »Männern aus der Region der Vellavier« (Kelten aus den Cevennen) und einen für die Göttin Viradecthis von den Soldaten aus der »Region der Kondrusen« (an der Maas). Sowohl Ricagambeda als auch Viradecthis waren germanische Gottheiten, die in der Heimat der beiden Volksgruppen verehrt wurden. In Carrawburgh im Norden Britanniens wurde ein Altar »für den Genius dieses Orts [errichtet von den] Texandri und Suvevae einer Abteilung der Cohors II Nerviorum«. Interessant ist, dass es innerhalb einer Auxiliarkohorte viele Gruppen gleicher ethnischer Herkunft gab. Ein Altar (Anfang 3. Jh.) aus der Umgebung von Housestead war von den germanischen Stammesgenossen aus der Gegend von Twenthe »dem Gott Mars Thincsus und den beiden Alaisiagae, Beda und Fimmilena, und der Gottheit des Kaisers« geweiht worden.

Östliche Kulte und Mysterienreligionen

Einige Kulte aus dem östlichen Mittelmeerraum fanden im Römischen Reich eine erstaunlich weite Verbreitung. Der Sturmgott Dolichenus, den man seit der Zeit der Hethiter im Kultzentrum von Doliche in Kommagene (Südosttürkei) verehrte, wurde

Auxiliarreiter des späten 1. Jahrhunderts n. Chr.

Auxiliarreiter weihen zur Erfüllung eines Gelübdes einer lokalen Gottheit einen Zierhelm. Die Praxis, Gegenstände zu opfern, indem sie ins Wasser versenkt wurden – eines Flusses, Sees, Teichs oder einer Quelle, war Ende der vorrömischen Eisenzeit unter vielen keltischen und germanischen Völkern verbreitet. Nur selten unterdrückte das Römische Reich eine Religion, und offenbar hielten die Auxiliarsoldaten an den religiösen Bräuchen ihrer Heimat fest. Viele römische Helme hat man in Flüssen gefunden, und lange Zeit glaubte man, dass sie einst auf irgendeine Weise verloren gingen; aber heute scheint es viel wahrscheinlicher, dass sie im Rahmen eines Rituals absichtlich im Fluss versenkt wurden. Dieser Brauch, er wurde wohl anfangs nur von den Soldaten ohne Bürgerrecht gepflegt, breitete sich wie viele andere religiöse Bräuche allmählich im ganzen römischen Heer aus.

Kettenpanzer. Der Soldat trägt ein Panzerhemd mit verstärkter Schulter im traditionellen Stil, der von den Galliern übernommen wurde.

Helm. Der eiserne Helm ähnelt einem Exemplar, das man in Frankfurt-Heddernheim gefunden hat. Mit seinen breiten Backenstücken, die auch die Ohren bedecken, bietet er guten Schutz für das Gesicht. Im Kampfgetümmel, wenn zwei Kavallerieeinheiten aneinander gerieten, konnte ein Reiter leicht von der Seite oder von hinten angegriffen werden.

Kettenpanzer. Der Soldat trägt einen Kettenpanzer *(lorica hamata),* der bis zu den Oberschenkeln reicht. Unterteil und Ärmel enden in einem dekorativ gezackten Randstreifen, ein Stil, wie er auf der Trajanssäule abgebildet ist. Unter dem Prinzipat wurden Kettenpanzer von allen Einheiten der Armee getragen.

Helm. Dieser Helm mit Gesichtsmaske und Haarschmuck gehört zu einem Typ, der wohl nur bei Paraden oder sportlichen Veranstaltungen der Kavallerie getragen wurde. Die Soldaten – und wahrscheinlich in erster Linie die Offiziere – haben aber auch im allgemeinen Dienst Helme mit Gesichtsmaske getragen, um sich damit hervorzutun. Ein derart teurer und prächtiger Gegenstand eignete sich natürlich ebenso gut als Opfergabe.

Speer. Die Hauptwaffe der meisten Kavalleristen war ein Wurfspeer *(pilum),* der mit gestrecktem Arm über die Schulter nach vorn geschleudert wurde. Daneben gab es auch leichtere Wurfspeere. Aber ein kleiner Teil der Einheiten war stattdessen mit einem Bogen oder einer beidhändig geführten schweren Lanze *(contus)* bewaffnet.

Helm. Kavalleriehelme waren meist mit Haarlocken ähnelnden Mustern verziert, was häufig in Form einer dünnen Verzinnung der bronzenen Kalotte erreicht wurde. Man hat auch einige Helme gefunden, die anstelle der Metallverzierung echte Tierhaare trugen. Möglicherweise war dies eine besondere Mode bei den germanischen Auxiliartruppen wie den Batavern.

Helm. Ein eiserner Helm dieses Typs wurde in Ely in Ostanglien gefunden. Er ist verziert und bedeckt die Ohren, bietet jedoch ebenso wie der Helm des stehenden Soldaten keinen zusätzlichen Schutz der Stirn und der Schädeldecke.

Schuppenpanzer. Dieses Modell ist in seiner Grundform den Kettenpanzern ähnlich, die die beiden anderen Reiter der *ala* tragen. Schuppen solcher Hemden hat man immer wieder gefunden, sie unterscheiden sich in der Größe und in Details. Schuppenpanzer waren weniger flexibel als Kettenpanzer, sorgten aber für mehr Eindruck. Sie wurden anscheinend von den Reitereinheiten in den Kohorten wie in den *alae* und auch in manchen Einheiten der Fußsoldaten getragen.

Schild. Der Soldat schützt sich mit einem flachen ovalen Schild mit Insignien, wie sie auf der Trajanssäule zu sehen sind. Manche Kavallerieeinheiten trugen auch sechseckige Schilde.

Tunika. Die Tunika hat lange Ärmel, ein eher keltischer Stil, wie er sich auf den Grabsteinen mehrerer Kavalleristen findet. Die Tuniken der beiden anderen entsprechen dem konventionelleren militärischen Stil.

Schwert. Die beiden knienden Soldaten tragen ein Langschwert *(spatha),* das an der linken Hüfte getragen wurde – sie waren bis zu 30 Zentimeter länger als der *gladius.* Es gibt aber auch Darstellungen, auf denen die *spatha* an der rechten Hüfte hängt.

Das *Mithraeum* (Mithras-Tempel) in Carrawburgh am Hadrianswall liegt unweit vor den Wällen des Kastells. Die drei Altarsteine an der Rückwand ließen die Kavalleriekommandeure der Garnison errichten.

von den Römern mit Jupiter verknüpft. Im 2. und 3. Jahrhundert n. Chr. weihten Truppeneinheiten und vor allem einzelne Soldaten diesem Gott eine große Zahl von Inschriften. Seine Blüte hatte der Kult wohl unter den Severern. Wir wissen nicht, wie er eingeführt und verbreitet wurde, aber sicher ist, dass Jupiter Dolichenus von weitaus mehr Soldaten verehrt wurde als nur von denen, die aus Kommagene stammten.

In den östlichen Kulten mussten sich die Anhänger meist einigen Initiationsriten unterwerfen und einen Eid leisten, niemandem etwas von den Mysterien des Kults zu erzählen. Von diesen Mysterienreligionen, zu denen im Römischen Reich auch der ägyptische Isis- und Serapis-Kult gehörten, hatte der Mithras-Kult die größte Anziehungskraft für die Soldaten. Wie viele andere Kulte versprach auch der Mithras-Kult – aber wohl mit viel stärkerem Nachdruck – ein Leben nach dem Tod und motivierte seine Anhänger zu einer ganz persönlichen Beziehung zu diesem Erlösergott. Auch hier macht es das Verbot, die Glaubensinhalte des Kults an Nichteingeweihte weiterzugeben, äußerst schwierig, dessen Glaubensvorstellungen zu rekonstruieren. Verschiedene Gelehrte hat das allerdings nicht davon abgehalten, es dennoch zu versuchen. Mithras, ursprünglich eine iranische Gottheit, die auf Abbildungen in der Regel eine phrygische Mütze trug, wurde mit der

Sonne verknüpft. Anscheinend mit Hilfe mehrerer Kreaturen, die später den verschiedenen Graden der Kultanhänger ihren Namen gaben, tötete Mithras einen Stier, möglicherweise ein Schöpfungsmythos. Die Tempel des Kults, von denen mehrere außerhalb der Römerlager gefunden wurden, waren enge, düstere Bauwerke, die an Höhlen erinnern. Stärke, Mut und Beharrlichkeit waren wesentliche Aspekte der Riten und hatten offensichtlich eine große Wirkung auf die Soldaten. Viele Altäre waren von Offizieren errichtet worden, vor allem von den Kavalleriekommandeuren der Auxiliartruppen. Wahrscheinlich war der Mithras-Kult den höheren Rängen vorbehalten.

Innenansicht eines *Mithraeums*. Die Mithrasverehrung war ein Mysterienkult, dessen Anhänger sich durch einen Eid verpflichtet hatten, Außenstehenden nichts über seine Riten zu verraten. Von den Glaubensvorstellungen und Zeremonien haben wir folglich nur sehr vage Vorstellungen. Die Zeichnung vermittelt einen Eindruck vom höhlenartigen Inneren solcher Tempel.

Die Zeit nach dem Militärdienst

Diploma eines spanischen Kavalleristen. Nach dem Militärdienst erhielten die Auxiliarsoldaten das Bürgerrecht in Form eines solchen *diploma,* eines bronzenen Duplikats des Dokuments, mit dem ihr rechtlicher Status in Rom registriert war.

Das römische Heer kannte drei Formen der Entlassung aus dem Militärdienst: Zum einen die vorzeitige, aber ehrenhafte Entlassung *(missio causaria)* wegen Krankheit oder Invalidität. Diese erfolgte erst, wenn durch eine ärztliche Untersuchung bestätigt wurde, dass der Betreffende seine Diensttauglichkeit nicht wiedererlangen würde. Davon unterschieden war die unehrenhafte Entlassung *(missio ignominiosa),* sie war die Strafe für Soldaten, die schwere Verbrechen begangen hatten. Solchen Männern wurde gesetzlich untersagt, in der Stadt Rom zu leben oder in irgendeiner Form in die kaiserlichen Dienste zu treten; zu manchen Zeiten wurden sie mit einem Brand- oder Schandmal gezeichnet. Auch genossen sie keines der Rechte oder Privilegien, die den ehrenhaft entlassenen Soldaten *(honesta missio)* nach ihrem Militärdienst gewährt wurden. Die ehrenhaft vorzeitig Entlassenen wurden im Wesentlichen so behandelt wie die ehrenhaft Entlassenen, nur dass die ihnen gewährten Vergünstigungen sich nach der Länge der geleisteten Dienstzeit bemaßen.

Während der gesamten Dienstzeit eines Soldaten wurde über ihn eine Personalakte geführt, in der am Ende auch seine Rückkehr ins Zivilleben vermerkt war. Die Art der Entlassung wurde hinter seinem Namen in den Akten seiner Einheit eingetragen, wenn er aus ihrer Dienstliste gestrichen wurde. Wahrscheinlich erhielt jeder Soldat eine schriftliche Bestätigung seiner Entlassung aus dem Militär. Ein solches Dokument vom 4. Januar 122 n. Chr. hat man in Ägypten gefunden, es bestätigte die Entlassung von Lucius Valerius Noster, Kavallerist aus der *turma* des Gavius in der Ala Vocontiorum. Es kam auch vor, dass viele Soldaten zur selben Zeit entlassen wurden, die dann anlässlich dieses wichtigen Ereignisses einen Gedenkstein mit ihren Namen errichten ließen. Solche Inschriften konnten zwischen 100 und 370 Namen auflisten, und man hat verschiedentlich zu berechnen versucht, wie groß der Anteil der Legionäre war, die die Armee erst am Ende ihrer vollen Dienstzeit verlassen hatten. Aber in dieser Hinsicht ist die Quellenlage zu dürftig, um allgemeine Schlussfolgerungen ziehen zu können.

Die Soldaten der Prätorianergarden und der Auxiliartruppen erhielten bei ihrer Entlassung ein bronzenes *diploma*, auf dem ihr neuer rechtlicher Status als Veteranen ausführlich beschrieben war. Legionäre erhielten keine solchen Urkunden, doch für alle Entlassenen war es wichtig, ihre frühere Zugehörigkeit zu einem bestimmten Truppenteil im römischen Heer und ihre ehrenhafte Entlassung aus dem Dienst nachzuweisen, wenn sie den Status und die gesetzlichen Rechte, die ihnen zustanden, geltend machen wollten. In Caesarea (Israel) hat man eine Bittschrift gefunden, in der 150 n. Chr. der Fall von 22 ägyptischen Veteranen dargelegt wurde. Diese Männer hatten sich ursprünglich zur Flotte gemeldet, waren jedoch irgendwann zur Legio X Fretensis abkommandiert worden, möglicherweise als diese während des jüdischen Aufstands unter Hadrian Verstärkung benötigte. Die Männer verlangten und erhielten eine Beurkundung ihres Dienstes innerhalb des Heeres, denn Legionäre bekamen einen höheren Status zugesprochen als Matrosen.

Es gab Zeiten, da wurden entlassene Soldaten, vor allem Legionäre, in Militärkolonien angesiedelt. Augustus behauptet in seinen *Res Gestae* – eine vor seinem Mausoleum aufgestellte lange Inschrifttafel, die seine größten Leistungen verzeichnet –, er habe rund 300.000 Veteranen in Kolonien angesiedelt oder in ihre Heimatgemeinden zurückgeschickt. Derart umfangreiche Siedlungsprogramme waren erforderlich, damit die vielen Soldaten, die während der Bürgerkriege eingezogen wurden, wieder in die Zivilgesellschaft integriert werden konnten und so keine Gefahr für die Herrschaft des Kaisers waren. Die wenigen archäologischen Funde aus den Kolonien jener Zeit lassen vermuten, dass die Siedlungen, wie in den damaligen römischen Städten üblich, aus *insulae* bzw. kleinen Blöcken zu mehreren Wohnungen bestanden, die von den Veteranen und ihren Angehörigen bewohnt wurden. Es gab aber auch viele Kolonisten, die nicht in einer Siedlung lebten, sondern auf verstreuten Höfen. In gerade eroberten Gebieten hatten die Siedlungen auch einen strategischen Zweck. Während der ersten Eroberungsversuche Britanniens unter Claudius war die Stammeshauptstadt in Camulodunum eines der wichtigsten Ziele der Armee. Nachdem sie besetzt war, wurde in der Nähe ein befestigtes Lager für die Legionäre errichtet, um die Region zu kontrollieren. Als dann die dort stationierte Legio XX weiter nach Westen verlegt wurde, um sich den Feldarmeen anzuschließen, wurde eine Veteranenkolonie gegründet, die ihren Platz einnehmen sollte. Manches deutet darauf hin, dass Barackenblöcke umgebaut wurden, um daraus Wohnungen für die Veteranen zu machen. Ähnliches geschah wohl auch in Gloucester, wo ebenfalls in einem ehemaligen Legionärsstützpunkt eine Kolonie errichtet wurde (aber über die Chronologie und die Beziehung zwischen beiden Anlagen wissen wir wenig). Landvermesser teilten das Land in große Rechtecke auf, eine römische Praxis, *centuriatio* genannt, um Ackerland für die Veteranen bereitzustellen. Eine von Meuterern in den pannonischen Legionen 14 n. Chr. vorgebrachte Beschwerde lautete, dass sie nach dem Ausscheiden aus dem Dienst als Kolonisten nur ödes Bergland oder Sumpfland zu erwarten hätten. Meist war das Land der Besiegten annektiert worden, und nicht immer war es von Natur aus zur Landwirtschaft geeignet. Den römischen Veteranen begegneten die Einheimischen feindselig, da sie eine Niederlage und die Enteignung ihres Grund und Bodens erlitten hatten. Als sich die Völker Britanniens 60 n. Chr. unter ihrer Königin Boudicca erhoben, war das erste Ziel des Trinovanten-Stammes die römische Kolonie von Camulodunum, die in ihrer Heimat gegründet worden war. Sie brannten die Häuser der Stadt nieder und richteten unter den Siedlern ein Massaker an.

25 Jahre Militärdienst machten gut die Hälfte der Lebenszeit der meisten Soldaten aus, und selbst die 16 Dienstjahre, die die Prätorianer abzuleisten hatten, währten ziemlich lange. Und diese lange Zeit – während man in der Armee in einer strikten Hierarchie mit durchorganisiertem Alltag lebte – hinterließ ihre Spuren bei den einzelnen Soldaten. Sicherlich verstanden sich die Veteranen als Mitglieder ihrer alten Einheit, selbst noch nach Jahrzehnten. Viele lebten nun als Kolonisten nahe bei ihrem alten Lager und wohnten im *vicus*. Und da die Soldaten häufig in einheimische Familien hineingeheiratet hatten, wollten sie in der Provinz bleiben, in der sie einst gedient hatten. Oft traten ihre Söhne in die römische Armee ein und ihre Töchter heirateten ihrerseits Soldaten oder Veteranen. Andere Veteranen kehrten lieber in ihre Heimat zurück, offenbar besonders die Soldaten aus Ägypten, wie wir aus überlieferten Korrespondenzen und Aufzeichnungen aus mehreren ägyptischen Dörfern wissen. Es waren wohl vor allem die Soldaten, die während ihrer Dienstzeit regelmäßig mit ihrer Familie korrespondiert hatten, die sich am Ende für die Rückkehr in die Heimat entschieden. Veteranen genossen neben dem römischen Bürgerrecht manche Privilegien: So waren sie von etlichen Strafen ausgenommen und durften zu bestimmten kommunalen Dienstleistungen nicht herangezogen werden. Innerhalb der Bevölkerung gehörten sie zu den Privilegierten, aber sie waren nicht die einzige Bevölkerungsgruppe, die gewisse Vorrechte hatte. Die Gesellschaft der römischen Welt war wesentlich komplexer und vielschichtiger, als manche modernen Kommentatoren behaupten.

Grabstein des Longinus aus der Ala Sulpicia civium Romanorum. Die obere Szene zeigt den Soldaten in römischer Manier auf einem Sofa ruhend. Darunter eine zweite Szene, die ihn mit zwei Speeren hinter seinem Pferd zeigt; Sattel und Zaumzeug sind gut zu erkennen. Seinen Helm ziert ein Muster, das Haare in stilisierter Form darstellt, ein Merkmal vieler gefundener Helme von berittenen Soldaten.

Veteranen der Auxiliartruppen

Vieles, was wir hier angeführt haben, gilt gleichermaßen für die Soldaten der Auxiliartruppen. Auch diese Männer stammten in der Mehrzahl aus den weniger urbanisierten und entwickelten Regionen des Römischen Reiches, manchmal aus Stämmen außerhalb der verwalteten Provinzen, und sie erwarben mit dem abgeleisteten Militärdienst das römische Bürgerrecht. Der Dienst in der römischen Armee muss eine nachhaltige Erfahrung gewesen sein, und

(links) **Grabstein des Lucius Valerius Verecundus, der in der ersten Kohorte der Flotte gedient hatte und nach vier Jahren Dienstzeit mit 25 Jahren starb. Selbst so schlichte Gedenksteine wie dieser in Mainz gefundene kosteten viel Geld.**

(rechts) **Der Gedenkstein (3. Jh. n.Chr.) aus der Provinz zeigt einen aus dem Dienst ausgeschiedenen Soldaten, der bei einem Festessen auf dem Sofa ruht. Die Struktur seines Umhangs könnte ein Tierfell andeuten.**

manche Historiker haben sich gefragt, inwieweit die Soldaten durch ihre Militärzeit »romanisiert« wurden. Wenn sie nach ihrer Entlassung aus dem Heer in ihre Heimat zurückkehrten, was wohl die meisten von ihnen taten, dann kamen sie als römische Bürger und genossen eine Auszeichnung, die in ihren Herkunftsgemeinden selten gewesen sein dürfte. Die Anwerbung zu den Auxiliartruppen ließ sich demnach als ein Mittel verstehen, römische Kultur und römisches Gedankengut in den Provinzen zu verbreiten und dort auf diese Weise die Macht Roms zu festigen. Ob dieser Zweck nun beabsichtigt war oder bloßer Nebeneffekt – das zu entscheiden fehlen uns die nötigen Belege –, in jedem Fall wäre es abwegig, darin die Hauptaufgabe der Hilfstruppen sehen zu wollen. Diese gab es, weil die Armee zur Erhaltung ihrer Schlagkraft Soldaten benötigte. Doch in einer Hinsicht waren die Römer überzeugt, dass der Dienst in den Auxiliartruppen die Soldaten veränderte, und zwar insofern, als er ihnen zu einem Verständnis der römischen Art der Kriegführung verhalf. Die Römer glaubten, dass ihre gefährlichsten Feinde Männer waren, die in Roms eigenen Armeen gedient hatten. Arminius und Gannascus in Germanien, Tacfarinas und Jugurtha in Nordafrika und selbst der Führer des Sklavenaufstandes Spartacus hatten ihr Handwerk bei den *auxilia* gelernt.

Tod und Beerdigung

Ein Teil der Abzüge vom Sold eines Soldaten bestand in einem Pflichtbeitrag zu dem von der Zenturie organisierten Bestattungsverein, zumal die Beerdigung eines Toten für die meisten Völker der römischen Welt ein bedeutungsvolles Ritual war. Starb ein Soldat während seiner Dienstzeit, konnten mit seinen Beiträgen die Kosten eines einfachen Begräbnisses gedeckt werden. Nur bei größeren Schlachten, wenn es hohe Verluste gab, wurden die Gefallenen einfach verbrannt, in Friedenszeiten ging die Beerdigung der Soldaten feierlicher vonstatten. Vom Lager aus nahm ein Leichenzug mit dem Toten auf einer Bahre seinen Weg zur letzten Ruhestätte; die Toten wurden, wie es damals nicht nur in der römischen Gesellschaft üblich war, außerhalb der Ortschaften bestattet. Vor den Toren des Lagers, häufig neben der zum Lager führenden Hauptstraße, wurde der Leichnam samt Bahre auf einen Scheiterhaufen gelegt und verbrannt. Die Asche wurde in einer Glas- oder Keramikurne gesammelt, seltener in einem Gefäß aus Marmor oder Metall, und in der Erde bestattet. Dann setzten sich die Trauernden nahe der Begräbnisstätte zu einem Leichenschmaus zusammen.

Das war die übliche Zeremonie während des Prinzipats. Doch im römischen Heer dienten Männer aus verschiedenen Kulturen, die mannigfaltigen Religionen anhingen, sodass auch die Bestattungsrituale ganz unterschiedlich waren. In Ägypten hatte sich die Mumifizierungspraxis erhalten, und in der Spätantike wurde die Erdbestattung üblich und die Verbrennung seltener. Zu den Trauernden gehörten die Kameraden des Soldaten sowie Frau und Kinder, sofern er eine Familie hatte. Der Bestattungsverein kam nur für ein bescheidenes Grabmal auf, doch viele Soldaten hatten für teurere Grabsteine gespart. Viele trugen Inschriften, denen zufolge die Gedenksteine nach dem letzten Willen des Verstorbenen von seinen Erben errichtet wurden. Manchmal waren lediglich Alter, militärischer Rang, Einheit und Dauer der Dienstzeit genannt. Prächtige Grabsteine zeigten den Verstorbenen in einem Reliefbild, aber oft sehr unterschiedlich dargestellt: die Legionäre oft nur in minimaler militärischer Ausrüstung, die Soldaten der Auxiliartruppen hingegen, vor allem die der Kavallerie, in voller Kriegsausrüstung und entsprechender Pose. Viele Grabsteine von Kavalleristen zeigen den Reiter, eine Waffe schwingend auf einem sich aufbäumenden Pferd, unter dessen Hufen ein oder mehrere Barbaren; auf anderen sind auch die Sklaven oder Freigelassenen des Mannes dargestellt.

Grabsteine von Soldaten verzeichnen nur selten die Ursache ihres Todes, aber dieses Fragment aus Chester für einen *optio* der Legio XX Valeria Victrix sagt uns, dass dieser bei einem Schiffsunglück starb. Es beendete eine hoffnungsvolle Karriere, denn der Mann, der zur Zenturie des Lucilius Ingenuus gehörte, war Anwärter auf eine Zenturionenstelle *(optio ad spem ordinis).*

Die Todesursache, ob der Soldat im Kampf gefallen oder einer Krankheit erlegen war, wird auf den Grabsteinen nur selten erwähnt, und gerade diese Fälle sind für uns von besonderem Interesse. Der Zenturio Marcus Caelius Rufus, der mit dem Heer des Varus 9 n. Chr. im Teutoburger Wald den Tod fand, wurde von seinem Bruder mit einem prächtigen Grabmal geehrt. Die Grabinschrift hat den Zusatz: »Sollten sie jemals gefunden werden, mögen seine Gebeine hier bestattet werden.« Später (1. Jh. n. Chr.) wurde Aulus Sentius, Veteran der Legio XI, im Gebiet der Varvarini in Dalmatien getötet. Wir erfahren aber nicht, ob er als Veteran bereits entlassen war oder noch in der Legion diente, als er starb. Lucius Flaminius von der Legio III Augusta fiel mit 40 Jahren im Kampf in Nordafrika. Das Bruchstück eines Grabsteins gedenkt eines Optios, der zur Beförderung zum Zenturio *(optio ad spem ordinis)* vorgesehen war und bei einem Schiffsunglück ertrank. Auf einem Grabstein aus Britannien findet sich der Hinweis, dass der Soldat im Lager von einem Feind getötet wurde. Er war also entweder bei einem Angriff umgekommen, bei dem die Lagerbefestigung durchbrochen wurde, oder von einem Kameraden ermordet worden. Solche Details sind so selten, dass wir in der Regel nicht sagen können, ob ein Mann im Kampf gefallen, während seiner Dienstzeit an einer Krankheit oder bei einem Unfall gestorben war. Abgesehen von größeren Katastrophen dürfte in Übereinstimmung mit den Verhältnissen in allen Armeen bis zum 20. Jahrhundert der letztere Fall am häufigsten gewesen sein.

Ausrüstung

Wie auf vielen anderen Grabsteinen ist dieser römische Soldat, Marcus Julius Sabinianus, in Ausgehuniform dargestellt, ohne Helm und Panzer, aber mit Schild und Waffen. Er war Matrose der römischen Flotte und in Misenum stationiert.

Die Ausrüstung der Legionäre

Kleidung

Tunika. Hauptkleidungsstück eines männlichen Zivilisten der griechisch-römischen Welt war die knielange Tunika mit kurzen Ärmeln, da man Hosen für die Mode der Barbaren hielt. In der alten Milizarmee sorgten die Soldaten für ihre Kleidung und Waffen selbst, weshalb die Legionen jener Zeit in Kleidung und Ausrüstung wohl kein einheitliches Bild geboten haben dürften. Als die Armee sich zu einem Berufsheer entwickelte, begann der Staat die Kleidung, Rüstung und Waffen seiner Soldaten zu stellen, und zur Zeit des frühen Prinzipats wurden vom Sold regelmäßig bestimmte Beträge zur Bezahlung dieser Ausrüstung abgezogen. Aus Ägypten ist ein Dokument erhalten, mit dem die Armee bei zivilen Lieferanten große Mengen Kleidung für die Truppen bestellte und dabei einheitlichen Schnitt und Qualität forderte. Eine Version der zivilen Tunika blieb die normale Kleidung des römischen Soldaten bis zum Beginn des 3. Jahrhunderts n. Chr.

Die militärische Tunika, etwas länger als die der Zivilisten, reichte bis zur Mitte der Waden. Meist wurde sie über einem Gürtel etwas gerafft und bedeckte dann gerade noch die Knie. Anscheinend war es bisweilen Mode, die Tunika an den Seiten stärker zu raffen als vorn und hinten, sodass der Saum unten einen Bogen warf. Der Schnitt der Tunika war einfach: zwei gleich große Rechtecke aus Tuch – gewöhnlich ein Woll- oder Leinengewebe –, die an den Seiten und über den Schultern zusammengenäht waren, während die Schlupflöcher für Kopf und Arme offen blieben. Manche Tuniken hatten Ärmel, meist ziemlich kurz, auch wenn auf einzelnen Darstellungen die Tuniken langärmelig wirken. Tuniken der Fußsoldaten konnten so getragen werden, dass die rechte Schulter und der rechte Arm frei blieben, was bei schweren Arbeiten vermutlich bequemer war. Diese Modelle hatten mitten auf dem Rücken einen Schlitz. Die beiden Hälften wurden mit einem Lederriemen oder einer Fibel zusammengehalten, die erst gelöst wurde, wenn der Soldat den rechten Arm entblößen wollte. Im archäologischen Experiment wurde festgestellt, dass der Knoten sehr stört, wenn über dieser Tunika eine Rüstung getragen wird. Man kann nur vermuten, dass jeder Soldat für bestimmte Gelegenheiten oder Tätigkeiten unterschiedlich geschnittene Tuniken besaß.

Umhänge und Mäntel. Für die gewöhnlichen Soldaten gab es zwei Arten von Mänteln: Zunächst das *sagum*, ein einfaches rechteckiges Tuch aus schwerer Wolle, dessen Ränder gelegentlich verziert waren. Die beiden Enden des Tuchs wurden über der linken Schulter durch eine Fibel so zusammengehalten, dass der rechte Arm und die rechte Schulter frei blieben. Daneben gab es die wohl oval geschnittene *paenula*, die wie ein Poncho getragen wurde. Sie hatte eine Öffnung für den Kopf und gelegentlich eine angenähte Kapuze. Vorne wurde sie von Knöpfen oder Knebeln zusammengehalten und war also auch offen zu tragen. Die Halsöffnung war sehr weit, sodass bei

Der Kaiser und eine Gruppe hoher Offiziere auf dem Feldzug, dargestellt auf der Trajanssäule. Sie tragen einen Umhang, *sagum*, über dem verzierten Panzer. Das war ein einfaches rechteckiges Tuch, das über der Schulter mit einer Fibel zusammengehalten wurde.

kalter oder feuchter Witterung ein Halstuch vonnöten war. Hohe Offiziere und auch Trajan sind manchmal so dargestellt, als trügen sie ein *sagum*, doch dürfte es dann von ganz anderer Qualität gewesen sein als die Umhänge der einfachen Soldaten. Auf anderen Darstellungen tragen Offiziere vom Zenturio aufwärts das formellere *paludamentum*, das ähnlich wie die Ziviltoga über dem linken Arm drapiert getragen werden konnte.

Gürtel. Zur Militärtunika gehörte obligatorisch ein Gürtel, und Augustus war dafür bekannt, dass er Zenturionen symbolisch bestrafte, indem er sie ohne Gürtel vor seinem Zelt strammstehen ließ. Der Gürtel eines Soldaten, an dem Schwert und Dolch hingen, war zugleich ein wichtiges Symbol seiner Identität. Selbst in Alltagsuniform ohne Rüstung und Helm zeichnete die gegürtete Tunika einen Mann als Soldaten aus. Das äußerte sich auch in den Platten und Schnallen, mit denen der Ledergürtel verziert war. Im frühen 1. Jahrhundert n. Chr. hat man mindestens zwei Gürtel getragen, einen für das Schwert, dessen Scheide mit Schnüren an den vier Scheidenringen befestigt war, und einen für den Dolch, dessen Scheide an einem Schnurverschluss einer der Gürtelplatten aufgehängt war. Die beiden Gürtel wurden über Kreuz getragen, ähnlich wie das doppelte Holster der Revolverhelden in den Wildwestfilmen. Ende des 1. Jahrhunderts änderte sich die Mode, man trug einen breiteren Gürtel und daran Schwert und Dolch. Manche Soldaten trugen weiterhin mehrere Gürtel, auf der Trajanssäule ist einer mit gleich vier Gürteln abgebildet.

Im 1. und 2. Jahrhundert war am Gürtel häufig ein Schurz befestigt, der aus bis zu neun Lederbändern bestand, – meist waren es vier bis sechs –, die mit runden Beschlägen und dekorativen Anhängern aus Metall besetzt waren und eine Schutzfunktion haben mochten, auch wenn ein solcher Schutz der Leiste des Soldaten eher psychologischer Natur war. Nach den Erfahrungen im archäologischen Experiment dürften sie allerdings für einen Soldaten im Laufschritt eher hinderlich gewesen sein. Eine Schürze aus solchen Bändern ließ den Gürtel zweifellos dekorativer erscheinen, und das Klingeln der Platten und Zierknöpfe, wenn der Soldat sich bewegte, verschaffte ihm größere Beachtung.

Schuhwerk. Der römische Soldat machte jedoch nicht nur durch das Klirren dieser Knöpfe und seines Ketten- oder Schuppenpanzers auf sich aufmerksam, sondern auch durch die Eisennägel auf den Sohlen seiner Soldatenstiefel *(caligae).* Von Josephus Flavius erfahren wir, dass der Zenturio Julianus, als er 70 n. Chr. den Feind über den Tempelhof in Jerusalem verfolgte, mit seinen genagelten Stiefeln auf den Steinplatten ausrutschte und sogleich vom Feind umringt und getötet wurde. Auf glattem Gestein waren sie zwar gefährlich, aber ansonsten gaben die Nägel den Stiefeln besseren Halt. Sie mussten immer wieder erneuert werden, da sie schnell verschlissen. Einmal erhielt Vespasian einen Bittbrief von Matrosen der italischen Flotte, ihr Schuhgeld *(calciarium)* zu erhöhen, weil sich ihre Schuhnägel auf den langen Fußmärschen von Puteoli oder Ostia nach Rom so stark abnutzten. In seiner Antwort befahl der Kaiser

Grabstein des Publius Flavoleius Cordus, Soldat in der Legio XIV Gemina. Auch auf diesem in Mainz gefundenen Stein trägt der Dargestellte nur eine Tunika. Er hat den Dolch auf der linken und das Langschwert auf der rechten Seite, in der rechten Hand ein *pilum* und über dem Rücken einen ovalen Schild. In seiner linken Hand hält er eine Schriftrolle, möglicherweise ein Hinweis darauf, dass er einen Posten in der Administration bekleidete. Nach 23 Dienstjahren stand Cordus kurz vor seiner Entlassung, als er im 1. Jahrhundert n. Chr. mit 43 Jahren starb.

ihnen, barfuß zu marschieren, eine Praxis, die sich anscheinend bis zum Ende des Jahrhunderts erhalten hat.

Auch wenn die *caligae* eher wie Sandalen anmuten, waren sie doch von robuster Machart. Sie bestanden aus Sohle, Brandsohle und Oberleder, das so geschnitten war, dass mehrere Laschen mit jeweils einem Loch zum Verschnüren entstanden. Diese »Stiefel« boten wenig Schutz gegen die Witterung und wurden offenbar mit Socken getragen. Auf einem Denkmal mit Prätorianergarden sieht man einen Socken ohne Zehen und Ferse, der bei einer Parade getragen wurde. Während des 2. Jahrhunderts n. Chr. setzte sich anderes Schuhwerk mit geschlossenerem Oberleder durch und löste die *caligae* wohl endgültig ab. Aber das Schuhwerk im römischen Heer behielt auch weiterhin genagelte Sohlen.

Sonstige Kleidung. Eines der berühmten Vindolanda-Täfelchen berichtet von einem Soldaten, dem mehrere »Paare Socken *(udones)* aus Sattua, zwei Paar Haussandalen *(soleae)* und zwei Paar Unterhosen *(subligares)*« geschickt wurden. Das ist nur ein Beispiel von vielen Belegen, die mit dem hartnäckigen Mythos aufräumen, die römischen Soldaten hätten im Norden Britanniens eine Kleidung getragen, die eher für das Mittelmeerklima geeignet gewesen sei. Vielmehr haben sich die Soldaten den lokalen Klimaverhältnissen angepasst. Sie trugen halblange und – vor allem die Reiter – lange Hosen unter der Tunika, ebenso Socken und lange Strümpfe.

Spätere Moden. Im 3. Jahrhundert änderte sich die zivile und die militärische Mode erneut. Nun trug man eine langärmlige Tunika. Wandmalereien und Mosaike zeigen, dass sie häufig einen Rand in einer anderen Farbe und manchmal zur Verzierung aufgenähte runde oder rautenförmige Flecken hatte. Die Ärmel waren am Handgelenk ziemlich eng. Darstellungen aus Dura-Europos lassen darauf schließen, dass die wollenen Kleidungsstücke in einem Stück gewebt waren, mit Schlitzen für den Hals und gelegentlich an den Seiten in Hüfthöhe. Schließlich kamen Hosen, meist eng anliegend, in Gebrauch. Diese Moden hielten sich bis zum Zusammenbruch des Westreichs und im Osten noch länger.

Die Frage nach der Farbe

Wolle, Leinen und Leder erhalten sich nur unter außergewöhnlichen Umständen. Einen Großteil unserer Belege für Militärkleidung verdanken wir den Darstellungen auf Monumenten wie der Trajanssäule und auf den Grabmalen von Soldaten. Ursprünglich waren diese Reliefs mit leuchtenden Farben bemalt, wobei die Farbe häufig benutzt wurde, um ein Detail anzudeuten, das schwer aus dem Stein zu schneiden war wie Kettenhemden oder Socken. Doch diese Pigmente haben sich nicht so gut erhalten, dass sie für unsere Zwecke von Nutzen wären. An einigen Fundstätten aus der Römerzeit hat man farbige Mosaiken oder Wandmalereien freigelegt, doch diese enthalten kaum größere Szenen mit Soldaten in den Uniformen jener Zeit. Auch unsere literarischen Quellen machen nur wenige Angaben über Kleidung und Ausrüstung der Soldaten, und soweit Farben

Grabstein eines *optio* aus Chester. Er trägt eine *paenula* (Umhang) und hält in der rechten Hand sein *hastile* (Amtsstab). Die Bemalung stammt aus heutiger Zeit, aber Farbspuren, die man auf dem Stein gefunden hat, deuten darauf hin, dass er ursprünglich ebenfalls bemalt war wie die meisten Grabsteine zu damaliger Zeit. Die Inschrift lautet: »Den Geistern der Abgeschiedenen: Caecilius Avitus aus Emerita Augusta [dem heutigen Merida in Spanien], *optio* der Legio XX Valeria Victrix, mit 15 Dienstjahren, starb mit 34 Jahren; sein Erbe hat dies errichtet.« Inschriften auf Militärgrabsteinen sind meist formelhaft verfasst.

überhaupt erwähnt werden, erfahren wir nichts über ihren Ton. Wir können die meisten Aspekte des Äußeren der römischen Soldaten zwar einigermaßen rekonstruieren, doch wenn es um die Farben geht, bewegen wir uns auf ganz unsicherem Boden. Rekonstruktionen von militärischen Szenen, ob von Künstlern oder Reenactment-Gruppen, beruhen in dieser Hinsicht auf Vermutungen.

Man nimmt an, dass die Soldaten farblich einheitliche Tuniken getragen haben, wofür es aber keine sicheren Belege gibt. Es kann genauso gut sein, dass es für verschiedene Kleiderordnungen Tuniken unterschiedlichen Schnitts und unterschiedlicher Farbe gab. Denkbar ist auch – und dafür haben wir ebenfalls keine Belege –, dass in manchen Perioden die Tuniken eine ganz bestimmte Farbe hatten, weil die Einheit diese wollte oder weil es keine andere Farbe gab. Wir haben Hinweise dafür, dass Soldaten weiße oder gebrochen weiße Tuniken trugen, andere auch rote. Auf einem Papyrus aus Ägypten findet sich eine Bestellung von weißen Tuniken, die von einer Einheit aufgegeben wurde. Soldaten auf Mosaiken und Wandgemälden sind zumeist in weißer Tunika dargestellt. Ungefärbte Tuniken, die einen Farbton zwischen Weiß und Hellgrau oder Hellbraun haben mochten, waren vermutlich auch die verbreitetste Form der Zivilkleidung. Es kann sein, dass die Soldaten eine wollene Tunika in einem reineren Weiß trugen, als arme Zivilisten sie sich leisten konnten. Tacitus spricht in seiner Schilderung des triumphalen Einmarschs einer Armee in Rom während des Bürgerkriegs nach dem Tod Neros von Lagerpräfekten, Tribunen und Zenturionen ersten Grades in strahlend weißen Uniformen, was die Vermutung nahe legt, dass die höheren Ränge hellere und qualitativ bessere Tuniken hatten als die einfachen Soldaten. Ähnlich war es in der britischen Armee im 19. Jahrhundert, als der Rotrock eines Gefreiten von stumpferem Farbton war als der eines Feldwebels, der wiederum dunkler und von anderem Zuschnitt als der Rock eines Offiziers war. Andere Vermutungen gehen dahin, dass die Zenturionen rote Tuniken trugen, um sich von den gemeinen Soldaten zu unterscheiden. Das lässt sich nicht ausschließen, verträgt sich jedoch nicht mit der Schilderung des Tacitus.

Mäntel – auf Bildern meist in einem dunklen Gelbbraun – dienten als Schutz gegen Wind und Wetter, und daher erscheint uns ihre unscheinbare Farbe auch nicht überraschend. Wie dem auch sei, einige Porträts auf ägyptischen Grabmalen (2. Jh. n. Chr.) zeigen bärtige Männer mit einem Schwertgürtel. Sie könnten Veteranen oder, worauf die aufwendigen Grabmale hindeuten, Offiziere gewesen sein. Sie tragen weiße Tuniken, aber ihre Mäntel sind dunkelblau bis dunkelolivgrün. Einzelne Soldaten oder bestimmte Ränge hatten also wahrscheinlich Mäntel in unterschiedlichen Farbtönen. Crassus (1. Jh. v. Chr.) soll einmal großes Aufsehen erregt haben, als er in einem schwarzen Umhang erschien, weil Schwarz Unglück bedeutete.

Helme der Legionäre

Die Erforschung der römischen Helme wurde ebenso wie die vieler anderer militärischer Ausrüstungsgegenstände häufig dadurch behindert, dass man zu sehr auf Äußerliches geschaut hat, das der Verzierung der Helme diente, als dass man auf deren Form, Machart oder Funktion achtete. Die meisten britischen Historiker übernehmen Russell Robinsons Einteilung der Helme nach Typus und Modell, während man auf dem europäischen Kontinent zuerst nach den Fundstellen der Helme fragt. Derselbe Helm kann also nach Robinson in die Kategorie »kaiserlich-gallisch, Typ A« gehören oder vom »Typus Weisenau/Nijmegen« sein. Aber was die Entwicklung der römischen Infanteriehelme betrifft, besteht zwischen den beiden Schulen weitgehend Einigkeit.

Im letzten Jahrhundert der Republik waren die Helme in der Mehrzahl von gallischen Modellen abgeleitet. Seit dem 3. Jahrhundert v. Chr. war das gängigste Modell der Typus Montefortino, dessen Nackenschirm mit der Zeit vergrößert wurde. Der Helm vom Typus Hagenau (in der englischen Literatur Coolus genannt) war äußerlich ziemlich ähnlich und zum Ende des 1. Jahrhunderts v. Chr. populärer als der andere Typ. Die meisten Hagenau-Helme hatten auf dem Scheitelpunkt der Kalotte einen Knauf oder Dorn, viele auch einen breiteren Nackenschirm als die Montefortino-Helme und etwa ab 50 v. Chr. einen halbkreisförmigen metallenen Schutzbügel in Höhe der Stirn. Zu dieser Zeit hatten beide Helmtypen auch breitere Backenstücke, die dem Gesicht mehr Schutz boten; sie waren offensichtlich eine Weiterentwicklung gallischer Eisenhelme, etwa vom Typus Agen.

Sowohl beim Montefortino- und Hagenau-Helm als auch bei den späteren kaiserlichen Typen wurden die Kalotte und der Nackenschirm aus einem Stück Metall hergestellt. Es gab zwei Herstellungsmethoden: das Schmieden, bei dem das Metall über einer Schablone durch Hämmern seine Form erhielt, und das Drehen, bei dem es durch eine rotierende Schablone aus Holz oder Stein geformt wurde. Eiserne Helme konnte man nur mit dem Schmiedehammer

Der Soldat des 1. Jahrhunderts n. Chr.

Die Szene zeigt Soldaten der Legio XIV Gemina auf dem Feldzug in Britannien im Jahr 60 n. Chr. während der Niederschlagung des Aufstands unter Königin Boudicca. Diese Legion spielte eine herausragende Rolle beim schließlichen Sieg Roms und bekam den Titel Martia Victrix vom erfreuten Kaiser Nero verliehen. Die Männer tragen einen Segmentpanzer *(lorica segmentata)* und einen kaiserlich-gallischen Helm. Die konkreten Bedingungen des aktiven Militärdienstes führten gelegentlich zu gewissen Abweichungen des Erscheinungsbildes vom klassischen Bild der römischen Soldaten. Diese hier tragen leicht zerrissene und geflickte Tuniken und haben ihre Uniform dem nordeuropäischen Klima angepasst. Die dargestellten Details beruhen auf Vermutungen, lassen sich aber aus den überlieferten Belegen herauslesen.

Schurz. Der Gürtel eines Soldaten war ein wichtiges Statussymbol und hob ihn von Zivilpersonen ab. In der Regel war er stark verziert und hatte vorn in der Mitte einen Schurz aus mehreren Lederbändern, die an ihm befestigt waren. Diese Bänder endeten in einem Anhänger aus Metall und waren mit Metallscheiben verziert. Beim Gehen schlugen die Bänder aneinander und klirrten, was dem Soldaten besondere Aufmerksamkeit verschaffte. Sie werden wohl eher unpraktisch und beim Marschieren hinderlich gewesen sein, weshalb der stehende Soldat sie wegen der Bequemlichkeit um den Gürtel gewickelt hat.

Tornister. Anders als moderne Soldaten tragen die römischen Fußsoldaten den Tornister nicht an Gurten auf dem Rücken, sondern dieser hängt an einer Holzstange, die über der Schulter liegt. Man glaubt, dass die Stange, wie hier gezeigt, während des Marschs mit dem Schaft des *pilum* verschnürt war. Wie der Tornister aussah und wie er an der Stange befestigt war, wissen wir nicht. Unser Soldat hat seinen bronzenen Kochtopf *(trulleus)* am Querholz der Tragestange aufgehängt.

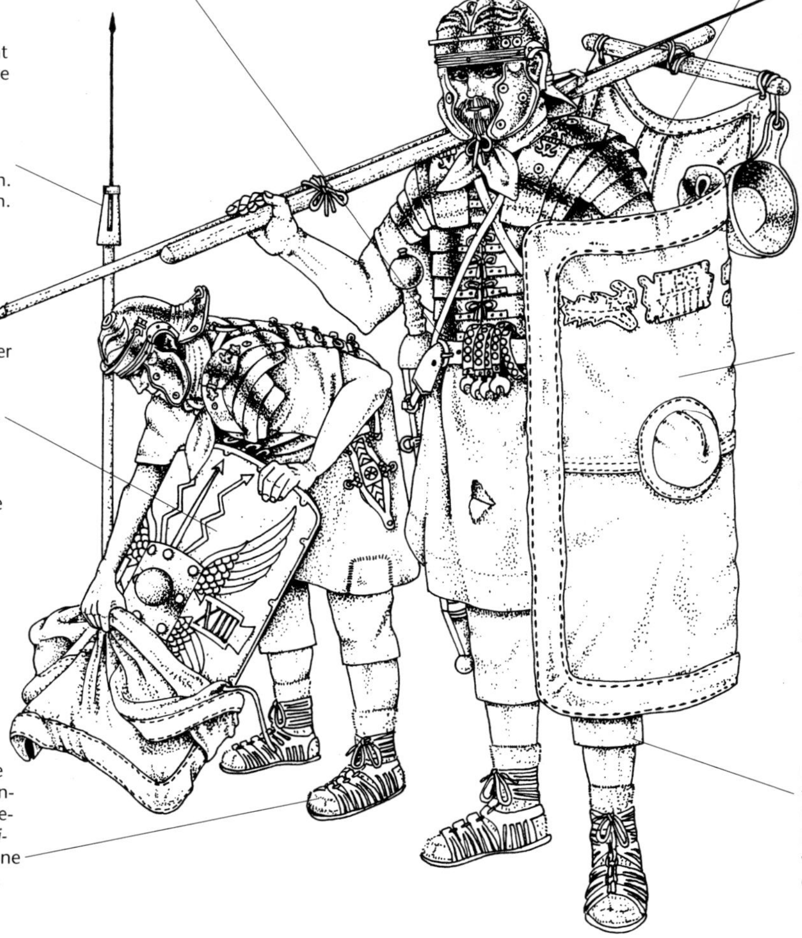

Pilum. Das *pilum* steckt mit seinem dicken Ende senkrecht im Boden; seine eiserne Spitze ist mit einem zungenartig ausgeschmiedeten Ende, der Angel, in das pyramidenstumpfförmig verbreiterte Ende des Schaftes eingelassen. Zwei solcher *pila* (Anfang 1. Jh. n. Chr.) wurden in Oberaden gefunden.

***Scutum* (Schild).** Der Soldat zieht die lederne Schutzhülle über seinen Schild. Zu sehen ist das Symbol seiner Legion, wie es sich auf dem Grabstein eines *aquilifer* (Träger des Legionsadlers) findet. Das Zahlzeichen der Legion wurde auf Inschriften häufig als »XIIII« geschrieben statt in der normalen Schreibweise »XIV«.

Socken und Stiefel. Um die Füße warm zu halten, tragen die Soldaten Socken, wie sie auf den Schreibtäfelchen von Vindolanda erwähnt werden. Socken ohne Spitze kann man auf einem Denkmal mit dargestellter Prätorianergarde erkennen. Seit dem 2. Jahrhundert n. Chr. waren in den kälteren Provinzen die offenen *caligae* (Stiefel) durch geschlossene Stiefelformen ersetzt worden.

Lederne Schildhülle. Die Schilde stecken in einer Lederhülle und werden erst kurz vor der Schlacht oder einer Parade herausgezogen. Viele solcher Hüllen sind erhalten und lassen auf die Größe des römischen Schilds schließen; eine Reihe sind verziert, etwa mit aufgenähten geformten Lederstücken. Außer der Nummer der Legion erkennt man auf der Hülle zwei Steinböcke, die Symbole des Augustus, der die Legio XIV Gemina aufstellte.

Kniehosen. Unter der Tunika tragen die Soldaten wollene Kniehosen. Sie sind auf vielen Denkmälern zu erkennen und werden auch auf einigen Vindolanda-Täfelchen erwähnt.

herstellen, da das Eisen der Römer nicht rein genug war, um gedreht zu werden, ohne zu reißen. Dagegen konnte die Legierung aus drei Teilen Kupfer und einem Teil Zink, die in Bronzehelmen verwandt wurde, gedreht werden, und diese Herstellungsmethode wurde im 1. Jahrhundert v. Chr. für Montefortino- und Hagenau-Helme üblich. Das Metall in der Kalotte eines gedrehten Helms war nicht so gut gehärtet wie das in einem geschmiedeten Helm und erwies sich als spröde; erhaltene Exemplare sind in diesem Bereich häufig beschädigt. Möglicherweise war der hinzugefügte Metallbügel beim Typus Hagenau der Versuch, diese Schwachstelle zu beheben, zumal er sonst mit dem Trend in der Ausgestaltung der römischen Helme übereinstimmt.

Spätere Modelle des Hagenau-Helms (Coolus) hatten breitere Backenstücke und Nackenschirme. Diese und andere Trends, die die Tradition der eisernen

Dieses Exemplar eines späten Modells (1. Jh. v. Chr.) des **Montefortino-Helms** hat breitere Backenstücke und einen breiteren Nackenschirm als seine Vorgänger. Er bot mehr Schutz vor einem Schlag auf den Kopf.

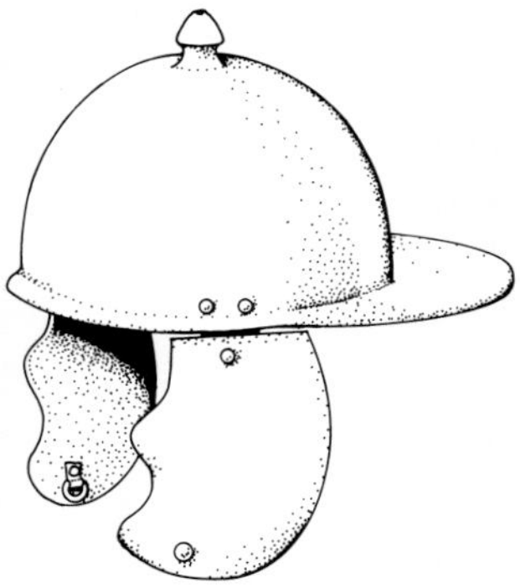

Der **Hagenau-Helm** (Anfang 1. Jh. n. Chr.) war dem Montefortino-Helm ähnlich, hatte jedoch breitere Backenstücke und einen breiteren Nackenschirm. Außerdem war er mit einem halbkreisförmigen Bügel an der Vorderseite ausgestattet, um mehr Schutz gegen Schläge von vorn zu bieten.

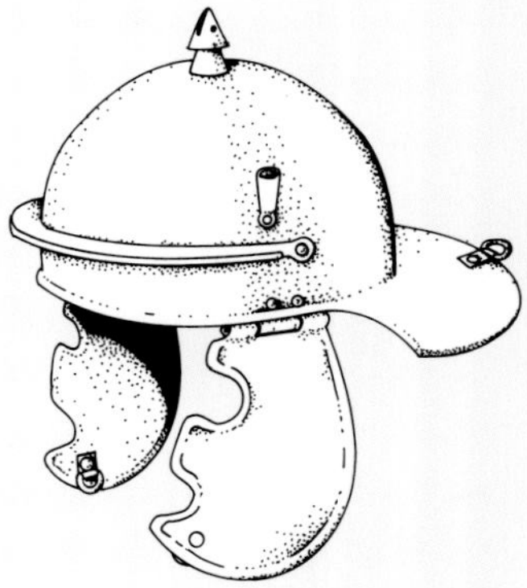

Beim **kaiserlich-gallischen Helm** (2. Hälfte des 1. Jh. n. Chr.) werden die Ansätze, die beim Montefortino- und beim Hagenau-Helm erkennbar sind, weiterentwickelt. Der Nackenschirm ist breiter und reicht tiefer, hat eine Querriefelung zur Erhöhung der Steifigkeit und ist zur Ablenkung von Schwerthieben abgeknickt.

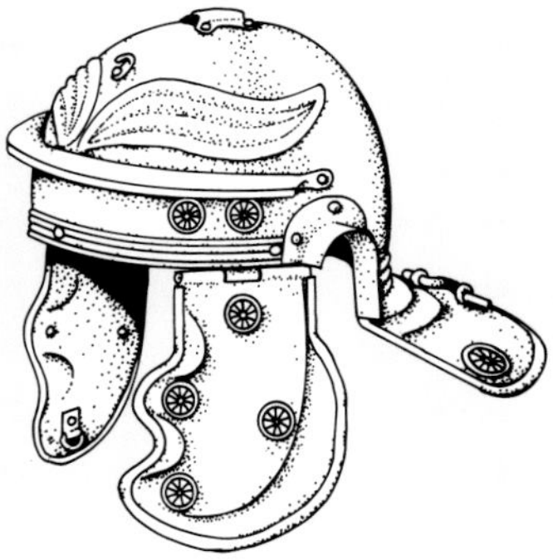

Der **kaiserlich-italische Helm** (Anfang 2. Jh. n. Chr.) unterschied sich kaum von der gallischen Form, war aber meist weniger verziert. Spätere Exemplare sind auf der Oberseite durch metallene Kreuzbänder verstärkt.

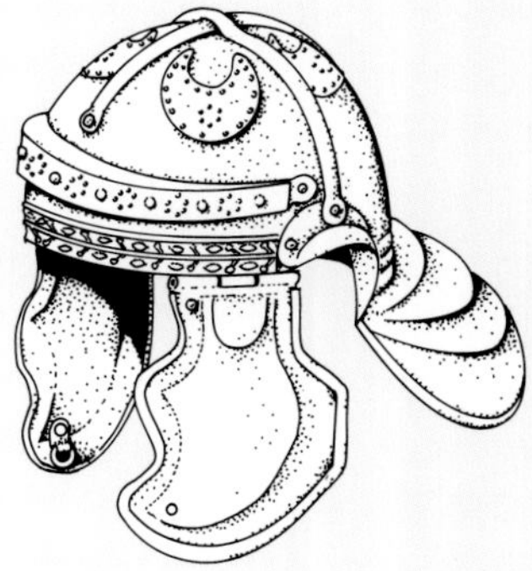

Dieser **Eisenhelm**, in Frankfurt-Heddernheim gefunden, gehörte wahrscheinlich einem Reiter, zeigt jedoch viele Weiterentwicklungen, die auch an Helmen der Fußsoldaten zu beobachten sind.

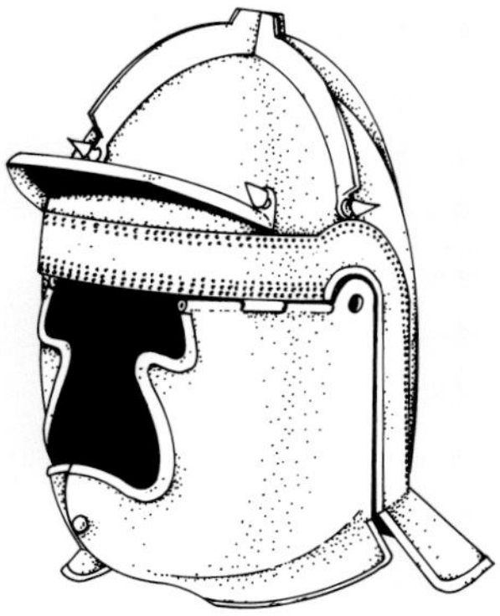

Der **Helm vom Typus Intercisa** war gänzlich anders geformt als frühere Helme. Die Kalotte bestand aus zwei Hälften, die durch einen genieteten Kamm in der Mitte miteinander verbunden wurden, und einem schmalen Nackenschirm; Vorder- und Oberseite des Helms waren nicht weiter verstärkt.

gallischen Helme fortentwickelten, führten schließlich zum kaiserlich-gallischen und kaiserlich-italischen Helm, die meist aus Eisen getrieben waren. Die frühesten Formen der kaiserlichen Helme haben Ausschnitte für die Ohren, bald durch Ohrenschirme ergänzt. Die Nackenschirme ragten nicht mehr einfach waagerecht nach hinten, sondern wurden tiefer angesetzt, knickten schräg nach unten ab und wurden breiter. So boten sie dem Nacken und dem Rücken mehr Schutz. Eine Querriefelung verstärkte die Steifigkeit des Nackenschirms. Die Vorderseite des Helms wurde durch eine Stirnleiste geschützt, ähnlich dem Bügel des Hagenau-Helms, nur kräftiger. Kaiserliche Helme waren aus Bronze oder aus Eisen wie insbesondere der gallische Typus. Gallischer und italischer Helm unterscheiden sich hauptsächlich in ihrem Stil; außerdem ist der italische Helm in der Regel von besserer Qualität. Charakteristisch für die kaiserlich-gallischen Helme sind die stark stilisierten Augenbrauen auf dem Stirnteil, die gerundeten Messingeinfassungen des Helms sowie die messing- oder emailüberzogenen Zierknöpfe. Weder gallisches noch italisches Modell haben einen massiven Knopf zur Aufnahme des Helmbuschs, denn dieser wurde nun in einen gabelförmigen Aufsatz gesteckt. Im späten 1. Jahrhundert n. Chr. wurden Stirn und Scheitel des Helms weiter verstärkt und oben kamen zwei sich überkreuzende Eisenbänder hinzu, die bei älteren Helmen auch nachträglich angebracht wurden.

Zwar wäre es übertrieben zu behaupten, die Entwicklung der römischen Helme sei stetig fortgeschritten, doch langfristig treten die bei der Herstellung gesetzten Prioritäten deutlich hervor. An erster Stelle stand von Anfang an der Schutz der Schädeldecke, die der Hiebwaffe des angreifenden Feindes ausgesetzt war, vor allem wenn dieser einen Schlag auf den Scheitel und die Vorderseite des Helms führen konnte. Die Leisten an der Stirnseite des Helms sowie die starken Kreuzbänder dienten dem Schutz vor solchen Hieben. Interessant ist auch die Entwicklung der tiefer reichenden und breiteren Nackenschirme. Ein gezielter Hieb auf das Haupt eines Soldaten konnte auch daneben gehen oder vom Helm abgleiten, weshalb es wichtig war, mit dem Nackenschirm nicht nur den Nacken, sondern auch die Schultern zu schützen. Typisch für die römischen Helme für die Fußtruppen vor dem 3. Jahrhundert n. Chr. war, dass Gesicht und Ohren unbedeckt blieben. Ein Soldat musste freies Gesichtsfeld haben und Befehle hören können; Sicht und Gehör wurden durch einen geschlossenen Helm wie etwa den korinthischen Helm der griechischen Hopliten oder die Kesselhauben des Mittelalters stark behindert. Dagegen boten die großen Backenstücke und Ohrenschirme der römischen Helme bei freier Sicht noch einen sehr guten Schutz.

Helme, Helmbüsche und militärische Ränge

Nach Vegetius unterschieden sich die Zenturionen äußerlich von den gemeinen Soldaten durch ihren Helmbusch, den sie nicht längs, sondern quer auf dem Helm trugen. Man ist sich einig, dass dies in der ganzen Zeit der späten Republik und des Prinzipats so war, auch wenn solche Zenturionenhelme nur auf zwei Monumenten dargestellt sind und bisher kein Exemplar gefunden wurde. Standartenträger trugen Tierfelle über ihren Helmen, und wahrscheinlich war das auch in einigen Auxiliareinheiten Praxis. Zur Zeit Caesars war es bei den Soldaten üblich, die Helme für die Schlacht mit Helmbüschen oder Federn zu versehen; Caesar erwähnt eine Situation, in der ein überraschender feindlicher Angriff den Soldaten keine Zeit mehr ließ, ihre Helme zu schmücken und ihre Schilde aus den Hüllen zu ziehen. Bis zum Ende des 1. Jahrhunderts n. Chr. hatten viele Helme einen Aufsatz für den Helmbusch. Vor allem Helme vom Typus Hagenau hatten zusätzlich auf beiden Seiten der Kalotte Tüllen, wahrscheinlich für lange Federn. Ob diese Rangabzeichen waren, möglicherweise für die *optiones*, oder die Insignien einer oder mehrerer Legionen oder die einer Einheit, wissen wir nicht. Julius Caesar hatte eine Legion aus gallischen Rekruten aufgestellt, denen er anschließend das römische Bürgerrecht verlieh. Es heißt – wenngleich es dafür keine Belege gibt –, dass diese Legio V Alaudae, »die Lerchen«, auf beiden Seiten ihrer Helme Lerchenfedern in dieser Art getragen hätten. Auf der Trajanssäule und anderen Monumenten dieser Zeit finden sich nur selten Helmbüsche und dann auch nur im Kontext von Festzügen. Die der Verstärkung des Helms dienenden Kreuzbänder machten es unmöglich, einen Helmbusch traditioneller Weise zu befestigen; ob das aber der Grund für diese Änderung war oder nur eine Modeerscheinung, lässt sich nicht entscheiden.

Innenfutter und Kopfschutz

Einige erhaltene römische Helme wie der kaiserlich-gallische Helm aus Brigetio zeigen Spuren des inwandigen Futters. Es erhöhte den Tragekomfort des Helms, war wohl auch gepolstert, um die Wucht eines Hiebs auf den Helm zu dämpfen. Eine solche Polsterung muss es gegeben haben, weil sonst jeder Hieb auf den Kopf, selbst wenn das Schwert den Helm nicht durchdrang, den Soldaten verletzt oder zumindest benommen gemacht hätte. Hatte der Helm kein Innenfutter, dann trug der Soldat wahrscheinlich darunter einen Kopfschutz, der wie eine Polsterung wirkte.

Spätere Entwicklungen der Helmformen

Das 3. Jahrhundert n. Chr. brachte viele Änderungen in der Ausrüstung der römischen Soldaten. Während kaiserliche Helmformen in den ersten Jahrzehnten noch in Gebrauch waren, setzte sich nach und nach ein neuer Typus des Infanteriehelms durch, dessen Form sich stark am Modell der Kavalleriehelme orientierte. Ein Exemplar dieses Typus hat man in Frankfurt-Heddernheim gefunden. Im Unterschied zu früheren Infanteriehelmen bedeckt dieser praktisch das ganze Ohr, und der Nackenschirm fällt fast senkrecht ab. Einige Details wurden beibehalten, vor allem die Kalotte samt Nackenschirm aus einem Stück, doch diese Tradition wurde bald aufgegeben mit der Übernahme mehrerer Helmtypen, die nicht aus einem Stück geformt waren und Ende des Jahrhunderts alle anderen Typen ersetzten. Bei einfachen Modellen wie dem »Kamm-Typus«, der in Intercisa, Ungarn, und anderswo gefunden wurde, war der Helm der Länge nach in zwei Hälften geteilt, die

(*gegenüber*) Zur Zeit Caesars war es üblich, in der Schlacht einen Helmschmuck zu tragen, doch dieser Brauch ist unter dem Prinzipat eher selten geworden. Gleichwohl konnten auf viele Helme solche Büsche aufgesteckt werden. Diese Paradehelme wurden bei Zeremonien und Paraden getragen. Eine Reenactor-Gruppe zeigt hier verschiedene Helmbüsche auf ihren kaiserlich-gallischen Helmen. Der quer stehende Helmbusch des Zenturios in der Mitte (der vermutlich auch in der Schlacht getragen wurde) macht ihn als Offizier kenntlich. Wir wissen nicht, ob andere Ränge wie die *optiones* ebenfalls einen Helm mit Busch in einer bestimmten Form oder Farbe trugen.

durch einen genieteten Kamm miteinander verbunden waren. Viele Fundstücke zeigen Spuren des Innenfutters. Die Herstellung dieser Helme war sicher weniger zeitaufwendig und viel billiger, aber einige sind mit stilisierten Augenöffnungen verziert. Von den Heddernheim-Helmen sind viele sehr reich verziert, eine Mode, die auch bei späteren Modellen beibehalten wurde, wie zwei Exemplare zeigen, die man in Berkasovo (Sirmien) gefunden hat. Die billigeren Intercisa-Helme und die ebenso schmucklosen Spangenhelme, bei denen die Kalotte aus vier Teilen zusammengefügt wurde, waren wohl bei den einfachen Soldaten sehr verbreitet. Der Spangenhelm verdankt seinen Ursprung wahrscheinlich Helmen, die von Nomadenstämmen nordöstlich der Donau gebraucht wurden, etwa den Sarmaten und den mit ihnen verwandten Alanen. Solche einfachen Helme reichten nicht an die Qualität früherer Helmformen heran, aber die Tatsache, dass die römische Armee so gut wie alle ihre Soldaten mit einem solchen Schutz ausrüstete, verschaffte ihr weiterhin Vorteile gegenüber den Barbarenvölkern, unter denen sich nur die wohlhabendsten Krieger einen Helm leisten konnten.

Ein Auxiliarsoldat mit Kettenpanzer, Helm, Tunika und Hosen; Ausschnitt aus einer Szene auf der Trajanssäule. Die Tunika ist mit ihrem verzierten unteren Saum und den Lederstreifen an den Ärmeln etwas ungewöhnlich. Wie andere Auxiliarsoldaten auf der Säule führt er einen ovalen Schild mit sich.

Rüstungen

Kettenhemd (lorica hamata). Kettenhemden waren während der gesamten in diesem Buch behandelten Zeit in der römischen Armee in Gebrauch. Im 1. Jahrhundert v. Chr. trugen fast alle Legionäre einen Kettenpanzer und auch später noch viele, nachdem der Segmentpanzer in Gebrauch kam. Manche Kettenhemden waren aus einer Kupferlegierung gefertigt, die Mehrzahl aber aus Eisenringen, die etwa 1 Millimeter stark waren und einen Durchmesser von 7 Millimetern hatten. Jeder Ring war mit vier anderen verbunden; die Hälfte der Ringe war genietet, die andere Hälfte gestanzt. Die römischen Kettenhemden waren an den Schultern um eine Lage verstärkt und reichten bis über die Hüften; sie sind flexibel, formlos und schmiegen sich dem Körper besser an als die anderen Panzertypen. Insofern ist der Kettenpanzer bequem zu tragen, der zusätzlich von einem Gürtel gehalten wird, was sein beträchtliches Gewicht von 10 bis 15 Kilogramm etwas von den Schultern nimmt und besser verteilt. Der Kettenpanzer bot einigen Schutz, konnte jedoch durch einen starken Stoß mit einer Lanze oder von einem Pfeil durchbohrt werden.

Schuppenpanzer (lorica squamata). Schuppenpanzer wurden von Legionären getragen. Auf den Metopen in Adamklissi, Rumänien, sind sie häufig abgebildet. Im Unterschied zum Kettenpanzer, der sich leichter pflegen und reparieren ließ, war der Schuppenpanzer anfälliger für Beschädigungen; einzelne Panzerschuppen finden sich recht häufig in den archäologischen Archiven. Die Schuppen waren meist aus einer Kupferlegierung, seltener aus Eisen gefertigt. Erstere konnte man verzinnen, um einen silbrig schimmernden Überzug zu erhalten, und auf Hochglanz polieren. Die Schuppengröße schwankte je nach Panzerhemd, doch länger als einige Zentimeter waren sie in der Regel nicht. Die Schuppen wurden auf einen Draht aufgefädelt und dann auf das Gewebe aufgenäht. Die Schuppen selbst waren dünn, und die eigentliche Wirkung dieses Schutzpanzers kam durch das Überlappen der Schuppen im Verein mit der glatten Oberfläche zustande, von der eine Hieb- oder Stichwaffe leicht abgleiten konnte.

Segmentpanzer (lorica segmentata). Der Segment- oder geschobene Schienenpanzer ist derjenige Rüstungstyp, der am häufigsten mit den Römern in

Verbindung gebracht wird, auch wenn er anscheinend nur unter dem Prinzipat in Gebrauch war. Das Teilstück einer frühen Version dieses Panzers wurde in Kalkriese ausgegraben, dem mutmaßlichen Ort der Varusschlacht 9 n. Chr., was das angenommene Datum seiner Einführung um rund ein halbes Jahrhundert zurückverschieben würde. Im 3. Jahrhundert war dieser Panzer kaum noch in Gebrauch und verschwand schließlich ganz. Zwar ist dieser Panzer auf der Trajanssäule abgebildet, aber in seinem Aufbau rekonstruieren konnte ihn erst Russell Robinson anhand der Fragmente von drei Exemplaren aus einem Hortfund in Corbridge, südlich des Hadrianswalls. Der Panzer, der vor allem die Schultern gut schützt, besteht aus einer Reihe von Eisenblechen, die an ihrer Unterseite durch Lederbänder zusammengehal-

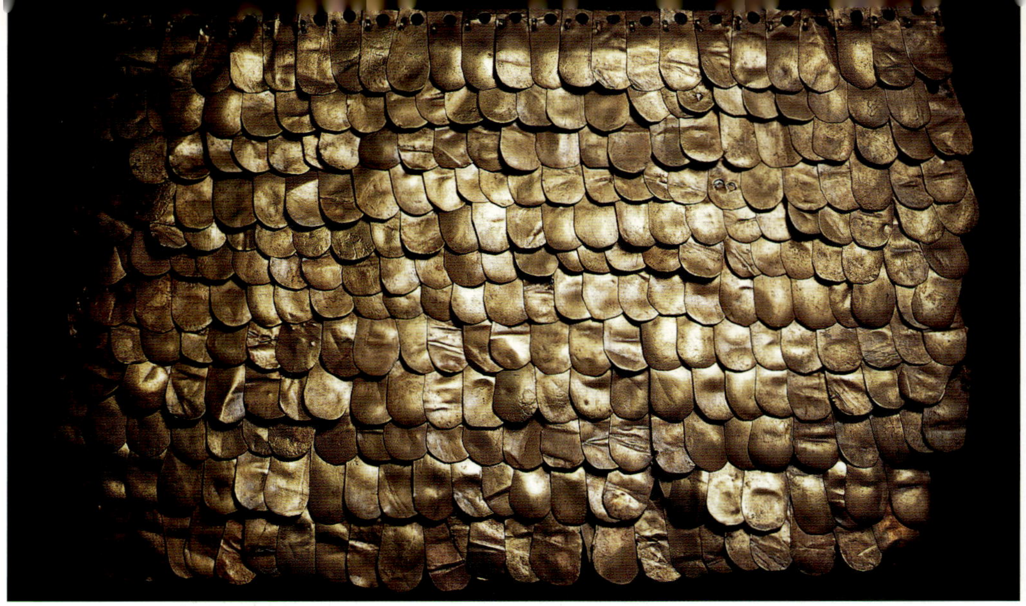

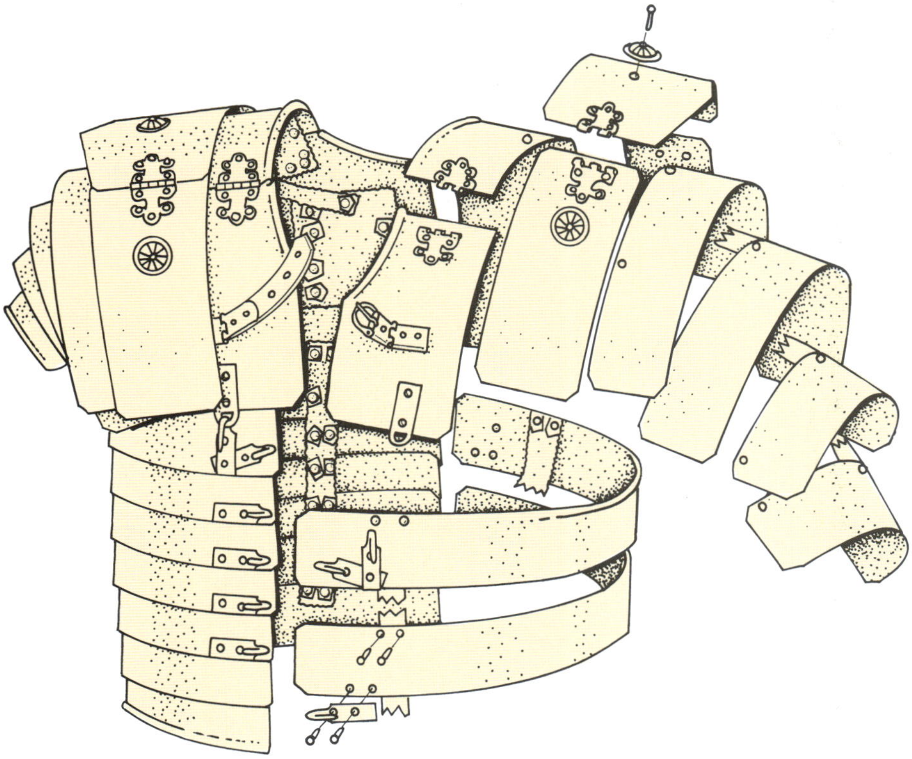

(oben) Teile eines Schuppenpanzers (Ende 1. Jh. n. Chr.), gefunden in Newstead, Schottland. Die Schuppen konnten aus Eisen oder Bronze und unterschiedlich groß sein, doch die Grundform des Panzers war immer dieselbe. Zerbrochene Schuppen waren schwerer zu reparieren als beschädigte Ringe eines Kettenpanzers, weshalb man einzelne Schuppen häufiger findet als Ringe.

(links) Aufbau einer *lorica segmentata,* rekonstruiert anhand der Funde in Corbridge, südlich des Hadrianswalls. Lederstreifen verbanden die eisernen Segmente untereinander. Die zahlreichen Bronzebeschläge solcher Panzer brachen sehr leicht und tauchen nun bei Ausgrabungen relativ häufig auf.

ten werden. Die Eisenbleche wurden anscheinend nicht durch Schmieden gehärtet, sodass das »weiche« Metall den Hieb oder Stoß abfangen und dessen Wucht ablenken konnte. Testversuche haben die Wirksamkeit des Segmentpanzers erwiesen und gezeigt, dass die meisten Pfeile oder Speere von ihm abgelenkt und ihre Wucht vermindert wurden. Mit seinen 9 Kilogramm Gewicht war dieser Panzer etwas leichter als ein Kettenpanzer, er war aber weniger bequem und behinderte ein kräftiges Durchatmen. Sein komplizierter Aufbau mit den zahlreichen Blechen, die untereinander durch Fibeln, Scharniere und Haken aus einer Kupferlegierung verbunden waren, und dem Lederharnisch darunter sorgte für Probleme bei seiner Instandhaltung. Chemische Reaktionen zwischen Bronzebeschlägen und Eisenblechen führten zu Korrosion, die Beschläge zerbrachen oder fielen ab. Beschläge dieser Segmentpanzer finden sich äußerst selten an den Fundstätten römischer Militäreinrichtungen. Auch wenn die Römer einfachere Versionen des Panzers entwickelten wie das »Newstead-Modell« (benannt nach seiner Fundstätte in Schottland), so konnten die Probleme nie richtig gelöst werden. Das alles und auch das erforderliche technische Geschick, um den Panzer überhaupt herzustellen, mögen eine Erklärung dafür sein, warum er unter den schwierigen Bedingungen des 3. Jahrhunderts n. Chr. verworfen wurde.

Alle Panzertypen wurden immer über gepolsterten Kleidungsstücken getragen und nicht unmittelbar über einer Tunika. Aber darüber wissen wir kaum etwas, da diese Textilien verrottet sind und wir kein Muster, noch nicht einmal eine genaue Darstellung davon haben. Die Polsterung war für den Träger nicht nur bequemer, sie erhöhte auch die Wirksamkeit des Panzers und konnte einen Stoß oder Schlag besser abfangen. An den Lederwämsern hingen wahrscheinlich an der vorderen Unterseite Lederbänder bis fast zum Saum der Tunika und boten etwas Schutz für Leisten und Oberschenkel. Eine späte und eher unzuverlässige Quelle bezeichnet ein derart gepolstertes Untergewand als *thoracomachus*, während eine andere Historie von *subarmalis* spricht. Der zweite Begriff stammt aus einem Text aus Vindolanda, in dem ein Kleidungsstück beschrieben wird, während ein Dokument etwa aus der gleichen Zeit aus Carlisle die Sache verworrener macht, da es einen bestimmten Wurfspeer als *subarmalis* bezeichnet. In einigen Fällen konnte auch eine zusätzliche, wasserfeste Schicht, sehr wahrscheinlich aus Leder, als Schutz gegen die Witterung zwischen dem *thoracomachus* und dem Harnisch oder über der Rüstung getragen werden.

Der Schild des Legionärs *(scutum)*

Im Großen und Ganzen änderte sich am Legionärsschild von der mittleren Republik bis ins frühe 3. Jahrhundert n. Chr. wenig. Er blieb ein langer, gewölbter Schild aus Sperrholz, der fast den ganzen Mann deckte. Vor der marianischen Reform trugen die Legionäre einen ovalen Schild wie das Exemplar aus Kasr el-Harit in Ägypten. Ähnliche ovale Schilde blieben bis in die Zeit des Prinzipats in Gebrauch – in den Legionen und der Prätorianergarde. Aber Anfang des 1. Jahrhunderts n. Chr. trugen die meisten Legionäre rechteckige Schilde. Diese waren so breit wie ihre Vorgänger, aber etwas kürzer, an Ober- und Unterseite gerade und an den Seiten leicht gekrümmt. Eine in Caerleon gefundene Lederhülle war allerdings für einen Schild mit gekrümmter Oberseite und geraden Längsseiten bestimmt, was besagt, dass es Varianten gab. Aber Belege für die Schildform in der späten Republik sind sehr selten, und so wissen wir nicht, wann und warum es zu dieser Änderung kam. Der kürzere rechteckige Schild war etwas leichter als der ovale und für die Berufslegionäre im postmarianischen Heer wohl attraktiver, da sie ihre Waffen samt Ausrüstung auf dem Marsch tragen mussten. Diese Datierung beruht auf Vermutungen, und auch die gängige Annahme, dass der rechteckige Schild erst zum Ende des 1. Jahrhunderts n. Chr. in Gebrauch kam, kann sich auf keinerlei Belege stützen.

Aus dem 1. und 2. Jahrhundert ist kein Exemplar eines Legionärsschildes überkommen (sieht man einmal von dem in Masada gefundenen Schild ab, der aus dem 1. Jh. stammen soll), doch in Dura-Europos wurde ein gut erhaltener rechteckiger, halbzylindrischer Schild, 1,02 Meter lang und 0,83 Meter breit, zusammen mit Überresten aus dem 3. Jahrhundert entdeckt. Er besteht aus drei Schichten Furnierholz, wobei die Maserung der ersten und der dritten Schicht quer zum stehenden Schild verläuft. Er ist 5 Zentimeter stark, doch anders als der Schild aus Kasr el-Harit ist er in der Mitte nicht stärker als an den Rändern. Eine rechteckige Öffnung in der Mitte sollte vermutlich den Schildbuckel aufnehmen, der nie eingepasst wurde. Seine Rückseite ist mit einem Rahmen aus aufgeleimten oder aufgenagelten Furnierstreifen verstärkt. Der Schild ist mit einem quer gestellten Handgriff versehen, Vorder- und Rückseite tragen einen dünnen Lederüberzug, in den Ecken verstärkt durch aufgenähte Lederflecken, und eine breite Einfassung zum Schutz der Kanten. Das war offenbar eine spätere, preiswertere Alternative zu der Messingeinfassung, die sonst bei diesen Schilden verwendet wurde. Die bloßen Metalleinfassungen solcher Schilde findet man häufig, was zeigt, dass sie anfällig für Beschädigungen waren. Eine Rekonstruktion des Schilds aus Dura-Europos mit einem eisernen Schildbuckel und einer Messingeinfassung wiegt 5,5 Kilo. Ein Schild mit denselben Abmessungen, aber mit Holzverstärkung in der Mitte müsste etwa 7,5 Kilo wiegen – also weniger als der Schild aus Kasr el-Harit mit 10 Kilo.

Solange sie nicht gebraucht wurden, schützte man die Schilde vor der Witterung mit ledernen Hüllen, von denen man an mehreren Grabungsstellen Fragmente gefunden hat. Die Vorderseite des Schilds trug die Insignien der Einheit, meist in Farbe, und diese Symbole waren zum Teil fein gearbeitet. Die Bildhauer der Trajanssäule gaben sich große Mühe, die jeweilige Devise auf den Schilden in Stein zu schneiden, doch diese mit besonderen Einheiten zu identifizieren, ist uns heute unmöglich. Es gibt nur ganz wenige Symbole militärischer Einheiten auf Grabmalen, die eindeutig sind. Wir wissen nicht, ob die Legion eine gemeinsame Devise oder jede Kohorte ein eigenes Merkmal für die Schilde hatte, woran man sie erkennen konnte, etwa eine bestimmte Farbe; fest steht, dass es ein Kennungssystem gab. Tacitus schildert einen Zwischenfall während des Bürgerkriegs nach dem Tod Neros, bei dem zwei Soldaten die Schilde von zwei getöteten Feinden nahmen und mit Hilfe dieser Verkleidung unbehelligt in die feindlichen Stellungen eindringen und ein großes Katapult außer Gefecht setzen konnten. Der Schild aus Dura-Europos, auf beiden Seiten rosarot bemalt, trägt auf der Vorderseite ein detailreiches geometrisches Muster sowie die Figuren eines Löwen, eines Adlers und zweier Siegesgöttinnen – vermutlich die Insignien einer Legion der Garnison. Da eine derart feine Zeichnung auf dem Schild sich sehr schnell abnutzen musste, zumal im Kampf, ist anzunehmen, dass die Soldaten während eines Feldzugs Ersatzschilde mit einfacherer Bemalung trugen. Die Symbole der Einheiten waren offenbar sehr wichtig, und selbst die Lederhüllen waren gelegentlich damit verziert. Ein rechteckiger Schild (um 50 n. Chr.), der in Holland gefunden wurde und einem Soldaten der Cohors XV Voluntariorum civium Romanorum gehört hatte, war mit zwei Steinböcken verziert, den Symbolen des Augustus, der diese Legion aufgestellt hatte. Dass ein einziger Schild aus

Sperrholz und einem Lederüberzug die gesamte Dienstzeit eines Soldaten von 25 Jahren überdauerte, ist unwahrscheinlich – im Unterschied zu manchen metallenen Ausrüstungsgegenständen, etwa den Helmen, denen man es gelegentlich ansehen kann, dass sie nicht nur einem Soldaten gedient hatten.

Sonstige Rüstung

Obgleich auf römischen Abbildungen hohe Offiziere dargestellt sind, die verschiedene Typen von Muskelpanzern – wahrscheinlich aus Metall – tragen, ist aus jener Zeit kein Beleg dafür erhalten, dass diese Panzer tatsächlich getragen wurden und nicht nur

(links) Ovales gewölbtes *scutum*, wie es seit dem 3. Jh. v. Chr. gebraucht wurde; gezeichnet nach dem Schild von Kasr el-Harit mit einer Verzierung, wie sie sich auf dem Triumphbogen von Orange findet.

(Mitte) Rechteckiges gewölbtes *scutum* (1. bis Anfang 3. Jh. n.Chr.), gezeichnet nach einem in Dura-Europos gefundenen Exemplar.

(rechts) Flacher Schild mit geraden Seiten- und gekrümmten Ober- und Unterkanten (1. und 2. Jh. n. Chr.), gezeichnet nach gefundenen Schildüberzügen, die allerdings keine Aufschlüsse darüber geben, ob der Schild flach oder gewölbt war.

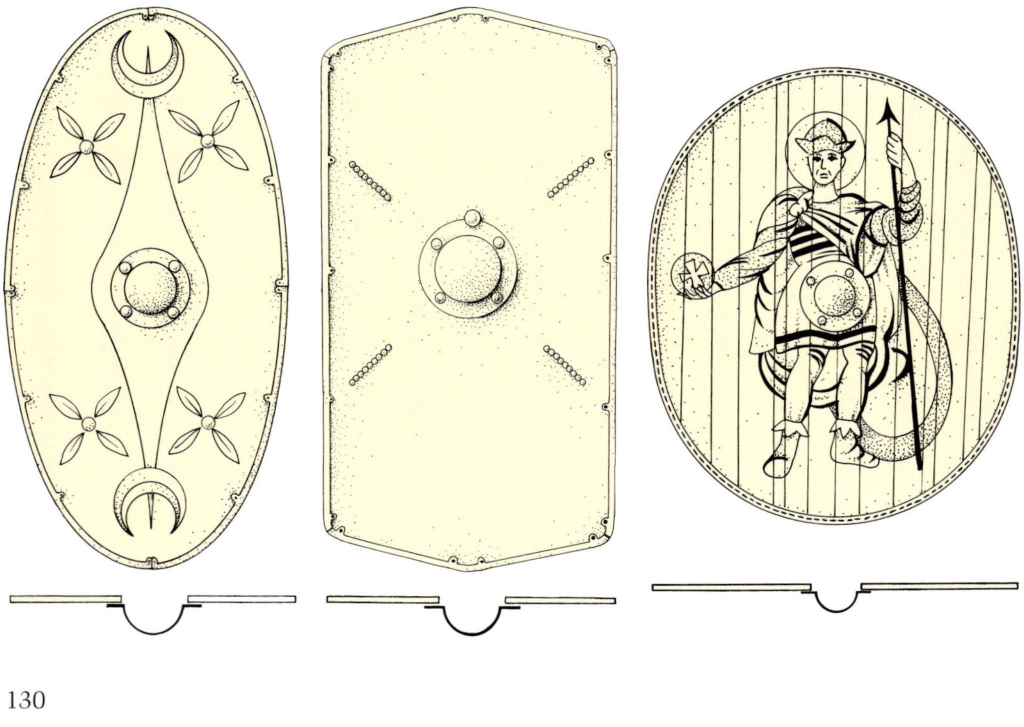

(links) Flacher ovaler Schild (1. bis 3. Jh. n. Chr.), gezeichnet nach einem in Valkenburg, Holland, gefundenen Schildüberzug mit einer Verzierung, wie sie der Schild eines Auxiliarsoldaten auf der Trajanssäule zeigt.

(Mitte) Ein flacher Schild mit senkrecht angebrachtem Handgriff (1. Jh. n. Chr.), gezeichnet nach einem in Doncaster gefundenen Exemplar.

(rechts) Ovaler flacher Schild (3. bis 4. Jh. n. Chr.), gezeichnet nach einem Fund aus Dura-Europos (auf dem Original fehlt die rechte Hand der Figur, weshalb unsere Ergänzung zweifelhaft ist).

einer künstlerischen Konvention entsprachen. Desgleichen können wir heute wenig darüber sagen, ob die Römer irgendwelche Lederrüstungen verwendet haben.

Die Metopen in Adamklissi zeigen, dass römische Legionäre im späten 1. oder frühen 2. Jahrhundert n. Chr. sich besser zu schützen wussten als nur mit einem Schild, Helm und Harnisch. In allen Szenen, die Legionäre im Kampf zeigen, tragen diese Männer Beinschienen und einen segmentierten Armschutz oder eine Armschiene am rechten Arm. Die dargestellten Gegner führen mit beiden Händen sichelartige *falces*, lange Hiebwaffen, mit denen sie den rechten Arm oder den Unterschenkel hinter dem Schild der römischen Krieger treffen konnten. Solche Bedrohung abzuwenden war wohl Sinn und Zweck dieser zusätzlichen Rüstung. Der Armschutz bestand aus verbundenen Eisenlamellen mit einem Lederschutz darunter, dem Segmentpanzer nicht unähnlich. Zwar sind auf den Metopen von Adamklissi, auf denen alle Legionäre Ketten- oder Schuppenpanzer tragen, keine Segmentpanzer abgebildet, doch das Exemplar eines solchen Panzers ist zusammen mit einem Armschutz in Sarmizegethusa, der Hauptstadt Dakiens, gefunden worden. Funde in Newstead und jüngst in Carlisle in Nordengland belegen, dass man diese zusätzliche Rüstung nicht nur im Grenzgebiet an der Donau trug, sondern auch in anderen Regionen. Man hat zwar bislang noch keine römischen Beinschienen aus dieser Zeit gefunden, jedoch kann man davon ausgehen, dass diese ebenso wie frühere römische Exemplare mit Leder gefüttert und mit Riemen befestigt wurden und nicht mit Spangen wie bei den griechischen Hopliten.

Ein Legionär stößt seinem Gegner den Schildbuckel ins Gesicht und rammt ihm den *gladius* in den Bauch. Dieses Detail auf einer der Metopen in Adamklissi ist die einzige genaue Darstellung dieser gut bezeugten Kampftechnik.

Angriffswaffen

Pilum. Der Wurfspeer bzw. das *pilum* war die Standardwaffe der meisten Legionäre, bis diese Waffe im 3. Jahrhundert außer Gebrauch kam. Seine Form änderte sich nur geringfügig gegenüber den *pila*, die zu Zeiten der mittleren Republik üblich waren. *Pilum*-Spitzen ohne Schaft sind aus einer ganzen Reihe von Fundstätten überkommen, während in Bergkamen-Oberaden mehrere Exemplare mit Teilen des Schafts geborgen wurden. Es gab zwei Methoden zur Befestigung der langen Eisenspitze am hölzernen Schaft: Manche Eisenspitzen endeten in einer Steckhülse oder Tülle, wobei die Verbindungsstelle durch einen über den Schaft geschobenen, eng sitzenden Eisenring verstärkt wurde; die meisten aber hatten eine breite, rechteckige Angel, die in eine Nut im Holz geschoben und mit zwei Nieten fixiert wurde. Ein Relief zeigt deutlich ein *pilum* mit einem Dorn am unteren Ende, aber wir wissen nicht, ob das ein durchgängiges Merkmal dieser Waffe war. Bildliche Darstellungen, insbesondere das Cancelleria-Relief mit der Prätorianergarde und die Metopen von Adamklissi, zeigen einen kugelförmigen Gegenstand unterhalb des breiteren Endes des Holzschafts – wahrscheinlich ein Bleigewicht, das die Durchschlagskraft des *pilum* durch die Konzentration einer noch größeren Wucht hinter seinem schmalen Ende erhöhen sollte. Ein Relief (3. Jh.) zeigt zwei dieser Gewichte. Die wirksame Reichweite eines *pilum* betrug 15 Meter, doch solche Modifikationen haben sie zweifellos verkürzt. Diese Waffe – zum Töten oder Verwunden gedacht, indem damit Schild und Rüstung des Feindes durchstoßen wurden – erforderte viel Disziplin, da sie erst dann eingesetzt werden konnte, wenn sich der Feind innerhalb ihres Wirkungsradius befand. Es gibt einen Grabstein, der einen Legionär mit zwei *pila* zeigt; es mag zwar sein, dass auf Feldzügen zwei Wurfspeere mitgeführt wurden, aber es ist unwahrscheinlich, dass ein Soldat mit mehr als einem *pilum* in die Schlacht zog.

Die Legionäre auf den Metopen in Adamklissi tragen *pila*, die unmittelbar hinter der eisernen Spitze eine Rundung aufweisen – wahrscheinlich ein Gewicht, mit dem die Wucht des Spießes beim Aufprall erhöht werden sollte.

Die Legionäre auf dem Relief von Croy Hill, Schottland, tragen jeder ein gewöhnliches *pilum* ohne Gewicht und eine *penula* als Umhang. Sie sind barhäuptig, ihre Helme hängen von den Schilden herab oder am Körper. Zwei Soldaten tragen anscheinend einen Schurz aus ledernen Zierstreifen *(pteryges)* über der Tunika.

Spieße und Wurfspeere. Die Legionäre hatten noch andere geschäftete Waffen. Von dem römischen Befehlshaber Arrian (Anfang 2. Jh. n. Chr.) stammt ein Bericht über die Aufstellung seines Heeres gegen die Alanen, ein Nomadenvolk, das sich überwiegend auf seine schwer bewaffnete Kavallerie verließ. Arrians Legionäre waren tief gestaffelt, um dem Ansturm des Feindes zu begegnen. Die ersten vier Reihen trugen *pila*, währen die fünfte bis achte anscheinend mit Lanzen *(lanceae)* kämpften und den Befehl hatten, diese über die Köpfe ihrer Kameraden hinweg zu schleudern, sobald der Feind diese erreicht hatte. Die Handhabung verschiedenartiger Wurfspeere wird von den Kriegern keine besondere Umgewöhnung erfordert haben, zumindest nicht in dem Maße wie bei einem heutigen Infanteristen, der ein neues Gewehrmodell erhält. Es ist nicht ausgeschlossen, dass die Legionäre neben dem *pilum* auch mit anderen Wurfspeeren ausgerüstet wurden, wenn die Lage es erforderte. Legionärsgrabsteine (3. Jh.) aus Apamea, Syrien, lassen vermuten, dass in der Legio II Parthica Männer kämpften, die mit verschiedenen Waffen vertraut waren, darunter auch leichte Wurfspeere *(lanceae)*. Ob sie immer mit diesen Waffen ausgerüstet waren oder nur im Bedarfsfall, wissen wir nicht.

Speer- und Lanzenspitzen finden sich an den Fundstätten römischer Militäreinrichtungen häufig. Sie sind von unterschiedlicher Größe und Form, und die wenigen Klassifizierungsversuche wurden selten mit zweckmäßigen Kriterien unternommen. Es ist schlecht möglich, von den Spitzen auf die Länge des zugehörigen Schafts zu schließen. Speere für den Nahkampf dürften knapp drei Meter lang gewesen sein, während die eigentlichen Wurfspeere mit gut einem Meter viel kürzer waren.

Gladius. Was die republikanischen Schwerter betrifft, haben wir nur wenig Anhaltspunkte, aber über die Seitenwaffen der kaiserlichen Armee sind wir besser unterrichtet. Im frühen 1. Jahrhundert n. Chr. herrschte das Modell »Mainz« vor; es hatte eine leicht geschweifte Klinge und eine ungewöhnlich lange Spitze. Die Klingenlänge der erhaltenen Exemplare variiert zwischen 40 und 55 Zentimeter, die Breite zwischen 5,4 und 7,4 Zentimeter am Griff und 4,8 und 6 Zentimeter vor der Spitze. Der geformte beinerne Handgriff wurde von einem Stichblatt und einem meist hölzernen Knauf geschützt. Der Schwertknauf diente auch als Gegengewicht zum Ausbalancieren der Waffe. Das Mainzer Schwert eignete sich mit seiner – gelegentlich bis zu 20 Zentimeter – langen Spitze vor allem als Stoßwaffe, um die Rüstung des Gegners zu durchdringen, war aber auch eine wirksame Hiebwaffe. Später wurde dieses Modell anscheinen vom Modell »Pompeji« abgelöst – einer Waffe mit gerader Klinge und einer wesent-

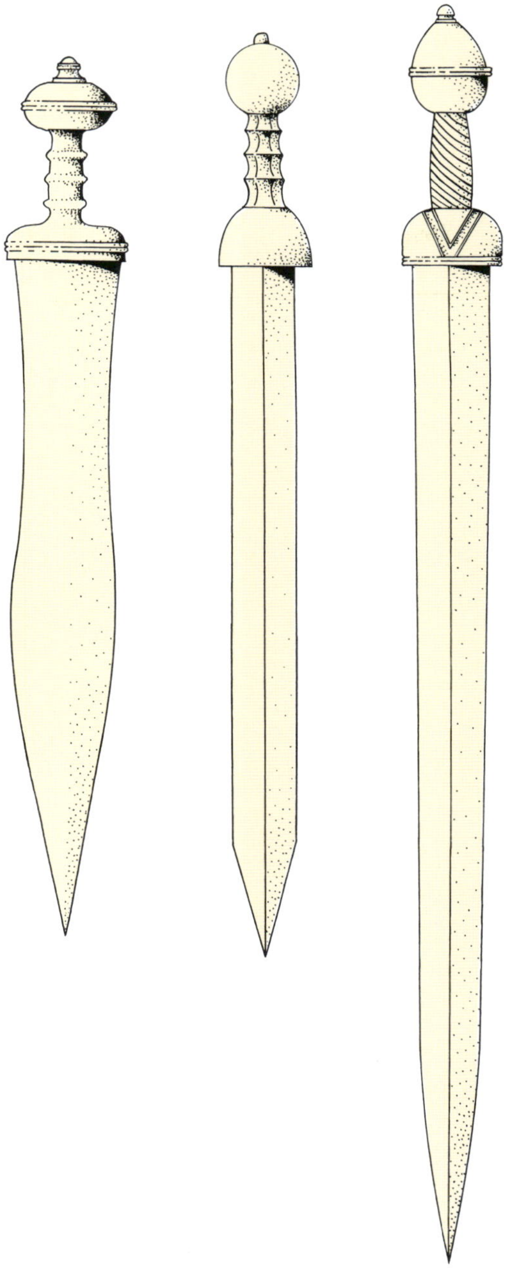

(rechts) **Die maßstäbliche Zeichnung verdeutlicht die Größenverhältnisse zwischen einem** ***gladius*** **vom Typus Mainz** ***(links)*****, vom Typus Pompeji** ***(Mitte)*** **und einer längeren** ***spatha (rechts).***

(rechter Rand) **Klinge einer** ***spatha,*** **gefunden in Newstead, Schottland.**

lich kürzeren Spitze. Die Klingenlänge variierte zwischen 42 und 50 Zentimeter, die Breite zwischen 4,2 und 4,5 Zentimeter. Der *gladius* vom Typ Pompeji war besser als das Mainzer Schwert ausbalanciert und eignete sich als Hieb- und Stichwaffe. Später (2. Hälfte des 2. Jh.) wurde ein ähnlich geformtes Modell eingeführt, das sich aber mit seinem Handgriff und Endstück unterschied. Anstelle des Knaufs endete die Angel der Klinge in einem Eisenring.

Der *gladius* wurde allgemein rechts getragen, ausgenommen die Zenturionen und höheren Offiziere, die ihr Schwert links trugen. Anders als vermutet, haben Experimente gezeigt, dass man ein an der rechten Körperseite hängendes Schwert leicht ziehen kann und dass man damit auch nicht am Schild hängen bleibt. Eine Untersuchung römischer Schwertklingen hat ergeben, dass einige von sehr hoher Qualität sind und aus Eisen mit niedrigem Kohlenstoffgehalt und aufgekohltem Stahl bestehen. Die besseren Waffen waren vergütet worden, aber auch die weniger hochwertigen Waffen der Armee waren im Allgemeinen von guter Qualität.

Pugio. Dieser Militärdolch hatte eine Klingenlänge zwischen 25 und 35 Zentimeter; für die Legionärs- und Auxiliartruppen war er eine wirksame Unterstützung des Schwerts. Die Scheide war häufig verziert und passte zur Pracht des Waffengürtels eines Soldaten. Dolche waren zur Zeit des Prinzipats üblich, verloren aber im 2. Jahrhundert an Bedeutung; auf der Trajanssäule ist kein *pugio* abgebildet. Der Dolch wurde auf der gegenüberliegenden Seite zum Schwert getragen, das heißt bei den Soldaten links und bei den Zenturionen rechts.

Feldzeichen

Adler (aquila). Der Jupiteradler war Gegenstand tiefer Verehrung. Angesichts dieser Bedeutung ist es nicht verwunderlich, dass im archäologischen Archiv kein Exemplar dieses Feldzeichens überkommen ist. Wir müssen uns bei seiner Rekonstruktion auf bildliche Darstellungen stützen. Marius soll jeder Legion einen silbernen Adler übergeben haben, doch unter dem Prinzipat bestand die Spitze der Standarte anscheinend aus Gold oder einem Goldüberzug. Die Verzierung war meist schlicht, die Stange für den Adler praktisch glatt, auch wenn eine Figur auf dem Brustpanzer der Augustusstatue aus Prima Porta eine Reihe von Scheiben aufweist, wie wir sie von den *signa* kennen.

Signum. Die Tradition, der zufolge jede Zenturie in einer Legion ihr eigenes *signum* (Feldzeichen) hatte, wurde auch während des Prinzipats beibehalten. Auf jeden Fall hatte jede Zenturie einen Feldzeichenträger *(signifer)* unter ihren *principales*. Man nimmt an, dass diese Männer tatsächlich ein Feldzeichen trugen. An der Spitze der *signa* befand sich eine ornamentale Metallspitze oder eine erhobene Hand. Die Schäfte waren reich geschmückt mit Querstangen, an denen Bänder und Quasten hingen, mit Kränzen und zwei bis sechs großen Metallscheiben. Was diese Gegenstände bedeuteten, wissen wir nicht; wahrscheinlich waren sie insgesamt ein System zur Identifizierung der jeweiligen Zenturie. Die erhobene Hand war wohl ursprünglich das Symbol des Manipels. Manipel, wahrscheinlich von *manus* (Hand) abgeleitet, bedeutet eine kleine Gruppe oder eine Hand voll Männer.

Vexillum. Die einzelnen Einheiten des Heeres trugen verschiedene Fahnen. Traditionell machte ein bestimmtes *vexillum* oder eine Fahne, gewöhnlich in Rot, die Position des Kommandeurs im Lager vor einer Schlacht und auf dem Schlachtfeld kenntlich. *Vexilla* waren auch die Hauptfeldzeichen für abkommandierte Truppenteile, die abseits ihrer Haupteinheit Dienst taten, sodass solche abkommandierten Einheiten mit der Zeit als *vexillationes* bezeichnet wurden. Römische Fahnen hingen von einer Querstange vor dem Hauptschaft herab. Ein Beispiel für ein solches Banner wurde in Ägypten gefunden; es zeigte die Figur einer Siegesgöttin vor einem roten Hintergrund.

Imagines. Unter dem Prinzipat gehörten zu jeder Einheit auch Bilder des Kaisers und seiner nächsten Angehörigen, die auf Stangen befestigt waren und zusammen mit den Feldzeichen aufbewahrt wurden. Diese *imagines* sollten die Soldaten an ihren Treueid und ihre Loyalität erinnern. Meuternde Truppen, die beispielsweise ihren eigenen Kommandeur in seinem Anspruch auf den Thron unterstützten, begannen ihre Rebellion meist damit, dass sie die Kaiserbilder herunterrissen.

Draco. Die Feldzeichen der Auxiliartruppen orientierten sich meist an den Vorbildern der Legionärstruppen, doch im 2. Jahrhundert n. Chr. übernahmen einige Kavallerieeinheiten ein zusätzliches Zeichen für Paraden und andere Anlässe. Es war der Drache *(draco)*, ein bronzener Tierkopf mit aufgerissenem Rachen, an dessen Hals ein bunter Windsack hing. Wenn der Standartenträger sich schnell bewegte, füllte sich der Windsack mit Luft, wehte hinter dem Drachenkopf und erzeugte ein pfeifendes Geräusch. Diese Feldzeichen wurden anscheinend von einigen Gegnern Roms aus der Grenzregion an der Donau übernommen, etwa den Sarmaten; sie sind auf der Trajanssäule abgebildet, wo sie über die Heere der Feinde hinwegfliegen.

Werkzeuge

Während eines Feldzugs musste ein römischer Legionär mehr mit sich tragen als nur seine Rüstung samt Waffen, persönlichen Habseligkeiten und Nahrungsmitteln. Josephus Flavius verglich den Legionär mit einem Lasttier und schrieb, jeder Mann habe eine Säge, einen Korb, eine Spitzhacke und eine Axt mit sich geführt, außerdem einen Tragriemen, ein Gärtnermesser und eine Kette. Es ist zwar unwahrscheinlich, dass jeder einzelne Mann mit all diesen Geräten ausgerüstet war, aber diese Aufzählung kann uns immerhin einen Eindruck von den verschiedenen Werkzeugen vermitteln, die einem *contubernium* aus acht Mann zur Verfügung standen. Ein Kenner der Materie hat einmal gesagt, dass der Berufslegionär beides war: leichter Pionier und Fuß-

(*links*) Ein Eber als Symbol der Legio XX Valeria Victrix. Viele Legionen hatten ein oder mehrere Symbole, teils auf bearbeiteten Steinen, teils auf Tontafeln.

Zwei Standarten auf einem Grabstein: die rechteckige Fahne (*vexillum*) und das reich verzierte Feldzeichen (*signum*) einer Legion. Die Stangen mit den Feldzeichen der Prätorianerkohorten waren so schwer, dass Kaiser Caligula seinen Garden erlaubte, ihre *signa* während des Marschs auf Packtieren mitzuführen.

soldat. Gnaeus Domitius Corbulo, ein berühmter General des 1. Jahrhunderts n. Chr., soll sogar gesagt haben, seine Schlachten würden mit der Spitzhacke gewonnen. Dieses spezielle römische Pioniergerät, die *dolabra*, war eine sinnreiche Kombination aus Breit- und Spitzhacke und konnte zum Aufbrechen des Bodens oder zur Unterminierung einer feindlichen Befestigungsmauer benutzt werden. Ein anderes Grabwerkzeug war dem heutigen Torf- oder Sodenstecher ähnlich, und manche glauben, dass es damals einem ähnlichen Zweck gedient hat, andere bezweifeln das. Umstritten ist auch der Zweck der so genannten Palisadenpfähle. Bisher nahm man an, es handle sich um die beiden Pfähle, die von den Soldaten mitgeführt und auf der Krone eines Erdwalls aufgepflanzt wurden, um daraus Palisaden zu bilden. Unlängst wurde eine alternative Deutung vorgeschlagen, dass nämlich jeweils drei dieser Pfähle so zusammengebunden wurden, dass sie ein frei stehendes Hindernis in Form eines Tetraeders bildeten. Beide Deutungen sind plausibel, der Zweck der Holzpfähle könnte aber auch ein anderer gewesen sein. Neben Werkzeug und Ausrüstung, die jeder mitzuführen hatte, gab es noch Spezialgeräte, die von den Männern benötigt wurden, denen die Aufsicht über die Bau- und Schanzarbeiten oblag. Das wichtigste von ihnen war die *Groma*, ein Vermessungsinstrument zum Visieren und Abstecken rechter Winkel im Gelände, das aus einem senkrechten Holzpfahl und einem drehbaren Holzkreuz bestand, von dessen vier Enden Senkbleie herabhingen.

Die Ausrüstung der Auxiliartruppen

Nur in den seltensten Fällen können die Fundstücke militärischer Ausrüstung eindeutig einer bestimmten Einheit oder Truppengattung zugeordnet werden, denn nur ein Bruchteil der Funde weist ausreichend detaillierte Erkennungszeichen auf. Wenn wir die Kleidung und Ausrüstung von Legionären und Auxiliartruppen unterscheiden, dann stützen wir uns in erster Linie auf die Kriegerdarstellungen auf Gedenk- und Grabmälern. Auf der Trajanssäule wird in den Darstellungen klar zwischen Legionärs- und Auxiliartruppen unterschieden. Die Legionäre tragen den Segmentpanzer und rechteckige, gekrümmte Schilde, während die Auxiliartruppen längere Kettenhemden, häufig Kniehosen und flache ovale Schilde haben. Die Darstellungen sind zweifellos stilisiert; die Metopen von Adamklissi zeigen viele

Legionäre in Ketten- oder Schuppenpanzern. Auch gegen die immer wieder vorgetragene Behauptung, es habe zwischen den beiden Armeen keine Unterschiede in der Ausrüstung gegeben, sollen hier einige Feststellungen getroffen werden: Es gibt keine Belege dafür, dass die Auxiliartruppen jemals Segmentpanzer, das *pilum* oder halbrunde Schilde getragen hätten (abgesehen vielleicht von den wenigen *scutata* genannten Einheiten). Sie waren, wie es scheint, mit Wurfspeeren unterschiedlicher Größe bewaffnet, trugen Ketten-, vielleicht auch Schuppenpanzer und hatten Flachschilde. Letztere waren gelegentlich recht- oder sechseckig statt oval. Althistoriker haben immer wieder einfachere, weniger sorgfältig gearbeitete oder verzierte Ausrüstungsgegenstände – insbesondere Helme – den Auxiliartruppen zugeordnet. Auch wenn vieles für diese Ansicht spricht, darf nicht verschwiegen werden, dass es dafür keine überzeugenden Belege gibt.

Die meisten Fußsoldaten der Auxiliartruppen trugen Helm, Panzer und Schild und waren mit einem oder mehreren Wurfspeeren sowie einem *gladius* bewaffnet. Auch wenn diese Truppen in der neueren Literatur häufig als leichte Infanterie beschrieben werden, die in einer weniger starren Ordnung als die Legionen kämpften, spricht einiges gegen diese Auffassung. Abgesehen vom Schild, der möglicherweise leichter war als das von den Legionären getragene *scutum*, hatte die Ausrüstung der Auxiliartruppen in etwa dasselbe Gewicht wie die der Legionstruppen. Unsere antiken Quellen berichten von leicht bewaffneten Einheiten, die als Störtrupps in offener Ordnung operierten, doch das Gros der Fußsoldaten innerhalb der Auxiliartruppen hat allem Anschein nach mehr oder weniger in derselben Weise gekämpft wie die Legionäre. Ob die eigentliche leichte Infanterie in separaten Einheiten oder als Untereinheiten gewöhnlicher Kohorten organisiert war, wissen wir nicht. Auch ist nicht klar, wie diese Männer ausgerüstet waren. Auf der Trajanssäule sind Schleuderer *(funditores)* abgebildet, aber es ist keine derartige Einheit bekannt. In Lambaesis, Nordafrika, lobte Hadrian die Kavallerie einer Kohorte als geschickte Schleuderer; wahrscheinlich haben einige Einheiten zumindest einen Teil ihrer Leute im Gebrauch dieser Waffe ausgebildet. So hat man an vielen Grabungsstätten – vor allem im Zusammen-

(rechts) **Ein berittener Bogenschütze auf einem Grabstein, gefunden bei Mainz. Hinter ihm steht ein Diener mit Pfeilen. Auf den Grabsteinen von Kavalleristen sind häufig auch deren Diener mit dargestellt.**

Bogenschütze einer Auxiliartruppen auf einem Grabstein vom Kastell Housesteads am Hadrianswall. Er trägt einen ungewöhnlichen Spitzhelm, wahrscheinlich ein Kettenhemd, einen Köcher über der Schulter, einen Kompositbogen und ein Kurzbeil. Sieht man von seiner gewöhnlichen Tunika einmal ab, hat er viel Ähnlichkeit mit den orientalischen Bogenschützen auf der Trajanssäule.

hang mit den Bürgerkriegen der späten Republik – Schleuderkugeln aus gegossenem Blei gefunden, die eine oder andere mit obszönen Botschaften darauf. Aber auch Kieselsteine könnten als Munition gedient haben.

Auf der Trajanssäule sind auch Bogenschützen dargestellt, einige in einer Karikatur östlicher Kleidung, mit langen, wallenden Gewändern und besonderen Helmen. Viele Auxiliareinheiten, ob Reiter oder Fußsoldaten, wurden formell als Bogenschützen *(sagittarii)* bezeichnet, allein die Belege sind unklar: Einige *sagittarii*-Einheiten haben anscheinend ganz andere Waffen getragen, während andere mit Bogen bewaffnet waren, aber nicht *sagittarii* genannt wurden. Die Römer benutzten einen komplizierten Kompositbogen, der aus Holz und Materialien wie Sehnen und Horn gebaut war und dessen Enden (»Ohren«) wie bei einem Amorbogen zurückgebogen waren. Da Holz leicht verrottet, ist kein Bogen erhalten geblieben, hingegen finden sich öfter beinerne Versteifungen von den Enden des Bogenholzes sowie Pfeilspitzen. Die meisten Bogenschützen benutzten die »Mittelmeerspannung«, wobei die Sehne mit zwei oder drei Fingern gespannt wird und der Pfeil dabei locker zwischen Zeige- und Mittelfinger liegt. Rechtshänder trugen an der Innenseite des linken Arms unterhalb des Ellbogens einen ledernen Armschutz, der den Unterarm beim Zurückschnellen der Sehne schützen sollte. Für die Ansicht, einige Einheiten hätten im 3. Jahrhundert n. Chr. die »mongolische Spannung« verwendet, bei der die Bogensehne mit einem Daumenring gespannt wird, gibt es keine Belege.

Die Ausrüstung der Kavallerie

Helme und Rüstung

Die Helme der Reiter unterscheiden sich von denen der Fußkämpfer in einigen wesentlichen Details. In der Regel waren die Ohren des Soldaten von einem vorspringenden Teil der Backenstücke bedeckt. Da dies zwangsläufig das Hörvermögen beeinträchtigte, wurden bei manchen Helmen an den Stellen für die Ohren kleine Löcher in die Backenstücke gebohrt. Im dichten Reitergetümmel konnte ein Reiter leicht von der Seite oder von hinten angegriffen werden, sodass ein zusätzlicher Schutz für das Gesicht offenbar für wichtiger gehalten wurde als eine Beeinträchtigung der Hörorgane. Ein weiterer Unterschied zu den Helmtypen, die von den römischen Infanteristen getragen wurden, ist der wesentlich tiefer reichende, jedoch schmalere Nackenschirm der Kavalleriehelme. Ein breiter, hervorstehender Nackenschutz konnte einem Mann leicht das Genick brechen, falls er rückwärts vom Pferd stürzen sollte. In anderer Hinsicht und auch in der Machart waren die römischen Kavalleriehelme denen der Infanterie ähnlich, und im 3. Jahrhundert glichen sich die beiden Modelle einander noch weiter an. Bestimmte Verzierungen, etwa die eingravierten stilisierten Haarlocken, hat nur der Kavalleriehelm, und einige waren stattdessen mit echten Tier- oder Menschenhaaren beklebt.

Die Auxiliarreiter trugen Flachschilde in ähnlichen Ausführungen wie die Fußsoldaten. Meist waren die Schilde oval, einige Einheiten hatten rechteckige Schilde, andere sechseckige, etwa die Kavallerie oder diejenige, welche die Prätorianergarde unterstützte. Ein in einem befestigten Römerlager (1. Jh. n. Chr.) in Doncaster, England, gefundener flacher Schild gehörte wahrscheinlich einem Kavalleristen einer Auxiliartruppe. Dieses Exemplar ist mit 125 Zentimetern Länge und 64 Zentimetern Breite relativ groß, es hat gerade Längsseiten und gekrümmte Ober- und Unterkanten. Sein Aufbau entspricht dem Schild der Legionäre, mit drei Furnierschichten und einem dünnen Lederüberzug, doch im Unterschied zu sonstigen römischen Schilden hatte er einen senkrecht stehenden Handgriff. Eine Rekonstruktion mit 9 Kilo ist fast so schwer wie der Fayum-Schild, jedoch gut ausbalanciert. Der Schildbuckel sitzt etwas über der Mitte, weshalb die untere Schildhälfte sich zu den Beinen hin neigte, was für den Reiter möglicherweise von Vorteil war. Einfacher konstruierte ovale Schilde mit nur einer Schicht aus zusammengeleimten Holzstreifen hat man in Dura-Europos gefunden, und ähnliche Modelle waren wahrscheinlich vor dem 3. Jahrhundert bei den Auxiliartruppen in Gebrauch.

Die römischen Reiter trugen Kettenhemden oder Schuppenpanzer. Ein Relief aus Belgien scheint eine

»Paradehelm« eines Kavalleristen, gefunden in Nijmegen, Holland. Es ist eine Variante des üblichen Stils, bei dem die Kalotte des Helms stilisiertes Haar darstellt; in diesem Fall handelt es sich um echtes Tierhaar. Diese Mode war wohl unter batavischen Einheiten besonders beliebt.

(links) Ein Reiter der Auxiliartruppen reitet nackte Barbaren nieder. Solche Posen wie diese hier auf dem Bridgeness-Stein vom Antoninuswall findet man auf den Reliefs vieler Grabsteine von Kavalleristen.

(rechts) Zwei *spatha*-Klingen aus Newstead, Schottland. Diese schmaleren und längeren Schwerter wurden von den Kavalleristen getragen.

Kombination aus den Schulterteilen einer *lorica segmentata* und einem Kettenhemd zu zeigen, allerdings ist es der einzige Beleg für einen solchen Kombipanzer. Im 2. Jahrhundert n. Chr. stellte Hadrian die erste *ala* aus römischen Panzerreitern (Kataphrakten) auf, die Ala I Gallorum et Pannoniorum cataphracta, in der nicht nur die Reiter, sondern auch die Pferde schwer gepanzert waren. Unter den Rüstungen, die in Dura-Europos gefunden wurden, befand sich auch ein Schuppenpanzer für ein Pferd.

Spatha

Die römischen Kavalleristen hatten ein langes schmales Schwert, die *spatha*, weil der Reiter eine Hiebwaffe mit größerer Reichweite benötigte, vor allem wenn der Gegner unberitten war. Eine *spatha* konnte 65 bis 91,5 Zentimeter lang sein, war aber nicht breiter als 4,4 Zentimeter. Knauf, Stichblatt und Griff waren dem *gladius* ähnlich, und wie dieser wurde die *spatha* rechts getragen.

Speere und Lanzen

Die römischen Kavalleristen benutzten verschiedene geschäftete Waffen; die längste war der *contus*, eine schwere, etwa 3,65 Meter lange Lanze, die der Reiter ohne Schild mit beiden Händen führte. Sie wurde im 2. Jahrhundert n. Chr. eingeführt, aber es gab immer nur eine kleine Zahl spezialisierter *alae*, die mit ihr ausgerüstet wurde. Die Waffe konnte nicht weit geworfen werden und eignete sich daher für einen Überraschungsangriff. Die meisten Kavallerieeinheiten waren mit kürzeren und mit einer Hand zu führenden Kampfspeeren und mehreren kleineren Wurfspeeren ausgerüstet. Ein Bericht (Ende 1. Jh. n. Chr.) über die Inspektion der Waffen einer berittenen *ala* in Nordbritannien nennt Kampfspeere *(lanceae pugnatoriae)* und kleinere Wurfspeere *(minores subarmales)*. Jeder Mann sollte einen Kampfspeer und zwei *subarmales* sowie ein Schwert mit sich führen. Das war vielleicht die Standardausrüstung für diese *ala*, denn nach Josephus Flavius hatte ein römischer Hilfsreiter einen Langspeer und drei oder mehr kurze Wurfspieße in seinem Köcher.

Sattel und Geschirr

In älteren Büchern über die Kriegführung in der Antike begegnet man häufig der Vorstellung, ohne Steigbügel hätten die Reiter nicht wirkungsvoll angreifen, allenfalls kleine Störmanöver ausführen können. Dafür finden wir in unseren Quellen aus jener Zeit keine Belege, aber diese Quellen wurden von früheren Forschern auch gar nicht herangezogen, denn für sie war es eine ausgemachte Sache, dass ein Reiter ohne Steigbügel keinen festen Halt im Sattel

(links) In Gloucester gefundener Grabstein eines Reiters der *cohors equitata* (um 50 n. Chr.). Die Inschrift lautet: »Hier ruht Rufus Sita, Kavallerist in der Cohors VI Thracum, 40 Jahre alt und 22 Jahre Dienstzeit. Seinem letzten Willen gemäß von seinen Erben errichtet.«

(rechts) Gaius Romanius Capito war Soldat in der Ala Noricorum. Auch hier steht ein Diener hinter dem Pferd seines Herren und trägt Wurfspeere. Das Zaumzeug ist geschmückt.

(unten) Ein Hörnchensattel, wie er bei den Römern in Gebrauch war.

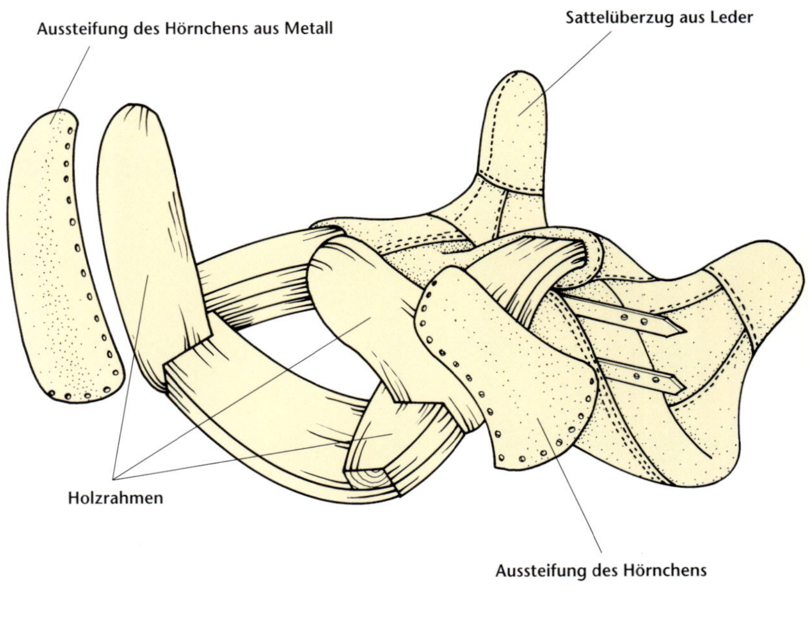

finden könne. Erst in jüngster Zeit hat Peter Connolly mit seiner Rekonstruktion eines römischen Sattels demonstriert, wie falsch diese Auffassung ist.

Der Hörnchensattel wurde von den Römern ebenso benutzt wie von den Galliern, Parthern, sassanidischen Persern, den Sarmaten und anderen Völkern. Wir wissen nicht, wer ihn erfunden hat, wenn auch zahlreiche Hinweise auf die Gallier deuten; aber es ist sehr wahrscheinlich, dass die Römer – wie so häufig – das Modell von ihren Feinden übernahmen. Wenn das Gewicht des Reiters auf diesen Sattel drückt, bewegen sich die vier Hörnchen nach innen und verleihen ihm einen so festen Halt, dass er einen Speer werfen, eine Stoßlanze oder ein Schwert führen und sich sogar zur Seite beugen und wieder im Sattel aufrichten kann.

Paraderüstungen und Reiterspiele

Obwohl die römischen Kavalleristen meist keine römischen Bürger waren, genoss diese Waffengattung der Auxiliartruppen einiges Prestige. Die Reiter-*alae*, vor allem die kleine Zahl der *alae milliariae*, waren geschätzt und berühmt und boten bei Paraden wie in der Schlacht ein eindrucksvolles Bild. Unter dem Prinzipat entwickelte sich der Militärreitsport zu spektakulären öffentlichen Darbietungen des prächtigen Äußeren und der Geschicklichkeit der Reiter.

Für diese Veranstaltungen wurden Reiter und Pferde in reich verzierte Ausrüstungen gesteckt. Besonders auffallend im archäologischen Archiv sind die »Paradehelme«. In ihrer Grundform den gewöhnlichen Helmen der Kavallerie ähnlich, waren sie häufig versilbert, in jedem Fall viel prunkvoller verziert und hatten eine ausgeformte Gesichtsmaske mit Öffnungen für die Augen. Unter den Helmen kamen künstliche Haare zum Vorschein, und viele Helme haben weibliche Züge, was vermuten lässt, dass ihre Träger Amazonen darstellen sollten. Nach Arrian, der einzigen Quelle, in der diese Zeremonien genauer geschildert werden, waren die Helme mit einem flatternden gelben Helmbusch verziert, doch keiner der gefundenen Helme hatte eine Befestigungsmöglichkeit für solche Büsche. Die Pferde trugen eine lederüberzogene »Rossstirn«, zum Schutz und zur Zierde. Ein gut erhaltenes Exemplar hat man in Vindolanda gefunden, es hatte zwei durchbrochene Halbkugeln zum Schutz der Augen, ohne den Pferden die Sicht zu nehmen. Das Tuch über der Rüstung der Pferde und dem Sattel sowie die Kleidung des Reiters leuchteten in hellen Farben. Zusammen mit den Standarten, Fahnen und *dracones* war es ein prächtiges Schauspiel.

Arrian beschreibt anscheinend das Reglement solcher Spiele, wie Kaiser Hadrian sie festgelegt hat, behauptet aber, sie folgten hauptsächlich alten Traditionen. Zu Beginn gab es Kriegsspiele, Manöver und Attacken, gefolgt von Einzel- und Gruppenvorführungen. Reiter zweier Parteien warfen Speere mit stumpfer Spitze gegeneinander, wobei sie auf die Schilde der »Gegner« zielten. In schnellem oder langsamerem Ritt versuchte man aus unterschiedlichen Richtungen Ziele mit Wurfwaffen zu treffen. Während eines Angriffs in gerader Formation über das Feld konnte ein guter Reiter 15 Wurfspeere ins Ziel werfen, die Besten schafften 20. Die Schauveranstaltungen, auch wenn sie ritualisiert waren, zeigten doch einiges vom Kriegshandwerk der Soldaten.

Solche »Paradehelme«, wie die Archäologen sie nennen, finden sich ebenso häufig wie Helme, die offensichtlich im Kampf getragen wurden. Die Reiterspiele sind gut bezeugt und hatten für die Römer sicherlich große Bedeutung, aber vielleicht hat uns gerade das dazu verleitet, eben jeden besonders verzierten Ausrüstungsgegenstand solchen Schauveranstaltungen zuzuschreiben. Die militärische Ausrüstung im alten Rom war meist beides, üppig verziert

(*unten*) Reich verzierte lederne »Rossstirn«, Rekonstruktion eines in Vindolanda gefundenen Exemplars (Ende 1./Anfang 2. Jh. n. Chr.).

und von praktischem Nutzen, und es ist nicht ausgeschlossen, dass Helme mit Gesichtsmasken auch im Kampf getragen wurden. Eine solche Helmmaske hat man unter Ausrüstungsgegenständen gefunden, die wahrscheinlich eine römische Marschkolonne während der Varusschlacht 9 n. Chr. verloren hat, was zeigt, dass sie bei einem Feldzug mitgeführt wurde. Auf einem weniger gut erhaltenen Grabstein aus Deutschland kann man den Feldzeichenträger einer Legion mit Maskenhelm erkennen – ein Hinweis, dass er nicht nur in der Kavallerie getragen wurde. Die starren Züge einer metallenen Maske konnten den Gegner einschüchtern, verbarg sie doch die Tatsache, dass dahinter auch nur ein Mensch steckte. Vielleicht war dies und der Schutz, den die Maske bot, den Römern wichtiger als die Vorteile uneingeschränkter Sicht.

Eine *Reenactor*-Gruppe zeigt die Pracht der römischen Kavallerie. Der Fahnenträger trägt einen Helm mit Gesichtsmaske, ansonsten entspricht die Ausrüstung dem, was bei den Römern in der Schlacht üblich war. Bei Paraden oder Reiterspielen waren die römischen Kavalleristen oft noch prächtiger gekleidet.

Militärdienst in Friedenszeiten

Lage und Verteilung der Garnisonen

Nur selten äußern sich unsere schriftlichen Quellen ausführlicher über den Standort der Armeeeinheiten während einer bestimmten Periode. Selbst wenn sie es tun, gilt das Interesse der Autoren zumeist den Standorten der Legionen, und sehr allgemein bleiben sie, wenn es um die Garnisonen der Auxiliartruppen geht. Jede Untersuchung der Einsätze des römischen

(rechts) Die Ruinen von Apamea in Syrien. Sie lassen noch heute etwas vom Reichtum römischer Städte erahnen, als das Imperium auf dem Gipfel seiner Macht stand. Zu verdanken war das seiner Armee, die die Provinzen kontrollierte und schützte.

Heeres unter dem Prinzipat beruht deshalb in erster Linie auf den Funden der archäologischen Forschung. Man kennt die Lage sehr vieler Römerlager und viele wurden ausgegraben oder zum Teil freigelegt. Dabei hat man manchen Regionen, insbesondere England und Deutschland, mehr Aufmerksamkeit als anderen geschenkt; und sie sind deshalb auch besser erforscht. Die Größe eines Militärstützpunkts liefert Hinweise auf die Art der Einheit, für die er ursprünglich bestimmt war. Und wenn auf Inschriften der Name der Einheit im Zusammenhang mit der Örtlichkeit verzeichnet ist, vielleicht sogar in subliterarischem Material auf Schreibtäfelchen oder Papyrus, dann ist das ein Glücksfall für uns. Ist eine Datierung solcher Belege möglich, besteht manchmal die Aussicht, die Einheiten zu identifizieren, die das Lager nacheinander bezogen hatten. Die Bewegungen der Legionen sind aufgrund ihrer Stärke, ihres Ranges und häufigen Erscheinens im epigraphischen Archiv viel einfacher zu verfolgen, auch wenn die Umstände bisweilen zweifelhaft sind, unter denen einige Einheiten der Legionen verschwanden. Bei Auxiliareinheiten ist das schwieriger, doch lassen sich wichtige Hinweise aus den *diplomata* gewinnen, die den Soldaten bei ihrer Entlassung ausgehändigt wurden. Diese mühelos datierbaren Dokumente verzeichnen meist die Einheit des Entlassenen sowie alle übrigen Kohorten und *alae* in der Provinz, die im selben Jahr Soldaten entlassen haben. Aufgrund solcher Informationen können wir die Einheiten benennen, die während einer bestimmten Periode in einer Provinz stationiert waren.

Militärdienst in Friedenszeiten

Insbesondere in Europa war die römische Armee in den Grenzprovinzen aufgestellt. Im Zentrum der Provinzen befanden sich die großen befestigten Lager der Legionen, in der Regel an den Hauptverkehrswegen, während die festen Lager der Auxiliartruppen und kleinere Vorposten hauptsächlich an der Peripherie lagen. In den östlichen Provinzen waren viele Militärgarnisonen in großen Städten oder deren Nähe stationiert. Die zwei Legionen der ägyptischen Garnison waren zur Zeit des Prinzipats in Nikopolis vor den Toren Alexandrias konzentriert, und größere Abteilungen der syrischen Legionen hatten ihren Stützpunkt meist in oder nahe Antiochia. Die größten Städte des Reichs – nach Rom – waren Alexandria und Antiochia. Sie waren wichtige politische Zentren mit einer unruhigen Einwohnerschaft, und häufig mussten die Soldaten gegen die Rebellen in diesen Städten eingesetzt werden. Ansonsten war das Garnisonsleben nahe solcher großen Städte angenehm, denn die Soldaten hatten Zugang zu den vielen Luxusgütern des städtischen Lebens, worauf sich auch das gängige literarische Motiv bezieht, dass derartige Annehmlichkeiten die militärische Schlagkraft schwächten. Aber nicht nur Legionen waren in den großen Städten stationiert. Die Garnison in Dura-Europos (3. Jh. n. Chr.) war in einem Militärkomplex mitten in der Stadt untergebracht, einige Soldaten hatte man auch in Privathäusern einquartiert. Bis zum Aufstand im Jahr 66 n. Chr. verteilte sich die Garnison der kleinen Provinz Judäa auf die größeren und kleineren Städte. Die ständig in Jerusalem stationierte Kohorte hatte anscheinend die drei großen Türme bezogen, die Herodes in der Nähe seines Palastes (heute die Zitadelle) hatte erbauen lassen. Wenn der dem Ritterstand angehörige Statthalter die Stadt besuchte, gewöhnlich an Festtagen wie dem Passah, wenn die Stimmung gefährlich werden konnte, hatte er eine weitere Kohorte im Gefolge, die in der Antoniafestung neben dem Großen Tempel ihr Quartier hatte. Als Pontius Pilatus zum ersten Mal mit solchem Gefolge nach Jerusalem kam, brachen Unruhen aus, weil seine Eskorte ihre Standarten mitführte, auch die *imagines* – und diese Götzenbilder im Tempel verstießen gegen das jüdische Gesetz. Als die Tumulte nicht aufhörten, lenkte Pilatus ein und ließ die Standarten aus der Burg und der Stadt entfernen. Es mehren sich die Hinweise, dass selbst inmitten der westlichen Provinzen in wichtigen Städten Garnisonen stationiert waren. So gab es beispielsweise in London ein großes befestigtes Römerlager. Die Vorstellung, im Inneren der römischen Provinzen habe es kein Militär gegeben, trifft nicht zu.

***(links)* Die Ruinen von Dura-Europos am Euphrat. Die Ausgrabungen haben hier viele militärische Ausrüstungsgegenstände ans Licht gefördert, militärische Texte auf Papyrus, Wandgemälde und sonstiges Material.**

Garnisonsalltag

Zwar können wir die materiellen Überreste vieler Römerlager identifizieren, aber damit wissen wir noch nicht, warum diese Standorte gewählt wurden, wie groß die Garnisonen und was ihre Aufgaben waren. Die befestigten Lager hatten Unterkünfte für eine große Zahl Soldaten, doch das heißt noch nicht, dass sie ständig von Soldaten einer bestimmten und immer gleich starken Einheit belegt waren. Ein Kochtopf der Ala I Thracum, der im Stützpunkt der Legio II Augusta in Caerleon gefunden wurde, lässt vermuten, dass hier auch die Kavallerie einer Auxiliartruppe ihren Standort hatte. In Vindolanda hat man Belege dafür gefunden, dass hier Legionäre stationiert waren. Es kommt auch vor, dass eine Militäreinheit auf einer Inschrift bezeugt ist und Jahrzehnte später auf einer anderen Inschrift am selben Standort, was natürlich nicht heißt, dass diese Einheit die ganze Zeit hier stationiert war. Und selbst wenn es so gewesen wäre, könnte ja das Gros der Mannschaft sein Lager an anderer Stelle gehabt haben.

Die Stärkemeldung der Cohors I Tungrorum, die auf einem der Vindolanda-Schreibtäfelchen gefunden wurde, gab ihre gesamte Ist-Stärke mit 752 Mann an, darunter 6 Zenturionen. Aber nicht weniger als 456 Soldaten und 5 Zenturionen waren für andere Aufgaben an einem anderen Ort abkommandiert; und ein Trupp von 337 Mann, befehligt von zwei Zenturionen, war unweit in Corbridge (Coria), andere schienen bis nach London abkommandiert zu sein. Eine andere, in Ägypten gefundene Stärkemeldung mit einer vollständigeren Besatzung bezieht sich allerdings auf eine Hilfseinheit in Moesia an der Donau, wahrscheinlich 105 n. Chr. Einige Bruchstücke, die wohl vor allem Zahlen enthalten, fehlen zwar oder sind mehrdeutig, doch die Meldung vermittelt einen guten Eindruck von den Aufgaben der Armee. Die Kohorte war zum Teil beritten *(equitata)*, ohne dass dieser Zusatz angegeben war, und sie war als *veterana* bezeichnet, vermutlich um sie von einer anderen, jüngeren Cohors I Hispanorum in derselben Provinz zu unterscheiden.

Verwitterter Grabstein eines Soldaten aus dem römischen London. Er hat ein Schreibtäfelchen in der Hand und war vermutlich Schreiber. Das Personal, das im Stab des Provinzstatthalters administrative Aufgaben wahrnahm, wurde zum größten Teil vom Heer gestellt.

Ein Großteil der Soldaten der Kohorte war in kleinen Gruppen innerhalb und außerhalb der Provinz verstreut. Nur einer von sechs Zenturionen

Stärkemeldung

Stärkemeldung *(pridianum)* der Cohors I Hispanorum Veterana quingenaria, unter Arruntianus, Präfekt. Sie stammt wahrscheinlich aus dem Jahr 105 n. Chr.

Gesamtzahl der Soldaten am 31. Dezember	546
einschließlich 6 Zenturionen, 4 Dekurionen; 119 Kavalleristen; ferner __ duplicarii, 3 sesquiplicarii, 1 duplicarius der Infanterie, __ sesquiplicarii der Infanterie.	
Zugänge nach dem 1. Januar	
__ Faustinus der Legat	2
____________	30
____ die Nachzügler	__
Zugänge gesamt	50
Summe	596
einschließlich 6 Zenturionen, 4 Dekurionen, __ Kavalleristen; ferner 2 duplicarii, 3 sesquiplicarii, 1 duplicarius der Infanterie, ____________	
Abgänge	
Versetzung zur Flotte auf Befehl des Legaten Faustinus	__
__ auf Befehl des Legaten Iustus, darunter 1 Mann Kavallerie	__
zurückgeschickt zu Herennius Saturninus	1+
der Armee in Pannonien überstellt	1+
ertrunken	1+
von Räubern getötet, 1 Mann Kavallerie	1
getötet	__
Verluste unter diesen gesamt	__
mit den Nachzüglern zurückgekehrt	1
ENDSUMME	__,
darunter 6 Zenturionen, 4 Dekurionen; 110+ Kavalleristen; darunter 2 duplicarii, 3 sesquiplicarii, __ duplicarii der Infanterie, 6 sesquiplicarii der Infanterie	

von diesen abwesend	
in Gallien zum Kleiderkauf	__
desgleichen zum Einkaufen von Getreide	__
hinter dem Fluss Erar (?) zum Einkaufen von Pferden, einschließlich __ Mann Kavallerie	__
im Castra in Garnison, einschließlich 2 Mann Kavallerie	__
in Dardania im Bergwerk	__
abwesend insgesamt außerhalb der Provinz, einschließlich __ Mann Kavallerie	__
Innerhalb der Provinz	
Ordonnanzen des Legaten Fabius Iustus, einschließlich des Carus, Dekurio	__
im Büro des Latinianus, Prokurator des Kaisers	__
in Piroboridava in Garnison	__
in Buridava in Garnison	__
hinter der Donau auf einer Expedition, einschließlich __ sesquiplicarii, 23 Mann Kavallerie, 2 sesquiplicarii der Infanterie __	
desgleichen zum Schutz des Getreidenachschubs	__
desgleichen auf Erkundung mit dem Zenturio A__uinus, einschließlich __ Mann Kavallerie	__
bei den Getreideschiffen, einschließlich 1 Dekurio	__
im Hauptquartier bei den Schreibern	__
in den Haemusbergen, Vieh holen	__
zur Bewachung der Zugtiere, einschließlich __ sesquiplicarii __	
desgleichen zur Bewachung von __	__
Gesamtzahl der Abwesenden beider Kategorien einschließlich 1 Zenturio, 3 Dekurionen, __ Mann Kavallerie; __; 2 sesquiplicarii der Infanterie	__

leistete seinen Dienst abseits des Gros der Besatzung, während es beispielsweise in Vindolanda fünf von sechs waren, doch drei der vier Dekurionen waren auswärts. Manches spricht dafür, dass solche Muster innerhalb der Armeeeinheiten unter dem Prinzipat verbreitet waren. Im frühen 2. Jahrhundert wurde Plinius d. J. als kaiserlicher Legat mit besonderem Auftrag in die Provinz Bithynia et Pontus geschickt, um dort als Statthalter zu regieren. Seine Korrespondenz mit Kaiser Trajan während dieser Zeit wurde später veröffentlicht. Die Provinz wurde normalerweise von einem Prokonsul aus dem Senat verwaltet und hatte nur eine kleine Militärgarnison. Plinius erwähnt wiederholt, dass kleine Trupps von Soldaten die unterschiedlichsten Aufgaben wahrnahmen, von der Regelung des Verkehrs bis zur Eskorte höherer Beamter und zur Bewachung von Gefängnissen. Plinius spricht auch wiederholt von dem Wunsch des Kaisers, es sollten so wenig Soldaten wie möglich außerhalb ihrer Einheiten Dienst tun. In den Antworten Trajans taucht dieser Wunsch ständig auf, während er gleichzeitig Plinius Anweisung gibt, diese oder jene abkommandierte Abteilung dort zu lassen, wo sie gerade ist. Die römischen Kaiser regierten mit einer ziemlich kleinen Zivilbürokratie und zogen die Armee häufig zu nichtmilitärischen Aufgaben heran, weil sonst niemand zur Verfügung stand.

Soldaten als Verwalter

Republikanische Provinzstatthalter hatten anscheinend nicht mehr als einige Dutzend Mitarbeiter, doch unter dem Prinzipat konnten sich die Statthalter der römischen Provinzen auf einen größeren Beamtenstab stützen. Sein Amtssitz, das *praetorium*, gewöhnlich unter dem Befehl eines abgestellten Zenturionen, sowie seine Leibwachen zu Pferd *(singulares)* und zu Fuß, eine Auslese unter den Fähigsten der Auxiliartruppen, wurden vom *officium* der Verwaltung unterstützt. Dieses unterstand unmittelbar den *cornicularii* (Schreiber, die den Geschäftszimmern vorstanden) – jener Posten, den Julius Apollinaris nach seiner Einberufung erfolglos angestrebt hatte (S. 79) – und dürfte mehrere Hundert Mann gezählt haben. Das gesamte Personal wurde von der Armee gestellt und von den Stammeinheiten abkommandiert. Innerhalb des *officium* gab es *commentarienses* (Stabschargen), die anscheinend die Akten der Provinz geführt haben, Sekretäre *(exceptores* und *notarii)*, Schreiber und Archivare *(librarii* und *exacti)* sowie Helfer *(adiutores)* und Männer in höheren Rängen wie die *principales* (Unteroffiziere) – darunter die *beneficiarii, frumentarii* und *speculatores*. Wichtigste Aufgabe des *officium* war die Verwaltung der Armee innerhalb der Provinz, es konnte aber Aufgaben des Statthalters übernehmen. Ernennungen waren Sache des Legaten; allerdings ist unwahrscheinlich, dass jeder neue Statthalter sämtliche Stellen mit eigenen neuen Leuten besetzte. Vielmehr dürfte in den Militärprovinzen eine beträchtliche administrative Kontinuität geherrscht haben.

Soldaten repräsentierten die Macht Roms und in vielen ländlichen Regionen waren sie wohl die einzigen Vertreter der kaiserlichen Regierung. Insbesondere Offiziere – regionale Zenturionen oder berittene Kommandeure der Garnisonen von Auxiliartruppen – haben anscheinend Verwaltungsfunktionen ausgeübt, die ihnen vom Provinzstatthalter übertragen wurden. Unter den Qumran-Rollen – in der Hauptsache Papyrusrollen, die in Höhlen am Toten Meer in der Nähe von Khirbet Qumran gefunden wurden – befand sich auch ein Bestand von Dokumenten, die aus dem frühen 2. Jahrhundert n. Chr. datieren und einer gewissen Babatha gehörten. Darunter fand sich die Abschrift einer Erklärung, aufgesetzt im Dezember 127, in der ihr Grundbesitz nahe der Stadt Maoza in Arabien aufgeführt ist. Das Originaldokument wurde einem Armeebefehlshaber namens Priscus vorgelegt – wahrscheinlich der Präfekt einer *ala* –, dessen lateinische Empfangsbestätigung ins Griechische übersetzt wurde, in dem der Rest der Abschrift geschrieben war. Die Erklärung erfolgte im Rahmen eines Zensus, der vom Provinzstatthalter durchgeführt wurde, wobei Priscus in der Region um Maoza als dessen Stellvertreter fungierte. Ein weiteres Papyrusfragment enthält den Text einer ähnlichen Erklärung gegenüber Priscus in Maoza durch eine andere Person, was den Schluss nahe legt, dass dies kein Einzelfall war und dass er regelmäßig mit solchen Aufgaben betraut wurde.

Soldaten als Bauhandwerker

In der römischen Armee, vor allem in den Legionen, dienten viele Handwerker und Baumeister und Ingenieure. Alle Militärstützpunkte, von den Marschlagern, die am Ende eines jeden Tagesmarschs aufgeschlagen wurden, bis zu den befestigten Lagern und Festungen aus Stein, wurden immer von den Soldaten selbst errichtet. Viele Inschriften verzeichnen die Errichtung oder Wiederherstellung von Verteidigungsanlagen oder auch den Ausbau sonstiger Bauwerke zu dauerhaften Stützpunkten. Gewöhnlich wurden solche Arbeiten von der Einheit in der Garnison ausgeführt, was allerdings nicht unbedingt auch für die befestigten Lager der Auxiliartruppen gilt. Die Hilfseinheiten waren kleiner als die Legionen und verfügten über entsprechend weniger Fachleute. Wir haben Hinweise, dass auch von den Auxiliartruppen gewisse Bauarbeiten ausgeführt wurden, wahrscheinlich beaufsichtigt von Ingenieuren aus den Legionen.

Bei großen Bauvorhaben wurden Arbeitskräfte aus mehreren Einheiten herangezogen. Der Hadrianswall erforderte die Beteiligung aller drei in Britannien stationierten Legionen: II Augusta, VI Victrix und XX Valeria Victrix. Jede Legion wurde mit dem Bau eines Wallabschnitts beauftragt, und diese wies ihrerseits einzelnen Zenturien Teilabschnitte zu. So genannte Zenturiensteine, mit denen die Fertigstellung eines Bauabschnitts durch eine dieser Einheiten markiert wurde, hat man häufig gefunden.

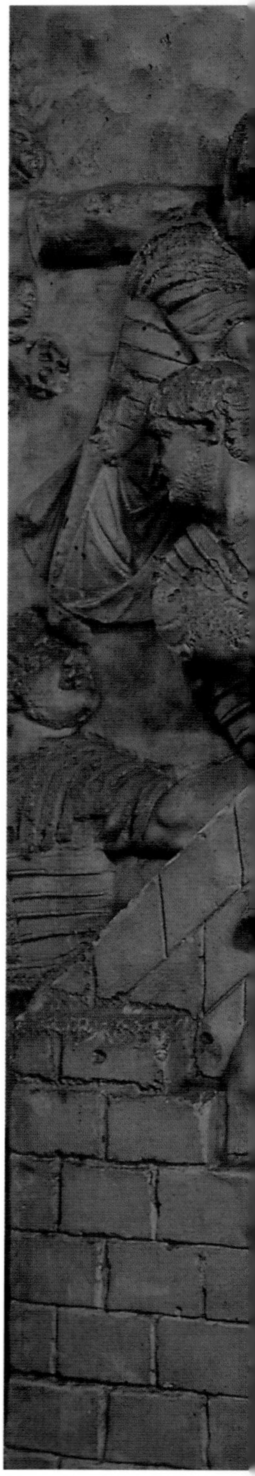

**Römische Legionäre bauen ein festes Lager; Szene auf der Trajanssäule. Auf einem Feldzug mussten die Soldaten auch bei solchen Arbeiten ihre Rüstung tragen, denn mit einem Überraschungsangriff mussten sie immer rechnen. In Friedenszeiten waren solche Vorsichtsmaßnahmen nicht nötig.
Die Soldaten wurden zu den verschiedensten Bauprojekten herangezogen, sie mussten Amphitheater, Aquädukte und Straßen bauen.**

Offenbar war es gängige Praxis, Bauarbeiten zwischen den Untereinheiten der Armee aufzuteilen. So hat die Armee von Kaiser Titus den Bau der Belagerungswerke vor der Zerstörung Jerusalems 70 n. Chr. in dieser Weise organisiert, und man hat wohl angenommen, dass dadurch eine gesunde Rivalität zwischen den Einheiten gefördert würde, wenn sie ihre Aufgabe schneller und besser zu erledigen trachteten

als die anderen. Am Hadrianswall kann man sehen, dass die Einheiten den Bauplan zum Teil anders interpretierten, da unter anderem der Bau der in regelmäßigen Abständen errichteten Kleinkastelle und Türme unterschiedlich ausgeführt wurde.

Auch der Straßenbau war in der Regel Aufgabe der Armee. Diese Bauprojekte, die den Transport von Menschen und Material ermöglichen sollten, kamen natürlich auch der Zivilbevölkerung der Provinz zugute. Und wie wir schon dargelegt haben, errichteten die meisten Legionen und manche Auxiliareinheiten am Rande ihrer Stützpunkte Amphitheater. Es gibt jedoch zahlreiche Belege, dass die Armee auch Bauprojekte zum Nutzen der Zivilbevölkerung durchführte. Das Aquädukt, das noch heute am Rande der Kolonie von Caesarea Maritima

Das Aquädukt in Caesarea, Israel, verläuft entlang der Mittelmeerküste und versorgte die Kolonie mit Wasser. Gebaut und unterhalten wurde es von der Armee.

(unten) Eine Inschrift am Aquädukt von Caesarea nennt die unter Kaiser Trajan von einem *vexillum* der Legio X Fretensis ausgeführten Bauarbeiten.

an der Küste Judäas steht, wurde von einer Abteilung *(vexillatio)* der Legio X Fretensis wieder aufgebaut, woran eine erhaltene Inschrift am ursprünglichen Ort erinnert. Andere Inschriften vermerken ähnliche Arbeiten an diesem Aquädukt durch andere Legionen. Im Jahr 75 n. Chr. haben in der Nähe von Antiochia abkommandierte Truppenteile von vier Legionen und 20 Auxiliarkohorten einen etwa fünf Kilometer langen Kanal ausgehoben und Brücken gebaut, auf denen er überquert werden konnte. Als Statthalter in Bithynien schrieb Plinius d. J. an Trajan und schlug ihm verschiedene Bauprojekte vor; er erwähnte auch andere, die von den Städten in der Provinz begonnen wurden, aber stets fehlgeschlagen oder aufgegeben worden waren. Er bat Trajan wiederholt, dem Statthalter in Moesia inferior, der nächsten Provinz mit einer Legionärsgarnison, aufzutragen, ihm einen Militäringenieur zu schicken, der das vorgeschlagene Projekt beaufsichtigen sollte. Regelmäßig lehnte Trajan mit dem Argument ab, es müsse doch auch in Bithynien fähige Ingenieure und Baumeister geben; und so scheint das ständige Ersuchen des Plinius die allgemeine Überzeugung zu bestätigen, dass die besten Ingenieure nur im römischen Heer zu finden waren. Eine Inschrift aus Lambaesis, Nordafrika, bekräftigt diese Ansicht. Sie berichtet von der Beteiligung eines Veteranen der Legio III Augusta, eines gewissen Nonius Datus, an dem Projekt, einen Tunnel durch einen Berg zu bohren, um eine Stadt in der benachbarten Provinz Mauretanien mit Wasser zu versorgen. Datus wurde von den Lokalbehörden mehrmals gebeten, zur Baustelle zu kommen, brauchten sie doch ständig die Erlaubnis des Legaten; offenbar hielt sich dieser nie länger dort auf, weil er vermutlich woanders auch gebraucht wurde. Bei einem dieser Aufenthalte vermaß er die beiden Tunnel, die von beiden Seiten des Bergs vorgetrieben wurden, und stellte fest, dass die Summe der Länge der beiden Teilstücke größer war als die gerade Strecke zwischen beiden Tunneleingängen. Solche Fehler warfen gravierende Probleme auf. Während der Bauzeit waren zeitweise Arbeitskräfte aus der Flotte und den Auxiliartruppen beteiligt und Datus schürte die Rivalität zwischen beiden Gruppen, um die Arbeiten voranzutreiben.

Soldaten in Handwerk und Industrie

Die höchste Ehre, die ein General außerhalb der kaiserlichen Familie entgegennehmen durfte, verlieh Claudius an Curtius Rufus, der als Statthalter von Germania superior seine Truppen für die Arbeit in Silberbergwerken auf dem Territorium des Stammes der Mattiaker eingesetzt hatte. Tacitus machte dazu die sarkastische Bemerkung, die Arbeit sei schwer und die Belohnungen unbedeutend gewesen und die Soldaten hätten den Kaiser schriftlich ersucht, jedem neuen Statthalter diese Ehre von vornherein zu gewähren, damit sie sich nicht immer wieder mit einer solch ebenso mühseligen wie sinnlosen Plackerei abgeben müssten, um dieser Ehre teilhaftig zu werden. Dieser Fall war außergewöhnlich, aber in den meisten Provinzen war es für die Soldaten üblich, im Handwerk und in der Industrie mitzuarbeiten. Im Westen Britanniens beaufsichtigte die Legio II Augusta die Bleiminen in den Mendip Hills und vermutlich noch andere Bergwerke, die näher an ihrem Stützpunkt in Caerleon lagen. Die Armee betrieb Steinbrüche, aus denen sie das Material für ihre Bauvorhaben holte. Es gab auch militärische Keramikwerkstätten, wo nicht nur das Essgeschirr der Soldaten, sondern auch rote Lehmziegel für die Dächer der Lagergebäude produziert wurden. Dachziegel trugen häufig einen Stempel mit dem Namen der Einheit, was aber nicht bedeutet, dass mit ihnen nur militärische Gebäude gedeckt wurden, denn man hat solche Ziegel gelegentlich auch bei zivilen Bauwerken gefunden. Manche Ziegel tragen Graffiti, und ähnliche bedeutungslose Ritzzeichnungen von gelangweilten und erschöpften Soldaten findet man auch in den Steinbrüchen.

Größere Militäranlagen hatten meist eigene Werkstätten *(fabricae)*. Hier wurden Waffen und Ausrüstungsgegenstände hergestellt und gewartet, aber auch andere Gebrauchsartikel für die Armee. Ein Vindolanda-Schreibtäfelchen macht Angaben über den Einsatz von 343 Männern in den Lagerwerkstätten. Zu ihren Tätigkeiten gehörten die Schuhmacherei, der Bau eines Badehauses und weitere – auf dem nur in Bruchstücken erhaltenen Dokument nicht näher feststellbare – Aufgaben, die etwas zu tun hatten mit: Blei, Fuhrwerken, Krankenhaus, Brennöfen, Lehm (wahrscheinlich das Abstechen), Verputz, Zelten und Abfall.

Soldaten als Polizisten

Die römischen Provinzen kannten die Institution einer Polizei nicht, auch wenn es in manchen Regionen eine lokale Polizei mit begrenzten Befugnissen gab. Soldaten waren Beauftragte der kaiserlichen Regierung; sie durften Waffen tragen, mussten auf Befehl auch Gewalt anwenden und hatten häufig polizeiliche Aufgaben zu übernehmen. Der bereits erwähnte Dienstplan aus Ägypten kommandierte Männer zu Streifengängen in Alexandria ab und wies ihnen die rätselhaften Pflichten von Polizeibeamten in Zivil zu. Entlang einiger Straßen in Ägypten und anderen Provinzen standen in bestimmten Abständen kleine Wachtürme, die höchstens einem halben Dutzend Soldaten Platz boten. Diese Wachposten hatten sicher nicht die Aufgabe, eine militärische Bedrohung abzuwenden, sondern sollten den Verkehr auf den Straßen überwachen. Viele *beneficiarii* der Legionen wurden für den Dienst in solchen Wachhäuschen *(stationes)* eingeteilt, wo sie als lokale Vertreter des Statthalters auftraten; unter anderem waren sie für Verhaftungen und den Vollzug der von den Gerichten verhängten Strafen zuständig. Aber die mächtigsten Vertreter Roms waren die regionalen Zenturionen und andere Offiziere; diese waren über die gesamte Provinz verstreut und mit ihnen hatten es die meisten Zivilpersonen der Provinzen zu tun.

Die ägyptischen Papyri verzeichnen viele Fälle, in denen sich Einheimische an Offiziere der römischen Armee wandten, meist Zenturionen, und sich um eine Wiedergutmachung für Verbrechen bemühten, die an ihnen begangen worden waren. Im Jahr 207 schrieb eine Aurelia Tisais an den Zenturio Aurelius Julius Marcellinus, ihr Vater und ihr Bruder seien von der Jagd nicht zurückgekehrt und sie befürchte, dass beide nicht mehr am Leben seien. Sie ersuchte den Offizier, die Schuldigen zu finden und zur Rechenschaft zu ziehen. Diebstahl war häufig der Grund solcher Ersuchen, und wir erfahren, dass unter anderem Kleidung, Getreide und Vieh zum Diebesgut gehörten. Mancher Dieb wird darin namentlich genannt. So nennt ein Brief die Namen von sechs Männern samt ihren Komplizen und den Soldaten Titius, der dem Kläger zufolge haufenweise Fische aus einem seiner Teiche gestohlen hatte. In diesem und anderen Fällen war das Opfer bedroht oder tätlich angegriffen worden. Im Jahr 193 erhielt der Zenturio Ammonius Paternus das Ersuchen eines gewissen Syros, 47 Jahre alt, der sich als jemand mit einer Narbe am rechten Knie auswies. Da er weder lesen noch schreiben konnte, hatte ein anderer für ihn den Brief aufgesetzt. Syros beschuldigte mehrere Steuereintreiber, sie hätten von ihm mehr Getreide als rechtens gefordert, sie hätten seine Mutter angegriffen und beraubt, die infolgedessen das Bett hüten müsse.

Wir wissen nicht, ob und was in diesen Sachen unternommen wurde. Der formale Stil solcher Dokumente lässt vermuten, dass es wohl üblich und auch wirksam war, Wiedergutmachung in dieser Weise zu erlangen. In einem erhaltenen Brief, geschrieben von einem Zenturio, wird der Beschuldigte in einem Streit um das Eigentum an der Ernte vorgeladen. Wenn es nötig war, konnte der Zenturio den Betreffenden durch bewaffnete Soldaten zwangsweise vor seinen Richterstuhl holen lassen. Es ist auch von Personen die Rede, die für einen Beschuldigten bürgten und sich verpflichteten, eine Geldbuße zu bezahlen, falls dieser nicht vor Gericht erschien.

Soldaten als Besatzer

Das Römische Reich brachte Frieden und Wohlstand. In vielen Regionen, die unter die Herrschaft Roms kamen, stiegen die Bevölkerungszahlen und die Wirtschaft prosperierte. Aber die Vorteile des neuen Regimes kamen nicht allen gleichermaßen zugute, manche profitierten überhaupt nicht davon; doch das Gros der Völker in den römischen Provinzen genoss einen höheren Lebensstandard als vor der Ankunft der Römer. Diese positiven Entwicklungen änderten nichts daran, dass die Römer als Eroberer auftraten und ihre Herrschaft auf ihrer militärischen Übermacht beruhte. Es gab Zeiten, da musste diesem Machtanspruch Geltung verschafft werden, und das Mittel dazu war die Armee. In vielen Provinzen brachen innerhalb einer Generation nach ihrer Eroberung Aufstände aus. Danach sah es so aus, als akzeptierten manche Provinzen wenngleich widerwillig die Herrschaft der Römer, doch anderswo kam es immer wieder zu sporadischen Aufständen, die sich manchmal ausbreiteten.

Römische Soldaten schleppen Beutegut aus dem Großen Tempel im eroberten Jerusalem weg. 66 n. Chr. erhob sich die Bevölkerung Judäas. Anfängliche Versuche, den Widerstand zu brechen, hatten zunächst nur Niederlagen für die Römer zur Folge. Es bedurfte jahrelanger Feldzüge, bis die Region zurückerobert war. Höhepunkt des Krieges war die Belagerung und Zerstörung Jerusalems durch Kaiser Vespasians Sohn Titus. Zur Verherrlichung des Siegers wurde in Rom ein Triumphbogen gebaut, auf dem ein Relief die abgebildete Szene zeigt.

In Wales und im Norden Britanniens mussten starke Militärgarnisonen noch lange Zeit unterhalten werden, nachdem diese Gebiete besetzt worden waren und die Grenzregionen sich längst weiter verschoben hatten. Gebiete mit Gebirgen oder Wüsten wurden selten vollständig besetzt und erforderten meist eine starke Militärpräsenz. Gewalttätige Elemente im Reich betrachtete man als Banditen, und deren Übergriffe richteten sich häufiger gegen die einheimische Bevölkerung als gegen die römische Armee. Wir wissen nicht, welche Motive dabei eine Rolle gespielt haben und wie weit es politische Aktionen waren, die auf die Vertreter Roms abzielten. Banden, die traditionell ihren Lebensunterhalt aus Raubüberfällen bestritten hatten, sahen wohl keinen Grund, mit der Ankunft der Römer damit aufzuhören, aber in manchen Gegenden könnte die römische Militärpräsenz durchaus Widerstand provoziert haben.

Allerdings sind wir über derartige Aktivitäten in der Provinz Judäa und ihre Nachbarregionen besser informiert als über den Rest der römischen Provinzen. Dieses Material, das von Geschichtsschreibern wie Josephus Flavius, aus dem Neuen Testament und der talmudischen Literatur stammt, vermittelt uns ein einmaliges Bild von der römischen Herrschaft aus der Sicht der eroberten Bevölkerung. Wir dürfen daraus jedoch nicht schließen, in den anderen Provinzen, über die wir viel weniger wissen, seien die Verhältnisse ähnlich gewesen. Die jüdische Religion machte es für die Römer fast unmöglich, die Juden in das soziale System des Reiches zu integrieren. Erschwert wurde die Situation noch dadurch, dass die polytheistischen Römer wenig Verständnis für die Juden und ihre Glaubensvorstellungen hatten, die ihnen fast wie Atheismus vorkommen mussten. Hinzu kommt noch der Umstand, dass wiederholt die denkbar ungeeignetsten Statthalter in Judäa regierten. Unter Nero und Hadrian kam es zu größeren Aufständen in der Provinz, und in den letzten Jahren der Regierungszeit Trajans erhob sich die jüdische Bevölkerung in Ägypten, doch dies waren nur die auffälligsten Beispiele eines Banditenunwesens und rebellischen Geistes.

Die römische Reaktion auf Widerstand war in der Regel brutal. Im Jahr 4 v. Chr., als nach dem Tod von Herodes Unruhen ausbrachen, ließ der syrische Statthalter Varus mehrere Tausend mutmaßliche Rebellen in der Umgebung Jerusalems ergreifen und kreuzigen. Trotz derart brutaler Maßnahmen blieb das Banditentum ein Dauerproblem, und bei Reisen musste man auf alles gefasst sein – eine Realität, die im Gleichnis vom guten Samariter ebenso ihren Ausdruck fand wie in gelegentlichen Bemerkungen bei Josephus Flavius, die streng religiöse Sekte der Essener habe nur Waffen getragen, wenn ihre Anhänger auf Reisen gingen. Jesus wurde auf Befehl des Präfekten der Provinz, Pontius Pilatus, gekreuzigt, und ausgeführt wurde der Befehl von einer Gruppe Soldaten unter der Führung eines Zenturios. Barabbas, der Mann, den Pilatus anstelle von Jesus freigab, wird im Evangelium nach Markus als ein Räuber *(leistis)* beschrieben, der im Kerker saß, weil er einen Aufstand in Jerusalem angeführt hatte. Josephus Flavius nennt viele andere Anführer, die sich erhoben und von der römischen Obrigkeit niedergemacht wurden. Seine Einstellung den meisten gegenüber ist feindselig, weil sie die Autorität der vornehmen Priestergeschlechter anfochten, denen er selbst zugehörte. In der talmudischen Literatur, die hauptsächlich aus Geschichten und Lehren über verschiedene Rabbis besteht, werden häufig Gruppen erwähnt, die außerhalb des Gesetzes leben. Die Haltung dieser Texte gegenüber solchen Rebellen ist wesentlich ambivalenter und gelegentlich sogar positiv. Archäologen haben an mehreren Grabungsstätten Höhlen- und Tunnelkomplexe entdeckt, die solchen Banden von Terroristen (oder Freiheitskämpfern oder Banditen, je nach Standpunkt des Beobachters) als Schlupfwinkel dienten. In diesen Verstecken hat man auch militärische Ausrüstungsgegenstände und Helme gefunden, möglicherweise die Beute von Überfällen.

Nicht jeder gewaltsame Aufruhr in den Provinzen war gegen Rom gerichtet. In Judäa standen sich Samariter und Juden öfter sowohl untereinander wie auch der nichtjüdischen Gemeinschaft in der Region feindlich gegenüber. In Städten wie Alexandria und Caesarea brachen regelmäßig Unruhen zwischen Juden und Nichtjuden aus. Der Aufstand in Ägypten unter Trajan geriet praktisch zu einem Krieg zwischen Juden und Heiden, und viele ägyptische Gemeinden stellten Einheiten aus Freiwilligen auf, die auf der Seite der römischen Armee kämpften.

Soldaten und Zivilisten

Wenn ihnen befohlen wurde, Zivilisten gefangen zu nehmen und hinzurichten oder Dörfer niederzubrennen, hatten die römischen Soldaten anscheinend keine Skrupel, den Befehl auszuführen. Unsere Quellen berichten häufig von der Brutalität einzelner Soldaten. Johannes der Täufer soll die Soldaten gemahnt haben, mit ihrem Sold zufrieden zu sein statt Zivilisten zu berauben und zu erpressen. Möglich, dass er die Soldaten der Armee des Herodes meinte, doch da diese Einheiten nach römischem Vorbild organisiert waren und später in die regulären Auxiliartruppen integriert wurden, ist dieser Unterschied ohne Belang. Der brutale Soldat ist eine vertraute Figur der römischen Literatur. Der Held in Petronius' *Satyricon* wird eines Nachts von einem Legionär bedroht und ausgeraubt, während im *Goldenen Esel* des Apuleius ein Soldat versucht, den Esel zu stehlen, und als er später dafür verprügelt wird, wollen seine Kameraden ihn rächen. Papyri aus Ägypten belegen, dass Machtmissbrauch seitens der Soldaten die Realität war. Sie konnten in bestimmten Fällen Vieh und Eigentum konfiszieren, mussten dafür jedoch den Eigentümern Empfangsbescheinigungen ausstellen, so dass diese Entschädigung verlangen konnten. Und wenn die Soldaten diese Bescheinigung verweigerten, hatte es der Geschädigte schwer, Wiedergutmachung zu erlangen. Aus Ägypten sind zivile Buchführungsdokumente erhalten, in denen neben üblichen Ausgaben Bestechungsgelder an Soldaten und römische Beamte aufgeführt sind, was zeigt, dass solche Vorkommnisse alltäglich waren.

Wesentlich mehr wurde oft als Kontributionen vom Staat gefordert. In anderen ägyptischen Quellen wird der Empfang von Getreide bescheinigt, das Soldaten im Auftrag ihrer Einheit von einzelnen Grundbesitzern oder ganzen Dörfern abtransportierten. So wurde im Jahr 185 der *duplicarius* Antonius Justinus von der Ala Heracliana, die im ägyptischen Koptos stationiert war, von seinem Vorgesetzten, dem Provinzstatthalter und Präfekten Valerius Frontinus, beauftragt, Getreide zu erheben. 20.000 *artabas* Hafer von der Jahresernte sollten an die Einheit abgeliefert werden. Justinus nahm 100 *artabas* davon entgegen, den Getreidesteueranteil des Dorfes Terton Epa. Um der Macht Roms in der Provinz Geltung zu verschaffen, griffen einzelne Soldaten zu brutalen Methoden. Als Waffenträger missbrauchten sie ihre Position, bedrohten Zivilisten und pressten Geld von ihnen ab.

Zwei Barbaren in Ketten werden von einem Römer abgeführt; Relief am Tropaeum in Adamklissi. Soldaten hatten die Beschlüsse der Zivilverwaltung durchzusetzen.

Grenzgebiete

Große Teile der römischen Armee waren in der Nähe politisch bedeutsamer Zentren konzentriert, nahe bei den großen Städten im Osten und natürlich bei Rom; die Prätorianergarde und die sie unterstützenden Einheiten wurden ständig verstärkt. Einige Regionen des Reichs, wo es in der Bevölkerung großen Widerstand oder Räuberbanden gab, waren nie vollständig unter Kontrolle und erforderten ebenfalls die Stationierung größerer Garnisonen. Doch das Gros der Armee war in den Grenzprovinzen eingesetzt. Unter dem Prinzipat wurden diese Stützpunkte ständig ausgebaut und dauerhafter gemacht, Holzwände und Strohdächer wurden Zug um Zug durch Steinmauern und Dachziegel ersetzt. Im 20. Jahrhundert haben die Archäologen viele kleinere oder größere befestigte Römerlager gefunden, und ihre Verteilung schien ein Hinweis auf die Prioritäten der Armee in jeder Grenzregion zu sein. So gibt es Einheiten, die über längere Perioden, manchmal sogar über Jahrhunderte hinweg am selben Ort bezeugt werden. Wenn sich die Stärke einer Einheit änderte, wenn sie verlegt oder durch eine andere ersetzt wurde, hat man diese Veränderungen häufig als eine Reaktion auf die Entwicklung der militärischen Lage interpretiert.

Wie schon dargelegt, besagen die Existenz einer Lagerverwaltung und die überkommenen Belege einer Einheit an einem bestimmten Standort nicht unbedingt, dass diese Einheit sich immer dort aufhielt, und Aufschlüsse über alle Dienste der Soldaten geben sie meist auch nicht. Viele Einheiten waren über ein weites Gebiet verstreut und führten in kleinen Truppen die unterschiedlichsten Aufgaben aus. Ein befestigtes Lager, das ursprünglich für eine 500 Mann starke Auxiliarkohorte konzipiert war, konnte natürlich auch anders genutzt werden. Es konnte als Garnison für eine Einheit dienen, selbst wenn Teile der Besatzung die meiste Zeit ganz woanders eingesetzt waren, oder auch als Unterkunft für die abkommandierten Truppen von mehreren verschiedenen Einheiten aus Legionären oder irregulären Soldaten. Sieht man einmal von Krisenzeiten oder Ausnahmesituationen ab, wird ein solches Lager wahrscheinlich nicht mit mehr Männern als der Sollstärke dauerhaft belegt gewesen sein, wollte man keine Überbelegung in Kauf nehmen. Gleiches gilt sicher auch für die wesentlich größeren festen Lager der Legionäre. Dass einmal eine Legion in voller

Wall und Graben des Antoninuswalls bei Rough Castle, Schottland. Dieser nördlichste Wall wurde zwar von den Römern nicht so lange besetzt gehalten wie der bekanntere Hadrianswall, war aber eine ebenso starke Grenzanlage.

Diese Steintafel am Antoninuswall erinnert an die Fertigstellung des Bauabschnitts am Hutcheson Hill. Die Siegesgöttin krönt die Adlerstandarte der Legio XX Valeria Victrix. Links und rechts knien unterwürfige Gefangene, die Hände auf den Rücken gebunden.

Stärke in ihrem Lager war, dürfte – abgesehen von den Zeiten, in denen die Einheit darin Winterquartier bezog – eher die Ausnahme gewesen sein. Es wäre unsinnig gewesen, 5000 Mann untätig im Stützpunkt zu lassen, bis sie für einen größeren Feldzug benötigt würden, während die Arbeitskräfte der Armee von allen Seiten angefordert wurden. Daher wurden die Legionäre als Verwalter, Baumeister, Ingenieure, Polizisten oder Handwerker abgestellt oder zu Vorposten der Garnison abkommandiert, wenn sie nicht als ganze Kohorten oder kleinere Abteilungen auf Feldzüge geschickt wurden. In den Legionen gab es viele verschiedene Spezialisten, und wenn diese irgendwo gebraucht wurden, musste man entscheiden, ob gleich die ganze Legion abkommandiert werden musste oder lediglich ein starkes Kommando zu entsenden war.

Die römische Armee war dynamisch und tatkräftig, ihre Soldaten erledigten die unterschiedlichsten militärischen und zivilen Aufgaben. Die heute bekannten Standorte der festen Lager sagen uns zwar noch nichts darüber, womit sich die Garnisonen einer Provinz im Alltag beschäftigt haben, doch auch wenn Teile der Besatzungen von ihrer Stammeinheit weit entfernt operierten, lassen die Standorte so vieler Militärstützpunkte in den Grenzgebieten vermuten, dass das Hauptaugenmerk der Armee eben diesen Randzonen galt. Die Errichtung dieser Stützpunkte hat beträchtliche Mittel verschlungen, ebenso die massiven Grenzbefestigungen wie der Hadrianswall und der Antoninuswall im Norden Britanniens. Unsere schriftlichen Quellen berichten wenig über die Aktivitäten an den Grenzen des Reiches, insbesondere seit dem Ausgang des 1. Jahrhunderts n. Chr. schweigen sie. Wir sind also in erster Linie auf die archäologischen Befunde angewiesen und die wenigen schriftlichen Fragmente sowie auf unsere Schlussfolgerungen.

Strategie und Großstrategie

Bis heute wird kontrovers über Sinn und Zweck der Grenzsicherung des Römischen Reiches debattiert. Die einen sind der Auffassung, das Ziel Roms sei defensiver Art gewesen: Die Armee wurde an den Grenzen stationiert, um der äußeren Bedrohung durch benachbarte Völker zu begegnen und den römischen Frieden *(Pax Romana)* zu bewahren, der es den befriedeten und zivilisierten Provinzen des Reiches ermöglichte, ihren Wohlstand zu mehren. Für diese Ansicht sprechen etliche antike Quellen, etwa der griechische Redner Aelius Aristides (2. Jh. n. Chr.), der die Armee mit einem Wall verglich, der die zivilisierte (gemeint ist die römische) Welt umgab und bewachte. Schon zur Regierungszeit des Augustus hatte der Geograf Strabo behauptet, die Römer hätten längst die besten Teile der Erde erobert und eine weitere Expansion sei kaum der Mühe wert und auch nicht rentabel. Nach 14 n. Chr. war die Politik Roms nicht mehr auf Expansion ausgerichtet, nur noch selten wurde eine neue Provinz erobert, und das scheint die Ansicht zu untermauern, dass dem Kaiser nun an der Verteidigung und Festigung der römischen Macht gelegen war. Wenn dies die Hauptaufgabe der Armee unter dem Prinzipat war, dann hat sie diese im 1. und 2. Jahrhundert sehr gut gelöst, doch weniger gut im 3. Jahrhundert, als immer wieder Völker in die Provinzen einfielen. Historiker haben versucht, das politische System herauszuarbeiten, das den langen Perioden der Sicherheit zugrunde lag, sowie die Faktoren zu ergründen, die anschließend zur Schwächung der Verteidigungsbereitschaft führten. Hinter den Stützpunkten entlang der Grenzgebiete vermutete man eine klare und insgesamt wirksame Strategie. Und auf der Ebene des ganzen Reichs – wo sämtliche Ressourcen des Staates zu seinem langfristigen Nutzen mobilisiert wurden – planten dieser Ansicht zufolge der Kaiser und seine Berater bis in Detail, wo und in welcher Weise die Kräfte gebündelt werden sollten, wobei stets die Bedürfnisse der einzelnen Regionen gegeneinander abgewogen wurden. In mancher Hinsicht heißt dies, das Römische Reich als einen »modernen« Staat anzusehen, der sein Territorium und seinen Reichtum gegen äußere Aggressoren verteidigt, was heutige Demokratien auch tun. Der offenkundige Erfolg Roms war so gesehen ein Schulbeispiel für die moderne Welt.

Die Argumente der Gegenseite betonen mehr die »primitiven« Aspekte des Imperiums, dem es an schneller Nachrichtenübermittlung und einer gut organisierten Verwaltung fehlte. Die römische Welt war im Wesentlichen eine Welt ohne Landkarten, das antike Bild der Geografie war schlicht und grob, was genauere Planungen schwierig machte. Insofern hätten die Kaiser gar keine groß angelegten Ziele für das gesamte Reich verfolgen können, selbst wenn sie solche beabsichtigt hatten. Vielmehr waren ihre politischen Entscheidungen bloße Reaktionen auf das, was sich gerade ereignete, und nicht Teilaspekte eines Gesamtkonzepts. Die Standorte der Stützpunkte entlang der Grenze seien aufs Geratewohl gewählt worden und nicht nach irgendwelchen systematischen Erwägungen. Außerdem gebe es für viele Grenzgebiete kaum Belege dafür, dass die Grenzen des Reichs vor einer permanenten Bedrohung von außen geschützt werden mussten. Sowohl die Parther als auch die sassanidischen Perser, die ihnen folgten, provozierten nur selten einen Konflikt mit Rom und seien viel zu schwach gewesen, um größere Gebiete der östlichen Provinzen Roms zu erobern und zu verteidigen. Und anderswo waren die einzelnen Stämme untereinander zu sehr zerstritten, um für Rom eine ernste militärische Bedrohung darzustellen, sieht man einmal von den ganz seltenen Fällen im 4. und 5. Jahrhundert ab. Ferner hätten die römischen Kaiser keine defensive Politik verfolgt, sondern bis in die Spätantike hinein weiter auf Expansion gesetzt mit dem Ziel eines grenzenlosen Reiches *(imperium sine fines)*. Rom sei immer aggressiv gewesen und habe seine Armee in vielen Regionen stehen gehabt, um weitere Eroberungen zu machen.

In dieser Frage hat sich bislang noch kein allgemein akzeptierter Konsens ergeben. Allerdings muss man einräumen, dass die Vertreter der beiden Positionen einige wichtige und zutreffende Feststellungen getroffen haben. Nach den antiken Quellen hat es keine eindeutig defensive oder offensive politische Haltung gegeben, sondern eine Vielfalt politischer Meinungen. Klar wird auch, dass es den Römern eher um Macht ging als um Land, mehr um die politischen Einheiten, um die Staaten, Königreiche und einzelnen Volksstämme als bloß um die Territorien. Das Römische Reich erstreckte sich so weit, wie die Römer in der Lage waren, die Völker dazu zu bringen, das zu tun, was Rom von ihnen wollte, oder genauer, sie davon abzuhalten, etwas zu tun, was die Römer nicht wollten. Für die Römer war es wichtig, Macht und Ansehen Roms zu erhalten und zu schützen. Militärische Niederlagen oder Versuche, den Staat im Inneren zu schwächen, schadeten beidem und erforderten Vergeltungsmaßnahmen. Die Feldzüge der Römer waren in der Regel aggressiv, weil die Armee in der Offensive effektiver war, als wenn sie versuchte, sich zu verteidigen – doch ein siegreicher Angriffskrieg musste nicht zwangsläufig die dauerhafte Besetzung des eroberten Gebiets zur Folge haben. Rom war viel mächtiger als jede andere Nation, mit der es in Kontakt kam. Zweifellos hatten die Römer die Grenzregionen besetzt, um sich dort vor äußeren Angriffen zu schützen, aber deshalb haben sie in diesen Gebieten nicht zugleich die Grenzen ihrer Machtausdehnung gesehen. Rom konnte auch jenseits dieser Grenzen operieren, wenn es dies für nötig hielt. In der Realität blieben große Teile der römischen Armee über längere Zeiträume in denselben Regionen am Rand des Römischen Reiches stationiert und führten mit den Völkern jenseits der Provinzgrenzen Kriege. Eine gewisse zentrale Planung gab es dafür schon, etwa im Hinblick auf die Frage, wie viele Einheiten und Legionen in jeder Provinz zu stationieren seien, doch ob man solche Planungen nach unserem heutigen Verständnis bereits eine Strategie oder gar ein Staatsziel nennen kann, muss offen bleiben.

Grenzzonen

In der Sprache der Römer gab es kein Äquivalent für »Grenze«. Der lateinische Begriff *limes*, der später in diesem Sinn verstanden wurde, behielt damals seine eigentliche Bedeutung von »Weg« bzw. »Straße« weitgehend bei. Straßen waren von grundlegender Bedeutung für jeden längerfristigen militärischen Einsatz, da sie einzelne Militärstützpunkte miteinander verbanden. Gut ausgebaute Allwetterstraßen ermöglichten schnelle Bewegungen von Truppen und Material. Wie bereits dargelegt, waren die Römerlager nicht als Verteidigungsbauwerke gedacht, was bedeutet, dass ihre Garnisonen nur selten in dem Terrain hinter den Wällen kämpften. Die römische Armee war in puncto Ausbildung, Disziplin, Befehlsstruktur und Ausrüstung ihren Gegnern überlegen. Das war vor allem im offenen Kampf ein wesentlicher Vorteil, der eine zahlenmäßige Übermacht des Feindes wettmachen konnte. Wenn römischen Einheiten ein Angriff drohte, verließen diese das Lager, um den Feind auf offenem Feld zu stellen. Auf den die Stützpunkte verbindenden Straßen konnten die Einheiten schnell zu einem Feldheer zusammengezogen werden.

Einige Grenzgebiete waren bestimmt durch die geografischen Gegebenheiten, die ihrerseits schon die politische Geografie geprägt hatten. Ein Großteil der Grenzverläufe in Nordafrika wurde gebildet, als die römische Provinz dünn besiedelte und schwierig zu durchquerende Wüstengebiete erreichte. Rhein und Donau sowie der Euphrat waren wichtige Abschnitte des Grenzsystems in den jeweiligen Regionen. Die Flüsse, auf denen der Transport von Mannschaften und Material meist schneller ging als auf dem Landweg, wurden von römischen Schiffen abgefahren; sie waren ein natürliches Hindernis für Eindringlinge, und die Armee sorgte dafür, dass alle Brücken bewacht wurden. Eine größere feindliche Armee wurde durch einen Fluss zumindest aufgehalten, mussten doch Boote zum Übersetzen beschafft oder angefertigt werden. Jede Verzögerung gab den Römern mehr Zeit, die Eindringlinge aufzuspüren und dort ein Heer zusammenzuziehen; und nur wenn die Flüsse im Winter gelegentlich zugefroren waren, änderte das die Sicherheit an den Grenzflüssen. Für die Römer selbst waren die Wasserläufe kein Hindernis, ihre Schiffe konnten darauf fahren und sie kontrollierten die Brücken und Furten. Auch hatten die römischen Heere keine Schwierigkeiten, wenn sie auf dem Marsch gegen den Feind einen Fluss überqueren mussten. Ihre Grenzregionen waren gute Aufmarschgebiete, von denen aus sie eine Offensive oder Gegenoffensive eröffnen konnten, wann immer sie wollten.

Die Lager der Auxiliartruppen bilden häufig eine Linie entlang der Straßen in den Randgebieten der Provinz. Orte von strategischer Bedeutung wie Bergpässe, Wasserquellen in Wüstengebieten und Flussübergänge wurden meist durch Festungen gesichert. Daneben gab es kleinere Militärstützpunkte, zum Beispiel Forts für nur eine Abteilung oder Türme *(turres* und *burgi)*, die lediglich einer Handvoll Soldaten Raum boten. Die Türme, wie sie auch auf der Trajanssäule zu sehen sind, waren charakteristisch

Wachtürme prägten das Bild vieler Grenzverläufe, aber auch in den Provinzen wurden sie errichtet, etwa entlang wichtiger Straßen. Besetzt waren sie von einer Hand voll Soldaten, die einen größeren Angriff natürlich nicht aufhalten konnten. Wachtürme gehörten oft zu einem System von Leuchtfeuern oder anderen Signaleinrichtungen zur schnellen Übermittlung kurzer Nachrichten. Diese Rekonstruktion am Limes stützt sich auf Ausgrabungsbefunde und die Darstellungen auf der Trajanssäule.

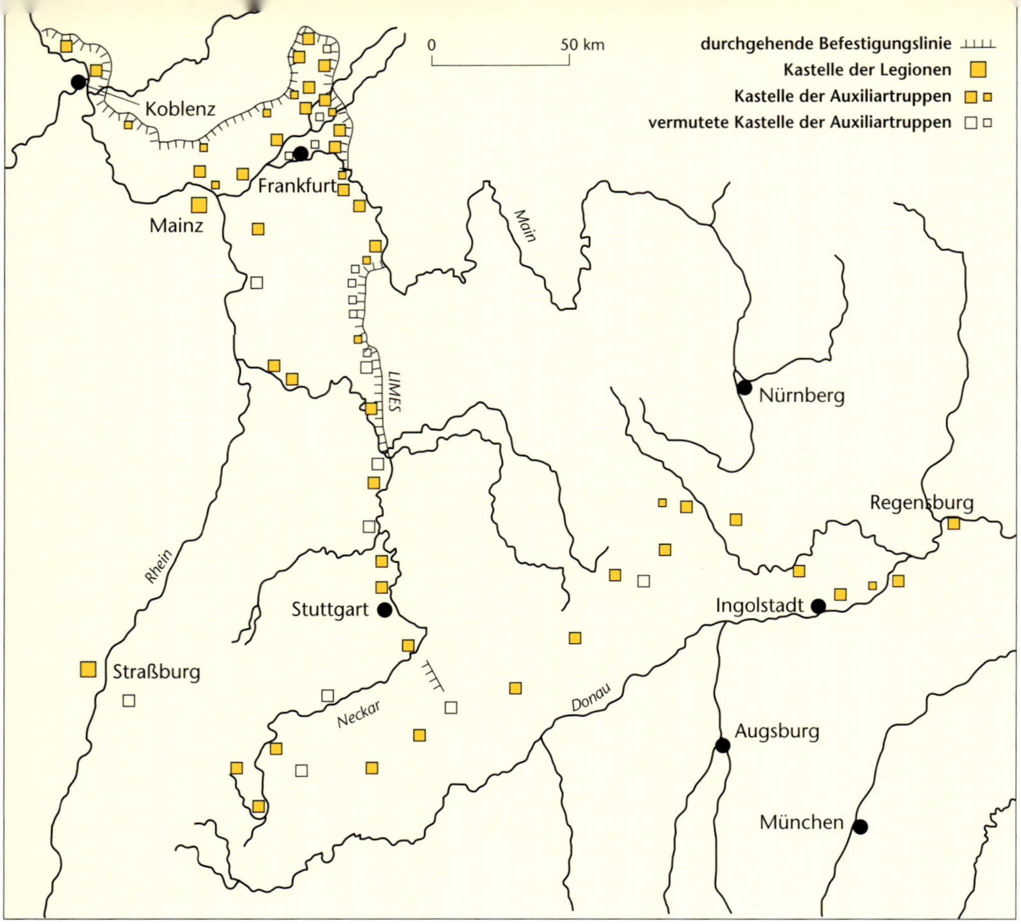

Die meisten Provinzgrenzen hatten keine durchgehende Wallanlage wie den Hadrianswall. An der Grenze zu germanischem Gebiet (Ende 1. Jh. n. Chr.) waren nur bestimmte Abschnitte entlang des Limes durch eine dichte Reihe von Kastellen und Forts gesichert, wie die Karte zeigt.

für viele Grenzen und Straßen der römischen Provinzen. Zum Teil waren es lediglich Beobachtungsposten mit einer erhöhten Aussichtsplattform – für die Bewohner des umliegenden Landes die sichtbare Präsenz der römischen Armee. Die lange Reihe der Türme konnte in ihrer Aufreihung durchaus den Eindruck erwecken, dass die Soldaten alles im Blick hatten. Andere Türme dienten der Übermittlung kurzer Botschaften, wobei die Römer Feuersignale oder einfache Semaphorsysteme benutzten. Die Beobachtungen von festen Wachposten aus verschafften ihnen bestimmte Informationen, doch wesentlich ergiebiger waren in dieser Hinsicht Patrouillen. Dass es im Unterschied zu den Infanterieeinheiten vergleichsweise viele *cohortes equitatae* gab, erklärt sich dadurch, dass diese kleinen Einheiten aus Fußsoldaten und Reitern sich gut für die von den Grenzgarnisonen verlangten Patrouillen- und Eskortendienste eigneten. In den römischen Trockengebieten befanden sich unter den gemischten Kohorten auch einige Kamelreiter *(dromedarii)*, die ausgedehnte Streifzüge in die Wüsten machen konnten. Aber davon abgesehen waren die diplomatischen Aktivitäten, die jenseits der Militärzone gepflegt wurden, mindestens ebenso wichtig. Häufige Gesandtschaften zwischen Parthien (später Persien) und Rom werden in den Quellen erwähnt, wir lesen darin auch von Zenturionen, die im späten 2. Jahrhundert bei Versammlungen der Stammesführer in Germanien anwesend waren. Den Römern freundlich gesonnene Anführer erhielten häufig Subsidien, bisweilen militärischen Rat oder militärische Hilfe.

Grenzbauwerke in einer Linie

Die beeindruckendsten Beispiele römischer Grenzanlagen waren die großen Grenzwälle samt Graben, die im Norden Britanniens, in Obergermanien und Rätien sowie an mehreren Stellen in den nordafrikanischen Provinzen angelegt wurden. Die Einbeziehung einer ganzen Linie größerer Hindernisse war gelegentlich Bestandteil römischer Feldzüge. Caesar ließ um 58 v. Chr. eine solche Linie errichten, um den Helvetiern den Übergang über die Rhône zu versperren, während Crassus 71 v. Chr. auf ähnliche Weise versuchte, die Sklavenarmee des Spartacus auf dem südlichsten Zipfel Italiens festzusetzen. Aber unsere Quellen schenkten den dauerhafteren Grenzwällen wenig Aufmerksamkeit, von denen die meisten aus dem 2. Jahrhundert n. Chr. stammen. Nun könnte man glauben, dass mit der Errichtung dieser gewaltigen Grenzanlagen zugleich auch den Expansionsbestrebungen Roms zumindest in diesen Regionen eine definitive Grenze gezogen wurde; aber das war nicht der Fall. Schon wenige Jahrzehnte nach seiner Fertigstellung wurde der Hadrianswall praktisch aufgegeben, als die römische Armee weiter nach Norden marschiert war und dort den Antoninuswall baute und militärisch sicherte. Auch diesen gab die Armee bald auf und nahm die südlichere Grenzlinie wieder ein. Wahrscheinlich zog die Armee dann abermals nach Norden, besetzte erneut den Antoninuswall, um ihn dann endgültig aufzugeben. Und so blieb der Hadrianswall als nördlichste Grenze jahrhundertelang besetzt, die sich vielleicht abermals verschoben hätte, wenn Kaiser Septimius

Severus nicht vor Beendigung seiner Kriegszüge gegen die Kaledonier gestorben wäre. Entweder hatten sich die römischen Pläne, wie sich das militärische »Problem« im Norden Britanniens am besten lösen ließ, geändert oder die Lage selbst, sodass andere Lösungen gesucht werden mussten. Die Grenzwälle in Numidien waren möglicherweise eine Lösung, oder zumindest der Versuch, unmittelbare lokale Probleme zu bestimmten Zeiten zu lösen.

Der Hadrianswall

Statt jede einzelne dieser Grenzanlagen zu beschreiben, dürfte es sinnvoller sein, sich auf die bekannteste und am besten erhaltene Anlage zu konzentrieren und dafür etwas mehr ins Detail zu gehen. Hadrian folgte nach dem Tode Trajans 117 n. Chr. auf den Thron, doch die Umstände seiner Adoption als Thronerbe waren etwas fragwürdig, und seine Stellung war anfangs unsicher. Hadrian gab die meisten östlichen Eroberungen seiner Vorgänger auf, verbrachte aber viel Zeit damit, die Provinzen zu besuchen und die dort stationierten Armeen zu inspizieren und sich ihrer Loyalität zu vergewissern. Zu Beginn seiner Regierungszeit brachen im Norden Britanniens schwere Kämpfe aus. Der Kaiser besuchte die Insel 122 und ordnete den Bau eines großen Walls an, um »die Barbaren von den Römern zu trennen«, wie sein Biograf (4. Jh.) schreibt. Der Hadrianswall wurde in Ost-West-Richtung, mehr oder weniger parallel – aber weiter nördlich im Hügelland – zu einer bereits existierenden Grenzlinie gebaut, dem aus Forts und Vorposten entlang einer Militärstraße bestehenden »Stanegate«. Meist verläuft er auf dem Kamm der Höhenzüge, so auch über die Felsformationen des »Whin Sill«, und erstreckte sich so von einem Horizont zum anderen. Es gibt Hinweise, dass der Wall ursprünglich weiß gekalkt war, was ihn weithin sichtbar gemacht haben dürfte.

Der Hadrianswall hatte eine Länge von 80 römischen Meilen (117 Kilometer) und reichte von Bowness-on-Solway (Maia) im Westen bis Wallsend (Segedunum) im Osten. Über die Hälfte des Bauwerks ist aus Stein, nur der westlichste Abschnitt mit 31 römischen Meilen war ursprünglich ein mit Holz verstärkter Erdwall und wurde erst später durch eine Mauer aus Steinen ersetzt, meist entlang der alten Linienführung, aber an manchen Stellen neu aufgeführt, sodass heute noch kurze Abschnitte des ursprünglichen Erdwalls zu sehen sind, beispielsweise im Westen von Birdoswald. Aber das war nur eine von vielen Konstruktionsänderungen, die damals am Wall vorgenommen wurden. Ursprünglich sollte er 10 römische Fuß (ca. 3 m) breit werden und einige Abschnitte – von Archäologen »Broad Wall« genannt – sind auch so breit, aber bei anderen Abschnitten wurden nur die Fundamente für diese Breite gelegt, während der Wall selbst höchstens 8 oder nur 6 römische Fuß (1,8 m) breit ist. An einer Stelle fehlen die Fundamente des »Breiten Walls« und man hatte daneben über einem Felsgrat eine schmalere Mauer errichtet. Die Steinmauern haben ein durchgehendes Kiesfundament (und das haben auch einige Abschnitte des Erdwalls), einen Kern aus Schutt und eine Außenverkleidung aus in Kalkmörtel gesetzten Steinen. Die ursprüngliche Höhe des Walls ist nicht bekannt, und es steht auch nicht

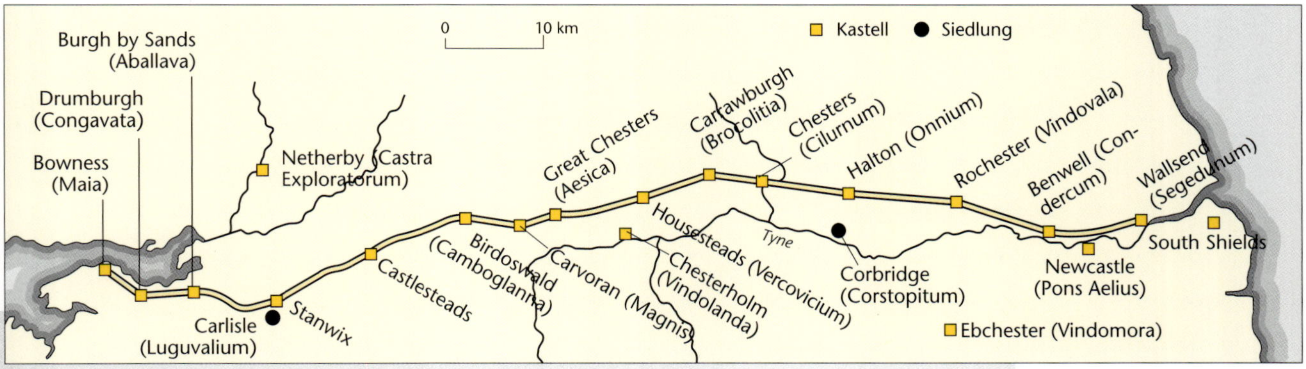

(*oben*) Der Hadrianswall gehört zu den bekanntesten römischen Grenzanlagen. Errichtung und ständiger Ausbau nahmen Jahre in Anspruch, was zu zahlreichen Änderungen der ursprünglichen Baupläne führte.

(*links*) Ein Kleinkastell (*milecastle*) am Hadrianswall.

fest, ob er nur ein Sperrwall war wie in Hadrians Grenzsystem in Germanien oder ob er oben einen Wehrgang mit Brustwehr und Zinnen hatte, auf dem Soldaten patrouillieren konnten.

Der »Breite Wall« bezeichnet den ursprünglichen Plan, auf dessen Grundlage die zum Grenzsystem gehörigen Bauwerke ausgelegt und wohl auch ausgeführt wurden. Im Abstand von einer römischen Meile (1,46 km) stehen Kleinkastelle (in der Regel von Ost nach West durchgezählt) und zwischen diesen im Abstand von je einer Drittelmeile kleine Türme. Manche Kastelle und Türme wurden mitsamt den Ansatzstücken des »Breiten Walls« errichtet – und erst später dazwischen die Verbindungsstücke des Walls mit den geringeren Abmessungen. Die Kastelle haben in der Regel innen eine Fläche von 18 Quadrat-

metern, jedoch folgte jede der drei am Bau beteiligten Legionen einem etwas abweichenden Plan. Die Kleinkastelle der Legio II Augusta grenzen im Unterschied zu denen der anderen Legionen mit der breiteren Seite an den Wall. Alle Kastelle haben ein Tor in der Südmauer und eins, das nach Norden geht. Letzteres ist von einem Turm überbaut, in einzelnen Fällen auch das Südtor. Vom Kastell 48 in Poltross

(oben) Das Kleinkastell in Poltross Burn zeigt Reste von Steintreppen in den Einrichtungen entlang des Walls. Sie belegen, dass es im Kastell entlang der Mauer einen Wehrgang gab. Das heißt nicht, dass es auch entlang des Hadrianswalls einen Wehrgang mit Brustwehr gab.

Typisches Bild vom Hadrianswall mit seinem Auf und Ab durch die hügelige Felslandschaft, hier in der Nähe von Peel Gap im Westen von Housesteads.

Die ursprünglichen Baupläne sahen keine befestigten Lager entlang des Hadrianswalls vor. Schon während der Bauarbeiten wurden diese Pläne geändert und Kastelle in den Wall eingefügt, was bei Housesteads zur Folge hatte, dass die Mauer des neuen Kastells über einen abgerissenen Wachturm hinweggeführt werden musste.

Burn sind noch Steinstufen erhalten, die zeigen, dass die Mauern, die wohl vier Meter hoch waren, innerhalb des Kastells Wehrgänge hatten. Die Kastelle am Erdwall haben eine ähnliche Grundform. Innere Baulichkeiten wurden wohl erst später errichtet und sind zumeist sehr roh. Die Standorte der Kleinkastelle entsprechen den im ursprünglichen Plan vorgegebenen Abständen, sodass einige äußerst ungünstig liegen. An manchen Stellen stoßen die Nordtore direkt auf einen Steilabhang oder eine Felskante, an anderen Stellen liegt das Kastell tief im Tal, sodass die Sicht vom Turm nicht allzu weit war. Die sture Ausführung des Bauplans zeigte sich auch bei den Türmen. In Steel Rigg hatte man einen dritten, zusätzlichen Turm bauen müssen, vermutlich um die Sicht auf ein im toten Winkel liegendes Gelände zu ermöglichen, was der Originalplan nicht berücksichtigt hatte.

Im ursprünglichen Plan sollte das Gros der Garnisonen für die Grenzzone in den bereits vorhandenen festen Lagern entlang des Stanegate verbleiben, der ein bis zwei Kilometer weiter südlich verläuft. Dieser Plan wurde schon nach wenigen Jahren geändert und man baute Forts unmittelbar an den Wall selbst. In einigen Fällen bedeutete dies den Abriss bereits vorhandener Gebäude, so zum Beispiel in Housesteads, wo der nördliche Wall über einem zumindest teilweise fertig gestellten Turm errichtet wurde. Die Forts am Wall erhöhten die Zahl der Durchlässe für das Heer in Richtung Norden. Schließlich gab es 15 Forts, die unmittelbar am Wall oder in dessen Nähe standen, sowie weitere Stützpunkte, mal vor, mal hinter oder beiderseits der Grenzbefestigung. Einige Stützpunkte hinter dem Wall dienten der Versorgung; die Anlage in Corbridge war anscheinend ein Depot mit vielen Speichern und Werkstätten. Das Fort South Shields (Arbeia) südlich der Tynemündung war eine Zeit lang ein großes Stapellager mit vielen Kornspeichern. Wie üblich waren die meisten Forts von zivilen *canabae* umgeben; und nach den überkommenen Inschriften muss es sich dabei um ziemlich kosmopolitische Gemeinwesen gehandelt haben. Die südlichste Grenze der Militärzone wurde durch ein *vallum* markiert (ein moderner und etwas ungenauer Begriff, der gleichwohl zu einer Konvention geworden ist). Das *vallum* war ein breiter Graben mit flachem Grund und einer niedrigen Erdaufschüttung zu beiden Seiten. Es gab darin zwei darin Übergänge, die von der Armee kontrolliert wurden. An der kumbrischen Küste im Westen gab es eine Fortsetzung des Grenzsystems mit Forts, Kleinkastellen und Türmen, doch ohne den verbindenden Wall. Die meisten dieser Standorte wurden anscheinend schon vor dem Ende des 2. Jahrhunderts aufgegeben, wohl weil sich die militärische Lage für die Römer verändert hatte.

Welche Funktion hatte der Wall?

Es wäre sicherlich eine irrige Vorstellung anzunehmen, Horden von kaledonischen oder später piktischen Eindringlingen seien gegen den Hadrianswall angestürmt, während die römischen Verteidiger den Wehrgang bemannt hätten, um sich ihnen zu widersetzen. Auch wenn der Wall einen Wehrgang hatte, so war doch das ganze Bauwerk nicht als Plattform für einen Kampf gedacht. Für eine große feindliche Armee wäre der Wall ein schwieriges, aber nicht unüberwindliches Hindernis gewesen. Man hätte ihn mit Leitern erklimmen können, auch wenn das ziemlich zeitraubend für ein großes Heer gewesen wäre, von dem Problem, auch die Pferde auf die andere Seite zu bringen, ganz zu schweigen. Mehr Aussicht auf Erfolg hätte die Eroberung eines der Tore gehabt, doch der weitere Weg für die Tiere wäre durch das *vallum* behindert worden, sofern man nicht einen der beiden Übergänge besetzen konnte. All diese Verzögerungen hätten den Römern Zeit verschafft, eine Streitmacht gegen den Feind zusammenzuziehen. Die Römer haben immer versucht, den Feind auf offenem Feld zu stellen. Normalerweise hätten die Römer den Aufmarsch eines starken feindlichen Heeres bemerkt, bevor dieses angreifen konnte. Es dürften auch hier die diplomatischen Aktivitäten der Römer gewesen sein, durch die sie über die Stämme im Norden Britanniens unterrichtet waren. Und die vorgeschobenen Forts dienten ebenfalls diesem Zweck. Bewcastle wurde offensichtlich bei einem alten Schrein der einheimischen Bevölkerung errichtet, wodurch die Armee Informationen über die religiösen Versammlungen der Stammesleute in jener Region erhielt.

Große Truppenkonzentrationen dürften die Römer selten beobachtet haben. Wesentlich häufiger waren Überfälle meist kleinerer Gruppen. In einer Quelle ist von einer Frau die Rede, die zu einer Kerkerstrafe verurteilt, dann aber bei einem Raubzug aus dem römischen Teil Nordbritanniens entführt, anschließend wieder in die Provinz verkauft und von einem Zenturio namens Cocceius Firmus erworben wurde, möglicherweise demselben, der die Altäre in Schottland errichten ließ. Die Vindolanda-Schreibtäfelchen liegen zwar zeitlich vor dem Hadrianswall, aber es ist vielleicht aufschlussreich, an die geringe Zahl verwundeter Soldaten im dortigen Hospital zu erinnern sowie an einen fragmentarischen Text, in dem die Kampfeigenschaften der lokalen »kleinen Britannier« *(Britunculi)* geschildert werden. Für ein halbes Dutzend Männer wäre es wohl nicht allzu schwer gewesen, den Wall zu überwinden, aber sie konnten sich keiner Pferde bedienen, und so dürfte der Rückweg mit schwerer oder sperriger Beute sehr beschwerlich gewesen sein. Von solchen kleineren Überfällen ist in unseren Quellen höchst selten die Rede, und es wird darin kaum zwischen ihnen und Gewaltverbrechen unterschieden.

Die militärischen Auseinandersetzungen dürften sich insgesamt in Grenzen gehalten haben. Für viele Völker der antiken Welt, vor allem die kriegerischen Stammesgesellschaften, gehörten räuberische Überfälle und Kriege zu ihrem Leben. Waren sie stärker als ihre Nachbarn, so brauchten sie keinen besonderen Anlass, um über diese herzufallen. Erfolgreiche Raubzüge brachten Beute und vermehrten das Ansehen der Anführer im eigenen Volk. Der Ruf einer starken Militärmacht konnte solche Nachbarn von Überfällen abhalten. Manche Stämme, vor allem unter den Germanen, bezogen ihren Stolz aus der Tatsache, dass ihr Land an seinen Grenzen von unbesetztem Gebiet umgeben war, denn das galt als Beweis für ihre Wildheit und schreckte Feinde ab. Für solche Völker unterschieden sich die Römer nicht von ihren Nachbarn. Falls die Römer Schwächen zeigten, mussten sie mit Überfällen rechnen. Jeder erfolgreiche Raubzug überzeugte die Angreifer von der Schwäche des Überfallenen und ermutigte zu häufigeren und größeren Überfällen. Ein kleiner Trupp, der ins Reich eindrang, Vieh stahl oder ein paar Gefangene machte, stellte die Autorität Roms nicht in Frage. Passierte das aber öfter und wurde dem kein Riegel vorgeschoben, konnte die Aggression gegen Rom eskalieren und eine Invasion die Folge sein.

Den Hadrianswall und die übrigen Grenzsysteme der Römer versteht man am besten, wenn man sie in diesem Licht sieht. Was römisches Territorium war, sollte unmittelbar und drastisch jedem potenziellen Feind sichtbar sein; hier standen eindrucksvolle Bauwerke, die die Macht Roms bekundeten. Gerade verlaufende Grenzlinien erleichterten es der römischen Armee, Truppen zu bewegen, den Handel in der Region zu kontrollieren und feindliche Raubzüge zu verhindern, auch wenn ihr das nicht immer gelang.

Was jenseits der Grenze geschah, erfuhren die Römer durch ihre diplomatischen Aktivitäten und indem sie die Region auskundschafteten; so waren die Römer im Idealfall rechtzeitig vor Gefahren gewarnt. Doch letztlich beruhte die Sicherheit des Reiches auf seiner militärischen Stärke, und diese konnte am besten unter Beweis gestellt werden, wenn die Armee ins Feld rückte. Die Grenzen des Imperiums sollten ja nicht die Bewegungsfreiheit der Armee einschränken; sie ließen stets die Möglichkeit von Strafexpeditionen zu, um den Feind anzugreifen, wann immer dies nötig erschien. Jeder Sieg der römischen Armee trug zu ihrem Nimbus einer überwältigenden und unwiderstehlichen Kraft bei, die der wirksamste Schutz des Reiches war. Aber ebenso schmälerte jede noch so geringfügige Niederlage ihren Ruf. Wurde eine solche Scharte nicht ausgewetzt, musste die Armee weitere Angriffe auf die Grenzen gewärtigen.

Caesar … gab das Signal, sobald die Salven des Feindes nachließen und die Geschosse weniger genau trafen, und plötzlich gab er den Kohorten und turmae das Zeichen. Wie der Blitz wurde der Feind von der umkämpften Ebene verjagt.

(Der afrikanische Krieg, 17–18)

Die römische Armee war wie jede andere Streitmacht dazu da, Krieg zu führen. Unter dem Prinzipat verbrachten die meisten Soldaten den größten Teil ihres Militärdienstes mit dem Kasernenalltag zu Friedenszeiten, wie er im vorigen Kapitel beschrieben wurde. Die aktive Teilnahme an Feldzügen war die Ausnahme, vor allem für Soldaten, die in den ruhigeren Provinzen stationiert waren. Die Garnison in Ägypten erlebte etwa alle 25 Jahre einen größeren Feldzug, in Grenzprovinzen kam es dagegen häufiger zu kriegerischen Auseinandersetzungen. Aber selbst wenn eine Einheit zum Einsatz gegen einen Feind kam, bestanden die meisten Feldzüge doch vor allem aus Märschen und Pionierarbeiten. Belagerungen konnten sich über mehrere Monate hinziehen, wirkliche Kampfhandlungen waren selten und wurden fast immer innerhalb eines Tages entschieden. Der Dienst eines römischen Soldaten bedeutete in den seltensten Fällen Kampf.

Die römische Armee zog aus vielerlei Gründen und in unterschiedlicher Stärke in den Krieg. Meist waren es die Römer, die den ersten Angriff führten; ansonsten eröffneten sie so bald wie möglich eine Gegenoffensive. Manche Kriege wurden durch direkte Konfrontation mit dem feindlichen Heer gewonnen, in anderen Fällen wurde die gegnerische Hauptstadt belagert oder im Sturm genommen, und manchmal entschieden die Römer einen Krieg für sich, indem sie die Dörfer des Gegners plünderten, seine Ernte vernichteten und das Vieh raubten. Die Operationen des römischen Heers zeichneten sich aus durch Flexibilität, Anpassungsfähigkeit, Entschlossenheit und Ausdauer. Durch ihre hervorragende Befehlsstruktur, Disziplin, Ausbildung und Ausrüstung war die römische Armee jedem zeitgenössischen Gegner in der Schlacht überlegen, so dass sie selbst dann entscheidende Siege erringen konnte, wenn sie zahlenmäßig unterlegen war. Auch im Belagerungskrieg war die Berufsarmee besonders durch ihre technischen Fertigkeiten im Vorteil. Doch wenn die Lage es erforderte, konnten die Legionen und Auxiliartruppen auch kleinere Kriege erfolgreich führen und Feinde besiegen, deren bevorzugte Taktik in Überfällen aus dem Hinterhalt bestand. In ihrer Blütezeit war die Armee unter dem Prinzipat die am höchsten entwickelte und schlagkräftigste Streitmacht bis in die Neuzeit.

Römische Auxiliartruppen und Bundesgenossen in der Schlacht mit dakischen Kriegern: unten links ein Schleuderer ohne Rüstung, rechts neben ihm ein Kämpfer mit nacktem Oberkörper, oben rechts Bogenschützen. Szene auf der Trajanssäule.

IV Die Armee im Krieg

Auf dem Feldzug

Im 3. und 2. Jahrhundert v. Chr. sahen sich die Römer mehreren Gegnern mit regulären Armeen gegenüber, die besser ausgebildet, disziplinierter und manchmal auch besser geführt waren als die Legionen. Pyrrhus, der berühmte griechische Feldherr, den die Stadt Tarent im Kampf gegen Rom um Hilfe ersucht hatte, besiegte zwei römische Armeen, bevor er schließlich in einer dritten Schlacht nach hartem Kampf unterlag, während Hannibals Erfolgsserie ebenso auf der hohen Qualität seiner Armee beruhte wie auf seinem strategischen Geschick. Zum Glück für die Römer fanden die entscheidenden Auseinandersetzungen mit Makedonien und dem Seleukidenreich zu einer Zeit statt, als sich die Legionen in Höchstform befanden, weil viele Offiziere und einfache Soldaten Veteranen des 2. Punischen Krieges waren. Die Legionen dieser Generation waren so selbstbewusst und erfahren wie die besten Berufssoldaten, da viele fast ihr gesamtes Erwachsenenleben in der Armee verbracht und gelernt hatten, sich der Manipulartaktik zu bedienen, die viel flexibler war als die starre Phalanx der schwer bewaffneten griechischen Hopliten. Oft waren die Gegner der römischen Armeen auch feindliche Stammesvölker. Deren Heere waren zwar manchmal groß und ihre Krieger verfügten über hohe kämpferische Fähigkeiten, doch sie kannten keine Disziplin, und ihre Truppenbewegungen waren eher schwerfällig. Gegenüber solchen Armeen genossen die Legionen der mittleren Republik einen leichten, wenn auch keineswegs entscheidenden Vorteil.

Zu der Zeit, als die Römer ihre Bürgermiliz in ein Berufsheer umgewandelt hatten, waren die meisten Staaten mit regulären Armeen bereits besiegt. Vom 1. Jahrhundert n. Chr. an kämpfte Rom vor allem gegen Stämme oder Königreiche mit wenig entwickelten Militärsystemen. Diesen Heeren blieb, da sie lediglich über rudimentäre Nachschubsysteme verfügten, nur begrenzte Zeit für den Kampf, dann mussten sie sich wieder zerstreuen. Auch fehlten ihnen meist eine klare Befehlsstruktur und selbst mittelmäßige Kenntnisse in Strategie und Taktik.

Die römische Berufsarmee war also ihren Gegnern in der Regel überlegen. Ihre Kampfweise war schon immer offensiv gewesen. Nun verstärkte sich diese Tendenz noch, da die römischen Feldherren selbst dann siegesgewiss sein konnten, wenn ihre Truppen zahlenmäßig unterlegen waren oder unter ungünstigen Verhältnissen kämpfen mussten. Wenn Kühnheit und Selbstvertrauen in Unbesonnenheit umschlugen, konnte dies verheerende Folgen haben, doch in den meisten Fällen stand am Ende ein Triumph.

Die Kriegstypen

Natürlich wollten die Römer immer siegen, wenn sie Krieg führten, und sie verfolgten dieses Ziel mit beispielloser Härte und Entschlossenheit. Doch das Verhalten der Armee war von den jeweiligen Bedingungen eines Feldzugs bestimmt. Um den Überblick zu erleichtern, teilen wir die Feldzüge Roms in vier Grundtypen ein:

(rechts) **Denkmal zur Erinnerung an die Siege über die Kimbern (101 v. Chr.) und Teutonen (102 v. Chr.) durch Marius. Diese Krieg war für Jahrhunderte der vorläufig letzte Kampf, den Rom um seine nackte Existenz führte. Im 1. Jahrhundert n. Chr., 200 Jahre nach seiner Errichtung, wurde das Monument versetzt und restauriert.**

(gegenüber) **Besiegte Barbaren bitten Kaiser Mark Aurel um Gnade. Beendet war ein gewonnener Krieg für die Römer erst, wenn der Feind seine Niederlage eingestand und bedingungslos kapitulierte.**

Am Hals aneinander gekettete Barbaren mit auf den Rücken gebundenen Händen; Relief auf den *principia* des Römerlagers in Mainz. Im Krieg konnte man reich werden, indem man nicht nur Beute bei der Plünderung des Feindes machte, sondern Gefangene als Sklaven verkaufte. Von Julius Caesar heißt es, er habe im Gallischen Krieg über eine Million Menschen zu Sklaven gemacht und verkauft und sei dann einer der reichsten Männer der Welt gewesen.

1. *Eroberungskrieg.* Er ist ein Angriffskrieg gegen eine soziopolitische Gemeinschaft, etwa einen Stamm, ein Reich, eine Stadt, einen Städtebund oder einen Staat. Der Sieg war errungen, wenn diese Gemeinschaft zu einer direkt regierten Provinz oder einem Satellitenstaat geworden war. Welche Strategie angewandt wurde, hing vom gegnerischen Volk ab. Hatte der angegriffene Staat eine Hauptstadt oder eine Stadt mit großer politischer oder religiöser Bedeutung, so konnte deren Eroberung eine Kapitulation zur Folge haben. Der gleiche Effekt konnte erzielt werden, wenn der Gegner in einer offenen Schlacht oder in mehreren Schlachten besiegt wurde. Viele in Stämmen lebende Völker hatten jedoch weder ein urbanes Zentrum, noch waren sie bereit oder in der Lage, sich einem massierten Angriff zu stellen. In diesem Fall waren die Römer gezwungen, kleinere Gefechte zu führen, indem sie einzelne Siedlungen überfielen und regionale Einheiten zum Kampf stellten. Sie benötigten dann viele kleine Siege, statt in einer einzigen großen Feldschlacht oder im Zuge einer Belagerung den entscheidenden Sieg herbeizuführen.

Der siegreiche Feldzug gegen die belgischen Stämme 57 v. Chr. ist ein Beispiel für einen solchen Eroberungskrieg. Nach einem Angriff auf einen Verbündeten Roms marschierten Caesars Legionen im nordöstlichen Gallien ein. Die beiden gegnerischen Heere standen sich mehrere Tage lang auf beiden Seiten eines schmalen Tals gegenüber, doch keiner wollte die vorteilhafte eigene Stellung aufgeben und zum Angriff unter ungünstigen Bedingungen übergehen. Die Pattsituation wurde beendet, als den Belgiern der Proviant ausging und ihre Armee, bedrängt von den römischen Verfolgern, sich auflöste. In der Folge verwüstete Caesar nacheinander die Territorien der einzelnen Stämme. Die Belgier benötigten einige Zeit, um ihre Truppen wieder zu sammeln und die Römer anzugreifen, als diese ihr Lager in der Nähe der Sambre aufschlugen. Obwohl die Belgier den Vorteil der Überraschung auf ihrer Seite hatten, errangen die Römer einen entscheidenden Sieg, der mit der Kapitulation aller an der Schlacht beteiligten belgischen Stämme endete. Einige Stämme hatten ihre Kontingente nicht rechtzeitig in den Kampf geschickt und wurden von Caesar, der nacheinander ihre Hauptstädte belagerte, einzeln bezwungen.

2. *Unterdrückungskrieg.* Er wurde gegen ein aufständisches Volk geführt, das dem Römischen Reich bereits eingegliedert war. Der Sieg war erreicht, wenn die Rebellen wieder der Herrschaft Roms unterworfen waren. Zu Beginn eines Aufstands lag die militärische Initiative zwangsläufig bei den Rebellen, aber dann war der Aufstand noch schwach, weil sich die Mehrheit der Bevölkerung den Rebellen erst anschloss, wenn sich eine gewisse Erfolgschance abzeichnete. In dieser Phase hätte die Tatenlosigkeit Roms den Rebellen Schwäche signalisiert. Deshalb war Rom im Falle eines Aufstands stets darauf bedacht, umgehend seine Stärke zu demonstrieren. Alle sofort verfügbaren Truppen wurden aufgeboten und zum Angriff gegen das Zentrum des Aufstands ausgeschickt. Solche Kräfte waren meist zahlenmäßig schwach, schlecht ausgebildet und ohne vernünftiges Nachschubsystem, sodass sie starkem Druck nicht gewachsen waren. Die Römer setzten darauf, dass das schnelle Erscheinen einer von ihrer Schlagkraft überzeugten Armee die Rebellen einschüchtern und dem Aufstand die Kraft nehmen würde. Wenn diese Rechnung nicht aufging, musste eine reguläre Armee zusammengezogen und in einen Kampf geschickt werden, der faktisch ein Eroberungskrieg war.

Im Jahr 60 n. Chr. schlugen die Römer den Aufstand der Icener unter Königin Boudicca nieder. Erzürnt über die schlechte Behandlung der Königin und ihrer Töchter hatte der Stamm, der etwa das Gebiet des heutigen Norfolk bewohnte, gegen Rom rebelliert und mit anderen Stämmen die Kolonie Camulodunum (Colchester) und die Städte Verulamium (St. Albans) und Londinium (London) geplündert. Die erste römische Reaktion war die Entsendung von 200 schlecht bewaffneten Soldaten, die von ihrer Einheit abkommandiert worden waren, um für die kaiserlichen Verwalter administrative Aufgaben zu übernehmen und Eskorten zu stellen. Sie wurden bei Camulodunum vernichtend geschlagen. Die zweite Reaktion erfolgte durch eine Abteilung der Legio IX Hispana unter Petilius Cerialis, die kühn das Herzland des Aufstands angriff, doch auch diese Streitmacht wurde besiegt und mit Ausnahme des Legaten und einiger Reiter niedergemacht. Schließlich kehrte der Provinzlegat Suetonius Paulinus von einem Feldzug in Nordwales zurück und stellte Boudiccas Heer zur Schlacht. Die Britannier wurden geschlagen, und die Römer führten einen Herbst und einen Winter lang grausame Vergeltungsschläge gegen die aufständischen Stämme.

3. *Strafexpedition.* Das war ein Angriff gegen politische Gruppen, deren Eingliederung in das Reich nicht beabsichtigt war. Vielmehr sollte dem Feind die römische Macht abschreckend vor Augen geführt werden. Manchmal waren diese Expeditionen auch Vergeltungsschläge für Angriffe auf das Reich. (In der frühen Republik konnte Kriegsbeute das vorrangige Ziel sein, doch in dieser Zeit war das eher die Ausnahme.) Bei einer Strafexpedition bewegten sich Truppen schnell und richteten möglichst große Schäden in Siedlungen und auf Feldern an. In der Hauptsache sollten sie einem Volk zeigen, dass die Römer über sein Land herfallen konnten, wann immer es ihnen beliebte. Gelegentlich, vor allem dann, wenn die Überfallenen den Römern den Rückzug versperrten, kam es zur offenen Schlacht. Unter solchen Umständen konnte ein Sieg das Ansehen Roms beträchtlich erhöhen. Bei anderen Gelegenheiten erfolgte dagegen der Rückzug sehr schnell, weil die Römer eine Konfrontation vermeiden wollten. Strafexpeditionen mochten Furcht verbreiten, doch die Wirkung war nur von kurzer Dauer. Und die Erinnerung an die wiederholten grausamen Überfälle und Plünderungen trug den Keim künftigen Hasses und weiterer Konflikte mit Rom in sich.

So gab es eine Strafexpedition 51 v. Chr. am Berg Amanus an der Grenze zwischen den Provinzen Cilicia und Syria. Der Prokonsul von Cilicia, Marcus Tullius Cicero – berühmter als Redner und Autor denn als Soldat –, wollte die räuberischen Stämme der Region bestrafen und stellte aus zwei unterbesetzten Legionen und einigen lokalen Verbündeten eine Streitmacht auf. In drei Kolonnen aufgeteilt überfielen sie ohne Vorwarnung die Stämme und eroberten mehrere Dörfer. Danach belagerten sie 57 Tage lang die kleine Festung Pindenissus, deren Kapitulation den Widerstand eines nahen befestigten Dorfes brach. Die Operation sollte den Stämmen zeigen, dass die Römer bereit und in der Lage waren, ihre stärksten Burgen erfolgreich anzugreifen. Als jedoch bald darauf der syrische Statthalter eine ähnliche Expedition in diese Gegend unternahm und bei einem kürzeren Gefecht eine Niederlage hinnehmen musste, büßte Rom einiges von seinem Nimbus als unbesiegbare Macht ein.

4. *Reaktion auf Überfälle/Invasionen.* Solche Feldzüge wurden unternommen, um feindliche Eindringlinge abzufangen und zurückzudrängen. Dies musste auch deshalb geschehen, damit die Gegner sich nicht zu weiteren Überfällen ermutigt fühlten. Die Reaktion war ähnlich wie bei Aufständen im Inneren des Reiches. Sobald ein Überfall gemeldet wurde, setzten sich alle vor Ort verfügbaren römischen Truppen in Bewegung. Meist konnten sie die Eindringlinge nicht am Plündern hindern, aber gerade dieser Erfolg wurde den Räubern oft zum Verhängnis, weil sie mit der schweren Beute nicht schnell genug vor ihren römischen Verfolgern fliehen konnten.

Im Jahr 50 n. Chr. waren die Chatten in die Provinz Germania superior eingefallen und beraubten dort die Bauern auf dem Land. Der Provinzstatthalter Publius Pomponius Secundus entsandte eine kleine

Römische Legionäre und Reiter der *auxilia* kämpfen gegen gallische Krieger. Das Relief (1. Jh. n. Chr.) auf dem Triumphbogen in Orange, Frankreich, erinnerte an einen Sieg über die Gallier. Die künstlerische Konvention der Römer verlangte, dass in Schlachtszenen immer die Feinde die Getöteten waren.

Auxiliar-Streitmacht aus Infanteristen und Kavalleristen, um den Eindringlingen den Rückweg abzuschneiden, während er die Hauptarmee zusammenzog. Diese teilte er in zwei Marschkolonnen, von denen die eine nach kurzer Zeit eine Horde von meist betrunkenen Stammeskriegern stellte, und sie tötete oder gefangen nahm. Die zweite Kolonne stieß auf eine geordnetere Gruppe und besiegte sie in einer offenen Schlacht. Dann unternahm Secundus seinerseits eine Invasion in das Gebiet der Chatten. Die Germanen verzichteten auf Gegenwehr und ergaben sich kampflos.

Eroberungskriege und Strafexpeditionen waren naturgemäß Offensivoperationen. Doch auch in Defensivkriegen, wenn beispielsweise ein Aufstand niedergeschlagen werden musste, verfolgten die Römer die Taktik, sobald wie möglich die Initiative zu ergreifen und in die Offensive zu gehen. Das hieß nicht, dass sie unbedingt auf eine massierte Schlacht aus gewesen wären. Wenn sich ein römischer Feldherr seines Sieges nicht sicher war, zog er es vor, den Feind mit kleinen Überfällen zu belästigen oder seine Festungen zu belagern. Charakteristisch war auch die Flexibilität des römischen Systems. Die römische Armee hatte bei Belagerungen und offenen Feldschlachten viele Vorteile auf ihrer Seite und gewann selbst in der Spätantike noch die meisten Schlachten, auf die sie sich einließ. Wenn die Lage es erforderte, konnte sie jedoch auch einen Kleinkrieg führen, wobei die Hauptarmee in mehrere Marschsäulen aufgeteilt wurde, die dank ihrer Beweglichkeit blitzschnell Überraschungsangriffe und Angriffe aus dem Hinterhalt durchführen konnten. Man kann also nicht behaupten, die römische Berufsarmee sei ungeeignet gewesen gegen Feinde zu kämpfen, die sich auf den Guerillakrieg verlegt hatten und den offenen Kampf mieden. Vielmehr konnten sich die Römer auf jede spezifische Situation einstellen. Dank ihrer effektiven Befehlsstruktur, ihrer gründlichen Ausbildung und eines gut organisierten Nachschubwesens waren sie bei jeder Form der Kriegführung im Vorteil.

Die Feldstreitkräfte und die Größe des Heeres

Die Armee der mittleren Republik operierte am effizientesten in der Größe eines Konsularheers aus zwei Legionen, das zusammen mit *alae* und lokalen Auxiliartruppen etwa 20.000 bis 30.000 Mann zählte. Das blieb vermutlich die optimale Heeresgröße für die Berufsarmee, und nur wenige Feldheere waren stärker als 40.000 Mann. Wesentlich größere römische Armeen konnten kaum Erfolge verzeichnen, was wohl daran lag, dass sie für den Befehlshaber schwer zu kontrollieren waren.

Die Zusammensetzung einer Streitmacht variierte je nach Zeit und Region. Kleine Kontingente, vor allem solche, die lokale Straf- oder Verfolgungsaktionen ausführten, konnten ausschließlich aus Auxiliartruppen bestehen, und eine *cohors equitata* war eine Armee im Kleinen mit ebenso vielen Reitern wie Fußsoldaten. In der Regel bestand jedoch ein Teil der Streitmacht aus mehreren Legionen zu je etwa 5000 Mann, die den Kern der meisten Heere bildeten. Unter dem Prinzipat waren drei bis vier Legionen, vielleicht verstärkt durch Abordnungen von anderen Armeen, die größten Einheiten, die ins Feld zogen, sofern es sich nicht um einen großen Krieg handelte, bei dem der Kaiser persönlich das Heer anführte. Anscheinend gab es keine festgesetzte Sollstärke der Auxiliartruppen zur Unterstützung einer Legion. Tacitus erwähnt acht Kohorten von Bata-

vern, zum Teil offenbar *cohortes equitatae*, die während des Boudicca-Aufstands und anderer Feldzüge der Legio XIV Gemina zugeteilt wurden. Dagegen hatte Varus nur drei *alae* und sechs Kohorten Hilfstruppen bei seinen drei Legionen, als diese 9 n. Chr. vernichtend geschlagen wurden. Die Garnisonen der östlichen Provinzen umfassten mehr Einheiten von Bogenschützen der Infanterie und der Kavallerie, und solche Truppen waren unverzichtbar im Kampf gegen die berittenen Heere der Parther und der Nomadenstämme wie etwa der Alanen. In dieser Region war es vor allem im 1. Jahrhundert n. Chr. üblich, verbündete Truppen der dortigen Vasallenreiche einzusetzen.

Römische Soldaten laden Vorräte auf einen Flusskahn; Szene auf der Trajanssäule. Gemäß der Maxime, dass eine Armee auf ihrem Magen marschiert, hatte das römische Heer seinen Nachschub immer gut organisiert und dadurch einen großen Vorteil gegenüber fast allen seinen Gegnern.

Die Logistik im Feld

Der gesicherte Nachschub für seine Armee hatte für jeden römischen Feldherrn besondere Priorität. Unter der Republik entwickelte sich ein System des Transports großer Mengen an Lebensmitteln und Material aus entfernten Provinzen zur Versorgung der Truppen im Kriegsgebiet. Bis auf kleine organisatorische Änderungen wurde dieses System auch unter dem Prinzipat beibehalten.

Im Feld konnten die Kommandeure notwendige Vorräte mit sich führen, Nachschublinien zu Depots einrichten, die in der Etappe angelegt worden waren, oder versuchen, das Benötigte in der Umgebung zu requirieren. Die römische Armee bediente sich dieser Methoden häufig gleichzeitig. Außer in Wüstengebieten konnte zumindest ein Teil der Lebensmittel aus der Umgebung beschafft werden. Wasser war meistens verfügbar und auch das Brennholz zum Kochen der roh ausgegebenen Rationen. Das Futter für die Tiere war je nach Jahreszeit leichter oder schwerer zu beschaffen; während der Erntezeit gab es genügend Getreide für Mensch und Vieh, für die Versorgung mit Fleisch konnten Herden requiriert werden. Im Winter war kaum etwas zu haben, wenn es nicht gelang, die Kornspeicher der ansässigen Bevölkerung ausfindig zu machen und ihren Inhalt zu konfiszieren. Das Requirieren von Nahrungsmitteln hatte den Nachteil, dass es zeitraubend war und die dazu abkommandierten Soldaten mit Überfällen aus dem Hinterhalt rechnen mussten. Dennoch war es während der gesamten Periode gängige Praxis.

Kleine Mengen Lebensmittel konnten die Soldaten im Gepäck mitführen, das meiste musste von Packtieren getragen oder auf Karren befördert werden. Die Armee verließ sich auf Maultiere, führte aber auch andere Tragtiere mit, während die Wagen vor allem von Ochsen gezogen wurden. In Friedenszeiten wurden nur wenige Transporttiere gehalten, die übrigen wurden bei Bedarf gekauft oder requiriert, sodass die Wahl der Tiere davon abhing, was vor Ort beschafft werden konnte. Alle diese Tiere mussten natürlich gefüttert werden, und es war nicht schwer auszurechnen, wie weit ein Tier mitgeführt werden konnte, bis das Gewicht des von ihm

Auf dem Feldzug hatte das Heer auch Wagen und Karren mit Rädern dabei, um Ausrüstung und Nachschub zu transportieren: rechts unten ein Ochsenkarren mit Fässern, links, auf dem darüberliegenden Reliefband der Trajanssäule, ein von einem Maultier gezogener Karren mit einer leichten *ballista* (Wurfmaschine) darauf.

benötigten Futters das Gewicht seiner Traglast erreicht hatte. Maultiere waren am flexibelsten, sie liefen so schnell wie Fußsoldaten und konnten ihnen praktisch überallhin folgen. Ochsen besaßen beträchtliche Zugkraft und konnten auf Weiden gefüttert werden, waren jedoch sehr langsam und auf einigermaßen gute Straßen oder Wege angewiesen. Eine große Armee, auch wenn sie einen Teil des Benötigten jeweils vor Ort beschaffte, zog zwangsläufig einen großen Tross mit den Vorräten hinter sich her, wenn sie sich nicht von Nachschublinien abhängig machen wollte. Ebenso zwangsläufig verlangsamte die große Zahl mitgeführter Tiere das Marschtempo. Wurde eine Nachschublinie zu Materialdepots eingerichtet, so mussten Konvois von Pack- oder Zugtieren zwischen den Depots und der Hauptarmee hin- und hergeführt werden. Diese waren leicht angreifbar, vor allem wenn der Feind so beweglich war wie die Parther oder die Perser. Zum Schutz der Nachschublinien mussten daher Männer abkommandiert werden, die dem Hauptheer dann fehlten.

Caesars Berichte über die Feldzüge in Gallien liefern die detaillierteste Beschreibung des Nachschubsystems einer Armee im Einsatz. In dieser Zeit benutzten die Römer verschiedene Kombinationen der drei hauptsächlichen Nachschubsysteme. Mit Hilfe alliierter Stämme oder Völker wurden große Depots angelegt. Darüber hinaus führte die Armee Nahrungsmittel, Ausrüstung, Aufzeichnungen und sogar Geiseln in ihrem Haupttross mit. In der umkämpften Gegend ließ Caesar den Tross unter der Aufsicht von Wachen zurück und unternahm kurze Expeditionen mit kleineren beweglichen Einheiten, die nur die nötigsten Vorräte mit sich führten. Eine solche als *expedita* bezeichnete Einheit konnte sich ein bis zwei Wochen lang auch durch schwieriges Gelände bewegen, dann musste sie allerdings zum Tross zurückkehren.

Operationen im Winter waren für jede Armee schwierig und für viele Gegner Roms praktisch unmöglich. Das verschaffte den Römern, die bei ausreichender Vorbereitung über einen begrenzten Zeitraum der kalten Witterung standhalten konnten, einen deutlichen Vorteil gegenüber dem Feind.

Marschlager

Am Ende eines jeden Tagesmarsches wurde nach einem festen Muster ein von einem Wall mit Graben geschütztes Lager aufgeschlagen, was zwei bis drei Stunden in Anspruch nahm. Für die römischen Soldaten war das eine Routinearbeit, wie sie mindestens seit dem 3. Jahrhundert v. Chr. verrichtet wurde. Manche Forscher deuten dies als Beweis für die Schwerfälligkeit der römischen Armee, die nur in der Lage gewesen sei, eine Art Grabenkrieg zu führen. Tatsächlich entsprach es in etwa der heutigen Technik des Eingrabens. Das Tempo der Marschkolonne wurde durch den Aufbau des Lagers wenig beeinträchtigt, es war vielmehr davon abhängig, wie schnell der Tross vorankam. Das Lager bot Sicherheit vor Überraschungsangriffen – es ist kein einziger Fall bekannt, in dem eine dieser Schutzanlagen gestürmt werden konnte, es sei denn, die Truppe war ohnehin schon in offener Feldschlacht besiegt worden.

Die einzige ausführliche Schilderung eines Marschlagers aus jener Zeit ist in einem vermutlich auf das 2. Jahrhundert n. Chr. zurückgehenden Werk enthalten, das man Hyginus zuschreibt (aber wohl von Pseudohyginus geschrieben ist). Darin wird der Bereich beschrieben, der den einzelnen Einheiten einer streng differenzierten Feldarmee zugewiesen war. Diese bestand aus Prätorianergarde, Gardekavallerie, ganzen Legionen und kleinen Kommandoeinheiten, Auxiliartruppen sowie Abordnungen der Flotte und verschiedener Verbündeter.

Dem Begleittross stand relativ wenig Platz zur Verfügung, was angesichts der großen Zahl von Soldaten erstaunlich scheint. Von den Marschlagern wird bei Grabungen selten viel gefunden, da sich die Soldaten dort nur eine Nacht aufhielten und kaum dauerhafte Spuren hinterließen. Eine genauere Vorstellung vom Aufbau solcher provisorischen Lager liefern Anlagen wie die bei Masada, die den Römern während mehrmonatiger Belagerungszustände als Basis dienten. In dieser Zeit bauten sich die Soldaten niedrige Hütten und benutzten ihre Zelte als Dächer.

(oben) Freigelegtes Römerlager am Fuß der Felsenfestung Masada. Während der langen Belagerung hatten die Soldaten Zeit, niedrige Steinhütten zu bauen, für die sie ihre Zelte als Dach benutzten. Die kleinen Häuser hatten anscheinend auch einen Lagerraum ähnlich wie bei den doppelten Zimmern in einem Barackenblock. Ein Teil des Lagers *(links oben)* wurde noch nach dem Fall der Festung von einem römischen Kontingent genutzt.

Die Reste, die von diesen Anlagen erhalten sind, zeigen, dass sie, ebenso wie die dauerhaften Stützpunkte der Römer, nach einem erkennbaren Muster errichtet waren.

Provisorische Lager wurden immer wieder an denselben Orten aufgeschlagen, was wohl einerseits an den günstigen Bedingungen dieser Orte selbst lag und andererseits daran, dass sie an bestimmten, für die Römer wichtigen Verkehrswegen lagen.

»Eine Verwüstung namens Frieden«: Gewinnen und Verlieren

Meist endeten Kriege in dieser Zeit und während des Römischen Reichs nicht mit einem überwältigendem Sieg, sondern dadurch, dass eine Seite den Kampfgeist verlor und sich geschlagen gab. Die Römer verfolgten die Strategie, ihre Gegner so unter Druck zu setzen, dass sie freiwillig die Waffen niederlegten. Dies erreichten sie, indem sie die Feldarmee des Gegners, dessen Hauptstadt oder andere wichtige Städte angriffen oder brandschatzend und plündernd gegen die Dörfer vorgingen. Wurde der Feind von einer charismatischen Persönlichkeit angeführt, legten sie es darauf an, diesen Mann zu töten oder in ihre Gewalt zu bringen, um den gegnerischen Widerstand zu brechen.

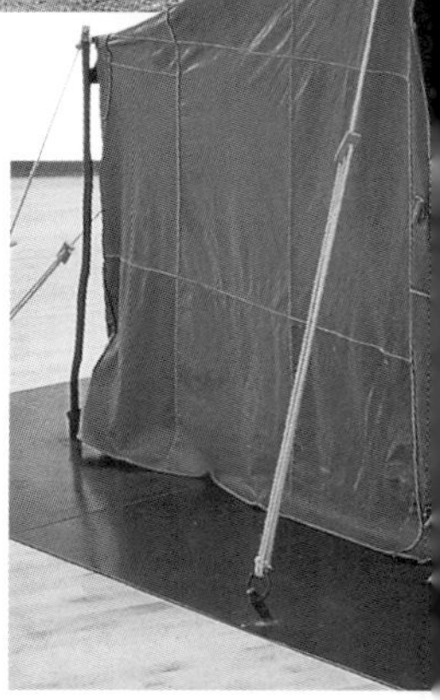

(rechts) Rekonstruktion eines Lederzelts, in dem ein *contubernium* aus acht Soldaten hauste. Getragen wurde es von einem Maultier, das man hinter dem Zelt anpflockte.

Strafexpeditionen endeten oft mit der totalen Verwüstung *(devastatio)* eines im Allgemeinen relativ kleinen Areals beiderseits der Route, auf der sich die mit der Operation betraute Kolonne bewegte. So brach über die Bewohner der betreffenden Gebiete die Katastrophe herein, während etwas weiter abseits gelegene Siedlungen verschont blieben. Aber allein die Tatsache, dass die Römer jederzeit unverhofft zuschlagen und entsetzliches Unheil anrichten konnten, wirkte weit über die betroffenen Gebiete

(oben) **Römische Hilfssoldaten stecken eine dakische Stadt in Brand** ***(links)*****. Deren Verteidiger fliehen und schauen entsetzt auf ihre Stadt zurück, auf deren Mauern hinter der Brustwehr Pfähle mit abgeschlagenen und aufgespießten Köpfen hochragen** ***(links der Mitte)*****. Rechts auf dem Relief der Trajanssäule marschieren Legionäre durch schwieriges Gelände. Ein Soldat** ***(ganz rechts)*** **durchwatet einen Fluss; Schild, Helm, Rüstung und Ausrüstung hält er über dem Kopf.**

hinaus einschüchternd auf die Menschen. Das Vorgehen bei solchen Strafexpeditionen war ausgesprochen grausam. Häuser und Felder wurden zerstört, die Bewohner niedergemetzelt, gekreuzigt oder versklavt. Nach der Eroberung der gallischen Stadt Uxellodunum 51 v. Chr. wurden den Verteidigern auf Caesars Befehl als abschreckendes Beispiel die Hände abgeschlagen, und während der Belagerung Jerusalems 70 n. Chr. kreuzigten die Legionäre Gefangene in Sichtweite vor den Mauern. In den Augen der Römer waren solche Gräuel gerechtfertigt, wenn sie nicht um der Grausamkeit selbst willen begangen wurden, sondern einem praktischen Zweck dienten.

Die Kriegführung der Römer war ausgesprochen aggressiv. Sie ergriffen baldmöglichst die Initiative und blieben offensiv, indem sie so lange Druck machten, bis der Kampfgeist des Gegners gebrochen war. Selbst schwere Rückschläge im Feld und scheinbar aussichtslose Situationen waren für die Römer kein Grund, auch nur die Möglichkeit einer Niederlage in Betracht zu ziehen. Das Schlimmste, was einem römischen Feldherrn passieren konnte, war nicht die Niederlage an sich, auch wenn er dafür gescholten werden mochte, sondern das ausdrückliche Eingeständnis derselben. In Verhandlungen und Verträgen, mit denen ein Krieg beendet wurde, musste Rom als uneingeschränkter Sieger anerkannt werden. Dieses bis in die Spätantike erhaltene Prinzip war der Grund dafür, dass die Römer den Gedanken, einen Krieg vielleicht zu verlieren, einfach nicht ertragen konnten. Also griffen sie so lange hartnäckig an, bis sie als Sieger dastanden – was am Ende fast immer der Fall war. Oft hatte ein solcher Sieg zur Folge, dass das befeindete Volk in dauerhafte Abhängigkeit vom Römischen Reich geriet oder ganz und gar vereinnahmt wurde. Seltener hörte es als politische Einheit auf zu existieren. Und mancher Sieg diente Rom nur dazu, Ehre und Stolz wiederherzustellen, die durch eine frühere Niederlage Schaden gelitten hatten.

Die Schlacht

Die eigentliche Aufgabe jeder Armee ist es, durch ihre militärische Kampfkraft einen Feind zu bezwingen, und am deutlichsten wird diese Funktion beim Zusammenstoß massierter Verbände in einer offenen Feldschlacht demonstriert. Die schriftlichen Überlieferungen römischer Feldzüge sind aufgrund ihrer besonderen Dramatik voll von Schilderungen solcher Schlachten, obwohl sie ein eher seltenes Ereignis waren. Die Fülle an Quellenmaterial sowie ihre prinzipielle Bedeutung rechtfertigen eine nähere Beschäftigung mit diesem Thema.

Auf dem Vormarsch

Eine römische Feldarmee zählte selten mehr als 40.000 Mann; meistens war sie nur halb so groß oder noch kleiner. Feindliche Armeen mögen beträchtlich größer gewesen sein, doch sind sämtliche Quellen, auf die wir uns beziehen, in diesem Punkt unzuverlässig. Die Römer besaßen kaum Informationen über die Größe und Zusammensetzung der gegnerischen Armeen, deren Befehlshaber selbst vermutlich oft nur eine grobe Vorstellung davon hatten, wie viele Soldaten unter ihrem Kommando kämpften. Möglicherweise übertrieb man in Rom auch bei der Zahl der Feinde, um den Ruhm des zu erwartenden Sieges noch heller strahlen zu lassen.

Es war kein Kinderspiel, Zehntausende von Soldaten samt Reit-, Last- und Zugtieren, Sklaven und Tross über Land zu führen. Darum wurde in der Berufsarmee besonderer Wert auf Disziplin gelegt, und den Truppenverbänden wurden Leute zum Auskundschaften der Marschroute vorausgeschickt. Als Vespasians Armee 67 n. Chr. nach Gallien zog, tat sie dies nach dem Bericht von Josephus Flavius in folgender Marschordnung:

1 Leichte Infanterie und Bogenschützen der Auxiliartruppen als Vorhut, um den Feind vorzeitig aus dem Hinterhalt zu locken und mögliche feindliche Verstecke vor allem in den Wäldern aufzuspüren.
2 Ein Kontingent Legionäre [oder Auxiliartruppen in geschlossener Formation] und schwere Kavallerie.
3 Zehn Mann aus jeder Zenturie mit Gepäck und der nötigen Ausrüstung, um das Lager abzustecken.
4 Eine Schar von Männern mit Werkzeugen, deren Aufgabe es war, die Straße zu ebnen und Hindernisse aus dem Weg zu räumen (im Handbuch des Hyginus ist eine Abordnung von Matrosen mit dieser Aufgabe betraut).
5 Der Stab des Feldherrn und dessen Gepäck, eskortiert von Kavallerie.
6 Der Befehlshaber selbst, seine Leibwache und eine handverlesene Einheit aus Fußsoldaten und Reitern.
7 Die Kavallerie der Legionen.
8 Der Belagerungstross.
9 Die Legaten der Legionen und die Präfekten und Tribunen, eskortiert von ausgewählten Soldaten.
10 Nacheinander die einzelnen Legionen, an der Spitze der Legionsadler und andere Standarten, danach die Männer, jeweils sechs nebeneinander.
11 Die Verbündeten- und die Auxiliartruppen.
12 Eine Nachhut aus leichter und schwerer Infanterie und Kavallerie.

Auch wenn Vespasian nicht erwartete, auf eine feindliche Feldarmee zu stoßen, war er darauf vorbereitet, einen plötzlichen Überfall abzuwehren. Wenn mit einer Feindbegegnung gerechnet werden musste, marschierte die römische Armee so, dass sie in kürzester Zeit Gefechtsformation annehmen konnte. War die Richtung, aus welcher der feindliche Angriff drohen mochte, unbestimmt, wurde im Karree marschiert.

Es wurde alles darangesetzt, möglichst viel über Standort, Stärke und Absichten des Feindes in Erfahrung zu bringen – im Unterschied zur Zeit der mittleren Republik, als römische Truppen noch in jeden Hinterhalt zu stolpern und keine Feindberührung auszulassen pflegten. Nicht selten waren es die Generäle selbst, die das Gelände erkundeten und die Vernehmung von Gefangenen überwachten.

Die Schlacht an der Sambre, 57 v. Chr.

»Nach seiner Ansprache an die zehnte Legion ritt Cäsar zum rechten Flügel. Er sah, wie dort seine Soldaten in schwerster Bedrängnis, die Feldzeichen an einer Stelle zusammengetragen waren, die Zwölfer, dicht zusammengedrängt, sich selbst am Kampfe behinderten, dass alle Centurionen der vierten Kohorte gefallen und die Adlerträger sämtlich niedergehauen und das Feldzeichen verloren, fast alle Centurionen entweder verwundet oder tot waren und dass Baculus, der Ranghöchste unter ihnen, ein sehr tapferer Soldat, durch viele Wunden so erschöpft war, dass er sich schon nicht mehr auf den Beinen halten konnte. Er sah, dass die übrigen bereits in der Disziplin nachließen und einige von der Nachhut, allein zurückgelassen, sich aus dem Staube machten und sich aus der Schussweite entfernten, dass die Feinde in der Front von unten vorzurücken nicht nachließen und auf beiden Flanken vorstürmten, dass die Lage ganz verzweifelt stand und es keine Reserven mehr gab, die er hätte einsetzen können. Da entriss er einem Mann des letzten Gliedes den Schild – er war ohne ihn gekommen –, stürmte in die erste Reihe vor, feuerte die Centurionen, sie einzeln namentlich aussprechend, an, ermutigte die übrigen und gab den Befehl, zum Sturm vorzugehen und die Manipel aufzulockern, um leichter mit dem Schwert kämpfen zu können. Durch sein persönliches Erscheinen weckte er bei der Truppe frische Hoffnung und entflammte von neuem ihren Mut, da ein jeder vor den Augen des Feldherrn selbst in größter Gefahr sich tüchtig zeigen wollte. So wurde der feindliche Ansturm ein wenig aufgehalten.«

Gaius Julius Caesar, Der Gallische Krieg, 2.25

Wann und wo kam es zum Kampf?

Wenn es zur Feindberührung kam, schlug die römische Armee ihr Lager auf, wobei die Pioniere beim Ausheben der Gräben von einem Teil der Truppen gedeckt wurden. Vom 3. bis 1. Jahrhundert v. Chr. pflegten die Truppen über mehrere Tage oder Wochen hinweg einige Kilometer Abstand zum Feind zu halten, bevor es zur Schlacht kam. In dieser Phase kam es vor, dass die beiden Kriegsparteien ihr jeweiliges Lager verließen und, manchmal nur wenige hundert Meter voneinander entfernt, Kampfstellung bezogen, nur um sich ein paar Stunden lang gegenseitig zu belauern und dann wieder zurückzuziehen. Je weiter sich eine Armee dabei vom eigenen Lager entfernte und je näher sie dem feindlichen Lager kam, desto größer war das Siegesbewusstsein, das sie damit demonstrierte. Die Kampfmoral hat immer Einfluss auf den Ausgang eines Gefechts, umso mehr in der Zeit der Antike, in der die meisten Kämpfe Mann gegen Mann entschieden wurden. Daher war ein Feldherr stets bemüht, die Kampfmoral seiner Soldaten aufzubauen, bevor er einen Zusammenstoß mit dem Feind riskierte. Dazu dienten kleinere Scharmützel und Einzelgefechte, in denen die Beteiligten vor allem Kavallerie und leichte Infanterie – ihren Mut und ihr Geschick demonstrieren konnten. Der Kampf folgte strengen formalen Regeln, und die subtilen Manöver beider Seiten hatten eine fast rituelle Bedeutung. Ein guter Feldherr wählte das Kampfgelände mit Bedacht so aus, dass es den Besonderheiten seiner eigenen Truppe entgegenkam. Daneben war es wichtig, den richtigen Zeitpunkt zu wählen, um seine Männer jenes entscheidende Stück vorrücken zu lassen, das den Feind zwang, sich entweder zum Kampf zu stellen oder den Rückzug anzutreten.

Die Schlachten, die Caesar gegen fremde wie gegen römische Truppen schlug, hatten oft ein langes Vorspiel. Wenn er einen Rückschlag hatte hinnehmen müssen, pflegte er den Gegner mit einer besonders starken Kampfformation zu konfrontieren, weil er wusste, dass sich dieser aus seiner ungünstigeren Position dem Kampf nicht stellen würde. So vermittelte er seinen Leuten das Gefühl, dass sich der Feind noch immer vor ihnen fürchtete.

Aus der Zeit des Prinzipats sind solche Hinhaltetaktiken nicht bekannt. Hier kam es zum Kampf, sobald die feindlichen Truppen beim Vormarsch aufeinander stießen, und einen Aufschub gab es nur, wenn zunächst ein Lager für die Nacht angelegt wurde. Das spiegelt vermutlich die veränderten militärischen Bedingungen einer Periode wider, in der die Feinde Roms in der Regel nicht mehr aus einer starken politischen Einheit bestanden. So konnten die Kämpfe an den Grenzen des Reichs mit kleineren Truppenverbänden geführt werden als in früheren Zeiten. Nur wenige Feinde verfügten über eine so große Armee, dass Rom gezwungen war, ein starkes Heer gegen sie aufzubieten. Allerdings war das Gelände, auf dem die Kämpfe stattfanden, oft unwegsam und nicht durch Straßen erschlossen. Unter diesen Umständen war nicht nur die Versorgung der Kämpfenden schwierig, sondern schon das Aufspüren des Feindes warf Probleme auf. Die Römer vertrauten jedoch so sehr auf ihre Überlegenheit, dass sie sich durch solche Schwierigkeiten nicht abschrecken ließen.

Zwei Legionäre in Kampfstellung; Relief auf der *principia* am Mainzer Kastell. Der vordere Soldat geht leicht in die Knie, um möglichst viel Deckung hinter seinem *scutum* zu haben, den *gladius* kampfbereit für einen Stoß von unten gegen den Feind. Der Legionär dahinter, das *pilum* über der Schulter, hält seinen Schild schützend über seinen Kameraden. Wir wissen nicht, ob diese Figur tatsächlich zeigt, was die konkrete Aufgabe der zweiten Reihe einer Linie im Kampf war, oder nur die Unterstützungsfunktion dieser Kampflinie symbolisiert.

Die Schlachtlinie

Die Manipularlegion der mittleren Republik bediente sich mit ganz seltenen Ausnahmen nur einer einzigen Kampfformation. Nur wenige Feldherren, die wie Scipio Africanus beispielsweise über besondere Fähigkeiten und eine erfahrene Truppe verfügten, ließen sich andere Formationen einfallen als die übliche dreifache Schlachtreihe *(triplex acies)*, bei der die Legionen, flankiert von den *alae*, die Mitte und die Kavallerie die Flügel bildeten. Mit der marianischen Reform stützte sich die Legion mehr auf die Kohorte als auf den Manipel und erlangte dadurch größere Beweglichkeit.

Große Schlachten wurden auf mehr oder weniger offenem Gelände ausgetragen. Nur in seltenen Ausnahmefällen, wenn dies die einzige Möglichkeit war, den Feind zum Kampf zu stellen, drang ein römischer Truppenverband in Wald- oder Sumpfland vor. Die Stellung auf einem Hügelkamm bot viele Vorteile, hatte aber auch den Nachteil, dass sich der Feind unter diesen Umständen dem Kampf gar nicht

(oben)* Abschnitt einer offenen Feldschlacht zwischen den für den Kampf aufgestellten Heeren der Römer *(im Vordergrund)* und der »Barbaren« *(hinten).

erst stellte. Besonders wenn der Feind beweglicher oder zahlenmäßig stärker war, machte sich die Truppe zum Schutz ihrer Nachhut oder der Flanken Geländebesonderheiten zunutze. So kämpfte Suetonius Paulinus 60 n. Chr. gegen die eindrucksvolle Armee der britannischen Aufständischen unter Königin Boudicca in einer sich verjüngenden Schlucht, in der ihm die hoch aufragenden Felswände und der dichte Wald Deckung boten. In Kappadokien postierte Arrian (Anfang 2. Jh. n. Chr.) seine Flanken an Berghängen, so dass die Reiter der Alanen sie nicht angreifen konnten. Aber auch da, wo die geografischen Verhältnisse diese Möglichkeit nicht boten, wusste man sich zu helfen, wie 86 v. Chr., als Sulla in Chaeronea Gräben ausheben und Dämme aufschütten ließ, um die Flanken seiner zahlenmäßig unterlegenen Legionen gegen Mithridates aus Pontus zu schützen.

Die Gefechtsformation war von der Zusammensetzung der Truppen und den strategischen Voraus-

Ein Kurier trifft ein und überbringt eine Botschaft vom Befehlshaber der Armee an den Legaten der Legion, der für diesen Abschnitt der Kampflinie verantwortlich ist. Berittene Kuriere trugen an ihrem Speer eine Feder als Erkennungszeichen.

Der Legionslegat leitet den Kampf von einer Position dicht hinter der Linie aus. Seine Aufgabe ist es, sich zu jedem kritischen Punkt innerhalb seines Abschnitts zu begeben, die Männer zu ermutigen und Befehle zu erteilen, sie durch Reserven zu verstärken. Erst wenn die Lage äußerst verzweifelt wird, schließt er sich der vordersten Reihe an und führt einen Angriff oder stärkt den Widerstand.

Ein *optio* benutzt seine Amtsstange *(hastile)*, um die Soldaten an ihren Platz zu schieben.

setzungen abhängig. Gewöhnlich war die Kavallerie wie in früheren Perioden je zur Hälfte auf die Flanken verteilt. Wenn die berittenen Kräfte des Feindes jedoch stark in der Überzahl waren, wurde die römische Kavallerie entweder durch eine starke Infanterie unterstützt oder hinter einer dichten Infanterielinie postiert. Stand sie einem sehr mobilen Feind gegenüber, so bildete der gesamte Verband ein riesiges Karree. Zuweilen flankierten die Auxiliarinfanteristen das von den Legionen gebildete Zentrum, dann wieder bildeten sie, von den Bürgertruppen unterstützt, die vorderste Linie. Die Kohortenlegion wurde meist in drei Reihen aufgestellt, doch gab es viele Abwandlungen dieser Formation, und manchmal wurden ganze Legionen in Reserve gehalten.

Der Oberbefehlshaber in der Schlacht

Vor einer Schlacht berief ein römischer General einen Rat *(consilium)* ein, wobei der Begriff Rat irreführend ist, weil dies kein Forum für eine Debatte war, sondern eine Versammlung, in der den höheren Offizieren Befehle erteilt und erläutert wurden. Die Legaten und Tribunen der Legionen und vermutlich auch die Präfekten der Auxiliartruppen und die ranghohen Zenturionen nahmen am *consilium* teil. Erläutert wurden Formation und Taktik der Truppen sowie die notwendigen Befehle. Die Offiziere gaben die Informationen dann an ihre Untergebenen weiter. Eine Streitmacht zu formieren und sicherzustellen, dass jede Einheit zur rechten Zeit am richtigen Platz war, war eine komplexe Aufgabe, die ein perfektes Zusammenspiel aller Offiziere bis hinauf zum General erforderte.

Dem *consilium* oblag es auch, den einzelnen Abschnitten der Kampflinie jeweils einen Kommandeur zuzuteilen. Normalerweise hatte jede Legion ihren Legaten, der automatisch der Befehlshaber der zehn Kohorten war. Abordnungen der Legionen hatten gewöhnlich ebenfalls einen diensthabenden Kommandeur, häufig einer der Tribunen. Die *alae* und Kohorten der Hilfstruppen waren selbständige Einheiten

Römische Feldherren. Von einem Befehlshaber wurde erwartet, dass er vor, während und nach der Schlacht die Geschicke seines Heeres in die Hand nahm, ohne unbedingt selbst zu kämpfen. Er musste seine Männer führen und anfeuern. Für die anderen hohen Offiziere galt das Gleiche. Meist verfolgten die Generäle die Schlacht vom Pferd aus, so hatten sie alles im Blick und waren immer zur Stelle, wo die Situation kritisch wurde.

und hatten keine höhere Befehlsstruktur. Gelegentlich wurden einzelne Einheiten einer Legion zugeteilt, doch gewöhnlich wurden sie vorübergehend zusammengefasst und dem Befehl eines Offiziers unterstellt, fast immer einer ihrer Präfekten. In den größten Armeen wurde oft eine Kommandoebene eingerichtet, die über den aus etwa 5000 Mann bestehenden und aus den Legionen gebildeten Blöcken stand. Caesar teilte seine Armee entsprechend den Gepflogenheiten seiner Zeit in einen rechten Flügel, ein Zentrum und einen linken Flügel, jeweils unter dem Befehl eines seiner ranghöheren *legati*.

Diese untergeordneten Befehlshaber waren dem General mittelbar oder unmittelbar verantwortlich. Vom General wurde nicht erwartet, dass er in der Schlacht einen bestimmten Standort einnahm. Nur selten kam es vor, dass ein römischer General nach dem Beispiel griechischer Feldherren wie Alexander an vorderster Front mit seinen Männern kämpfte. Zu groß war die Gefahr, dass er im Nahkampfgetümmel den Überblick verlor und keine sinnvollen Befehle mehr erteilen konnte. Angesichts eines Systems, bei dem in mehr als einer Gefechtslinie operiert wurde und große Truppenteile zu Beginn der Kampfhandlungen sich in Auffangstellung befanden, wäre dies verheerend gewesen. Manch ein General zog es im Gegenteil vor, in einigem Abstand hinter den Truppen und nach Möglichkeit auf einer Anhöhe Position zu beziehen, um einen guten Überblick über den Schlachtverlauf zu haben und im Bedarfsfall über Boten Befehle erteilen zu können. Ein fester Standort hatte überdies den Vorteil, dass Berichte seiner Offiziere ihn leichter erreichen konnten. Allerdings konnte er aus dieser Entfernung seine Soldaten nicht persönlich anfeuern und den Kampfverlauf manchmal vielleicht erst beurteilen, wenn es zu spät war, Einfluss darauf zu nehmen.

Soldaten der *auxilia* halten dem Kaiser die abgeschlagenen Köpfe dakischer Krieger entgegen; Szene auf der Trajanssäule. Rom hatte die Kopfjagd innerhalb der Provinzen zwar verboten, doch scheint sie bei einigen Auxiliareinheiten weiterhin üblich gewesen zu sein.

Die meisten Generäle entschieden sich für den Mittelweg und hielten sich dicht hinter der Kampflinie, ohne sich selbst ins Kampfgetümmel zu stürzen. So war es dem General möglich zu beurteilen, wie sich die Kampfhandlungen in seiner Nähe entwickelten und wie es um die Moral seiner Männer bestellt war, und es fiel ihm leichter zu entscheiden, ob er Truppen aus der Auffangstellung einsetzen sollte, um einen sich abzeichnenden Erfolg zu beschleunigen oder einen drohenden Durchbruch des Feindes zu verhindern. Einheiten aus der Reserve wurden entweder durch Meldegänger angefordert, oder der Feldherr ritt selbst hin und führte die Soldaten zur gewünschten Position. Im Bedarfsfall konnte er eine solche Einheit oder eine andere, die sich bereits in der Kampflinie befand, bei einem Angriff anführen und in den Kampf eingreifen, bevor er sich wieder auf seinen Beobachtungsposten hinter den Linien zurückzog, von wo aus er seine Männer aber immer noch durch Zurufe anfeuern und ihre Leistungen beurteilen konnte. Dieser Aspekt war insofern wichtig, als das römische Militär mit Auszeichnungen für besondere Tapferkeit nicht knauserte und allgemein bekannt war, dass die Soldaten größeren Einsatz zeigten, wenn sie ihre Befehlshaber sehen konnten.

Der General war nicht auf einen bestimmten Abschnitt des Schlachtfelds beschränkt, sondern konnte sich frei bewegen. Er musste einen Blick für kritische Situationen haben und schnell genug an Ort und Stelle sein, um einzugreifen. Die Rolle, die der Feldherr für die gesamte Schlacht innehatte, übernahmen die befehlshabenden Offiziere für die einzelnen Abschnitte. Die römische Befehlsstruktur war zwar effektiv, barg aber auch einige Gefahren. Ein General fiel durch seinen roten Umhang und die auch sonst auffällige Aufmachung ins Auge und war daher ein leichtes Ziel für die Wurfgeschosse gegnerischer Soldaten, die sich vielleicht durch einen solchen Treffer Ruhm und Ehre erwerben wollten.

Gefechtsordnung und Taktik der Einheiten

Wir haben kein Handbuch, in dem die Ausbildung und Taktik der römischen Berufsarmee beschrieben würde, auch wenn Arrians *Tactica* einige Aspekte der Taktik der Kavallerie behandelt. Nach Polybios brauchte ein Legionär zu seinen Neben-, Vorder- und Hintermännern etwa 1,80 Meter Abstand. Dagegen betrug nach Vegetius, der später schrieb, sich jedoch auf frühere Quellen stützte, der seitliche Abstand 0,90 Meter und der Abstand zum Vordermann 2,10 Meter. Ein Bewegungsspielraum von 1,80 bis 2,10 Metern war notwendig, damit ein Soldat sein *pilum* schleudern konnte, ohne seinen Hintermann zu behindern. Dagegen dürfte ein Seitenabstand von 0,90 Meter ausgereicht haben und für die in geschlossener Ordnung vorrückenden Infanteristen der Antike die Norm gewesen sein.

Unsere Quellen enthalten gelegentlich Angaben über die Formationen römischer Soldaten. 48 v. Chr. staffelte Pompeius in Pharsalos seine Infanterie zehn Reihen tief, da er zwar viele, aber weniger gut ausgebildete Fußsoldaten hatte als Caesar. Nach Josephus Flavius marschierten die Römer zu sechst nebeneinander, während bei der Infanterie wie bei der Kavallerie die Tiefe drei Reihen betrug. Das lässt auf ein Drillsystem schließen, das auf Dreiergruppen beruhte. Arrians Infanteristen marschierten zu viert nebeneinander und bildeten im Kampf eine Formation aus acht Reihen, also ein System aus Vierergruppen, die man auch in hellenischen Handbüchern findet. Die römische Armee hatte wahrscheinlich ein neues System der Gefechtsordnung eingeführt, vielleicht war es aber von Legion zu Legion und Periode zu Periode unterschiedlich.

Die Wahl der Formation wurde einerseits von praktischen Erwägungen bestimmt. Je weiter eine Linie auseinander gezogen war, desto größer war die Wahrscheinlichkeit, dass sie beim Vorrücken auf Hindernisse stieß. Wenn sie sich nicht langsam bewegte und immer wieder anhielt, um sich neu zu formieren, drohte sie auseinander zu brechen. Deshalb konnte sich eine schmalere, tiefer gestaffelte Formation schneller bewegen. Andererseits konnten nur die Soldaten in der vordersten und in der zweiten Reihe im Gefecht ihre Waffen einsetzen. Die Rolle der Männer in den Reihen dahinter war eher psycho-

Eine Schlachtaufstellung, wie sie Arrianus, Statthalter der Provinz Cappadocia unter Hadrian, seinen Legionären befohlen hatte, falls es zum Kampf mit den Alanen kommen sollte. Stärke dieses sarmatischen Reitervolks waren seine schwer gepanzerten Reiter (Kataphrakten). Um deren Angriff abzuwehren, nahmen Arrians Legionäre – Teile der XII Fulminata und der XV Apollinaris – in acht Reihen Aufstellung, unterstützt von einer neunten Reihe aus Bogenschützen zu Fuß und einer zehnten aus berittenen Bogenschützen. Die Reihen fünf bis acht in den Legionen waren mit dem leichteren langen Wurfspeer, der *lancea,* bewaffnet statt mit dem *pilum.* Während die vordersten Reihen dicht wie eine Mauer standen, schleuderten die hinteren Reihen ihre Wurfspeere auf die Alanen.

(links) **Monimus, Bogenschütze der Cohors I Ituraeorum, dargestellt mit seinem Kompositbogen und einem Bündel Pfeile, starb nach 16 Jahren Dienstzeit im Alter von 50 Jahren; er war demnach erst mit 34 Jahren zum Heer gekommen. Viele Bogenschützeneinheiten waren ursprünglich in den nahöstlichen Provinzen wie Ituräa in Syrien aufgestellt worden.**

(rechts) **Zwei Schleuderer, die ihre Tunika in der Weise gefaltet haben, dass sie einen gewissen Vorrat an Munition mit sich tragen konnten; Szene auf der Trajanssäule. Kieselsteine oder gegossene Bleikugeln waren im Flug schwer auszumachen und ein davon Getroffener, selbst wenn die Schleuderkugel seinen Helm nicht durchschlug, hatte zumindest eine Gehirnerschütterung. Auch wenn keine Auxiliarkohorte offiziell als Schleuderer** ***(funditores)*** **bezeichnet wurde, gab es in den Heeren viele Soldaten, die mit Schleudern bewaffnet waren.**

logisch. Auf den Feind wirkte die Formation mit hinteren Reihen eindrucksvoller und furchteinflößender. Ihre physische Präsenz machte es den eigenen Männern in den beiden vordersten Reihen zudem sehr schwer davonzulaufen. Besser ausgebildete und erfahrenere Soldaten bildeten eher weniger tief gestaffelte Formationen aus drei bis vier Reihen, während unerfahrene oder weniger kampfesmutige Soldaten in sechs, acht oder zehn Reihen formiert waren.

Gefecht mit Wurfgeschossen

Die meisten Soldaten trugen Distanzwaffen, ein *pilum* oder einen leichten Wurfspeer. Einige hatten Waffen mit größerer Reichweite, einen Bogen oder eine Schleuder. Bogenschützen wurden in geschlossener Formation eingesetzt, doch offenbar konnten sie ihre eigene Frontreihe nicht allein durch ihre Geschosse verteidigen. Wir lesen oft von Bogenschützen, die durch einen feindlichen Angriff getötet wurden. Effektiver war es, eine Reihe Bogenschützen hinter einer Auxiliar- oder Legionärskohorte einzusetzen, so dass die Bogenschützen über deren Köpfe hinweg schießen konnten. Das war während des jüdischen Aufstands 66–73 n. Chr. so, als eine aus drei Reihen bestehende Formation schwerer Infanterie durch eine vierte Reihe aus Bogenschützen verstärkt wurde. In Kappadokien kamen 135 n. Chr. unter Arrian zu den acht Reihen Legionäre zwei Reihen Bogenschützen, eine neunte zu Fuß und eine zehnte zu Pferd, sowie Artillerie, die auf einer Anhöhe postiert war. Bogenschützen, die hinter einer Formation Fußsoldaten standen, hatten ein eingeschränktes Blickfeld und konnten nicht richtig zielen. Sie schossen aufs Geratewohl und hofften, dass einige Pfeile ihr Ziel fanden.

Schleuderer, Lanzenwerfer und auch Bogenschützen operierten in offener Formation und plänkelten mit dem Feind. So konnten sie sich ein Ziel aussuchen und darauf zielen, während sie aufgrund des größeren Bewegungsspielraums den Speeren und Pfeilen des Feindes besser ausweichen konnten. Nach Vegetius übten die Bogenschützen, indem sie auf 180 Meter entfernte Pfosten schossen. Die Schussweite eines Bogens oder einer Schleuder im Kampf lässt sich so einfach nicht abschätzen, da sie auch von der Geschicklichkeit des Schützen abhing. Plänkler waren selten entscheidend für den Ausgang der Schlacht. Allenfalls konnten sie ihre Pendants auf der Gegenseite schlagen und danach die Hauptlinie belästigen. Scharmützel zwischen Plänklern konnten stundenlang hin und her gehen, ohne dass damit viel erreicht wurde. Wurfspieße und Pfeile hatten eine geringe Geschwindigkeit und waren gut zu erkennen, so dass man ihnen ausweichen konnte. Die Verluste bei solchen Scharmützeln waren eher gering.

Wenn Wurfspieße und Pfeile auf eine Truppe in geschlossener Ordnung trafen, konnten ihnen die Soldaten nicht so gut ausweichen; man verließ sich dann auf Schild und Rüstung. Pfeile ließen sich mit dem Schild gut abfangen, es sei denn, sie wurden aus kurzer Entfernung abgeschossen. Experimente haben gezeigt, dass sie einen Kettenpanzer durchschlagen können, aber keinen Segmentpanzer. Tödliche Verletzungen waren selten, Verwundungen der exponierten Gliedmaßen häufig.

Artillerie (S. 188) war wegen ihrer geringen Beweglichkeit selten auf dem Schlachtfeld zu finden. Ihre Vorteile gegenüber anderen Schleuder- und Wurfwaffen waren ihre größere Schussweite, Genauigkeit und Durchschlagskraft. Wenn eine römische Feldarmee Artillerie einsetzte, dann war sie in der Lage, einzelne Gegner in einer Entfernung zu treffen, die für den Feind zu groß war, um darauf antworten zu können. Zwar wurden mit solchen Geschützen nicht viele Feinde getötet, doch ihre Wucht und Wirkung konnten die Kampfmoral der Feinde lähmen.

Nahkampf

Der Kampf konnte beginnen, wenn die Gegner nur noch etwa 400 Meter voneinander getrennt waren. Nach einigem Vorgeplänkel, das nichts entschied, rückten beide Armeen vor, oder zumindest eine, und die Schlacht begann. Es kam nur selten vor, dass die römische Infanterie den gegnerischen Angriff stehend erwartete, was aber notwendig war, wenn der Feind über eine starke Kavallerie verfügte. Caesar hielt es für einen Fehler, wenn die Infanterie einem Angriff stehend begegnete, da vorrückende Truppen größeres Selbstvertrauen hätten.

Während sie vorrückten, hofften beide Seiten, den Gegner einzuschüchtern, bevor sie aufeinander losschlugen. An seinem Äußeren – an den Federn, die ihn größer erscheinen ließen, der polierten Rüstung und dem bemalten Schild – sollte man die militärische Tüchtigkeit jedes Soldaten erkennen können. Auch der Eindruck der ganzen Truppe war wesentlich. Tief gestaffelte Formationen hatten etwas

Zwar wurde die Artillerie in der Hauptsache bei Belagerungen eingesetzt, doch die Römer benutzten gelegentlich leichte *ballistae* (»Skorpione«) auch in der Feldschlacht. Einige dieser Wurfmaschinen, die *carroballistae,* wurden auf Wagen montiert, die von Maultieren gezogen wurden; damit konnten Bolzen mit solcher Wucht abgeschossen werden, dass sie einen Schild oder eine Rüstung durchschlugen.

Die Schlacht von Pharsalos 9. August 48 v. Chr.

49 v. Chr. kam es zu einem Bürgerkrieg zwischen Gaius Julius Caesar und seinen Rivalen im Senat unter der Führung von Pompeius. Caesar hatte Italien schnell überrannt und anschließend die Heere des Pompeius in Spanien geschlagen, während seine Gegner ihre Hauptstreitmacht in Makedonien zusammenzogen. Nach einer ergebnislosen ersten Begegnung bei Dyrrhachium stellte Caesar Pompeius in der Nähe der kleinen Stadt Pharsalos.

Die Stärke der beiden Heere

1 Das Heer Caesars: etwa acht unterbesetzte Legionen mit insgesamt 22.000 Mann, unterstützt von 1000 Mann Kavallerie.

2 Das Heer des Pompeius: 11 Legionen in voller Stärke mit insgesamt 45.000 Mann und 7000 Mann Kavallerie.

Der Kampf

Caesar hatte den linken Flügel am Fluss Enipeus aufgestellt, daher nutzte Pompeius seine überlegene Kavallerie dazu, die rechte Flanke seines Gegners abzudrängen. Aus den Männern einer Kohorte aus der dritten Linie jeder Legion bildete Caesar eine vierte Linie im schrägen Winkel zu seiner Kavallerie auf der rechten Seite. Pompeius' Kavallerie unter der Führung von Labienus griff an und trieb Caesars Reiterei zurück, geriet dabei jedoch in Unordnung. Unerwartet von der vierten Linie Caesars angegriffen, floh Pompeius' Kavallerie in Panik zurück. Inzwischen war Caesars Infanterie gegen die gegnerische Frontlinie vorgerückt. Da diese nicht

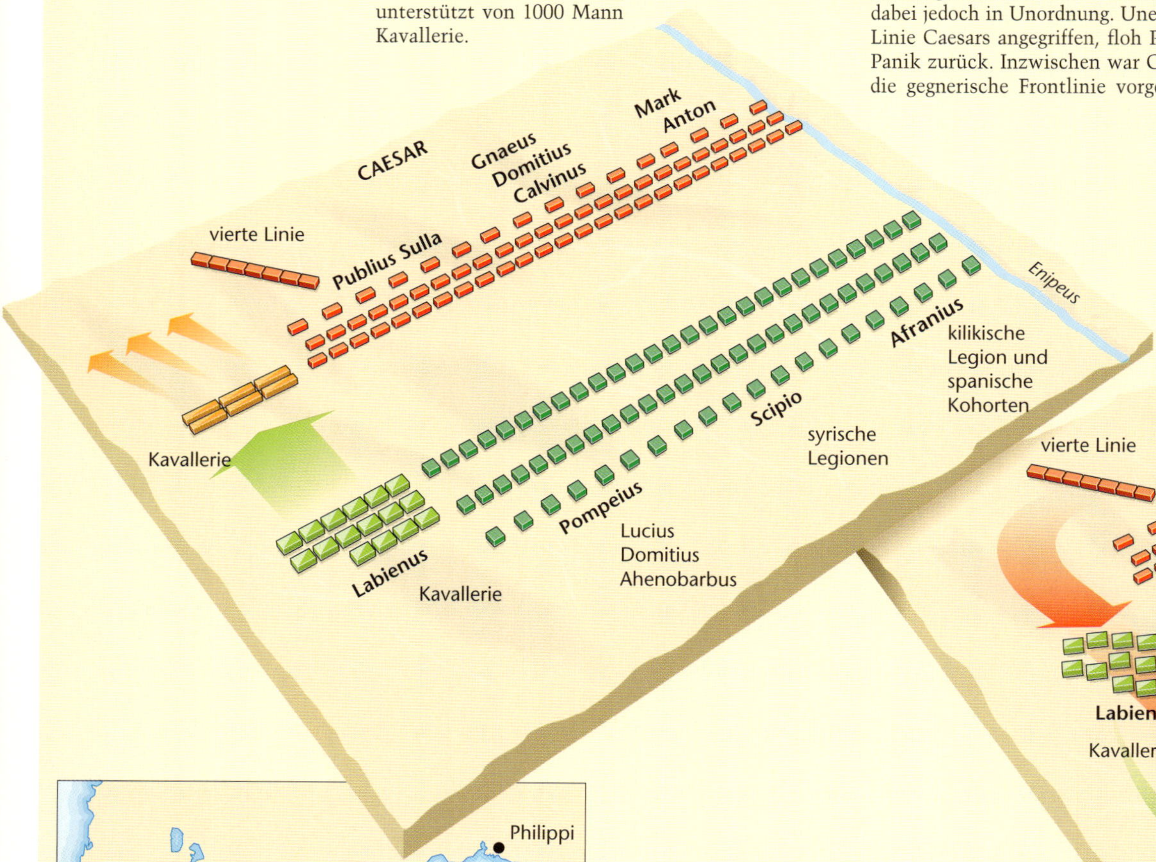

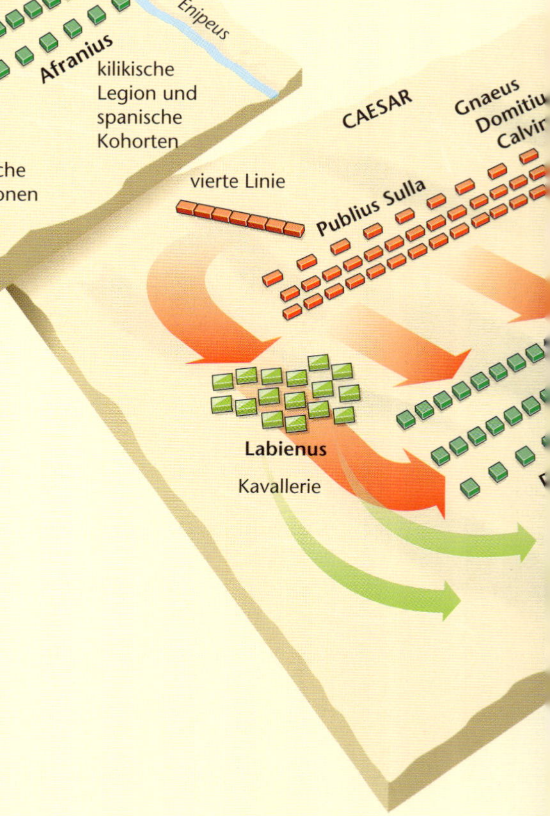

Als 49 v. Chr. der Bürgerkrieg begann, verließ Pompeius Italien, um seine Streitmacht in Makedonien zu sammeln. Caesar führte seinen Angriff erst im folgenden Jahr und erlebte einen schweren Rückschlag in Dyrrhachium, bevor er in Pharsalos den entscheidenden Sieg errang.

wich, stoppten Caesars Soldaten den Angriff, um sich neu zu formieren. Dann rückten sie weiter vor und der Kampf entbrannte. Schließlich schickte Caesar die dritte Linie den beiden Kampflinien zur Verstärkung und die vierte Linie gegen die entblößte linke Flanke der gegnerischen Fußsoldaten. Die Armee des Pompeius suchte ihr Heil in einer wilden Flucht.

Verluste

1 Das Heer Caesars: 30 Zenturionen und etwa 200 Legionäre
2 Das Heer des Pompeius: Angeblich 15.000 Gefallene und 24.000 Gefangene. Neun Legionsadler und 180 Feldzeichen wurden erbeutet.

Ergebnisse

Die Hoffnungen des Pompeius hatten sich zerschlagen. Er floh nach Ägypten, wo er ermordet wurde. Der Krieg hätte nun beendet sein können, wenn Caesar sich nicht in die dynastischen Kämpfe Ägyptens eingemischt und eine Affäre mit Königin Kleopatra angefangen hätte.

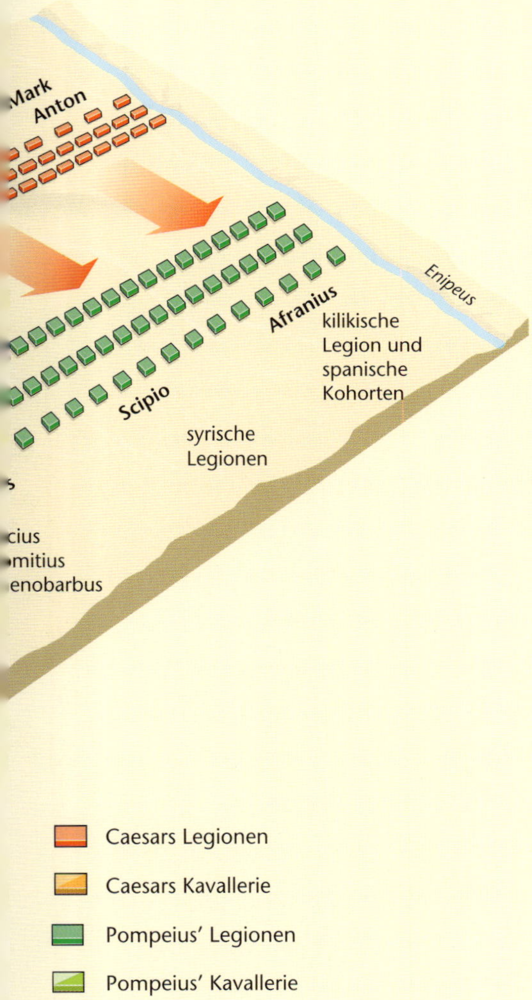

Die Römer hielten Caesar für den vielleicht größten, sicher aber für den erfolgreichsten Feldherrn Roms. Caesar schrieb Kommentare über seine Feldzüge *(De bello Gallico)*, einer der ausführlichsten Berichte über die Legionen während ihrer Feldzüge, die wir haben.

Pompeius hatte viele Kriege siegreich geführt, in Afrika, Sizilien, Italien, Spanien und im Osten, hatte jedoch über ein Jahrzehnt lang vor dem Bürgerkrieg nicht mehr aktiv in der römischen Armee gedient. Trotz einiger Anfangserfolge gegen Caesar wurde er bei Pharsalos von seinem Gegner vernichtend geschlagen.

JULIUS CAESAR (um 100–44 v. Chr.)

Caesar galt allgemein als der größte aller römischen Feldherren. Er stammte aus einer Patrizierfamilie, die in früheren Generationen kaum politische Erfolge zu verzeichnen hatte. Obwohl er in einige politische Machtkämpfe verwickelt war, verlief seine Karriere anfänglich in konventionellen Bahnen. Schließlich erlangte er durch geheime Absprachen mit Pompeius und Crassus 59 v. Chr. die Konsulwürde, die ihm für fünf – später verlängert auf zehn – Jahre das Kommando in Gallien einbrachte. Durch seine militärischen Erfolge kam er zu legendärem Reichtum und hohem Ansehen.

Crassus war 53 v. Chr. von den Parthern getötet worden. Zwischen Caesar und Pompeius kam es zu Spannungen, die schließlich 49 v. Chr. im Bürgerkrieg gipfelten. Caesar überrannte innerhalb weniger Wochen Italien, überlistete die Kommandeure des Pompeius in Spanien und zwang sie zur Kapitulation. Nur wenige Monate danach kam es zur entscheidenden Schlacht bei Pharsalos. Seinen Gegner verfolgend landete Caesar in Ägypten, aber Pompeius war inzwischen ermordet worden. Caesar blieb einige Monate in Alexandria, ließ sich auf eine Affäre mit Königin Kleopatra ein und besiegte ihre Rivalen im dynastischen Kampf. Während man in Rom auf seine Rückkehr wartete, ging der Bürgerkrieg weiter. Caesar war zu weiteren Feldzügen in Afrika 46 und in Spanien 45 v. Chr. gezwungen. Siegreich im Krieg, war Caesar unfähig, den Frieden zu gewinnen. Am 15. März 44 v. Chr. wurde er Opfer einer Verschwörung der Senatoren.

POMPEIUS (106–48 v. Chr.)

Die Karriere des Pompeius, eines der erfolgreichsten römischen Generäle, war sehr ungewöhnlich. Er kam erst 70 v. Chr. in den Senat, obwohl er bereits einige Militärkommandos als Privatbürger innehatte. Im Bundesgenossenkrieg (90–88 v. Chr.) diente er unter seinem Vater Pompeius Strabo und unterstützte Sulla im Bürgerkrieg. Nach dessen Sieg in Italien wurde Pompeius ausgeschickt, um Sizilien und Afrika zurückzuerobern. Dafür erhielt er den Titel Pompeius Magnus. 76 v. Chr. wurde er nach Spanien in den Kampf gegen Sertorius geschickt. Letzterer wurde zwar nicht besiegt, aber von einem seiner eigenen Untergebenen ermordet. 71 v. Chr. kehrte Pompeius nach Rom zurück und erlangte für das folgende Jahr die Konsulswürde.

67 v. Chr. stattete man Pompeius mit Macht und Mitteln aus, um einen Krieg gegen die Flotten der Seeräuber zu führen, die das Mittelmeer unsicher machten. Pompeius, ein hochbegabter Organisator, besiegte die Piraten innerhalb nur eines Jahres und beendete dann den langen Krieg gegen König Mithridates VI. von Pontus. Er war auch der erste Römer, der Jerusalem belagern und einnehmen ließ. Pompeius diente danach nicht mehr im Feld bis zum Bürgerkrieg gegen Caesar 49 v. Chr., als die uneinigen Ratgeber im eigenen Lager Caesar den Sieg leicht machten. Nachdem sein Heer bei Pharsalos geschlagen worden war, floh Pompeius nach Ägypten, wo ihn der ägyptische König ermorden ließ, der sich damit die Gunst Caesars zu erwerben hoffte.

Die Schlacht von Thapsus, 46 v. Chr.

»Caesar zögerte noch und widerstand ihrer Kampflust und Begeisterung und rief laut, er halte nichts davon, unbesonnen den Angriff zu eröffnen. So hielt er die Linie immer wieder zurück, als plötzlich auf dem rechten Flügel ein *tubicen* ohne Befehl Caesars, aber von den Soldaten angespornt, sein Instrument ertönen ließ. Das wiederholte sich in allen Kohorten, die Linie begann gegen den Feind vorzurücken, obwohl die Zenturionen sich davor stellten und vergeblich versuchten, den Soldaten gewaltsam Einhalt zu gebieten und sie davon abzuhalten, ohne Befehle des Generals anzugreifen.

Als Caesar sah, dass es unmöglich war, den Kampfgeist der Soldaten länger zu zügeln, rief er die Parole ›Viel Glück‹ *(Felicitas)*, gab seinem Pferd die Sporen und ritt auf die feindlichen Reihen zu.«

Der afrikanische Krieg, 82–83.
Bericht eines Offiziers Caesars vom Beginn der Schlacht von Thapsus 46 v. Chr.

Erschreckendes. Aber noch wichtiger waren das Selbstvertrauen der Soldaten beim Angriff, die Marschordnung, die sie einhielten, und der Lärm, den sie machten. Der Schlachtruf einer Einheit war Ausdruck ihrer Entschlossenheit; und germanische Stammeskrieger waren überzeugt, sie könnten den Ausgang eines Kampfes voraussagen, indem sie bloß auf den *barritus*-Ruf der rivalisierenden Kriegsscharen hörten. Viele Feinde Roms verstärkten ihren Schlachtruf mit Trommeln oder Trompeten oder durch Scharen von Frauen, die hinter der Linie die eigenen Krieger anfeuerten. Dieses Lärmen zwischen den Fronten war furchteinflößend, verwirrend, und es sorgte für allgemeine Auflösung, wo doch Ordnung und Disziplin vor dem beginnenden Kampf am notwendigsten waren.

Die alte Milizarmee hat beim Vorrücken gegen den Feind nicht weniger Lärm gemacht: Die Legionäre brüllten und schlugen mit ihren Waffen gegen die Schilde. Die Berufsarmee aber rückte schweigend und langsam vor, um die Formation zu halten. Die *optiones* marschierten hinter der Linie und sorgten dafür, dass niemand aus dem Tritt kam oder etwas sagte. War der Feind auf 15 oder 10 Meter herangekommen, warf eine Kohorte ihre *pila*, brüllte plötzlich los, blies in die Hörner *(cornus)* und schritt vor. Diese Taktik zeigte das hohe Maß an Disziplin, die in der römischen Armee herrschte. Es bedurfte enormer Selbstkontrolle, ruhig und im Gleichschritt auf einen Haufen wild schreiender und heranstürmender Feinde zuzugehen. Normalerweise tut in einer solchen Situation jeder Mensch instinktiv irgendetwas, um seine Furcht zu bewältigen, indem er etwa vorwärts rennt, um den unvermeidlichen Zusammenstoß hinter sich zu bringen, oder indem er eine Waffe schleudert, selbst wenn sich der Feind noch außerhalb der Reichweite befindet. Und weil ein solches Vorrücken für die Feinde Roms schwer oder gar unmöglich nachzumachen war, wirkte das Schweigen eines römischen Angriffs viel unheimlicher als ein lärmender Vormarsch.

Kurz vor dem Zusammenprall beider Heere versetzte eine römische Einheit dem Feind zwei schwere Schläge: den physischen Schock einer Salve von *pila* und die Erschütterung ihrer Kampfmoral, indem die schweigende und gemessen vorrückende Streitmacht urplötzlich unter lautem Gebrüll angriff. Gelegentlich genügte das, um den Gegner zu erschrecken und ihn in die Flucht zu schlagen. Viel seltener waren es die Römer, die durch die furchterregende Erscheinung des Gegners in Panik gerieten und flohen. Hielten aber beide Seiten stand, kam es zum Nahkampf Mann gegen Mann.

Kämpfe dieses Musters waren in den letzten Jahrhunderten selten; und für den heutigen Leser dürfte es schwierig sein, sich eine genaue Vorstellung davon zu machen. Hollywoodfilme zeigen häufig eine Masse wilder Kämpfe Mann gegen Mann, die jeweils mit dem Tod eines der beiden Kämpfenden enden, wobei die beiden Heere sich gegenseitig durchdringen und von der ursprünglichen Ordnung nichts mehr zu sehen ist. Derartige Kämpfe haben kaum Ähnlichkeit mit den Schilderungen in den Quellen. Der wirkliche Kampf verlief anscheinend viel vorsichtiger und entlud sich in kurzen heftigen Zusammenstößen, nach denen die beiden Fronten sich wieder trennten; dann standen sie sich in kurzem Abstand gegenüber, beschimpften oder bewarfen sich so lange mit Wurfspießen, bis eine Seite sich genügend in Kampfbegeisterung gebracht hatte, um wieder auf die anderen loszugehen. Das Ziel hieß nicht, den Feind am Durchkommen zu hindern und selbst in seine Formation einzubrechen. Wenn eine Seite bemerkte, dass der Feind sich in ihren Reihen befand, wurde sie nervös, und dann dauerte es nicht lange, bis ihre Formation auseinander fiel und die Soldaten flohen. Ein Krieger, der sich in die Formation des Gegners hineinkämpfte, musste befürchten, von den Soldaten in der zweiten Reihe getötet zu werden. Während des Gefechts wurden eigentlich nur wenige Soldaten getötet, doch sobald eine Einheit sich auflöste und die Männer dem Feind den Rücken zukehrten und davonliefen, wurden die Verluste auf dieser Seite immer größer, da die Sieger ungehindert auf die Verfolgten einschlagen konnten.

Ein Kampf von Mann zu Mann bedeutete eine enorme Anspannung. Jederzeit konnte eine Einheit sich auflösen, und die Männer wussten, in diesem Moment hatten sie den Tod am meisten zu fürchten, und wer nicht merkte, was vor sich ging, und nicht schnell genug davonlief, den würde unweigerlich das Schicksal ereilen. Die Soldaten in den hinteren Reihen einer tief gestaffelten Formation sahen wenig von dem, was vorne geschah, und mussten den Fortgang des Kampfes weitgehend danach einschätzen,

was sie hören konnten, und nach ihrem Gefühl, ob die Einheit vorrückte oder nicht. Während des Kampfes konnte die Nervosität der Männer in den hinteren Reihen zur Folge haben, dass eine Einheit ins Wanken geriet. Die Soldaten drängten instinktiv zurück, und wenn viele dies taten, konnten die *optiones* sie nicht mehr nach vorne schieben. Eine Fluchtbewegung begann meist in den hinteren Reihen. Der Sieg im Nahkampf war ebenso eine Frage der Standhaftigkeit wie der Kampflust. Eine Einheit benötigte die Standhaftigkeit, so lange in der Kampflinie auszuhalten, wie es notwendig war, doch den Feind einfach nur am Durchkommen zu hindern war ein unsicherer Weg zum Sieg. Kampflust war notwendig, damit die Männer in der vordersten Reihe nach vorn gingen und den Kampf immer wieder neu aufnahmen, auch wenn ihre Kraft und Moral sich zunehmend erschöpften. Disziplin und drakonische Strafen zusammen mit dem vielbeschworenen Geist der Einheit sollten den Männern die Kraft geben, im Kampf ihren Mann zu stehen. Die erfahrenen Führer, der Ansporn und die Belohnung, die den Mutigen zuteil wurde, brachten Männer hervor, die immer wieder die Kampflinie nach vorn drängten.

Die Römer hatten in der Schlacht die Vorteile auf ihrer Seite und deshalb mehr Siege als Niederlagen zu verzeichnen. Aber wie der Kampf von Mann zu Mann ausging, war immer ungewiss. Die Feldherren, die hinter der Linie ritten, mussten sorgfältig abwägen, wann sie die Reserven einsetzten. Wurde der Zeitpunkt zu früh gewählt, konnte es passieren, dass die frischen Truppen nichts erreichten und nach kurzer Zeit ebenso erschöpft waren wie die Männer, die vorher in dieser Linie standen. Kam das Kommando zu spät, konnte die Kampflinie völlig zusammenbrechen, und die Panik griff auf das ganze Heer über. Siegreiche Armeen hatten meist geringe Verluste, allenfalls fünf Prozent, meistens weniger. Die Verluste der Besiegten waren um ein Vielfaches höher. Die römische Militärdoktrin betonte den Wert einer offensiven Verfolgung der Flüchtenden durch die Kavallerie mit dem Ziel, möglichst viele fliehende Feinde zu töten. Die Niederlage sollte so furchtbar sein, dass der Feind kapitulierte oder zumindest keine weitere Konfrontation mit den römischen Streitkräften suchte.

(gegenüber) Ein Legionär benutzt sein *pilum* als Spieß, um damit einen »Barbaren« zu erstechen; Szene auf einer Metope von Adamklissi. Bei den Stammesvölkern war es üblich, dass die Frauen und Kinder die Krieger in Wagen begleiteten.

(links) Ein Legionär im Schuppenpanzer führt seinen *gladius* von unten; Metope von Adamklissi. Seine Gegner – einer hat sein Haar nach suebischer Art zu einem Knoten geschlungen – kämpfen mit zweihändig zu führenden Krummschwertern (*falces*). Gegen diese Waffen schützten sich die Legionäre mit Beinschienen und am Schwertarm mit Gelenkschienen.

(rechts) Römischer Reiter beim Angriff. Die Metopen in Adamklissi zeigen viele dieser Reiter mit Kettenpanzer und sechseckigem Schild. Merkwürdigerweise trägt keiner einen Helm.

Belagerung

Viele Feldzüge der Römer gingen mit Belagerungen einher. Manchmal wurden Festungen oder besonders gesicherte Stellungen der Feinde angegriffen, meist jedoch befestigte Dörfer und Städte. Diese mochten politisch so bedeutsam sein, dass sie eine Belagerung rechtfertigten, und wenn sie durch ihre natürliche Lage oder durch militärisches Geschick gut verteidigt wurden, war ihre Eroberung eine schwerwiegende Kränkung für den Stolz des Gegners. Wo die feindlichen Heere nicht zu einer Entscheidungsschlacht auf dem Feld gezwungen werden konnten, verloren deren Führer mit jedem eroberten Ort mehr und mehr an Ansehen sowohl in der Bevölkerung wie in den eigenen Truppen, sodass diese ihnen schließlich davonliefen, wenn sie nicht endlich die Schlacht wagten. Aber gelegentlich konnten die Römer die Armee des Feindes auch auf offenem Feld stellen und erstürmten dann nach dem Sieg seine Hauptstadt oder größeren Städte, um ihn zur Kapitulation zu zwingen.

Belagerungen gehörten zur römischen Kriegführung und hatten den Zweck, einen Sieg zu erringen oder zu vervollständigen oder den Feind zu zwingen, zu den Bedingungen der Römer zu kämpfen. Wie die Feldschlachten konnten Belagerungen unterschiedliche Dimensionen haben. Reiche Völker mit einer zentralisierten Macht besaßen meist große befestigte Städte, die anderen besaßen dafür zahlreiche kleinere Festungen. 51 v. Chr. belagerte Cicero bei einer Strafexpedition gegen die kriegerischen Stämme im Gebiet des Berges Amanus im Osten der Provinz Cicilia (Südtürkei) 57 Tage lang das von Mauern umgebene Dorf Pindenissus. Die Belagerung einer Stadt konnte länger dauern, und der Ausgang war meist ungewiss. Wegen einer Belagerung mussten die Römer monatelang an einer Stelle bleiben, was den Nachschub problematisch machen konnte. Die Vorräte waren schnell erschöpft, auch das, was die Verteidiger nicht rechtzeitig in Sicherheit bringen oder verbrennen konnten. Nicht nur Nahrungsmittel konnten knapp werden. Von Josephus Flavius wissen wir, dass die Römer bei der Belagerung Jerusalems in einem Umkreis von mehreren Kilometern sämtliche Bäume abholzten, da sie so viel Bau- und Brennholz benötigten. Ein Belagerungsheer musste auch seine Nachschublinien schützen, zumal wenn der Feind über eine Feldarmee verfügte.

Befestigungen

Die Verteidigungsanlagen um die Militärstützpunkte der Römer waren im 1. und 2. Jahrhundert n. Chr. vergleichsweise bescheiden – nicht, dass es ihnen an bautechnischen Fertigkeiten gefehlt hätte, der Grund war vielmehr, dass die Stützpunkte ihnen als Kasernen dienten und nicht als Festungen. Die Militärdoktrin sah vor, dass die Soldaten bei einem Angriff das Lager verließen und sich dem Feind auf dem Feld stellten. Wenn ein befestigtes Lager tatsächlich einmal angegriffen wurde, genügten die Wälle, Gräben und Türme, um einen Feind abzuhalten, der sich auf Belagerungstechniken nicht verstand; vorausgesetzt, es gab genügend Verteidiger. Ausgrabungen in Römerlagern vor allem in England

haben eine Schicht von verbranntem Material zwischen den Zeitschichten zutage gefördert, in denen diese Lager eine Besatzung hatten. Man kann dies als absichtliche Zerstörung der eigenen Leute interpretieren, weil die Armee ein aufgegebenes Lager nicht dem Feind überlassen wollte, oder als das Werk einer feindlichen Armee.

Seit langem gab es im östlichen Mittelmeerraum griechische Festungsbauweisen, die noch bis in die Römerzeit angewandt wurden. Vasallenkönige ließen massive Befestigungsanlagen um wichtige Städte errichten, wo die Lage auf erhöhtem Terrain die Verteidigung noch begünstigte. Herodes baute die Mauern um Jerusalem und großartige Fluchtburgen wie Herodium, Machaerus und vor allem Masada, das, begünstigt durch die natürlichen Gegebenheiten, scheinbar uneinnehmbar wurde. Bei größeren Anlagen waren die Mauern massiv und bestanden aus mächtigen behauenen Steinquadern.

Griechischer Einfluss zeigt sich auch in einigen befestigten Bergstädten *(oppida)* im alpinen Gallien, wie zum Beispiel in Entremont, wo man Spuren einer römischen Belagerung (Ende 2. Jh. v. Chr.) gefunden hat. Doch im Allgemeinen waren die Festungen in Nordeuropa nach lokalen Mustern gebaut. Caesar schildert die Stärke des einheimischen *Murus Gallicus*, eine Stein-Erde-Mauer, die durch in Längs- und Querrichtung in die Mauer eingelegte Baumstämme eine höhere Festigkeit erhielt. Die vom Königreich Dakien gebauten Befestigungen lassen griechische, gallische und römische Einflüsse erkennen. Mauern nach griechischem Muster, die aus zwei Außenmauern und einem Innenkern aus Geröll bestanden, wurden durch Baumstämme verstärkt, die die Außenmauern miteinander verbanden. In

Dakische Festungen wie diese in Blidaru verbanden hellenistische, römische und landeseigene Methoden der Befestigung mit den geografischen Gegebenheiten der Karpaten. Die Dakerkriege Trajans (101–102 und 105–106 n.Chr.) waren daher oft Belagerungskriege.

(oben) Die Felsenfestung Masada, die die Römer 73 n. Chr. einnahmen *(vgl. S. 190)*.

Britannien waren einheimische Festungen aus Stein selten, meist wurden Erde und Holz verwendet. Die gewaltigsten Anlagen waren die großen Bergfestungen der Durotrigen im Südwesten, wo Gräben und Wälle so angelegt waren, dass die Verteidiger sie mit ihren Schleudern gut beschießen konnten. Insbesondere die Zugangswege zu den Toren schlängelten sich durch ein kompliziertes System von Wällen und Gräben, sodass die Angreifer leicht die Orientierung verlieren konnten und fortwährend den Schleudergeschossen ausgesetzt waren.

Angriffsmethoden

Um eine Festung zu erobern, hatte man grundsätzlich drei Möglichkeiten:

1. *Aushungern.* Das bedeutete die Blockade der Festung, sodass die Bewohner sie weder verlassen noch Nahrungsmittel hineinbringen konnten. Irgendwann waren Vorräte und Wasser aufgebraucht und dann standen die Belagerten vor der Wahl, zu kapitulieren oder zu sterben. Solche Ausnahmesituationen waren gelegentlich von brutalen Maßnahmen begleitet. Während der Belagerung von Alesia (S. 192) jagte Vercingetorix, der Anführer des gallischen Aufstands, alle Zivilisten aus der Stadt, sodass die Lebensmittel nur seinen Kriegern zugute kämen. Caesar wiederum ließ die Ausgewiesenen nicht abziehen, die unter den Augen beider Heere jämmerlich verhungerten. Häufig machten Gerüchte über Kannibalismus in Garnisonen die Runde, in denen die Nahrungsmittel ausgingen, etwa in Numantia in Spanien 134 v. Chr. (S. 32). Eine Garnison durch Aushungern zur Übergabe zu zwingen war zeitraubend, zumal wenn die Verteidiger sich auf den Angriff vorbereiten oder über einen Hafen versorgt werden konnten. Es gab Städte, die einer Belagerung über mehrere Jahre standhielten. Die in den Felsen gehauenen Lagerräume und Zisternen von Masada (S. 190), in denen Vorräte und das Wasser der in dieser Region spärlichen Niederschläge gehortet waren, konnten die Besatzung der Felsenfestung fast beliebig lange versorgen. Die Aufrechterhaltung einer ausreichend effizienten Blockade erforderte eine große Zahl von Soldaten, die für sehr lange Zeit vor der Festung ausharrten.
2. *Getarnte Operationen.* Manche Festungen konnten durch einen überraschenden Coup eingenommen werden. Wenn eine kleine Truppe in der Lage war, sich einer befestigten Stadt ungesehen zu nähern und in diese hineinzugelangen, konnte sie die Kontrolle über die strategisch wichtigen Punkte übernehmen, und im entscheidenden Moment die Tore für die übrigen Belagerer öffnen. Solche Operationen waren für die Eindringlinge sehr riskant. 359 n. Chr. führte ein gefangener Einwohner der Stadt Amida, Mesopotamien, 70 persische Belagerer durch einen geheimen Eingang ins Stadtinnere. Die Perser eroberten einen Turm und unterstützten von dort den Angriff der Belagerungsarmee; als dieser erfolglos blieb, wurden sie niedergemacht. Derartige Operationen konnten nur gelingen, wenn die Belagerer genaue Informationen über die Verteidigungsanlagen und die Verteidiger hatten oder von Verrätern unterstützt wurden. Aber darauf konnte man nur hoffen, und für solche getarnten Operationen brauchte man viel Glück. Capsa in Numidien konnte erobert werden, weil ein ligurischer Hilfssoldat beim Schneckensuchen am Steilhang hinter der Stadt einen Pfad entdeckte, über den dann ein Trupp Legionäre in die Stadt gelangte. Die Römer nutzten zwar jede Gelegenheit für einen Überraschungsangriff, bauten aber nicht darauf.
3. *Erstürmung.* Die letzte und kostspieligste Methode, eine Festung zu erobern, war der direkte Angriff, bei dem die Soldaten über, durch oder unter die Mauern geschickt wurden, um die Verteidiger zu überwältigen. Bei der Erstürmung waren alle Vorteile auf Seiten der Verteidiger und die Angreifer riskierten hohe Verluste. Und dass bei einem Sturmangriff die Hauptbefestigungslinie durchbrochen werden konnte, war keineswegs sicher. Selbst wenn das gelang, konnten die Verteidiger sich sammeln und die Angreifer zurückdrängen. Häuserkämpfe waren in der Antike sehr selten, wenn es jedoch dazu kam, standen sie in ihrer Brutalität denen der Neuzeit nicht nach. Ein fehlgeschlagener Sturmangriff auf eine Festung oder befestigte Stadt war so verlustreich und traumatisch, dass ein zweiter Versuch oft nicht gewagt wurde. Eine Stadt wie Jerusalem, die in mehrere Bezirke aufgeteilt war, jeder von einer eigenen Mauer geschützt, verlangte von den Angreifern, nacheinander mehrere Mauern zu erstürmen. Ein Direktangriff auf eine Stadt – er war die übliche Methode der Berufsarmee – war schwierig und verlangte von den Soldaten neben bautechnischen Fähigkeiten Tollkühnheit und wilde Entschlossenheit.

Artillerie

Die römische Armee setzte auf dem Schlachtfeld auch leichte Artillerie in Form von Wurfmaschinen ein. Einige ihrer mobilen Geschütze, die *carroballistae*, waren auf kleinen, von Maultieren gezogenen Karren montiert. In der Hauptsache wurden Geschütze jedoch beim Angriff auf eine Festung oder bei der Verteidigung des eigenen Stützpunktes eingesetzt.

Von den römischen Torsionsgeschützen gab es zwei Typen: einarmige und zweiarmige. Das einarmige Geschütz, das sich während des Mittelalters kaum ändern sollte, kam erst im 4. Jahrhundert n. Chr. richtig in Gebrauch. Es hatte nur einen Schwungarm und konnte einen Stein mit großer Wucht werfen oder schießen. Die Römer nannten es *Onager* (»Wildesel«), weil die Maschine kraftvoll wie ein Eselstritt wirkte. Ammianus schildert, wie der Fehlschuss eines Onagers einen Soldaten der Bedienungsmannschaft tötete. Die ganze Maschine wurde auf das Ziel ausgerichtet, und die Treffsicherheit war relativ hoch. Häufiger aber wurden die besser entwickelten Wurfmaschinen des Typs *ballistae* mit zwei Schwungarmen eingesetzt. Sie hatten eine gewisse Ähnlichkeit mit einer Armbrust, funktionierten allerdings nach einem anderen Prinzip, denn die Kraft kam nicht aus der Spannung der Schwungarme, sondern wie beim Onager aus der Straffheit der Wicklungen des aus Sehnen gedrehten

Eine *Reenactor*-Gruppe führt die Rekonstruktion einer *ballista* vor. Mit dieser Wurfmaschine schossen die Römer Steinkugeln, aber auch Bolzen. Es gab noch größere *ballistae,* doch die Konstruktion war dieselbe.

Seils, von dem sie gehalten wurden. Die *ballistae* waren unterschiedlich groß; leichtere *ballistae,* häufig auch Skorpione genannt, ließen sich von den Soldaten tragen, größere waren sehr massiv und konnten Bolzen oder Steine mit großer Kraft und Genauigkeit abschießen.

Trotz ihrer Stärke konnten selbst die größten Torsionsgeschütze eine mächtige Mauer aus Steinen oder einen dicken Erdwall nicht durchschlagen, allenfalls eine dünnere Brustwehr oder behelfsmäßige Anbauten an Befestigungen. Eigentlich waren es Waffen gegen Menschen. Der Angreifer benutzte seine Artillerie, um die Verteidiger von den Mauern zu vertreiben und um deren Artillerie zu treffen, die das Belagerungswerk und die Arbeit der Rammböcke und Belagerungstürme erschwerte. Die Artilleriegeschosse hatten immerhin eine solche Durchschlagskraft, dass eine Rüstung praktisch

(unten links) Rekonstruktion einer leichten *ballista,* wie sie gegen Personen eingesetzt wurde. Ein damit abgeschossener Bolzen flog weiter, zielgenauer und mit größerer Wucht als der Pfeil eines Bogenschützen.

(unten) Rekonstruktion eines einarmigen Torsionsgeschützes, das die andersartige Konstruktion solcher Wurfmaschinen zeigt. Diese Katapulte, wegen des kräftigen Ausschlags des Wurfarms als *Onager* oder »Wildesel« bezeichnet, waren bis ins Spätmittelalter in Gebrauch.

Die Belagerung von Masada 73 n. Chr.

66 n. Chr. kam es in der Provinz Judäa zu einem Aufstand gegen die römische Herrschaft. Eine Extremistengruppe politischer Mörder, bekannt als *Sicarii* (nach dem Krummdolch, den sie benutzten), schlich sich in die von Herodes als Luxusfluchtburg gebaute Festung Masada und besetzte sie. Trotz anfänglicher Erfolge wurde der jüdische Aufstand nach Jahren schwerster Kämpfe schließlich mit der Erstürmung Jerusalems 70 n. Chr. niedergerungen. Einige Bollwerke leisteten noch Widerstand, und das letzte war Masada. 73 n. Chr. führte der römische Statthalter in Judäa, Flavius Silva, eine Armee gegen die Festung.

Die Streitkräfte

1 Römer. Legio X Fretensis und eine unbekannte Zahl Auxiliareinheiten. Alle diese Truppen waren nach jahrelangen Kämpfen stark unterbesetzt und boten zusammen wohl kaum mehr als 5000 Mann auf.

2 *Sicarii* (häufig fälschlich als Zeloten bezeichnet). Etwa 960 Leute, einschließlich vieler Nichtkombattanten wie Alte, Frauen und Kinder. An der Spitze der Verteidiger stand Eleazar Ben Yair, der aus einer Familie des militärischen Widerstands stammte.

Die Kämpfe

Masada liegt auf einem Felsplateau mit steil abfallenden Hängen zu allen Seiten. Zugänglich war es nur über einen gewundenen und schwierigen Pfad an der Ostseite. Die Festung besaß zahlreiche Speicherräume – es gab auf dem Plateau Äcker für Feldfrüchte – und hatte tiefe in den Fels gehauene Zisternen, in denen das wenige Regenwasser in der Region aufgefangen und gesammelt wurde. Es gab ausreichend Nahrungsmittel und Wasser, um die Besatzung der Festung für mehrere Jahre zu unterhalten. Den Römern war klar, dass sie

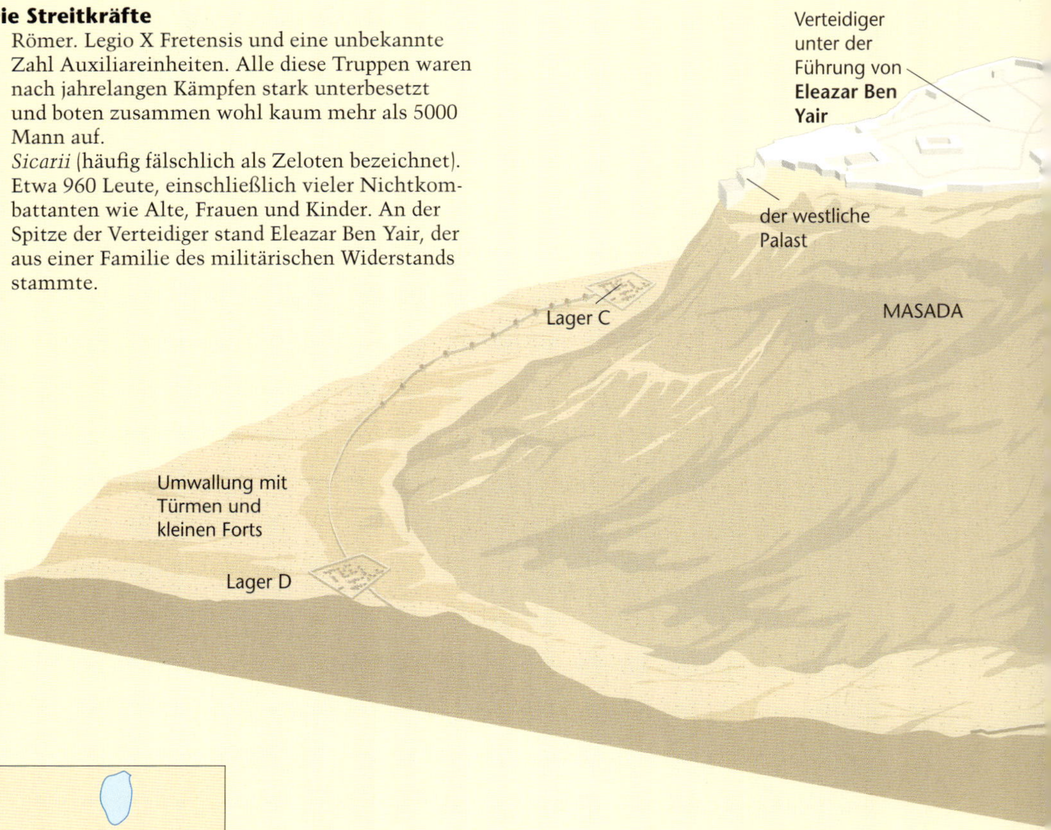

(links) Das Hauptzentrum des jüdischen Aufstands war Jerusalem, aber einige Festungen wie Masada am Westufer des Toten Meers leisteten noch einige Zeit nach der Zerstörung Jerusalems Widerstand.

(rechts) Das Lager F diente wohl der halben Legio X Fretensis als Unterkunft. Es liegt abschüssig nahe dem Fuß der Rampe.

diesen Feind nicht durch Aushungern zur Kapitulation zwingen konnten, und weil ein direkter Angriff über den Pfad im Osten ebenfalls aussichtslos schien, befahl Silva seinen Leuten, eine gigantische Belagerungsrampe an der steilen Westseite des Plateaus zu bauen. Um ein Entkommen der Belagerten zu verhindern und als ständige Erinnerung, dass sie umzingelt waren, errichteten die Römer um den Berg einen Wall samt sechs kleineren Forts und einer Reihe Türme. Hinter dieser Linie bauten sie noch zwei größere Lager. Über die fertige Rampe wurde ein Belagerungsturm mit Rammbock hinaufbefördert und dann eine Bresche in die Mauer der Festung geschlagen. Kurz vor der Erstürmung töteten die *Sicarii* zuerst ihre Angehörigen und dann sich selbst.

Ergebnisse

Der jüdische Aufstand war niedergeschlagen, die römische Armee hatte den Untertanen in den übrigen Provinzen eindrucksvoll demonstriert, welche Strafe Rebellen zu erwarten hatten. Nach der Erstürmung unterhielt die römische Armee eine kleine Garnison in Masada.

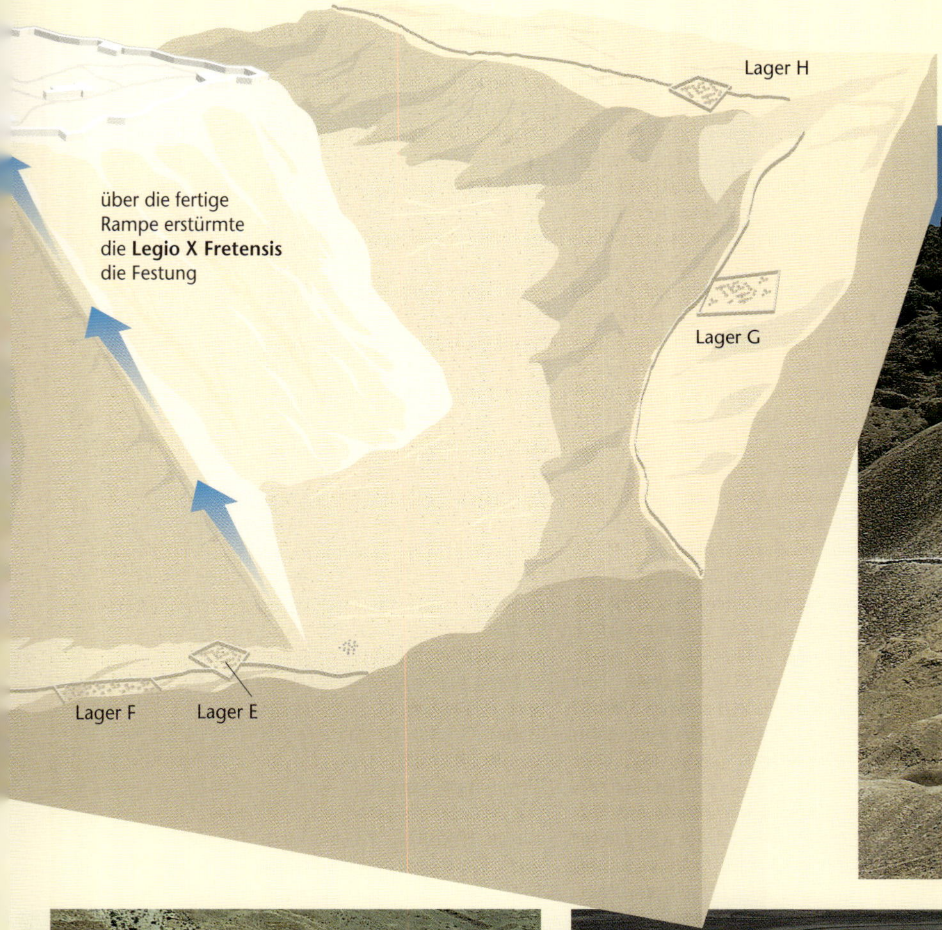

(unten) Die Belagerungsrampe, die die Römer hoch zur Felsenfestung Masada gebaut hatten, war ursprünglich noch höher, denn auf dem Grat stand eine Holzkonstruktion.

(unten links) Im Lager C des römischen Belagerungswerks um Masada finden sich noch Reste der inneren Baulichkeiten sowie die Sockel der Türme auf der Umwallung.

(links) Blick nach Westen von Masada aus auf die Lager C *(links)*, B (das größere Bauwerk rechts der Mitte, etwa so groß wie Lager F) und A *(rechts)*.

Die Belagerung von Jotapata, 67 n. Chr.

»Aus der nächsten Umgebung des Josephus wurde einer auf der Mauer von einem Steingeschoss so getroffen, dass sein Haupt abgerissen und die Hirnschale noch drei Stadien weit weggeschleudert wurde. Eine schwangere Frau, die kurz nach Tagesanbruch gerade aus ihrem Haus trat, wurde auf den Unterleib getroffen und das Kind aus dem Mutterschoß eine halbe Stadie weit fortgerissen – eine solch entsetzliche Wirkung hatte die Steinschleudermaschine. Noch furchtbarer war das Getöse der Maschinen selbst und das Schwirren der Geschosse.«

Josephus, *Der jüdische Krieg*, III.245–246 (Übersetzung Michel und Bauernfeind)

Schilderung des Josephus Flavius von der furchtbaren Gewalt der Steingeschosse, die bei der Belagerung von Jotapata 67 n. Chr. von den römischen Katapulten geschleudert wurden.

nutzlos war. Die Wirkung eines von einer *ballista* geschleuderten Steins war für einen getroffenen Soldaten fürchterlich. Josephus Flavius berichtet von einem Mann, der von einem Geschoss enthauptet wurde und dessen Kopf mehrere hundert Meter weit flog. Noch grauenhafter erging es einer schwangeren Frau, die von einem Stein getroffen und zerrissen wurde; den Fetus fand man in einiger Entfernung vom Ort des Geschehens. Die Aufständischen in Jerusalem hielten wachsam Ausschau nach Wurfgeschossen, die in die Stadt flogen, und warnten die Einwohner mit dem Ruf: »Es kommt ein Baby.« Die Römer, die ihre Wurfgeschosse wohl aus dem hellen Stein der Umgebung zugehauen hatten, färbten daraufhin diese dunkler. Nun waren sie im Flug nicht mehr so leicht auszumachen, und die Verluste der Aufständischen stiegen.

Nach Vegetius war jede Zenturie einer Legion mit einem »Skorpion« *(carroballista)* ausgerüstet und jede Kohorte mit einer schweren Wurfmaschine *(ballista)*. Tatsächlich hingen Anzahl und Art der bei einem Feldzug mitgeführten Geschütze von den Umständen ab. Die Bedienungsmannschaften für die Wurfmaschinen wurden aus den Reihen der Kohorten ausgewählt und bildeten keine eigene Einheit. Welche Geschütze es gab und wie geschickt diese bedient wurden, war wohl von Legion zu Legion unterschiedlich. Wie Josephus Flavius schreibt, galt bei der Niederschlagung des jüdischen Aufstands die Legio X Fretensis in dieser Hinsicht als die beste. Wir wissen nicht, ob auch Auxiliartruppen über Geschütze verfügten, möglich scheint es schon.

Das Einkesseln des Feindes

52 v. Chr. verfolgte Caesar die Armee des Vercingetorix quer durch Gallien, bevor er sie schließlich vor der auf einem Berg erbauten Stadt Alesia stellte. In den Monaten davor hatte er die gut befestigte Stadt Avaricum belagert und eingenommen, während ein Überraschungsangriff auf Gergovia keinen Erfolg brachte. Das Heer der Gallier war stark, was einen Direktangriff auf ihr Lager und auf Alesia sehr riskant erscheinen ließ. Stattdessen umgab Caesar den Berg mit einem Belagerungswall von zehn römischen Meilen (15 Kilometer) Länge mit acht Lagern für seine Soldaten und 23 Kastellen zur Verstärkung der Stellung. Entlang des Erdwalls mit aufgesetzter Holzkonstruktion wurden alle 119 Meter Türme errichtet, die als Beobachtungsposten und Plattformen für Schleuder- und Wurfmaschinen dienten. Der Wall war knapp vier Meter hoch, mit oben zugespitzten Pfählen versehen, damit er nicht überstiegen werden konnte, umgeben von zwei Gräben, der innere mit Wasser gefüllt. Davor befanden sich Reihen von hohen und niedrigen, in Löchern verborgenen Spitzpfählen – kleine Fallgruben, die wegen der blütenkelchförmigen Löcher bei den Soldaten »Lilien« hießen. Caesar wusste, dass Vercingetorix Sendboten zu den gallischen Stämmen geschickt und sie um Hilfe gebeten hatte. Deshalb ließ Caesar noch einen zweiten, äußeren Wall mit Befestigungen zur Verteidigung anlegen, der 14 römische Meilen lang war. Während Caesar Vercingetorix in Alesia festsetzte, sah sich seine eigene Armee von der wesentlich stärkeren gallischen Streitmacht belagert, die dem Führer des Aufstands zu Hilfe eilen wollte. Es kam zu erbitterten Kämpfen, als die Römer versuchten, den Ausbruch der Garnison in Alesia und gleichzeitig den Durchbruch der äußeren Belagerer zu verhindern. Einmal sah es so aus, als würden die Verteidigungswälle durchbrochen. Caesar und seine Offiziere schickten Verstärkungen zu bedrohten Abschnitten und führten gelegentlich Gegenangriffe gegen die Flanken der Feinde jenseits der römischen Linien. Als den Verteidigern in Alesia die Lebensmittel ausgingen, musste Vercingetorix sich ergeben.

Caesars Armee operierte öfter mit befestigten Verteidigungslinien, zum Beispiel in Dyrrhachium 48 v. Chr. während des Bürgerkriegs. Sie wollte die zahlenmäßig überlegenen Kräfte des Pompeius festsetzen, die daraufhin ihre eigene befestigte Linie errichteten, um Caesars Vorhaben zu durchkreuzen. Dieser sah sich schließlich gezwungen, den Rückzug anzutreten. Zu anderen Zeiten wurden befestigte Ringwälle angelegt, wenn es wirklich um eine Belagerung ging und nicht um die Manöver einer Feldarmee. 134 v. Chr. ließ Scipio Aemilianus die keltiberische Stadt Numantia mit einem durch Kastelle gesicherten Wall umgeben. Reste davon hat man bei Grabungen gefunden. Interessanterweise tat er dies, um einen Kampf mit den Einwohnern der Stadt zu vermeiden, obwohl seine Armee den Verteidigern zahlenmäßig überlegen war.

Belagerungslinien bezweckten nicht immer nur eine Blockade, häufig dienten sie auch einem direkten Angriff. 70 n. Chr. erlitten die Römer vor Jerusalem anfangs einige Schlappen, als sie versuchten, die zweite der drei Stadtmauern zu erstürmen. Die großen Belagerungsrampen, gegen die Festung Antonia in 17 Tagen harter Arbeit errichtet, waren gerade erst durch Feuer oder Unterminierung zerstört worden, als Titus seinen Männern befahl, einen Steinwall in Trockenbauweise um die Stadt zu errichten. Die gewaltige Aufgabe wurde von den wetteifernden Einheiten in drei Tagen erledigt. Dann setzten die Römer die Erstürmung der Antonia fort und eroberten in den folgenden Wochen die restlichen Stadtviertel Jerusalems. Die Belagerungslinie vereitelte nicht nur alle Ausbruchsversuche der Verteidiger, sie zeigte auch unmissverständlich, was die Römer vorhatten. Die Verteidiger hatten sich hinter eine Mauer zurückgezogen, und jetzt hatten auch die Römer einen Wall. Dieser Aspekt wird in Masada noch deutlicher, wo die am besten erhaltenen Überreste einer römischen Belagerung zu sehen sind. Zu Beginn der Belagerung 73 n. Chr. errichtete die Legio X Fretensis rings um die Bergfestung einen Wall, gesichert durch fünf Forts und mehrere Türme. Der Wall lief streckenweise entlang dem Steilhang auf der anderen Seite des Tals, obwohl ein Ausbruchsversuch der Belagerten nach dieser Seite nicht zu erwarten war; er sollte wohl den Aufständischen vor Augen führen, dass sie eingekesselt und in einer hoffnungslosen Lage waren. Sie saßen in der Falle, und mit jedem Tag wuchs die von den Römern aufgetürmte Belagerungsrampe ein Stück weiter den Berg hinauf. Der psychische Druck auf die Belagerten muss enorm gewesen sein. In Machaerus und auch in Narbata, wo man ebenfalls Spuren einer römi-

Rekonstruktion eines Abschnitts des unter Caesar gebauten Belagerungsrings um Alesia. Meist war einer der beiden Gräben mit Wasser gefüllt. In den Türmen standen leichte *ballistae*.

schen Belagerung zur Zeit des jüdischen Aufstands gefunden hat, wurde der Druck für die Aufständischen wohl zu groß; sie kapitulierten, noch bevor die Römer stürmten.

Erstürmen einer Festung

Da die Artillerie nur selten in der Lage war, eine starke Mauer zu durchbrechen, mussten hierzu andere Mittel eingesetzt werden. Manche Mauern ließen sich mit Spitzhacken und Brechstangen unterminieren, vorausgesetzt, die Soldaten konnten den Fuß der verteidigten Mauern erreichen und ungestört arbeiten. In solchen Situationen, weniger in der offenen Feldschlacht, wurde die berühmte *testudo* oder »Schildkröte« der Römer eingesetzt: ein Dach aus sich überdeckenden Schilden, das die Legionäre vor den Wurfgeschossen des Feindes schützte. Während einer Belagerung im Bürgerkrieg 69 n. Chr. gerieten die Verteidiger angesichts der Unmöglichkeit, die vereinigte Stärke der *testudo* mit Pfeilen und Steinen zu überwinden, in derartige Verzweiflung, dass sie eine große schwere Schleuder über die Mauer kippten. Damit fügten sie den Belagerern zwar schwere Verluste zu, aber die Maschine beschädigte auch die Mauer und ermöglichte so den Feinden den Durchbruch in die Stadt.

In Alesia gruben die Römer Löcher, rammten einen oben zugespitzten Pflock in die Mitte, so dass das Ganze in der Form einem Blütenkelch mit Stempel nicht unähnlich war, und bedeckten alles mit Zweigen. Wie Caesar berichtet, nannten die Legionäre diese Pfahlgruben *lilia*. Diese Technik wurde häufig angewandt, wie die »Lilien« hier vor dem Rough Castle in Schottland beweisen.

Trotz seines simplen Grundprinzips blieb der Sturm- oder Rammbock die wohl effektivste Methode, eine Bresche in eine Mauer zu schlagen. Aber nie wurde der Rammbock gegen die Tore einer großen Festung eingesetzt, da die Festungsbaumeister ihr ganzes Können auf den Schutz eben dieser Schwachstellen verwendet hatten. Die Armee baute schwere Rammböcke, die auf einen fahrbaren Verschlag oder einen »Wandelturm« montiert wurden; sie bestanden aus einem langen Baumstamm, der vorne mit dicken Tauen umwickelt war, damit er nicht splitterte, und eine eiserne Spitze trug, meist in Form eines Widderkopfs. Um mit den Rammen und Türmen die Verteidigungsgräben zu überwinden und bis zur Mauer vorzustoßen, waren gewaltige Rampen aus Erde, Schutt oder Holz notwendig.

Während der Belagerung ging es für die Verteidiger nur darum, den Fortgang dieser Arbeiten zu be- oder verhindern; sie unternahmen Ausfälle, um die feindlichen Soldaten zu vertreiben und das Belagerungsgerät zu verbrennen oder zu zerstören. Die Römer schützten ihre Rammböcke und Türme mit Tierhäuten oder Blechen vor Feuer. Waren die Sturmböcke erst einmal bis zur Mauer vorgedrungen, dann war es nur noch eine Frage der Zeit, bis die erste Bresche geschlagen war. Die Verteidiger mussten alles daransetzen, diese Maschinen zu verbrennen. In Jotapata in Galiläa gelang es den Aufständischen 67 n. Chr., einen großen Felsbrocken so geschickt auf den Rammbock fallen zu lassen, dass er dessen Baum zerspellte. Man konnte auch Strohsäcke über der Mauer herablassen und sie zu der Stelle schwenken,

(oben) Legionäre in der berühmten *testudo*- oder Schildkröten-Formation; Szene auf der Trajanssäule. Man hob die Schilde über den Kopf und schob sie so übereinander, dass sie ein schusssicheres Dach bildeten und die Soldaten vor den meisten Wurfgeschossen schützten. In dieser Formation konnte man sich einer Mauer nähern und sie unterminieren.

(rechts) Reenactor-Gruppe der Ermine Street Guard in Schildkröten-Formation während einer Vorführung im Amphitheater in Caerleon. Livius behauptete, die *testudo* sei ursprünglich als Spektakel für die Feste in Rom entwickelt worden.

wo der Rammstoß treffen sollte, um seine Wucht zu dämpfen. Was Einfallsreichtum und Entschlossenheit anbelangt, waren Belagerungskriege häufig ein Wettstreit zwischen den Gegnern.

Ein Mauerdurchbruch konnte auch dadurch gelingen, dass man einen Stollen unter der Mauer grub und mit brennbarem Material verfüllte. Wenn die Stützbalken im Stollen brannten, stürzte er ein und über ihm die Mauer. Aber auch die Verteidiger konnten Stollen in die Erde treiben, um auf diese Weise die Rampe der Angreifer zum Einsturz zu bringen oder um auf den gegnerischen Stollen zu treffen und einen Angriff aus dem Tunnel heraus zu führen. Im 3. Jahrhundert belagerten die Perser die römische Garnison in Dura-Europos. Archäologen entdeckten einen von den Persern gegrabenen Gang und einen von den Römern gegrabenen Stollen, der auf diesen Gang stieß. In dem gesamten Stollenkomplex, der einen Abschnitt der Stadtmauer und einen Turm untergraben hatte, lagen die Leichen von Römern und Persern, die wohl in einem düsteren Handgemenge oder beim Einsturz der Tunnel getötet worden waren. In Jerusalem gelang es den Aufständischen, mit einem Stollen die römischen Rampen für die Festung Antonia zum Einsturz zu bringen, mussten jedoch wenige Stunden später erleben, dass durch den Einsturz dieses Stollens auch die eigene Festung einstürzte und den Weg zum Großen Tempel freigab.

Die letzte Möglichkeit, eine Mauer zu überwinden, hieß, sie zu überklettern. Im einfachsten Fall war der Angriff eine Eskalade; die Soldaten stellten Leitern gegen die Mauern und kletterten empor. Die Leitern mussten lang genug sein, damit sie bis zur Mauerbrüstung reichten. Diejenigen, die von unten hochkletterten, waren von oben den verschiedensten Wurfgeschossen ausgesetzt, und ihre Leitern konnten umstürzen oder brechen. Selbst wenn die ersten Angreifer bis zur Mauerkrone gelangten, konnten sie oben überwältigt werden, denn bis die dicht nachfolgenden Kameraden auch oben waren, um ihnen beizustehen, vergingen entscheidende Sekunden. Aus demselben Grund war es für die Ersten auf der Leiter praktisch unmöglich, sich wieder zurückzuziehen, und die Anführer einer Eskalade waren dem Tod geweiht, wenn sie misslang. Effektiver waren Belagerungstürme, von denen man eine Fallbrücke auf die Festungsmauer herablassen konnte. Die Angreifer kamen in großer Zahl im Schutz dieser Türme zur Mauer und kletterten darin bis zur Brücke hoch, wo sich ihnen die Verteidiger entgegenwarfen.

Legionäre und Hilfssoldaten versuchen die Dakerhauptstadt Sarmizegethusa durch eine Eskalade zu erstürmen. Sturmleitern werden angelegt *(links)*, Hilfssoldaten erklettern an Seilen und Strickleitern die Mauer *(rechts)*; Szene auf der Trajanssäule.

Die Eroberung und Plünderung

Welche Methode die Belagerer auch anwenden mochten, der eigentliche Sturm war die schwierigste und gefährlichste Operation. Mit dem technischen Gerät konnte man eine Bresche schlagen, die Mauer erklimmen oder vielleicht auch die Verteidiger in Schach halten, aber dann mussten die stürmenden Soldaten mit dem Schwert in der Hand über die Mauer in die Stadt. Dabei gab es häufig schwere Verluste, vor allem unter den mutigsten Männern an der

Spitze, und der Erfolg war keineswegs garantiert. Wenn die Hauptlinie der Verteidigungsanlagen überwunden war und die Soldaten in die Stadt eindrangen, konnten sie leicht die Orientierung in dem Labyrinth der engen Gassen verlieren. Als die römischen Soldaten 67 n. Chr. die an einen Berg gebaute Stadt Gamala auf den Golanhöhen erstürmten, kamen sie in den engen Gassen, die gerade für einen Esel mit Tragekörben Platz boten, kaum voran. Die Legionäre kletterten auf die Häuser, um von Dach zu Dach weiterzukommen, doch die Dächer stürzten unter dem Gewicht samt den Wänden ein. Als die Einnahme der Stadt ins Stocken geriet, sammelten sich die Verteidiger zum Gegenangriff und jagten die Römer aus der Stadt. 70 n. Chr. in Jerusalem kämpften die Römer noch wochenlang, um zum Großen Tempel vorzudringen, obwohl sie bereits die äußere Mauer überwunden und sich in der Stadt verschanzt hatten. Die Belagerung einer befestigten Siedlung, die entschlossen verteidigt wurde, war ein langwieriges, aufreibendes Unterfangen, das die Moral der Belagerer zermürben konnte.

Hatte die Armee schließlich die Stadt erobert, fielen die Soldaten über die Einwohner her, über die Zivilisten und Verteidiger, und plünderten die Häuser. Polybios berichtet, die Römer hätten bei ihren erfolgreichen Belagerungen immer alles zerstört, Menschen und Tiere niedergemetzelt und zerstückelt, um zu demonstrieren, dass es besser sei, keinen Widerstand zu leisten und sich zu ergeben. Altem Kriegsbrauch zufolge, der schließlich Gesetzeskraft erlangte, räumte man den Verteidigern günstige Bedingungen ein, falls sie sich kampflos ergaben; krachte aber der erste römische Sturmbock auf die Mauern, hatten sie keine Gnade mehr zu erwarten.

Die Männer wurden niedergemacht, die Frauen vergewaltigt und meist überlebten auch sie die ersten Tage der Zerstörungsorgie nicht. Wenn die Sieger ihrer Gräueltaten überdrüssig waren, meldete sich ihre Gier nach Reichtum; wer von den Gefangenen noch lebte, wurde als Sklave verkauft. Alte und Kranke, die »unverkäuflich« schienen, wurden niedergemetzelt. Bei den üblichen Plünderungen

Gamala auf den Golanhöhen wurde 67 n. Chr. von den Römern belagert. In die Mauer ist eine Bresche *(links von der Mitte)* geschlagen; bei Grabungen hat man hier römische Steingeschosse und Pfeilspitzen geborgen. Zwar schlug der erste Angriff fehl, als die Angreifer in dem Labyrinth der engen Gassen der Stadt stecken blieben, aber der zweite Versuch war erfolgreich. Wie in Masada zogen viele Verteidiger den Freitod der Gefangenschaft vor.

Römische Soldaten brennen eine Siedlung der einheimischen Bevölkerung nieder. Ein Hilfssoldat *(ganz rechts)* will gerade dem knienden germanischen Gefangenen den Kopf abschlagen. Wer es wagte, die Römer anzugreifen, musste teuer dafür bezahlen. Der Philosophenkaiser Mark Aurel ließ zur Erinnerung an seine Donaufeldzüge diese Säule errichten, deren Darstellungen zwar stilisierter, aber in vieler Hinsicht schonungsloser waren als die Reliefs der Trajanssäule.

sollte die Armee alles konfiszieren, um es dann gerecht zu verteilen, doch die Praxis sah meist anders aus. Wie Josephus Flavius schreibt, fiel nach der Zerstörung Jerusalems 70 n. Chr., als die Soldaten in ihre Stützpunkte zurückkehrten und ihre Beute verkauften, in den östlichen Provinzen der Goldpreis um die Hälfte. Bei Grabungen in Jerusalem fand man zwischen den verbrannten Überresten vornehmer Häuser aus der Zeit 70 n. Chr. abgehauene Gliedmaßen. In Maiden Castle in Dorset wurden die Schädel der zum Teil schwer verwundeten Verteidiger von den römischen Angreifern in Stücke gehauen.

Belege für die Gräuel römischer Eroberer fanden sich auch im spanischen Valencia. Dort geborgene Skelette, die wohl auf die Eroberung der Stadt während des Bürgerkriegs 78 v. Chr. zurückgehen, zeigen neben typischen Kampfwunden auch Spuren von Folterungen. Ein Individuum mit auf den Rücken gebundenen Händen hatten die Römer mit einem *pilum* gepfählt. Vielleicht hatte der Bürgerkrieg die Soldaten zu solchen Exzessen getrieben, doch man sollte nicht vergessen, dass die ganze Welt der Antike immer auch ein brutaler und unmenschlicher Ort war.

Römische Belagerungstechnik

Erfolgreiche Belagerungen spielten in der Propaganda antiker Kulturen immer eine große Rolle. Schon bei den alten Ägyptern und Assyrern galten sie als die stolzesten Leistungen ihrer großen Könige. Belagerungen waren seit jeher äußerst schwierig und nur die wenigsten gelangen, denn meistens waren die Verteidiger im Vorteil. Für die römische Berufsarmee aber galt das nicht, denn für sie kehrte sich dieses Verhältnis um – zumindest eine Zeit lang. Aufgrund ihrer technischen Fertigkeiten, verbunden mit der für diese Armee typischen Entschlossenheit und Angriffsbereitschaft, gepaart mit dem Willen ihrer Heerführer, auch große Verluste hinzunehmen, war für die Römer keine Festung uneinnehmbar. Und meistens gelang ihnen das auch, selbst im Falle der Belagerung von Masada. Ihre Stärke und Disziplin ließen die römische Armee aus den meisten Belagerungskriegen als Sieger hervorgehen.

Häufig kam es vor ... dass ein Barbar,
der sich vor Erschöpfung kaum noch auf den Beinen
halten konnte, sein linkes Knie beugte,
während er zu Boden sank, und auch in dieser Stellung
noch seinen Feind angriff, ein Zeichen höchster Hingabe.

(Ammianus Marcellinus 16, 47–49)

Während des 3. und 4. Jahrhunderts n. Chr. wurde das Römische Reich von Bürgerkriegen und feindlichen Invasionen erschüttert. Zeiten des Friedens und der Stabilität waren selten. Das Heer war zwar noch schlagkräftig, hatte aber in den Bürgerkriegen seine frühere Stärke verloren. Doch das Römische Reich war groß, seine äußeren Gegner waren uneins und schwach, und so konnte sich die Macht Roms noch eine Weile behaupten. Das Heer passte sich der neuen Lage an: Die Verteidigung befestigter Stützpunkte gewann an Bedeutung, während offene Feldschlachten seltener gesucht wurden als früher. Die Armee setzte auf Beweglichkeit und das Überraschungsmoment und schlug unerwartet gegen Feinde los, die mit keinem Angriff rechneten.

In mancher Hinsicht blieb die spätrömische Armee ihrer Vorgängerin unter dem Prinzipat ähnlich. Zwar änderten sich die Namen vieler Einheiten und die Titel der Offiziere, sie hatten aber nach wie vor dieselben Funktionen. Alle Offiziere waren nun Berufssoldaten, und die alte Tradition, die höchsten Posten Senatoren vorzubehalten, die eine politisch-militärische Laufbahn hinter sich hatten, wurde aufgegeben. Die Kaiser stützten ihre Macht auf die unmittelbare Kontrolle des Heeres; verloren sie diese, mussten sie befürchten, von hohen Offizieren abgesetzt zu werden.

Die Legionen und Auxiliartruppen unterschieden sich kaum noch voneinander, umso mehr aber die mobilen Einheiten der Feldarmee *(comitatenses)* und die stationären Grenztruppen *(limitanei)*. Die Legionen schrumpften auf eine Stärke von etwa 1000 Mann – kaum noch ein Viertel ihrer Stärke in den Jahrhunderten zuvor. Die Kavallerie spielte nach wie vor eine bedeutende Rolle im Heer, aber ihre Truppenstärke wurde nicht wesentlich erhöht. Große Armeen wurden gegeneinander in die Bürgerkriege geschickt, in denen meist die zahlenmäßig überlegene Seite auch den Sieg davontrug, und zu großen Expeditionen gegen die Perser, ansonsten bestritten eher kleinere Truppenverbände die meisten Feldzüge. Dieser Trend hielt bis ins 5. Jahrhundert an und gab das Muster für die europäische Kriegführung im Mittelalter vor.

Relief (3. Jh. n. Chr.) aus Gallien mit einer Formation von Soldaten in ähnlicher Uniform, wie sie unter dem Prinzipat üblich war. Jeder Mann trägt einen kaiserlichen Helm und einen Kettenpanzer sowie ein rechteckiges *scutum*.

V Die Armee der Spätantike

Reformen im spätrömischen Heer

(*oben*) Eine der wenigen Darstellungen eines Volkes, das über die Römer triumphierte, ist dieses persische Relief mit Sharpur I. Vor dem Sassanidenkönig kniet ein gefangener Römer. Sharpur besiegte und tötete 244 n. Chr. die Kaiser Gordian und 260 n.Chr. Valerian.

(*links*) Die Tetrarchie, das Vierfürstentum, wurde von Kaiser Diokletian eingeführt (Ende 3. Jh. n. Chr.). Die beiden Reichshälften im Osten und Westen wurden jeweils von einem Kaiser (Augustus) und einem Mitregenten (Cäsar) regiert. Die ideale Beziehung unter den vier Herrschern symbolisiert diese Statuengruppe.

Probleme und Lösungen

Augustus kam durch Blutvergießen und Bürgerkrieg an die Macht, doch sein Regime gab Rom den inneren Frieden und die Stabilität, die der späten Republik gefehlt hatten. Nero war der letzte Kaiser aus dem Herrschergeschlecht des Augustus, und nach seinem Selbstmord 68 n. Chr. wurde das Reich von einem langen Bürgerkrieg heimgesucht, bis Vespasian, der vierte Regent in zwölf Monaten, eine stabile Regierung aufbauen konnte. Von 69 bis 192 n. Chr. erfreute sich Rom einer Periode anhaltenden Friedens, wirtschaftlicher Blüte und politischer Stabilität. Umsturzversuche, die selten vorkamen, scheiterten und die meisten Kaiser starben eines ganz natürlichen Todes.

192 wurde Commodus, der geistig verwirrte Sohn des Philosophenkaisers Mark Aurel, in einer Verschwörung der Garde erwürgt, in die auch der Präfekt der Prätorianergarde verwickelt war. Sein Nachfolger Pertinax war erst drei Monate an der Macht, als er von den Prätorianern ermordet wurde; er war ihnen einen Teil der Summe schuldig geblieben, die er für ihre Unterstützung zur Erlangung der Macht versprochen hatte. Anschließend versteigerten die Prätorianer in Rom den Thron an den Meistbietenden. Und derjenige, der den Zuschlag bekam, konnte seine Macht kaum genießen, da die größten Provinzgarnisonen (Britannia, Pannonia superior und Syria) sich jeweils hinter ihre Statthalter scharten, die alle auf den Thron wollten. Erst 197 konnte Septimius Severus alle Rivalen niederringen und wurde unangefochtener Kaiser.

Severus starb 211 n. Chr. in York. Die letzten fünf Jahre seines Lebens hatte er gegen die Stämme der Kaledonier (im heutigen Schottland) Krieg geführt. Seine beiden Söhne hatte er zu seinen Thronerben bestimmt, aber es dauerte nur wenige Monate, da ermordete Caracalla seinen jüngeren Bruder Geta. Und 217 wurde Caracalla, er wollte gerade zu einem großen Feldzug im Osten aufbrechen, von einem Leibwächter erdolcht. Der Prätorianerpräfekt Macrinus ergriff die Macht, wurde aber im gleichen Jahr von einem Rivalen besiegt und getötet. Das 3. Jahrhundert erlebte eine Reihe von Bürgerkriegen, die das Chaos der letzten Jahrzehnte der späten Republik noch übertrafen. Usurpation war der übliche Weg, an die Macht zu kommen, aber es war auch viel leichter, den Thron zu erobern, als ihn gegen Rivalen zu behaupten.

Viele waren nur für einige Monate Kaiser, Regierungszeiten von zehn Jahren waren seltene Episoden der Stabilität. Die meisten Herrscher starben eines gewaltsamen Todes, gewöhnlich durch Mord, manchmal aber auch in der Schlacht gegen die Heere innerer oder äußerer Feinde. 251 machten die Goten Kaiser Decius, seinen Sohn und ihre Armee nieder. Die sassanidischen Perser siegten gegen mehrere römische Expeditionen, nahmen 260 Kaiser Valerian gefangen und richteten ihn hin. Das Chaos im Reich ermutigte die äußeren Feinde zu Angriffen an fast allen Grenzen, die »Barbaren« führten Raubzüge tief in die Provinzen hinein. Dennoch behauptete sich das Reich, die territorialen Verluste – Dakien und Teile Mesopotamiens gingen verloren – waren vergleichsweise gering. Aber die Anzeichen für eine politische Zersplitterung mehrten sich Mitte des 3. Jahrhunderts. Über ein Jahrzehnt lang behauptete sich ein unabhängiges Gallisches Reich mit seiner Hauptstadt in Trier. Königin Zenobia von Palmyra konnte für einige Zeit einige Provinzen im Osten zu einem Königreich für ihren unmündigen Sohn vereinen.

Mehrmals hatten frühere Kaiser sich für einen Mitregenten entschieden oder waren gezwungen gewesen, die Regierungsgewalt über einen Teil des Reiches abzutreten. Im ausgehenden 3. Jahrhundert wurde der Grundsatz, das Reich nicht nur von einem Mann regieren zu lassen, formell bekräftigt. Diokletian (284–305) erweiterte dieses Prinzip, indem er die Tetrarchie einführte. Das Reich wurde in einen östlichen und einen westlichen Teil geteilt, und in jedem Teil regierte ein Augustus, unterstützt von einem unter ihm stehenden Cäsar. Mit Diokletians Abdankung wurde das ursprüngliche System zwar mehrmals abgewandelt, blieb aber ein Jahrhundert lang bestehen. Mächtige Kaiser wie Diokletian und Konstantin brachten dem Reich Stabilität, aber nur im Vergleich zum 3. Jahrhundert erscheint das 4. Jahrhundert als eine Zeit starker Regierungen ohne Bürgerkriege und mit mehr militärischen Erfolgen gegenüber äußeren Feinden. Die Usurpation war nach wie vor an der Tagesordnung, und in gewisser Weise förderte die Tetrarchie sie, konnte doch nun ein Mann in mehreren Etappen die kaiserliche Macht erlangen.

Die Teilung dieser Macht unter mehreren Herrschern fand ihren Ausdruck in einer Aufsplitterung der Autorität auf allen Ebenen. Die Provinzen wurden zahlreicher und flächenmäßig kleiner; Ende des 4. Jahrhunderts waren die großen Provinzen aus der Zeit des Prinzipats in vier oder mehr Regionen mit eigener ziviler und militärischer Macht zerfallen. Den früheren Provinzstatthalter gab es nicht mehr. Die kriegerischen Auseinandersetzungen im späten Reich hatten schon lange nicht mehr die Dimensionen der Schlachten vergangener Tage, selbst an unbedeutenden lokalen Feldzügen nahmen die Kaiser persönlich teil.

Unter den Bedingungen einer schwachen Zentralgewalt, der häufigen Bürgerkriege und der gravierenden Probleme in den Grenzregionen wurde das Heer der Spätantike geformt. Mit der Gesellschaft und dem politischen System änderte sich auch die Armee. Viele ihrer Institutionen hatten sich im 4. Jahrhundert grundlegend gewandelt. Manches Hergebrachte blieb dennoch erhalten, und wahrscheinlich gab es mehr Kontinuität, als man vielleicht vermuten möchte angesichts der vielen neuen Ränge und militärischen Einheiten.

Viele Aspekte der alltäglichen Routine und des militärischen Rituals wären auch einem Soldaten aus der Zeit des Prinzipats vertraut erschienen. Das strategische Denken in der Armee wurde noch immer von den offensiven Strafexpeditionen beherrscht, die im 4. Jahrhundert in gleicher Weise durchgeführt wurden wie früher. Es gab einige taktische Neuerungen, und die spätrömische Armee zeigte sich noch immer überlegen und gewann weitaus mehr Schlachten als sie verlor, wenngleich sie weniger bereitwillig in solche Gefechte ging als in der Vergangenheit. Das Vorgehen bei Belagerungskriegen blieb unverändert dasselbe, auch wenn die Römer sich daran gewöhnen mussten, häufiger als früher selbst die Belagerten zu sein.

Vieles blieb beim Alten. Dieses Kapitel wird die wesentlichen Aspekte herausarbeiten, die die spätere Armee von ihrer besser dokumentierten Vorgängerin, der Armee des frühen Reiches, unterscheiden.

Reformen im spätrömischen Heer

Kommandeure: Der Aufstieg des Ritteroffiziers

Die enge Verquickung von politischer und militärischer Führung war seit der frühen Republik der Kern des römischen Systems. Damals stellten Senatoren, die im Lauf ihrer Karriere zivile und militärische Ämter bekleidet hatten, die Kommandeure, und weise Herrscher stilisierten sich als das prominenteste Mitglied des Senats. In der Spätantike hatte sich das geändert, die Senatoren spielten als Militärs immer weniger eine Rolle. Im 2. Jahrhundert betrauten einige Kaiser, allen voran Mark Aurel, Ritteroffiziere mit dem Kommando zunächst von Legionen und später von ganzen Armeen. Anfänglich wurden diese Männer noch in den Senatorenadel aufgenommen, bevor sie solche Posten erhielten, aber schon im 3. Jahrhundert verzichtete man weitgehend darauf.

Grabstein des Aurelius Mucianus aus der Legio II Parthica, der als *discens lanciarius* die Soldaten im Speerwerfen unterwies. Er hat in der rechten Hand ein Bündel Lanzen und – ebenso wie die Kameraden auf anderen Grabsteinen – einen ovalen, fast kreisrunden Schild. Sein Schwert trägt er links. Die Legio II Parthica, eine der drei neuen Legionen, die von Kaiser Septimius Severus (197–208) für seine Feldzüge im Osten aufgestellt wurden, war zeitweise in Apamea, Syrien, stationiert. Andere Grabsteine von Apamea erinnern an Spezialisten im Umgang mit anderen Waffen, etwa dem Bogen, der normalerweise nicht mit Legionären in Verbindung gebracht wird. Unklar ist, ob darin eine allgemeine Neuerung in der Ausrüstung aller Legionen oder nur der Parthica im Besonderen zum Ausdruck kommt oder ob sich in einer Einheit von der Größe einer Legion häufig Spezialisten auf dem Gebiet der verschiedensten Waffen befanden.

Eiserner Helm mit einem Silberüberzug und mit Halbedelsteinen verziert. Das in Holland gefundene Exemplar wurde wahrscheinlich von einem Offizier getragen. Der Helm bot guten Schutz, beeinträchtigte jedoch das Gehör.

Der Ritterpräfekt trat an die Stelle des aus dem Senatorenadel stammenden *legatus* als Kommandeur einer Legion, und später ernannte man Ritter auch zu Kommandeuren der Armee und zu Provinzstatthaltern. Diese Männer waren zumeist Berufsoffiziere, hatten länger in der Armee gedient als die Senatoren, waren vermutlich auch erfahrener, aber ob sie auch fähiger waren, wissen wir nicht. Anfangs mögen die Kaiser wohl bedacht haben, dass ihnen die Ritteroffiziere nicht so gefährlich werden konnten wie die Senatoren mit ihren politischen Beziehungen.

Doch in einer Zeit, da der Kaiser häufig mit der Armee im Krieg war, waren solche Erwägungen unnütz. Ein Offizier, der andere Kommandeure auf seiner Seite wusste, konnte den Kaiser ermorden lassen und selbst die Macht ergreifen. In der zweiten Hälfte des 3. Jahrhunderts hatte eine Gruppe von Ritteroffizieren aus den Donauprovinzen das Sagen in Rom; sie hoben Leute aus den eigenen Reihen als Herrscher auf den Schild, die sie ebenso umstandslos auch wieder stürzten.

Im 3. und 4. Jahrhundert änderte sich die traditionelle Rangstruktur der Armee. Die Kommandeure bekamen Titel, die anscheinend nicht immer einem festen Muster entsprachen. Der Rang eines *praepositus* bezeichnete ursprünglich einen Offizier, der vorübergehend das Kommando über eine andere Einheit hatte, nun wurde er zu einem dauerhaften Titel.

Viele Präfekten und Tribunen begegnen uns in den Quellen, häufig als Kommandeure einer Einheit, doch alle drei Titel umfassten einen weiten Bereich von Aufgaben und Befugnissen. Einige Präfekten und Tribunen wurden zuzeiten ebenfalls als *praepositi* bezeichnet. Auf einer niedrigeren Ebene waren die Ränge des *primicerius* und des Untersenators. In einer Einheit gab es *ducenarii*, die Vegetius zufolge 200 Mann befehligten, und unter diesen die *centenarii* – vermutlich die Kommandeure von Untereinheiten aus 100 Mann, der Stärke einer Zenturie –, die wohl den früheren Zenturionen entsprachen. Über die vielen niedrigeren Offiziersränge, die für das spätrömische Heer bezeugt sind, wissen wir noch weniger.

Feldarmee und stationäre Streitkräfte

Zu den Änderungen, aufgrund deren die großen Provinzen in die vielen kleinen regionalen Militärkommandos des 4. Jahrhunderts zerfielen, kam eine weitere grundlegende Unterteilung zwischen den Militäreinheiten. Diese waren nun entweder *comitatenses*, die einer der Feldarmeen zugeteilt waren, oder *limitanei*, die in der Garnison eines bestimmten Gebiets, in der Regel einer Grenzregion, stationiert waren. Die *comitatenses* unterstanden dem Kaiser oder seinen ranghohen Untergebenen, während die *limitanei* von dem *dux* befehligt wurden, der der betreffenden Region zugeteilt war. Die Entwicklung dieses Systems lässt sich noch nicht zuverlässig rekonstruieren. Sie deutete sich in früheren Veränderungen (Ende 2. Jh.) schon an, etwa in der durch Septimius Severus aufgestellten Streitkraft aus unberittenen und berittenen Gardesoldaten und der Legio II Parthica – im Ganzen das Äquivalent einer starken Provinzarmee – unmittelbar vor den Toren Roms oder in der Bildung einer großen Armee samt starker Kavallerie (Mitte 3. Jh.) durch Gallienus in Mediolanum (Mailand). Phasen dieses Prozesses fielen offenbar in die Regierungszeiten Diokletians und Konstantins, aber Näheres wissen wir darüber nicht.

Unsere beste Quelle ist die *Notitia Dignitatum*, in der kaiserliche Posten und Militärkommandos am Ende des 4. Jahrhunderts aufgeführt sind. Das war das System in seiner letzten Form, und Versuche, seine Entwicklung zu rekonstruieren, sind auf Vermutungen angewiesen. Nach der *Notitia* gebot das Ostreich über fünf Feldarmeen, zwei waren dem kaiserlichen Hof zugeteilt, während das Westreich sieben hatte, darunter drei vergleichsweise kleine Armeen.

Die *comitatenses* hat man auch als mobile strategische Reserven angesehen, die im Bedarfsfall zu bestimmten Krisenherden geschickt wurden. Die meisten waren wohl mitten in den Provinzen in Garnison, im Unterschied zum Prinzipat, als die Armeen primär an den Reichsgrenzen stationiert waren. Das alte System hatte zur Folge, dass es bei einer feindlichen Invasion sehr lange dauerte, bis Streitkräfte von anderen Garnisonen am betroffenen Grenzabschnitt zusammengezogen werden konnten, um die eindringenden Feinde zurückzuschlagen. Das machte die benachbarten Grenzgebiete vorübergehend schutzlos.

Das klingt plausibel, doch die Beweglichkeit der *comitatenses* darf man sich nicht allzu groß vorstellen. Keine dieser Armeen konnte schneller sein als ein Infanterist auf dem Marsch oder, was eine noch größere Einschränkung bedeutete, als der Tross. Die Feldarmeen bewegten sich nicht schneller als andere Armeen, hatten jedoch den Vorteil, dass sie nicht an eine bestimmte Region gebunden waren. Unter dem Prinzipat übernahmen die Legionen so viele administrative Aufgaben, dass ihre Abkommandierung größere Probleme für das verlassene Gebiet aufwarf. Das hatte dazu geführt, dass häufiger kleinere *vexillationes* aus Legionären ausgeschickt wurden statt ganzer Einheiten. Die Abkommandierung einer Feldarmee störte den Verwaltungsbetrieb weniger, doch ist fraglich, inwieweit diese Truppen eine strategische Reserve sein konnten. Auf jeden Fall waren sie eine starke Streitmacht, um den Kaiser vor Usurpatoren zu schützen. Während des spätrömischen Reichs kam es immer wieder zu Bürgerkriegen, so dass die Struktur der Armee darauf gerichtet war, solcher Bedrohung zu begegnen.

Früher hat man sich die *limitanei* als lokale Milizen aus Bauernsoldaten vorgestellt, die wohl mehr Ähnlichkeit mit den Legionären der mittleren Republik hatten als mit den späteren Berufssoldaten des Prinzipats. Diese Vorstellung entspricht offensichtlich nicht den Tatsachen. Die *limitanei* waren reguläre Einheiten ausgebildeter Soldaten, die sich von den *comitatenses* nur in ihrem Status unterschieden.

Sie waren an den meisten Grenzen und in unruhigen Gebieten für die täglichen Patrouillen verantwortlich und verrichteten den üblichen Garnisonsdienst. Auch wenn ihre Zahl nicht ausgereicht hätte, einen größeren Raubzug oder eine militärische Invasion ohne Unterstützung aufzuhalten oder zurückzuschlagen, so haben sie sich doch bei kleineren militärischen Auseinandersetzungen bewährt. Einheiten der *limitanei* wurden auch zu den Feldarmeen abgestellt, wo sie wirkungsvoll operierten, und wenn sie auf Dauer in der Feldarmee integriert waren, bezeichnete man sie als *pseudocomitatenses*.

Einheiten im spätrömischen Heer

In der *Notitia Dignitatum* begegnen wir einer Vielzahl unterschiedlicher Militäreinheiten mit Legionen, *alae* der Auxiliartruppen und Kohorten neben weniger vertrauten Formen. Die Kavallerie der Feldarmeen wurde nun in Einheiten gegliedert, in die *vexillationes*. Manche Einheiten erhielten den Titel *comites* (Gefährten). Eine Kavallerie als Verstärkung wurde von den kaiserlichen Garderegimentern oder *scholae* gestellt, die öfter mit den Feldarmeen dienten, ohne formell zu ihnen zu gehören. Die Infanterie bestand aus Legionen und/oder *auxilia palatina*. Letztere gehen wohl auf Konstantin zurück. Manche Historiker sehen darin einen Bruch mit der Vergangenheit, eine wichtige Stufe in einer – wie sie glauben – übermäßigen Heranziehung germanischer Rekruten von außerhalb des Reiches, doch tatsächlich hatten sie viel mit den Auxiliarkohorten unter dem Prinzipat gemein.

Anscheinend gab es zu jener Zeit in Ausrüstung und Taktik kaum einen Unterschied zwischen der Infanterie der Legionen und den Fußtruppen der Auxiliarkohorten unter dem Prinzipat. Die besten *vexillationes* und Legionen wurden *palatina* genannt

(rechts) **Das Erscheinungsbild dieses römischen Feldzeichenträgers (4. Jh. n. Chr.) unterscheidet sich in vieler Hinsicht von den Soldaten früherer Jahrhunderte: sein Schild ist groß und fast kreisrund, sein Schwert trägt er auf der linken Seite.**

(unten) **Die *Notitia Dignitatum* enthält eine Schlachtordnung für das römische Heer (Ende 4. Jh.). Darin sind die Lager und ihre Garnisonen verzeichnet und die Insignien aller Einheiten abgebildet. Auch wenn die Schildmuster nur vereinfachte Darstellungen des Originals sein sollten, ist die *Notitia* eine der besten Quellen für die Insignien jeder Periode.**

Die Feldarmeen gemäß Notitia Dignitatum

Der Osten

Kaiser
und 7 *scholae*

Oberster der Soldaten von Praesentalis I
vexillatio palatina (5)
vexillatio comitatenses (7)
legio palatina (6)
auxilia palatina (18)
Gesamt: 36 Einheiten

Oberster der Soldaten von Praesentalis II
vexillatio palatina (6)
vexillatio comitatenses (6)
legio palatina (6)
auxilia palatina (17)
pseudocomitatenses (1)
Gesamt: 36 Einheiten

Oberster der Soldaten von Orientis
vexillatio comitatenses (10)
auxilia palatina (2)
legio comitatenses (9)
pseudocomitatenses (10)
Gesamt: 31 Einheiten

Oberster der Soldaten von Thracum
vexillatio palatina (3)
vexillatio comitatenses (4)
legio comitatenses (21)
Gesamt: 28 Einheiten

Oberster der Soldaten von Illyricum
vexillatio comitatenses (2)
legio palatina (1)
auxilia palatina (6)
legio comitatenses (8)
pseudocomitatenses (9)
Gesamt: 26 Einheiten

Der Westen

Kaiser

Oberster der Infanterie

Armee in Italien:
vexillatio palatina (5)
vexillatio comitatenses (1)
legio palatina
auxilia palatina (8)
legio comitatenses (5)
pseudocomitatenses (2)
Gesamt: 44 Einheiten

Oberster der Kavallerie
Armee in Gallien:
vexillatio palatina (4)
vexillatio comitatenses (8)
legio palatina (1)
auxilia palatina (15)
legio comitatenses (9)
pseudocomitatenses (21)
Gesamt: 58 Einheiten

Graf von Illyricum
auxilia palatina (13)
legio comitatenses (5)
pseudocomitatenses (4)
Gesamt: 22 Einheiten

Graf von Afrika
vexillatio comitatenses (19)
legio palatina (3)
auxilia palatina (1)
legio comitatenses (8)
Gesamt: 31 Einheiten

Graf von Tingitanien
vexillatio comitatenses (2)
auxilia palatina (2)
pseudocomitatenses (1)
Gesamt: 5 Einheiten

Graf von Britannien
vexillatio comitatenses (4)
legio comitatenses (1)
Gesamt: 5 Einheiten

Graf von Spanien
auxilia palatina (11)
legio comitatenses (5)
Gesamt: 16 Einheiten

Begriffserklärung

scholae: *kaiserliche Garde-Kavallerieregimenter*
vexillatio palatina: *Elitefeldarmee-Kavallerieregiment*
vexillatio comitatenses: *Feldarmee-Kavallerieregiment*
legio palatina: *Elitefeldarmee-Legion*
auxilia palatina: *Elitefeldarmee-Auxiliarregiment*
legio comitatenses: *Feldarmee-Legion*
pseudocomitatenses: *ursprünglich Grenztruppen, im 3./4. Jahrhundert Teil der Feldarmee*

statt *comitatenses* und genossen einen höheren Status. Eine weitere Unterscheidung, die eher mit der Rangordnung zusammenhing, war die zwischen zwei Einheiten desselben Namens, deren Soldaten im einen Fall als *seniores* (Ältere) und im anderen als *iuniores* (Jüngere) bekannt waren. Etliche Kavallerie- und Infanterieeinheiten in den *comitatenses* bildeten mit jeweils einer zweiten zusammen eine Brigade. Wir wissen nicht, ob solche Einheiten ständig einen Kommandeur hatten. Anscheinend wurden sie nur selten aufgeteilt. Alle diese Einheiten begegnen uns in den Quellen mit der unbestimmten Bezeichnung *numeri*, die auch für die fremden Einheiten oder *foederati* gebraucht wurde. Ursprünglich aus einer ethnischen Gruppe rekrutiert und meist in einer bestimmten Kampfart trainiert, kamen ihre Nachwuchskräfte später aus allen möglichen Gegenden und passten sich der regulären Armee immer weiter an, bis sie von dieser nicht mehr zu unterscheiden waren.

Bei den *limitanei* war die Zahl der verschiedenen Einheiten noch größer. Es gab altmodische Auxiliarkohorten und *alae*, Legionen, häufig in mehrere Abteilungen gegliedert, sowie *vexillationes* und *cunei* der Kavallerie sowie sonstige Einheiten mit unspezifischen Titeln wie die *numeri*. Wir haben keine Hinweise auf eine Brigadestruktur, bei der einzelne Einheiten zusammengeführt wurden, auch wenn einige Legionen mehrere Kohorten hatten. *Comitatenses* und *limitanei* umfassten auch Flotteneinheiten. Zum ersten Mal in der Geschichte Roms gab es nun spezialisierte Artillerieeinheiten, obwohl gewöhnliche Einheiten weiterhin Katapulte eingesetzt haben dürften, vor allem bei der Verteidigung von Festungen oder Städten.

Die meisten Infanterieeinheiten, ob Legionen, *auxilia palatina* oder *limitanei*, kämpften in geschlossener Ordnung. Ein Satz bei Vegetius ist häufig zitiert worden, um die Ansicht zu untermauern, Panzer seien selten gewesen, doch diese Vorstellung ist sicherlich falsch. Infanteristen waren mit Helm, Ketten- oder Schuppenpanzer und einem hohen ovalen Schild ausgestattet. Das Langschwert *(spatha)* hatte inzwischen den kürzeren *gladius* ersetzt. Gelegentlich wurde das *spiculum*, eine Variante des *pilum*, benutzt, aber üblich waren die verschiedenen Wurf- oder Schleuderspeere. Ein Soldat konnte neben seinem Kampfspeer kurze Wurfspeere und mit Gewichten beschwerte Wurfpfeile haben. Letztere, die *plumbatae* oder *mattiobarbuli*, hatten eine Schussweite von 30 bis 65 Metern, wobei die wirksame Weite eher beim unteren Wert gelegen haben dürfte.

Vegetius schreibt, dass Legionäre des späten 3. Jahrhunderts fünf solcher Wurfpfeile an der Rückseite ihres Schildes trugen. Einige Einheiten aus Fußsoldaten und Kavalleristen werden in der *Notitia Dignitatum* als Bogenschützen *(sagittarii)* aufgeführt, aber wahrscheinlich gab es in vielen Einheiten Soldaten, die mit Pfeil und Bogen umgehen und ausgerüstet waren.

Berittener Bogenschützen des spätrömischen Heers, dargestellt von einem Mitglied der *Reenactor*-Gruppe English Heritage. Im 6. Jahrhundert n. Chr. waren die römischen Reitersoldaten geübte Bogenschützen, die den Nahkampf nicht scheuten.

Einige Kavallerieeinheiten trugen schwerere Rüstungen als die Infanterie. Bei den Panzerreitern *(cataphracti)* und den Schwerstgepanzerten *(clibanarii)* waren Pferd und Reiter stark gepanzert; der Unterschied zwischen beiden ist heute unklar. *Clibanarius* leitet sich von dem Wort für einen eisernen Brotofen ab und sollte wohl nicht nur das Äußere des gepanzerten Soldaten zum Ausdruck bringen, sondern auch die Unbequemlichkeit, eine solche Panzerung zu tragen, vor allem bei heißem Wetter. Es gab mehr *cataphracti* und *clibanarii* in den östlichen Armeen als in den westlichen, da es die Römer im Osten mit einer ebenso schwer bewaffneten und gepanzerten persischen Kavallerie zu tun hatten. Diese Spezialeinheiten befanden sich meist in den Feldarmeen.

Die meisten übrigen Einheiten der römischen Kavallerie, die *scutarii, promoti* oder *stablesiani*, waren in erster Linie zu Stoßtruppaktionen ausgebildet, ähnlich wie die Mehrzahl der *alae* unter dem Prinzipat. Berittene Bogenschützen und andere Einheiten wie die *Mauri* und die *Dalmatae* gehörten wohl zur leichten Kavallerie. Es hält sich hartnäckig der Mythos, dass die Kavallerie in der späteren Armee eine größere Bedeutung erlangt habe, eine Vorstellung, die häufig mit der Idee einer höheren

(links) **Die *Reenactor*-Soldaten der Cohors V Gallorum – der einzigen Gruppe, die das römische Heer des 3. Jahrhunderts wiederzubeleben versucht – sehen anders aus als der klassische Legionär in seiner *lorica segmentata* mit kaiserlich-gallischem Helm. Diese Männer tragen Stiefel, Hosen, langärmelige Tuniken und Schuppenpanzer, einer hat eine Panzerhaube über dem Kopf. Sie haben lange Wurfspeere und ovale Schilde und ihr Schwert links. Auch wenn sich der Stil der Ausrüstung und die Methoden der Kampfführung geändert hatten, war der römische Fußsoldat immer besser geschützt und disziplinierter als die meisten seiner Gegner.**

Beweglichkeit der Feldarmee einhergeht. Diese Ansicht beruht auf einem Missverständnis der Bedeutung und des Prestiges der Kavallerie, vor allem der *alae* unter dem Prinzipat. Tatsächlich war das römische Ideal nach wie vor eine Armee mit einem ausgewogenen Verhältnis von Reiterei und Fußsoldaten.

Die Stärke der Einheiten

Über Größe und Organisation dieser verschiedenen Einheiten findet sich in den Quellen herzlich wenig. Die meisten Einheiten dürften vergleichsweise klein gewesen sein, jedenfalls waren sie kein Äquivalent zu den 5000-Mann-Legionen früherer Perioden. Wann die Legionen verkleinert wurden, ist schwer zu sagen.

Vegetius schreibt, dass es unter Diokletian noch Legionen mit 6000 Mann gab. Warum sie verkleinert wurden, ist ebenfalls unklar; vielleicht wurden die Einheiten in einzelne Abteilungen aufgeteilt, die dann selbständig wurden. Man glaubt, dass im 4. Jahrhundert eine Legion in einer Feldarmee 1000 bis 1200 Mann stark war. Eine Einheit von *auxilia palatina* war wohl ebenso oder nur halb so stark. *Vexillationes* der Kavallerie dürften eine Sollstärke von 600 Mann gehabt haben, und bei den *scholae* betrug sie zumindest im 6. Jahrhundert 500 Mann. Das sind Schätzungen für die Sollstärke, die Iststärke dürfte davon etwa zwei Drittel betragen haben – jedenfalls nach der dürftigen Quellenlage. Über die Größe der Einheiten bei den *limitanei* wissen wir noch nicht einmal, ob deren Legionen ebenso stark waren wie die der Feldarmee.

Forts und Befestigungsanlagen

In der Spätantike wurde mehr für den Bau von Befestigungsanlagen getan als in früheren Epochen. Die bestehenden Lager wurden verstärkt, neue Kastelle kamen hinzu, häufig an Standorten, die gut zu verteidigen waren. Die Mauern waren nun höher und mächtiger und hatten zum Teil Plattformen für Geschütze. Die Ecktürme, zumeist mit rundem Grundriss, wurden so gebaut, dass sie über die Grundlinie der Außenmauer vorsprangen; so konnten die Verteidiger die angreifenden Belagerer in ihren Flanken treffen.

Die Torwege waren nun schmaler und besser zu verteidigen, die Gräben aber breiter und auf dem Grund flach, im Unterschied zu dem V-förmigen Querschnitt früherer Gräben. Gleiches gilt für die Umfassungsmauern, die seit dem 3. Jahrhundert gebaut wurden, um die Städte in den Provinzen zu schützen. Für so manche Stadt bestand überhaupt keine Bedrohung der Einwohnerschaft, aber das Bedürfnis, Befestigungsanlagen zu errichten, war wohl Ausdruck der allgemeinen Unsicherheit in jener Zeit sowie der Rivalität großer Städte.

Während man die Verteidigungsanlagen der Stützpunkte massiver baute, wählte man für sie einen immer kleineren Grundriss. Viele Legionslager wie in Chester und Caerleon in Britannien waren im 3. Jahrhundert aufgegeben, und an ihrer Stelle wurden keine neuen Anlagen von vergleichbarer Größe errichtet. Statt des traditionellen Spielkartengrundrisses mit abgerundeten Ecken hatten die Befestigungen nun einen rechteckigen Grundriss. Von den bestehenden Kastellen wurden einige weiterhin benutzt, aber beträchtlich verkleinert. Das alles wird mit der geringeren Größe der Militäreinheiten jenerzeit zusammenhängen.

Stärkere Befestigungen brachten die größere Bedeutung von Festungen und befestigten Ansiedlungen der Spätantike zum Ausdruck. Nun musste man jederzeit mit Angriffen auf die Militärstützpunkte rechnen, und die römische Armee war sich längst nicht mehr so sicher mit ihrer alten Taktik, aus dem Lager zu stürmen und den Feind in einer offenen Feldschlacht zu stellen. Es war nicht immer möglich, den Feind auch jenseits der Grenzen zu kontrollieren und von Raubzügen abzuschrecken, und alle eindringenden Räuberhorden konnte man gar nicht abfangen.

Vegetius riet dazu, sich bei einer Invasion in die Festungen zurückzuziehen und Lebensmittel zu horten; denn die Barbarenvölker verstünden wenig vom Belagerungskrieg und könnten einen befestigten Ort nicht erobern. Sie könnten zwar versuchen, eine Festung auszuhungern und zur Kapitulation zu

(gegenüber oben) **Das Kastell in Qasr Bsheir, Jordanien, entstand unter Diokletian; es ist typisch für die späteren Römerkastelle (Ende 3. Jh. und 4. Jh.), etwas kleiner, aber besser befestigt als die Lager des Prinzipats. Im Unterschied zu früheren Bauweisen springen die Ecktürme über die Mauerlinie hinaus und ermöglichen es den Verteidigern, auch die Flanken der Angreifer unter Beschuss zu nehmen.**

(rechts) **Die Mauern des Römerkastells (Ende 3. Jh.) in Porchester an der Südküste Englands wurden später in die Verteidigungsanlagen einer normannischen Burg einbezogen. Auch hier springen die Türme – diesmal mit rundem Querschnitt – über die Linie der Außenmauern hinaus. Die starken Befestigungen der Römerlager in dieser Zeit lassen vermuten, dass man damals mit mehr Angriffen rechnete als früher.**

zwingen, doch dazu müssten sie monatelang mit einer starken Streitmacht vor der Festung ausharren, und das gebe anderen römischen Einheiten Zeit, den Belagerten zu Hilfe zu eilen. Sobald die knapper werdenden Lebensmittel oder ihr nachlassendes Interesse die Belagerer bewogen, wieder abzuziehen, seien sie verletzlich, und die Römer könnten zum Gegenangriff übergehen. So könne man Raubzüge überstehen und den Schaden in Grenzen halten. Unter günstigeren Bedingungen könnte dann der Kaiser genügend große Streitkräfte zu einer größeren Strafexpedition zusammenziehen und die Stämme in ihrem eigenen Gebiet angreifen.

Soldaten und Kriegführung in der Spätantike

Rekrutierung

Im 4. Jahrhundert dienten die Soldaten 20 Jahre, ausgenommen einige mit Prestige verbundene Einheiten unter den *limitanei* mit einer Dienstzeit von 24 Jahren. Unter den Soldaten gab es Freiwillige, doch Einberufungen waren offenbar wesentlich häufiger als in früheren Zeiten. Unter dem Prinzipat durften die Soldaten nicht heiraten, doch die Armee ignorierte diese Bestimmung stillschweigend. Soldaten konnten eine Familie gründen, und die Armee rekrutierte die »im Lager« geborenen Söhne. Die Aufhebung des Heiratsverbots durch Severus führte zu einem Gesetz, dem zufolge alle Söhne von Soldaten, die während oder nach deren Dienstzeit geboren wurden, in die Armee eintreten mussten, womit der Beruf des Soldaten gewissermaßen erblich wurde. Jährlich zog man nun Wehrpflichtige ein, jede Gemeinde musste ein bestimmtes Kontingent an Rekruten stellen. Vor allem die Söhne von Grundeigentümern wurden eingezogen, so dass Landgemeinden von der Konskription besonders betroffen waren. Männer in kaiserlichen Diensten waren von der Wehrpflicht ausgenommen, während Männer in ungeeigneten Berufen und Sklaven (mit wenigen Ausnahmen) nicht zum Militärdienst zugelassen waren. Aber der Kaiser ließ nicht in jedem Jahr Aushebungen vornehmen. Außerdem erlaubten die Provinzstatthalter den Gemeinden, statt der geforderten Zahl von Rekruten eine Konskriptionssteuer zu zahlen, was zweifellos die Korruption förderte. Manche Beamte trieben die Steuern ein und gaben den kleinsten Teil davon für die der geforderten Quote entsprechende Anzahl an Freiwilligen aus – die häufig ungeeignet waren.

Die römische Geschichte kannte schon immer Fälle von Selbstverstümmelung – man hackte sich einen Daumen ab –, um dem Militärdienst zu entgehen; doch zu einem Problem wurde sie erst, als überall wehrfähige Männer einrücken mussten. Konstantin verpflichtete die Söhne von Soldaten, die sich verstümmelten, zu Zivildienst in ihren Gemeinden. Solche Gesetze wurden mit der Zeit härter. 368 befahl Valentinian, dass Männer, die sich selbst verstümmelten, öffentlich zu verbrennen seien. Und 381 ließ Theodosius auch verstümmelte wehrfähige Männer einziehen, wobei bei der geforderten Quote zwei Verstümmelte für einen vollwertigen Rekruten gezählt wurden.

Fahnenflucht gehörte zu den Dauerproblemen in der römischen Armee, was angesichts der langen Dienstzeit und der harten Bedingungen nicht verwunderlich ist. In den Quellen zur späteren Periode ist zwar wiederholt von Deserteuren die Rede, ob die Fahnenflucht zugenommen hat, erfahren wir nicht.

Barbarisierung? Rekruten aus Regionen außerhalb des Reiches

Viele Rekruten kamen aus den Gemeinden der Barbarenstämme, die sich mit kaiserlicher Erlaubnis im Reich angesiedelt hatten. Häufig verlangte der Vertrag, mit dem sie Land erworben hatten, als Gegenleistung eine bestimmte Zahl von Rekruten jährlich. Diese *laeti* oder *gentiles* dienten nicht in besonderen Einheiten und wurden wie die übrigen Einberufenen behandelt. Selbst aus Regionen außerhalb des Reiches wurden Männer eingezogen, und am Ende eines Krieges wurden die tauglichen Kriegsgefangenen häufig in die Armee geholt, aber in größerer Entfernung von ihrer Heimatregion stationiert. Ein besiegtes Volk konnte im Rahmen eines Friedensvertrags auch Krieger stellen. Es gab sogar Freiwillige in der Armee, die von außerhalb des Reichs kamen.

Die »Barbaren«-Rekrutierung war gang und gäbe und im Prinzip nichts Neues, denn schon in den *auxilia* des Prinzipats hatten Männer von außerhalb in den Grenzprovinzen gedient. Zahlen über die im spätrömischen Reich rekrutierten »Barbaren« haben wir nicht. Schon früher galt die Einberufung von Barbaren oft als Zeichen eines Mangels an eigenen geeigneten Rekruten. Die römische Armee wurde also zunehmend »barbarisiert«, da viele ihrer Offiziere und Mannschaften aus unzivilisierten Völkern und insbesondere germanischen Stämmen eingezogen wurden. Diese Männer hatten wenig Grund, Rom politisch oder kulturell loyal zu dienen. Das Problem verschärfte sich mit der zunehmenden Verwendung der *foederati*, das waren Einheiten, in denen Barbaren von ihren eigenen Stammesführern statt von römischen Offizieren geführt wurden. Viele glauben, dass die römische Armee langsam verfiel und am Ende kaum mehr als eine Ansammlung bezahlter Kriegsbanden unter der Führung von Barbarenhäuptlingen war und dass dies ein wesentlicher Grund für den Untergang des Westreichs war.

Schon 69 n. Chr. hatte Tacitus eine Armee aus den Rheinprovinzen als rohe Barbaren beschrieben, die über den Glanz und die Größe Roms starr vor Staunen gewesen seien. Eine ähnliche rhetorische Übertreibung hat wohl die wenigen späten Quellen beeinflusst, welche die Ausbreitung des Barbarismus in der Armee kritisierten. Im Allgemeinen haben unsere Quellen für die Spätantike darin anscheinend kein Problem gesehen. Die Rekruten aus Barbarenvölkern waren nicht weniger loyal und tüchtig als alle anderen, selbst wenn sie gegen ihr eigenes Volk kämpfen mussten. Gelegentlich wurden Soldaten aus einem Barbarenstamm zu Verrätern, doch das gab es in dieser Zeit auch unter den Römern. Ende des 4. Jahrhunderts waren viele hohe Offiziere barbarischer Abstammung, kulturell aber der römischen Militäraristokratie angepasst. Die Vorstellung, eine »Barbarisierung« der Armee habe zum Untergang Roms beigetragen, ist heute aufgegeben worden.

Soldaten und Zivilisten

Im 4. Jahrhundert war der Sold der Soldaten sehr gering und musste durch Zahlungen in Naturalien ergänzt werden, einschließlich Kleidung und Lebensmittel, Futter für die Tiere sowie gelegentlicher kaiserlicher Schenkungen. Der größte Teil der Kleidung und der Ausrüstung wurde vom Staat gestellt, durch Steuern auf die Provinzen finanziert oder in kaiserlichen Manufakturen hergestellt (wie sie die *Notitia* aufführt). Die *comitatenses* hatten keine festen Lager und wurden bei der Zivilbevölkerung in den Provinzstädten einquartiert, die das nur sehr unwillig hinnahm – nicht anders als bei den seltenen Gelegenheiten, als dies in früherer Zeit praktiziert wurde. Es gab immer wieder Klagen, die Soldaten nähmen sich mehr, als ihnen von Rechts wegen zustehe, und übten Gewalt gegen Zivilisten.

Die *limitanei* wohnten in Kastellen. Einige frühere Kastelle in Britannien (z.B. Housesteads und Great Chesters am Hadrianswall) zeigen Spuren umfangreicher Umbauten an den Barackenblöcken gegen Ende des 3. Jahrhunderts. Eine einzelne Reihe von paarweise angeordneten *contubernium*-Räumen wurde durch eine Reihe von etwa einem halben Dutzend Einzelunterkünften ersetzt, alle mit eigenen Außenmauern und Dächern und durch schmale Durchgänge getrennt. In Housesteads haben die Unterkünfte eine Größe von 8 bis 12 Metern Länge und 3,6 bis 5,15 Metern Breite. Die Zahl dieser Gebäude,

Die Soldaten Konstantins, 312 n. Chr.

In der Spätantike wurden römische Soldaten fast ebenso oft in Bürgerkriegen gegeneinander eingesetzt wie in Kämpfen gegen äußere Feinde. Als seine Armee auf Rom marschierte, um seinen Rivalen Maxentius zu schlagen, behauptete Konstantin, er habe eine Vision des Kreuzes am Himmel gesehen, und konvertierte zum Christentum. Ob seine Bekehrung politische Gründe hatte oder echt war – oder irgendetwas dazwischen –, wissen wir nicht. Doch sein späterer Sieg an der Milvischen Brücke hat ihn anscheinend in seinem Glauben bestärkt. Vor der Schlacht hatte er seinen Männern befohlen, die griechischen Buchstaben Chi und Rho, das christliche Symbol, auf ihre Schilde zu malen. In dieser Szene sehen wir einen höheren Offizier bei der Inspektion des Ergebnisses.

Pilum. Versionen des *pilums* waren zu dieser Zeit noch in Gebrauch, aber konventioneller geformte Speere und Wurfspieße waren wohl weiter verbreitet.

Helm. Dieser Mann trägt einen Helm vom Typus Intercisa, dessen Kalotte aus zwei Hälften geformt ist, die in der Mitte miteinander verbunden sind. Solche Helme waren billiger und einfacher herzustellen als frühere Versionen und boten dennoch guten Schutz.

Schild und Wurfpfeile. Seit dem 3. Jahrhundert führten manche Soldaten mit Blei beschwerte Wurfpfeile *(plumbatae* oder *mattiobarbuli)* mit sich. Die Schilde waren so gemacht, dass man mehrere Pfeile an ihrer Innenseite befestigen konnte.

Tunika. Seit dem 3. Jahrhundert kam bei Zivilisten und Soldaten eine neue Mode langärmeliger Tuniken auf, die meist mit Bordüren und Applikationen verziert waren. Diese Tuniken orientieren sich an überkommenen Gewändern aus Ägypten zur Römerzeit. Die Rauten, Quadrate und Kreise, die als Verzierungen von Tuniken auf Wandbildern und Mosaiken erscheinen, waren in Wirklichkeit wohl viel detaillierter.

Helm. Dieser Helm hat ein stark verziertes Muster wie ein in Holland gefundenes Exemplar aus dem 4. Jahrhundert. Beim Original ist das Eisen mit einer dünnen Silberschicht überzogen. Der Nasenschutz ist eine Errungenschaft dieser Zeit.

Schwert. Im 4. Jahrhundert waren Fußsoldaten und Reiter mit einem Langschwert *(spatha)* ausgerüstet, das in der Regel an der linken Seite getragen wurde.

Umhang. Den fransenbesetzten Umhang konnten sich nur Offiziere leisten. Es ist an der rechten Schulter mit einer Fibel befestigt.

Schild. Die meisten Truppen dieser Zeit trugen ovale Schilde, die flach oder leicht gewölbt waren.

Stiefel. Schon seit dem 2. Jahrhundert wurden die altmodischen *caligae* nicht mehr getragen, zumindest nicht von den Soldaten in den nördlichen Provinzen. In der Armee – und auch unter den Zivilisten – trug man nun verschiedene Modelle geschlossener Schuhe und Stiefel.

Hosen. Bis zum 4. Jahrhundert hatten sich die Zivil- und Militärmode geändert; Hosen gehörten zur normalen Kleidung. Auch wenn solche Kleidung in früheren Jahren als typisch barbarisch angesehen wurde, ist das keineswegs ein Anzeichen für eine Barbarisierung der Armee.

Die Schlacht von Straßburg, 357 n. Chr.

Mehrere alamannische Stämme hatten sich vorübergehend unter der Führung zweier Könige, unter Chnodomar und seinem Neffen Serapio, zu einem Bündnis zusammengetan und waren zu einem Plünderungszug in die römischen Rheinprovinzen aufgebrochen. Julian Apostata, der Cäsar im Westen, marschierte ihnen mit seinem Heer entgegen. Seine ungeduldigen Soldaten drängten, und so griff er früher als geplant die Barbaren bei Argentoratum (Straßburg) an.

Das Kräfteverhältnis

1 Römer: 13.000 Mann, darunter Legionen und Einheiten der *auxilia palatina.*

2 Alamannen: nach römischen Quellen 35.000 Mann.

Die Schlacht

Unmittelbar vor der Schlacht stiegen Chnodomar und seine Stammeshäuptlinge vom Pferd, um zu Fuß zu kämpfen; sie zeigten damit ihren Kriegern, dass sie bereit waren, deren Schicksal zu teilen. Die Germanen versteckten einen Teil ihrer Kämpfer im unübersichtlichen Gelände zu ihrer Rechten, doch die Römer waren misstrauisch und hielten ihren linken Flügel zurück. Auf der römischen rechten Seite wurde die Kavallerie, darunter eine Einheit von schweren Panzerreitern, zurückgetrieben; sie flüchtete sich hinter die beiden Linien der römischen Infanterie, wo sie von Julian wieder gesammelt wurde. Die Alamannen führten einen schweren Angriff auf die erste römische Linie. Unter der Führung einer Häuptlingsgruppe brachen sie durch die römische Mitte, wurden jedoch von den Primani aufgehalten, einer Legion in der zweiten Reihe. Nun setz-

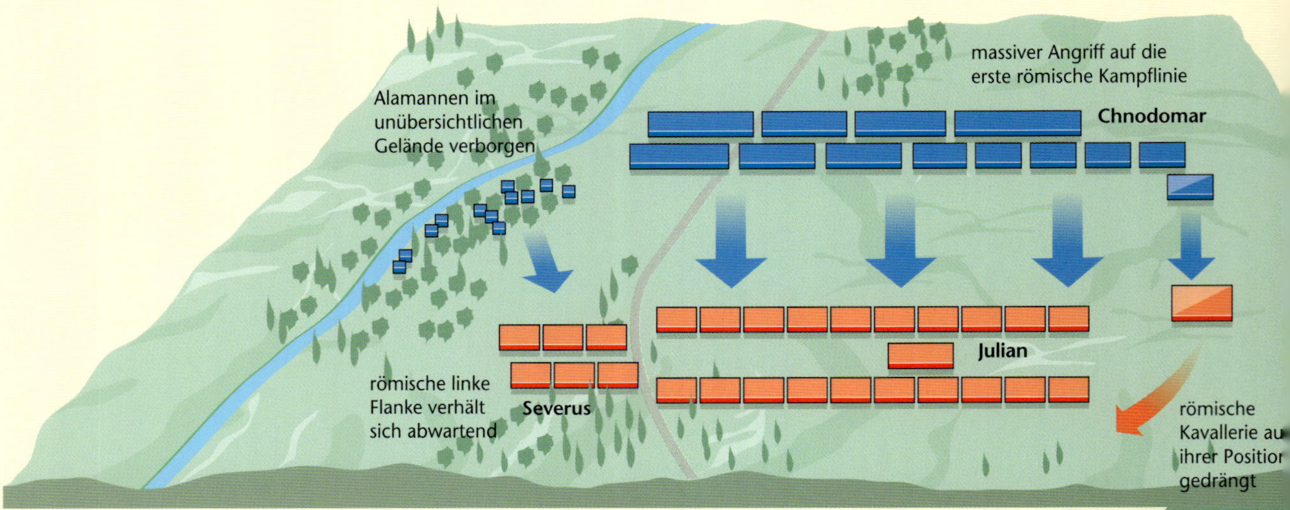

Julians Ernennung zum Cäsar des Westens erfolgte aufgrund der Notwendigkeit, die Lage in Gallien wieder sicher zu machen. Die meisten seiner Operationen fanden an den Grenzen der Rheinprovinzen statt.

ten die Römer ihre zweite Linie stärker ein, und die Germanen wurden Schritt für Schritt zurückgedrängt, bis sie die Flucht ergriffen.

Verluste

1 Römer: 4 Offiziere und 243 Mann gefallen.
2 Alamannen: nach römischen Quellen 6000 Gefallene. Chnodomar geriet in Gefangenschaft.

Ergebnisse

Durch den Sieg konnten die Germanen an diesem Abschnitt der römischen Grenze eine Zeit lang von weiteren Überfällen abgeschreckt werden. Diese Strategie war aber nur so lange wirksam, wie die Germanenstämme überzeugt waren, dass die Römer stark genug seien, um nach jedem neuen Plünderzug eine ähnliche Vergeltung zu üben.

JULIAN (322–363)

Julian, der Sohn des Halbbruders von Konstantin dem Großen, überlebte den brutalen Bürgerkrieg, der auf den Tod seines Onkels im Jahr 337 folgte, verbrachte jedoch einen großen Teil seiner ersten Lebensjahre als wohlbehüteter Gefangener. 355 wurde er vom Augustus Constantius II. zum Cäsar ernannt. Während der folgenden Jahre unternahm er an der Grenze der Rheinprovinzen mit einigem Erfolg mehrere Feldzüge. 360 ernannten seine Soldaten ihn zum Augustus als Gegenkaiser zu Constantius, doch dieser starb im Jahr darauf eines natürlichen Todes. Als Herrscher über das gesamte Reich versuchte Julian die Entscheidung des Constantius zu revidieren, der das Christentum als Hauptreligion im Reich etablieren wollte. Deshalb erhielt Julian den Beinamen Apostata (»Abtrünniger«). Sein Kult, der auf einer Verehrung des Sonnengotts beruhte, konnte sich nicht durchsetzen.

363 zog Julian ein großes Heer aus etwa 70.000 Mann zusammen und fiel in Persien ein. Obwohl er tief in Feindesland vorstieß, konnte er die Perser zu keiner Entscheidungsschlacht zwingen. Seinem Heer gingen die Vorräte aus. Bei einem nächtlichen Scharmützel wurde Julian von einem Wurfspeer tödlich verwundet. Der Rückzug der römischen Armee geriet zur Katastrophe, und Julians Nachfolger musste den Persern große Zugeständnisse machen, um Frieden zu haben.

Julian Apostata hatte keinerlei militärische Erfahrung, als er zum Cäsar ernannt wurde, und war zeitlebens nicht imstande, seine Soldaten zu verstehen. Seine Statue steht heute im Louvre.

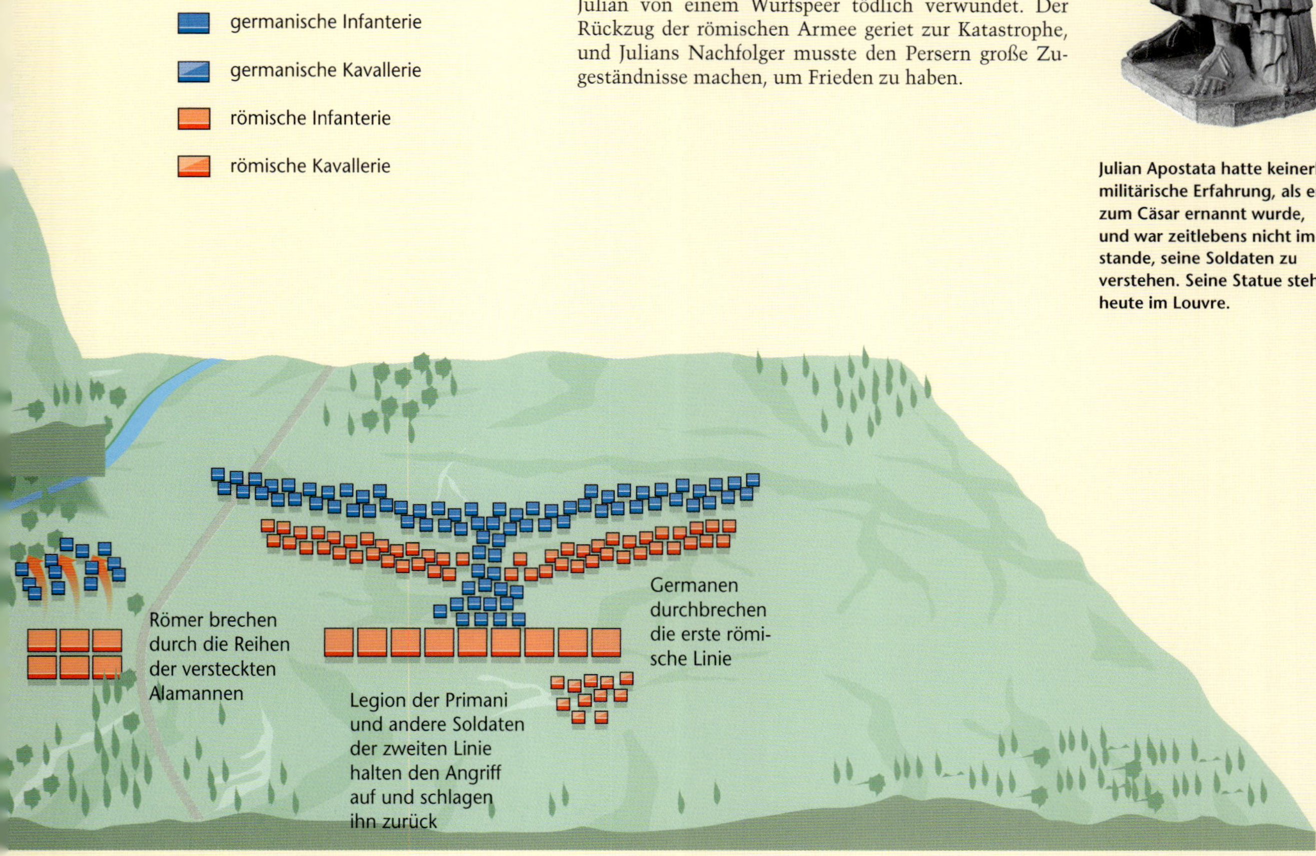

Im 4. Jahrhundert musste die Nordmauer von Housesteads ausgebessert bzw. erneuert werden. Die alte Steinmauer war wohl eingestürzt und wurde zu einem Erdwall erweitert, wobei man mindestens einen der Türme durch eine Holzkonstruktion ersetzte. Die Verteidigungsanlagen aus jener Zeit ähnelten den Bergfesten Britanniens in vorrömischer Zeit.

von denen die meisten einen Herd hatten, war stets geringer als die der *contubernium*-Zimmer in früheren Gemeinschaftsbaracken.

Manche glauben, dass in diesen Bauten ein bis zwei Soldaten samt ihren Familien untergebracht waren, was bedeuten würde, dass die römischen Militäreinheiten gegen Ende des Reichs immer kleiner wurden. Aber dafür gibt es keine Belege, und die Entdeckung ähnlicher Baracken aus dem 3. Jahrhundert (vor der angeblichen Verringerung der Militärstärke) spricht auch nicht dafür. Diese Gebäude waren wohl einfacher zu bauen und instand zu halten als baufällige Barackenblöcke nach den ursprünglichen Bauplänen zu sanieren.

Die neue Religion: Das Christentum und das römische Heer

Die römischen Soldaten traten bei der Verfolgung der frühen Christen häufig als Vertreter des Staates auf. Man darf jedoch nicht vergessen, dass die Unterdrückung der Christen im 1. und 2. Jahrhundert sporadisch erfolgte und nicht von einer Zentralgewalt gelenkt wurde. Die meisten römischen Kaiser sahen in der neuen Religion kein gravierendes Problem, und die meisten Verfolgungen wurden durch regelmäßig ausbrechende Feindseligkeiten in den Gemeinden ausgelöst. Das änderte sich 251, als Decius im gesamten Reich die Unterdrückung dieses Kults befahl. Kaiser wie Diokletian ordneten ähnliche Verfolgungen an, doch da war die neue Religion nicht mehr auszurotten.

Die Einstellung der frühen Christen zum Militärdienst war unterschiedlich. Die Apostelgeschichte enthält die Geschichte der Bekehrung des Cornelius, eines Zenturios der Cohors Italica, durch Petrus. Es gibt auch Hinweise darauf, dass Christen als Soldaten dienten, sogar in der Prätorianergarde im 3. Jahrhundert. 295 erklärte ein gewisser Maximilianus, als er zum Militärdienst eingezogen werden sollte: »Ich kann nicht in der Armee dienen; ich kann nichts Böses tun; ich bin Christ.« Seine Verweigerung hatte sein Martyrium zur Folge.

312 vernichtete Konstantin der Große die Armee seines Rivalen Maxentius in der Schlacht an der Milvischen Brücke vor den Toren Roms. Er behauptete, er habe eine Vision des Kreuzes gehabt und daraufhin seinen Männern befohlen, das Symbol der Christen, Chi und Rho, auf ihre Schilde zu malen. Im Jahr darauf verkündeten Konstantin und Licinius, Augustus des Ostens, die Freiheit des Bekenntnisses für alle Christen im gesamten Reich. Als Kaiser förderte Konstantin die neue Religion, wenn er sich auch erst gegen Ende seines Lebens taufen ließ. Die Übernahme des Christentums in der römischen Armee verlief eher unproblematisch, die Zeremonien der neuen Religion traten an die Stelle der bisherigen Rituale. Um die Mitte des 5. Jahrhunderts hatte jede Einheit in der östlichen Armee einen Kaplan, aber eingeführt wurden sie wahrscheinlich im Osten wie im Westen schon viel früher. Der neue Glaube änderte an der Kriegführung der Römer wenig.

Die Kriegführung in der Spätantike

Die Probleme, vor denen die spätrömische Armee stand, waren je nach Grenzregion verschieden. Im Osten war das persische Sassanidenreich, das im frühen 3. Jahrhundert den Platz der Parther eingenommen hatte, ein volkreicher und mächtiger Nachbar. Sassanidische Heere waren wiederholt in die römischen Ostprovinzen vorgestoßen und hatten einmal sogar Antiochia bedroht. Häufiger aber waren die Römer in Persien eingefallen, und ihre Expeditionen folgten derselben Route den Euphrat hinab, die auch schon die Armeen von Trajan, Lucius Verus und Septimius Severus genommen hatten. Keinem der Gegner war es gelungen, das Land des anderen dauerhaft zu besetzen. Römer und Perser beschränkten sich darauf, die Grenzgebiete unter Kontrolle zu halten.

(rechts) Medaillon zum Gedenken an die Rückeroberung Britanniens durch Constantius 297 n. Chr. von einem Usurpator. Constantius I. führte später ausgedehnte Feldzüge im Norden Britanniens; er starb in York, wo ihm sein Sohn auf den Thron folgte, der spätere Konstantin der Große.

Selten kam es zu offenen Feldschlachten, aber umso häufiger zu Überfällen, die zumeist von verbündeten Truppen der nomadischen Grenzvölker verübt wurden. In dieser Situation kam den Festungen große Bedeutung zu, da von ihnen aus Invasionseinheiten oder Abwehrtruppen operieren konnten. Wer diese befestigten Städte kontrollierte, der konnte auch die umliegende Region beherrschen. Aber Belagerungen kosteten Zeit, banden viele Kräfte und konnten auch scheitern, was dann dem Ansehen des jeweiligen Heerführers schadete. Manchmal reichten die technischen Mittel oder die Entschlossenheit der Belagerer nicht aus, häufiger kam den Belagerten ein Entsatzheer zu Hilfe, sodass die Belagerung abgebrochen werden musste. Den meisten Schlachten zwischen Römern und Persern ging ursprünglich eine Belagerung voraus.

An anderen Grenzen waren die Probleme mit den Stammesvölkern praktisch dieselben wie schon unter dem Prinzipat. Die Bündnisse, die die römische Armee zeitweilig mit den Stämmen einging, dürften nicht häufiger oder weitreichender gewesen sein als die Allianzen, die man früher mit den Barbaren eingegangen war. Jedenfalls waren deren Strategien und Taktiken im Wesentlichen immer dieselben geblieben. Die *limitanei* sollten kleinere Übergriffe der Gegner abwehren, aber Angriffe von einigen Hundert Kriegern konnten sie nicht aufhalten, dann mussten sie sich in Kastellen oder befestigten Städten verschanzen und auf Verstärkung warten oder konnten dem Feind nachsetzen, wenn dieser abzog.

Zu größeren Schlachten kam es an diesen Grenzen genauso selten wie im Osten. Die Taktik der Römer waren schnelle Truppenbewegungen und Überraschungsangriffe. Feindliche Eindringlinge wurden entweder aus dem Hinterhalt oder dann angegriffen, wenn sie es nicht vermuteten; nur so konnten sie besiegt und die eigenen Verluste gering gehalten werden. Mittlerweile hatten sich die Römer darauf eingerichtet, dass sie viele Angriffe nicht aufhalten konnten, bevor die Eindringlinge die besiedelten Gebiete der Provinzen erreicht hatten, was in mancher Hinsicht eine Änderung gegenüber ihrer früheren Kriegführung in den Grenzprovinzen bedeutete, deren Grundsätze aber dieselben blieben. Wenn Rom Schwächen zeigte, griffen seine Gegner an. Die Grenzverteidigung beruhte nach wie vor darauf, als übermächtige Armee zu erscheinen, was den Feind abschrecken sollte, eine Invasion auch nur zu planen. Die Römer erreichten das zum Teil mit Verhandlungen und dadurch, dass sie Eindringlingen möglichst große Verluste zufügten, selbst wenn diese sich bereits auf dem Rückzug befanden, sowie durch offensive Expeditionen in das Zentrum des Feindeslands, um Angst und Schrecken über seine Bevölkerung zu bringen.

Im Großen und Ganzen wurde das römische Heer dieser Aufgabe bis ins frühe 5. Jahrhundert gerecht. Nur wenn wieder einmal ein Bürgerkrieg ausbrach, war das Heer geschwächt und musste dann gelegentliche Niederlagen an den Grenzen in Kauf nehmen. Aber für jede Niederlage, und mag sie noch so geringfügig gewesen sein, musste Rom Vergeltung üben, um weiterhin als Übermacht glaubwürdig zu erscheinen.

(oben) Die Reliefs auf dem Triumphbogen des Septimius Severus in Rom zeigen seine siegreichen Feldzüge in Parthien. Durch die starke Verwitterung sind Details der Ausrüstung der Soldaten schwer zu erkennen.

(unten) Der Konstantinsbogen in Rom war vermutlich das erste römische Monument, auf dem auch besiegte und getötete Römer dargestellt sind. In dieser Szene greifen Konstantins Soldaten – zum Teil aus den *auxilia palatina* – eine Festung an. Sie haben große ovale Schilde, Spieße und Wurfspeere.

Der Galeriusbogen in Thessaloniki (Ende 3. Jh.) erinnert an den Sieg des Galerius gegen die sassanidischen Perser. Die Soldaten auf den Reliefs tragen Schuppenpanzer, Spangenhelme und ovale Schilde.

Im Krieg gegen äußere Feinde waren große Schlachten selten, aber durch sie wurden in der Regel die Konflikte entschieden; für die Konflikte im Inneren hatte das zur Folge, dass sie immer in den Schlachten der Bürgerkriege entschieden wurden. Die kleineren mobilen Militäreinheiten in der Spätantike waren auf die an den meisten Grenzen aufflammenden Kleinkriege eingestellt, sie operierten aber ebenso wirkungsvoll innerhalb größerer Armeen bei massiven militärischen Zusammenstößen. Wie in früheren Perioden wurde die Armee auch weiterhin in einer gestaffelten Schlachtordnung aufgestellt, und mindestens die Hälfte der verfügbaren Einheiten blieb in Reserve. Die Generäle beobachteten die Schlacht und standen wie immer dicht hinter der Kampflinie, um die Krieger anzufeuern und den Einsatz der Reserveeinheiten zu leiten. Die Einheiten rückten im Prinzip nach demselben Muster vor wie in früheren Zeiten, auch wenn es so scheint, als wäre nun die Infanterie in geschlossener Ordnung etwas weniger offensiv vorgegangen. Bei Ammianus lesen wir, dass die römischen Legionäre im Sturmlauf angriffen, selbst wenn sich dadurch die Formation aufzulösen drohte, um möglichst schnell die Entfernung zum Gegner zu überwinden und die persischen Bogenschützen zurückzuschlagen, doch in anderen Schlachten verhielten sie sich eher abwartend defensiv. In dichter Reihe aufgestellt, schleuderten die römischen Fußsoldaten ihre Speere und Wurfspieße gegen den Feind, unterstützt von den Pfeilen der Bogenschützen aus den hinteren Reihen. Wir lesen auch, dass sie mit dem *barritus* auf den Feind losgingen. Dieser Schlachtruf germanischen Ursprungs begann mit einem tiefen Murmeln, wobei die Männer des Schalls wegen ihre Schilde dicht vor den Mund hielten, das dann zu einem Crescendo anschwoll. Anders das Vorrücken der Berufslegionäre in früheren Zeiten, das zunächst langsam und schweigend vonstatten ging, gefolgt von einer *pilum*-Salve aus kürzester Entfernung und einem Angriff mit Gebrüll. Dafür hatte es in mancher Hinsicht viel Ähnlichkeit mit den Angriffen der Milizheere.

Schlussbetrachtung: Das Heer am Ende des Weströmischen Reiches

Ende des 5. Jahrhunderts existierte das Weströmische Reich nicht mehr, aber die Herrscher im Osten regierten noch weitere tausend Jahre. Römische Kultur und militärische Institutionen wurden vom Byzantinischen Reich bewahrt. Was zum Untergang des Weströmischen Reichs führte, waren auch seine militärischen Niederlagen, aber die alleinige Ursache dafür war die Armee sicher nicht. Auf seinem Höhepunkt konnte das spätrömische Heer jeden Krieg mit jedem seiner damaligen Gegner aufnehmen. Aber aufgrund der schwachen Zentralgewalt, der sozialen und wirtschaftlichen Probleme und vor allem der Bürgerkriege konnte das hohe Niveau der Armee nicht aufrechterhalten werden.

Ein gut ausgerüstetes und organisiertes stehendes Heer aus Berufssoldaten kostete den Staat viel Geld, es konnte aber auch dem Kaiser gefährlich werden, wenn seine hohen Offiziere einen Usurpator unterstützten. Die oströmischen Herrscher konnten sich auf eine Armee stützen, die tüchtig und loyal war, was für Byzanz lange Perioden politischer Stabilität bedeutete, die wiederum jenen wirtschaftlichen Wohlstand brachten, mit dem eine solche Streitmacht unterhalten werden konnte.

Aus vielerlei Gründen, die die letzten weströmischen Kaiser kaum beeinflussen konnten, hat Rom für diese Ausgewogenheit nicht sorgen können, und die Armee verfiel mit der Zentralgewalt, die sie über Jahrhunderte hinweg in unterschiedlicher Form am Leben erhalten hatte.

Glossar

ala: Während der mittleren Republik war eine *ala* ein Kontingent italischer Verbündeter zur Unterstützung einer römischen Legion. Die Infanterie der *alae* war so stark wie die der Legionen, aber ihre Kavallerie etwa dreimal so stark. Im stehenden Heer aus Berufssoldaten war eine *ala* eine Einheit der Auxiliarkavallerie etwa von der Größe einer Kohorte Fußsoldaten.

aquila: Der silberne, später goldene oder vergoldete Adler, der nach der Wahl des Marius zum Konsul 107 v. Chr. zum wichtigsten Feldzeichen der Legion wurde.

aquilifer: Träger des Legionsadlers, ranghöchster Feldzeichenträger.

beneficiarius: Erfahrener Soldat im Stab eines Provinzstatthalters. *Beneficiarii* im Unteroffiziersrang übernahmen häufig Verwaltungsfunktionen und wurden einzeln oder in Gruppen abgestellt.

caliga: Militärstiefel mit genagelter Sohle. Ursprünglich waren die *caligae* eine Art hohe Sandale, ab dem 2. Jh. geschlossene Stiefel.

canabae: Eine zivile Ansiedlung, die in der Umgebung fast aller Legionslager entstand.

capite censi: »Kopfzahl« der Bürger, die über kein ausreichendes Einkommen verfügten, um zum Militärdienst herangezogen zu werden, und deshalb beim Zensus nur mitgezählt wurden. Marius warb allerdings Angehörige dieser Klasse *(proletarii)* für den Militärdienst an.

centuria: Zenturie; grundlegende administrative Einheit der republikanischen und der frühen kaiserlichen Armee, die zwischen 30 und 160 Mann umfassen konnte, meist aber eine Sollstärke von 80 Mann hatte.

centurio: Zenturio; Kommandeur einer Zenturie.

cohors: Kohorte; Einheit von 400 bis 800 Mann, taktische Grundeinheit des stehenden Heers aus Berufssoldaten.

cohors equitata: »Gemischte« Kohorte aus Auxiliarinfanterie und -kavallerie. Die Reiter dieser Einheit bekamen einen geringeren Sold als die Kavalleristen einer *ala.*

comes: Ranghoher Offizier einer spätrömischen Feldarmee.

comitatenses: Feldarmee-Einheiten zur unmittelbaren Verfügung des Kaisers oder seiner Kommandeure (im 4. und 5. Jh. n. Chr.).

contubernium: »Zeltgemeinschaft« von acht Mann, die ein Zelt teilten und sich gemeinsam verpflegten.

cornicularius: Schreiber im Stab eines Offiziers oder Provinzstatthalters.

corvus: »Rabe«; Enterbrücke, mit der jedes römische Kampfschiff ausgerüstet war, von den Römern entwickelt und während des 1. Punischen Kriegs erfolgreich eingesetzt.

cuneus: Kleine Hilfstruppeneinheit zu Pferd in der späten Kaiserzeit.

decurio: Kavallerieoffizier, der ursprünglich 10 Mann unter sich hatte. Während des Prinzipats befehligte ein Dekurio eine *turma* oder rund 30 Mann.

dictator: In schweren Krisenzeiten ernannte die Republik einen Diktator, was aber selten vorkam. Dieser Beamte war für sechs Monate mit höchsten Machtbefugnissen ausgestattet. Während des 1. Jh. v. Chr. eigneten sich Männer wie Sulla und Caesar diktatorische Macht mit Gewalt an und gaben sich selbst diesen Titel.

dilectus: Einberufung von Soldaten während der Republik.

duplicarius: Soldat, der doppelten Sold erhielt und wohl als niederer Offizier galt.

dux: Ranghoher Offizier in der spätrömischen Armee, der eine Region und ihre Garnison von *limitanei* befehligte.

equites: »Ritter« waren ursprünglich wohlhabende Bürger, die sich auf eigene Kosten als Kavalleristen für das Milizheer ausrüsten konnten. In der sozialen Hierarchie folgten Ritter unmittelbar dem Senatorenadel.

foederati: Anfangs eine irreguläre Einheit aus Auxiliarsoldaten, unter den spätrömischen Kaisern verbündete Truppen, die unter ihren eigenen Führern dienten.

funditores: Wir wissen von den Schleuderern nur aufgrund historischer Beschreibungen und der bei Ausgrabungen von Römerlagern gefundenen Schleuderkugeln aus Blei oder Stein; ob *funditores* eine eigene militärische Einheit bildeten, wissen wir nicht.

gladius: Die moderne Geschichtswissenschaft versteht darunter eine kurze Stoßwaffe (spanisches Schwert, Kurzschwert), die über Jahrhunderte hinweg die hauptsächliche Seitenwaffe des römischen Legionärs war.

hastati: Legionäre der vordersten Manipellinie, die jüngsten Soldaten der Legion.

Hoplit: Ein schwer bewaffneter griechischer Infanterist mit einem Spieß, einem Rundschild *(hoplon)* von 0,90 Metern Durchmesser sowie einer Bronzerüstung aus Helm, Panzer und Beinschienen. Hopliten waren im Kampf normalerweise in einer Phalanx aufgestellt.

imago: Büste bzw. Bild des Kaisers oder eines Mitglieds der kaiserlichen Familie an einer Feldzeichenstange. Die *imagines* wurden mit den anderen Feldzeichen der Einheit zur Erinnerung an ihre Pflicht zu steter Loyalität gegenüber dem Kaiser mitgeführt.

immunis: Soldat, der von schweren Arbeiten befreit war, weil er besondere Fähigkeiten oder einen bestimmten Beruf hatte.

legatus: Ein Legat war der ranghohe Untergebene eines römischen Feldherrn. Legaten stammten meist aus dem Senatorenadel. Während des Prinzipats hatten unter den kaiserlichen *legati* zwei Legaten besondere Bedeutung: der *legatus Augusti propraetore,* der in allen kaiserlichen Provinzen mit Garnison (außer Ägypten) das Kommando innehatte, sowie der *legatus legionis,* der eine Legion befehligte.

legio: Eine Legion war die größte und wichtigste Untereinheit der Armee; in der republikanischen und frühen Kaiserzeit zählte sie 4000 bis 6000 Soldaten, ging aber bis zum 4. Jh. n. Chr. auf eine Stärke von 1200 bis 1000 Mann zurück.

librarius: Rangniederer Schreiber im Hauptquartier einer Einheit.

limitanei: Einheiten, die in der Spätantike der Garnison einer bestimmten Region zugeteilt waren, in der Regel in einem Grenzgebiet.

magister equitum: Befehlshaber der Reiterei und Stellvertreter eines republikanischen Diktators. Traditionell befehligte der *dictator* die Infanterie, sein Stellvertreter die Kavallerie.

magister militum: Neben *magister peditum* oder *magister equitum* einer der Titel, die den ranghöchsten Offizieren der spätrömischen Feldarmeen verliehen wurden.

manipulus: Ein Manipel der republikanischen Armee bestand aus zwei miteinander verbundenen Zenturien, die eine taktische Einheit von 60 bis 160 Mann bildeten. Diese wurden vom Zenturio der rechten Zenturie befehligt.

numerus: Unter dem Prinzipat eine Einheit irregulärer Auxiliarsoldaten, später die Bezeichnung für einige Kavallerieeinheiten.

optio: Feldwebel, Stellvertreter eines Zenturios oder stellvertretender Kommandeur einer Zenturie.

paenula: Ponchoähnlicher Soldatenumhang mit Kapuze.

palatina: Einheiten mit dem Beinamen *palatina* waren im spätrömischen Reich die Elitetruppen der Feldarmeen.

paludamentum: Umhang der Offiziere; Feldherrenmantel. Es war Mode, einen Teil des Umhangs über den linken Unterarm zu hängen.

pilum: Schwerer Wurfspieß, der in der Milizarmee und unter dem Prinzipat die typische Bewaffnung des römischen Legionärs war.

praefectus: Der Präfekt war einer der drei ranghohen Offiziere, die eine republikanische *ala* der Verbündeten befehligten (das Pendant zu einem Tribunen in einer Legion). – Als Präfekten galten auch die dem Ritterstand angehörenden Statthalter bestimmter römischer

Provinzen (z. B. Judäa bis 66 n. Chr. und Ägypten) und die Befehlshaber einer *ala* oder Kohorte der Auxiliartruppen unter dem Prinzipat sowie die Regimentskommandeure in der Spätantike.

praepositus: Kommandeur einer Einheit im spätrömischen Heer, praktisch gleichbedeutend mit Tribun oder Präfekt.

primi ordines: Die Zenturionen der ersten Kohorte einer Legion. Diese angesehenen Männer waren die ranghöchsten Offiziere im Zenturionat.

primus pilus: Befehlshaber der ersten Zenturie der ersten Kohorte und ranghöchster Zenturio der Legion.

principes: Die zweite Linie der schwer bewaffneten Infanteristen in der Manipularlegion.

probatio: Musterung; bei der Aufnahme potenzieller Rekruten in eine Legion wurde zunächst ihr rechtlicher Status überprüft und ihr Gesundheitszustand untersucht.

pugio: Kurzer Dolch der Legionäre.

quaestor: Die *quaestores* waren vor allem mit Finanzangelegenheiten betraut, als stellvertretende Provinzstatthalter unter der Republik führten sie auch Truppen in die Schlacht.

quinquereme: Der »Fünfruderer« war das wichtigste Kampfschiff der Römer in den Punischen Kriegen. Das Schiff hatte auf beiden Seiten fünf übereinander angeordnete Rudererbänke.

sacramentum: Treueid, der von den Soldaten beim Eintritt in die Armee geleistet wurde. Unter dem Prinzipat galt er dem Kaiser.

sagum: Mit einer Fibel über der rechten Schulter zusammengehaltener Militärumhang.

schola: Gardekavallerieregiment in der spätrömischen Armee.

sesquiplicarius: Soldat, der das Anderthalbfache des gewöhnlichen Solds erhielt und vermutlich einen besonderen Posten bekleidete oder als niederer Offizier diente.

signum: Feldzeichen der Zenturie, das gewöhnlich aus einer Stange bestand, an der mehrere Metallscheiben und andere Zierstücke befestigt waren. Manche hatten oben eine ornamentale Speerspitze, andere eine Hand, häufig in einem Lorbeerkranz.

signifer: Niederer Offizier, der das Feldzeichen einer Zenturie trug. Im kaiserlichen Heer war er verantwortlich für administrative Aufgaben innerhalb der Einheit und zuständig für die Besoldung der Soldaten und die Verwahrung ihrer Ersparnisse.

singulares: Von ihrer Einheit abgestellte Hilfssoldaten als Eliteleibwachen eines hohen Offiziers, etwa eines Legions- oder Provinzlegaten. Die *singulares Augusti*, aus dem gesamten Reich ausgewählt, waren eine der Prätorianergarde zugeteilte Elitekavallerieeinheit.

spatha: Langschwert der römischen Kavallerie, in der Spätantike auch der römischen Infanterie.

tesserarius: Niederer Offizier einer Zenturie, der die Tagesparole trug. Der Name ist abgeleitet aus den *tesserae*, den Täfelchen, auf die man die Parole des Tages schrieb.

tribunus: Hoher Stabsoffizier einer Legion. Als Tribunen galten auch die Befehlshaber einer 1000er Kohorte oder *ala* der Auxiliartruppen des Prinzipats sowie die Kommandeure einiger Regimenter in der spätrömischen Armee.

triarii: Die dritte (hintere) Linie der Infanterie; sie bestand aus den ältesten und erfahrensten Soldaten.

Trireme: Der »Dreiruderer« war das wichtigste Kampfschiff der meisten Flotten im 5. und 4. Jh. v. Chr. Selbst bei den Römern wurde die Trireme noch als Hilfsschiff eingesetzt. Sie hatte drei übereinander angeordnete Ruderbänke.

vexillatio: Kleinere Truppe, die abseits ihrer Einheit operierte; in der spätrömischen Armee auch die Bezeichnung für bestimmte Kavallerieeinheiten.

vicus: Siedlung; der zivilen Ansiedlung *(canabae)* in der Nähe eines Römerlagers wurde nach einer gewissen Zeit der Status eines *vicus* verliehen, das einen Großteil des Bedarfs der Legionäre deckte.

vigiles: Kohorten, aufgestellt von Augustus, um in Rom die Aufgaben einer nächtlichen Polizei und Feuerwehr zu übernehmen. Organisiert waren sie als paramilitärische Einheiten.

Bibliografie

Quellen

Ammianus Marcellinus (Ammian), *Res Gestae*, lat.-dt., hg. u. übers. v. W. Seyfarth, 4 Bde., Berlin 1968–1971
Apuleius von Madaura, *Der goldene Esel. Metamorphosen*, lat.-dt., hg. u. übers. v. E. Brandt, München 1963
Kiechle, Franz (Hg.), *Die »Taktik« des Flavius Arrianus*, gr.-dt., hg. u. übers. v. F. Kiechle, 45. Bericht der Römisch-Germanischen Kommission (1964) 1965
Caesar, Gaius Iulius, *De bello Gallico*, lat.-dt., hg. u. übers. v. M. Deissmann, Stuttgart 1980
–, *De bello civili*, lat.-dt., hg. u. übers. v. G. Dorminger, München 1976
Cassius Dio, *Roman History*, gr.-engl., 9 Bde., London 1914–1927
Frontinus, Sextus Julius, *Stratagemata*, lat.-dt., hg. v. G. Bendz, Berlin 1963
Josephus Flavius, *Der Jüdische Krieg*, gr.-dt., hg. v. O. Michel u. O. Bauernfeind, 3 Bde., München 1959–1969
Tacitus, Publius Cornelius, *Germania*, lat.-dt., hg. u. übers. v. J. Lindauer, München 1986
–, *Das Leben des Julius Agricola*, lat.-dt., hg. u. übers. v. R. Till, Berlin 1976
Vegetius Renatus, Publius, *Epitoma rei militaris*, hg. v. C. Lang, Stuttgart 1967

Einleitung

Bowman, A. K., und B. Thomas, *The Vindolanda Writing-Tablets (Tabulae Vindolandenses ii)*, London 1994
Collingwood, R.G., und R.P. Wright (neu bearbeitet von R.S.O. Tomlin), *The Roman Inscriptions of Britain*, Bd. 1, 1965
Dessau, H., *Inscriptiones Latinae Selectae*, Berlin 1892–1916
Corpus Inscriptionum Latinarum, Berlin 1862 ff.

I Das republikanische Heer

Die Anfänge des römischen Heeres

Cornell, T., *The Beginnings of Rome. Italy and Rome from the Bronze Age to the Punic Wars (c. 1000–264 BC)*, London 1995
D'Agustino, B., »Military Organization and Social Structure in Archaic Etruria«, in: O. Murray und S. Price (Hg.), *The Greek City*, Oxford 1990, S. 59–92
McCarteney, E., »The Military Indebtedness of Early Rome to Etruria«, *Memoirs of the American Academy at Rome* 1 (1917), S. 122–167
Nilsson, M. P., »The Introduction of Hoplite Tactics at Rome«, *Journal of Roman Studies* 19 (1929), S. 1–11
Rawlings, L., »Condottieri and Clansmen: Early Italian Warfare and the State«, in: K. Hopwood (Hg.), *Organized Crime in the Ancient World*, Swansea 2001
Rawson, E., »The Literary Sources for the Pre-Marian Roman Army«, *Papers of the British School at Rome* 39 (1971), S. 13–31
Snodgrass, A. M., »The Hoplite Reform and History«, *Journal of Hellenic Studies* 85 (1965), S. 110–122

Die »polybische« Legion

Adcock, F., *The Roman Art of War under the Republic*, Cambridge, Mass., 1940
Bell, M., »Tactical Reform in the Roman Republican Army«, *Historia* 14 (1965), S. 404–422
Brunt, P., *Italian Manpower, 225 BC–AD 14*, Oxford 1971
Connolly, P., *Greece and Rome at War*, London 1981
Feugère, M. (Hg.), *L'Equipement Militaire et L'Armement de la République*, JRMES 8 (1997)
Gabba, E., *The Roman Republic, the Army and the Allies*, Oxford 1976
Keppie, L., *The Making of the Roman Army*, London 1984

Die römische Flotte

Basch, L., und H. Frost, »Another Punic wreck in Sicily: its ram«, *International Journal of Nautical Archaeology* 4 (1976), S. 201–228
Casson, L., *Ships and Seafaring in Ancient Times*, London 1994
Frost, H., et al., *Lilybaeum (Marsala) – The Punic Ship: Final Excavation Report. Notizie Degli Scavi di Antichita Supplemento al vol. 30*, 1976; Rom 1981, S. 267–270
–, »The Prefabricated Punic Warship«, in: H. Deviyner und E. Lipinski (Hg.), *Studia Phoenica X: Punic Wars*, Löwen 1989, S. 127-135
Morrison, J. S. (und J.F. Coates), *Greek and Roman Oared Warships*, Oxford 1996
Rodgers, W., *Greek and Roman Naval Warfare*, Annapolis 1937
Shaw, T. (Hg.), *The Trireme Project: Operational Experience 1987–90; Lessons Learnt*, Oxbow Monograph 32, Oxford 1993
Thiel, J., *Studies on the History of Roman Sea-Power in Republican Times*, Amsterdam 1946
Wallinga, H.T., *The Boarding Bridge of the Romans*, Gravenhage 1956

II Das Berufsheer

Allgemeines

Le Bohec, Y., *The Imperial Roman Army*, London/New York 1994
Campbell, J., *The Emperor and the Roman Army*, Oxford 1984
Cheesman, G., *The Auxilia of the Roman Imperial Army*, Oxford 1914
Dixon, K., und P. Southern, *The Roman Cavalry*, London 1992
Harmand, J., *L'armée et le soldat à Rome de 107 à 50 avant nôtre ère*, Paris 1967
Holder, P., *Studies in the Auxilia of the Roman Army from Caesar to Trajan*, BAR 70, Oxford 1980
Parker, H., *The Roman Legions*, Oxford 1928
Saddington, D., *The Development of the Roman Auxiliary Forçes from Caesar to Vespasian*, Harare 1982
Smith, F., *Service in the Post-Marian Roman Army*, Manchester 1958
Speidel, M., *Riding for Caesar*, Cambridge, Mass., 1994
Starr, C., *The Roman Imperial Navy*, Ithaca, N.Y., 1941
Webster, G., *The Roman Imperial Army*, London 1985; Reprint mit überarbeiteter Bibliographie, Oklahoma 1998

Organisation der Einheiten und militärische Laufbahn

Birley, E., *Roman Britain and the Roman Army*, Kendal 1953
–, *The Roman Army*, Amsterdam 1988
Breeze, D., und B. Dobson, *Roman Officers and Frontiers*, Stuttgart 1993
Dobson, B., *Die Primipilares*, Köln/Bonn 1978
Devijer, H., *The Equestrian Officers of the Roman Army*, 2 Bde., Amsterdam 1989, 1992
Domaszewski, A. von (Hg.), *Die Rangordnung des römischen Heeres*, Beihefte der Bonner Jahrbücher 14, Köln 1967
Gilliam, J., *Roman Army Papers*, Amsterdam 1986
Saller, R. P., »Promotion and patronage in equestrian careers«, *Journal of Roman Studies* 70 (1980), S. 44–63
Spaul, J., *ALA*, Andover 1994
–, *COHORS?*, BAR International Series 841, Oxford 2000
Speidel. M., *Roman Army Studies*, 2 Bde., Stuttgart 1984, 1992

III Das Leben eines römischen Soldaten

Eintritt in das Heer, Alltag und Routine

Alston, R., »Roman Military Pay from Caesar to Diocletian«, *Journal of Roman Studies* 84 (1994), S. 93–104
–, *Soldiers and Society in Roman Egypt*, London 1995
Bidwell, B., *Roman Forts in Britain*, London 1997
Brunt, P., »Pay and superannuation in the Roman Army«, *Papers of the British School at Rome* 18 (1959), S. 50–71
Campbell, B., »The marriage of soldiers under the Empire«, *Journal of Roman Studies* 68 (1978), S. 153–166
Cotton, H. M., und J. Geiger, *Masada II, the Latin and Greek Documents*, Jerusalem 1989
Davies, R., *Service in the Roman Army*, Edinburgh 1989
Davison, D. P., *The Barracks of the Roman Army from the First to Third Centuries AD*, BAR 472, Oxford 1989
Fink, R. O., A. S. Hoey und W. F. Snyder, »The Feriale Duranum«, *Yale Classical Studies* 7 (1940), S. 1–222
Goldsworthy, A., und I. Haynes (Hg.), *The Roman Army as a Community in Peace and War.* Journal of Roman Archaeology Supplementary Series, Ann Arbor 1999
Helgeland, J., »Roman Army Religion«, in: H. Temporini (Hg.), *Aufstieg und Niedergang der römischen Welt*, Berlin/New York 1978, S. 1470–1505

Holder, P., *The Roman Army in Britain*, London 1982
Johnson, A., *Roman Forts*, London 1983
MacMullen, R., »The Legion as Society«, *Historia* 33 (1984), S. 440–456
Mann, J., *Legionary Recruitment and Veteran Settlement during the Principate*, London 1983
Maxfield, V., *The Military Decorations of the Roman Army*, London 1981
–, *Soldier and Civilian: Life beyond the Ramparts. Eighth Annual Caerleon Lecture*, Cardiff 1995
Nock, A. D., »The Roman Army and the Religious Year«, *Harvard Theological Review* 45 (1952), S. 187–252
Roxan, M. M., *Roman Military Diplomas 1954–1977*, London 1978
–, *Roman Military Diplomas 1978–1984*, London 1985
Speidel, M. A., »Roman Army Pay Scales«, *Journal of Roman Studies* 82 (1992), S. 87–106
Watson, G., *The Roman Soldier*, London 1969

Ausrüstung

Bishop, M. (Hg.), *The Production and Distribution of Roman Military Equipment. Proceedings of the Second Roman Military Conference.* BAR 275, Oxford 1985
Bishop, M., und J. Coulston, *Roman Military Equipment*, London 1993
Connolly, P., *Greece and Rome at War*, London 1981
Connolly, P., und C. Van Driel-Murray, »The Roman Cavalry Saddle«, *Britannia* 22 (1991), S. 33–50
Coulston, J. C. (Hg.), *Military Equipment and the Identity of Roman Soldiers. Proceedings of the Fourth Roman Military Equipment Conference.* BAR 394, Oxford 1988
Dawson, M. (Hg.), Roman Military Equipment: the Accoutrements of War. *Proceedings of the Third Roman Military Equipment Conference.* BAR 336, Oxford 1987
Driel-Murray, C. van, (Hg.), *Roman Military Equipment: the Sources of Evidence. Proceedings of the Fifth Roman Military Equipment Conference.* BAR 476, Oxford 1989
Gilliver, C. M., »Hedgehogs, caltrops and palisade stakes«, *Journal of Roman Military Equipment Studies* 4 (1993), S. 49–54
Hyland, A., *Equus: The Horse in the Roman World*, London 1990
–, *Training the Roman Calvalry*, Gloucester 1993
Junkelmann, M., *Die Legionen des Augustus*, Mainz 1987
–, *Die Reiter Roms*, 3 Bde., Mainz 1990–1992
–, *Römische Helme*, Mainz 2000
Lepper, F., und S. S. Frere, *Trajan's Column*, Gloucester 1988
Richmond, I., *Trajan's Army on Trajan's Column*, London 1982
Robinson, H. R., *The Armour of Imperial Rome*, London 1975
Rossi, L., *Trajan's Column and the Dacian Wars*, London 1971
Stephenson, I. P., *Roman Infantry Equipment: the Later Empire*, Stroud 1999
Sumner, G., *Roman Army: Wars of Empire*, London 1997

Garnisonen und Grenzprovinzen

Breeze, D., und B. Dobson, *Hadrian's Wall*, London 1987
Dyson, S., *The Creation of the Roman Frontier*, Princeton, N. J., 1985
Ferrill, A., *Roman Imperial Grand Strategy*, New York 1991
Freeman, P., und D. Kennedy (Hg.), *The Defence of the Roman and Byzantine East*, BAR International Series 297, Oxford 1986
Isaac, B., *The Limits of Empire. The Roman Army in the East*, Oxford 1992
Johnson, S., *Hadrian's Wall*, London 1984
Kennedy, D., *The Roman Army in the East. Journal of Roman Archaeology Supplementary Series 18*, Ann Arbor 1996
Kennedy, D., und D. Riley, *Rome's Desert Frontier from the Air*, London 1990
Luttwak, E., *The Grand Strategy of the Roman Empire*, New York 1976
Mann, J., »The Frontiers of the Principate«, *ANRW* II.1 (1974), S. 508–533
Mattern, S., *Rome and the Enemy: Imperial Strategy in the Principate*, Berkeley/London 1999
Maxfield, V., »Pre-Flavian Forts and their Garrisons«, *Britannia* 17 (1986), S. 59–72
–, »Conquest and Aftermath«, in: M. Todd (Hg.), *Research on Roman Britain 1960–1989*, o. O. 1989, S. 19–29
Wheeler, E., »Methodological limits and the mirage of Roman strategy«, *The Journal of Military History* 57 (1993), S. 7–41, 215–240
Whittaker, C., *Frontiers of the Roman Empire. A Social and Economic Study*, Baltimore 1994

IV Die Armee im Krieg

Austin, N., und B. Rankov, *Exploratio: Military and Political Intelligence in the Roman World from the Second Punic War to the Battle of Adrianople*, London 1995
Breeze, D., »The Logistics of Agricola's Final Campaign«, *Talanta* 18/19 (1986/87), S. 7–28
Delbrück, H., *Geschichte der Kriegskunst im Rahmen der politischen Geschichte*, 2 Bde., Berlin 1900
Elton, H., *Warfare in Roman Europe, AD 350–425*, Oxford 1996
Erdkamp, P., *Hunger and Sword: Warfare and Food Supply in Roman Republican Wars 264–30 BC*, Amsterdam 1998
Gilliver, C.M., *The Roman Art of War*, Gloucester 2000
Goldsworthy, A., *The Roman Army at War, 100 BC–AD 200*, Oxford 1996
–, *Roman Warfare*, London 2000
Hawkes, C., »The Roman Siege of Masada«, *Antiquity* 3 (1929), S. 195–213
Labisch, A., *Frumentum Commeatusque. Die Nahrungsmittelversorgung der Heere Caesars*, Meisenheim am Glan 1976
Marsden, E. W., *Greek and Roman Artillery: Historical Development*, Oxford 1969
Peddie, J., *The Roman War Machine*, Gloucester 1994
Richmond, I. A., »The Roman Siege Works at Masada, Israel«, *Journal of Roman Studies* 52 (1962), S. 142–155
Roth, J., *The Logistics of the Roman Army at War, 264 BC–AD 235*, o. O. 1999
Warry, J., *Warfare in the Classical World*, London 1980

V Die Armee in der Spätantike

Austin, N., *Ammianus on Warfare. An Investigation into Ammianus' Military Knowledge*, Collection Latomus 165, Brüssel 1979
Barnes, T., *The New Empire of Diocletian and Constantine*, Cambridge, Mass./London 1981
Burns, T., *Barbarian within the Gates of Rome: A Study of Roman Military Policy and the Barbarians, CA. 375–425 AD*, Indiana 1994
Coelleo, T., *Unit Sizes in the Late Roman Army.* BAR S645, Oxford 1996
Crump, G., *Ammianus Marcellinus as a Military Historian*, Historia-Einzelschriften 27, Wiesbaden 1975
Dodgeon, M., und S. Lieu, *The Roman Eastern Frontier and the Persian Wars, 226–363*, London 1991
Ferrill, A., *The Fall of the Roman Empire: The Military Explanation*, London/New York 1986
Goodburn, R., und P. Bartholomew (Hg.), *Aspects of the Notitia Dignitatum.* BAR 15, Oxford 1976
Heather, P., *Goths and Romans, 332–489*, Oxford 1991
Johnson, S., *Late Roman Fortifications*, Totowa, NJ, 1983
Jones, A. H. M., *The Later Roman Empire*, Oxford 1964
Lee, A., *Information and Frontiers*, Cambridge 1993
Liebeschuetz, J., *Barbarians and Bishops. Army, Church and State in the Age of Arcadius and Chrysostom*, Oxford 1990
MacMullen, R., *Soldier and Civilian in the Later Roman Empire*, Cambridge, Mass., 1963
Nicasie, M., *Twilight of Empire*, Amsterdam 1998
Southern, P., und K. Dixon, *The Late Roman Army* , London 1996
Tomlin, R. S. O., »Seniores-Iuniores in the Late Roman Field Army«, *American Journal of Philosophy* 93 (1972), S. 253–278
Treadgold, W., *Byzantium and its Army, 281–1081*, Stanford 1995
Williams, S., *Diocletian and the Roman Recovery*, London 1985

Abbildungsnachweise

Abkürzungen:
l (links), r (rechts), m (Mitte),
o (oben), u (unten)

AKG London 37 o
AKG London/Andrea Baquzzi 20
AKG London/Peter Connolly 22 f., 35 u, 57, 74 f., 85 u, 107 u, 113 o, 178 f.
AKG London/Hedda Eid 142 o, u
AKG London/Museum Kalkriese 12
AKG London/Erich Lessing 1, 135
AKG London/A. Lorenzini 59 u, 61, 119, 126 f., 147, 162 f., 168 f., 177 r, 180 f.
AKG London/Pinazzi 211
Archivi Alinari, Florenz 25
Ancient Art & Architecture Collection/ Mike Andrews 39
Ancient Art & Architecture Collection/Ronald Sheridan 38 l, 42 u
Centre Belge de Recherches Archéologiques à Apamée, Apamea 201
The Art Archive/Rheinisches Landesmuseum Bonn/Dagli Orti (A) 49
The Art Archive/Nationalmuseum Bukarest/Dagli Orti 78 f., 116 f.
The Art Archive/Musée de la Civilisation Gallo-Romaine, Lyon/Dagli Orti 198 f.
The Art Archive/Archäologisches Museum Neapel, Dagli Orti (A) 18 f., 22 u, 24
The Art Archive/Kapitolinisches Museum Rom/Dagli Orti 43, 165
The Art Archive/Museo della Civiltà Romana, Rom/Dagli Orti 72
The Art Archive/Archäologisches Museum Straßburg/Dagli Orti 203 o
The Art Archive/Archäologisches Museum Venedig/Dagli Orti (A) 183 u
Bildarchiv preußischer Kulturbesitz, Berlin 104
Robin Birley 13 o
The British Museum, London 21 r, 47 o, 76, 114, 212 u
Richard Burgess 36 f., 40 f., 52 f., 182 f., 190 f., 210 f.
Cambridge University, Collection of Air Photographs 12 f., 93
Giovanni Caselli 10 f., 170, 194 o
C. A. T. Medienproduktion 141
Grosvenor Museum, Chester 117 o
Collections/Robert Estall 2 f.
Römisch-Germanisches Museum der Stadt Köln/Rheinisches Bildarchiv 115
Michael Duigan 71, 183 o
© The Trustees of the National Museums of Scotland, Edinburgh 128 o, 132, 133 r, 138 l, r
English Heritage Photographic Library 110, 205 o, 212 o
English Heritage Photographic Library/Andrew Tryner 86 f., 107 or
English Heritage Photographic Library/ Skyscan Balloon Photography 89 u, 105
English Heritage Photographic Library/Jonathan Bailey 92 o, 100 o, 206 f.
English Heritage Photographic Library/Jeremy Richards 159 0
Fototeca Unione 213 o
Adrian Goldsworthy 16, 17, 34 o, 58, 62, 64 f., 88 u, 92 u, 94, 97, 100 u, 101, 102 o, 106 f., 112 f., 131 o, u, 139 l, 148, o, u, 151, 172, 178, 184, 185 l, r, 191, 196
Mit freundl. Erlaubnis von Chris Haynes 70, 81 o, 125, 194 f.
© Sonia Halliday photographs 186 f., 207 o, 214
Peter Inker 29, 31 o, 54, 111, 122 f., 128 u, 130, 133 l, 139 u, 176 f., 209
Kobal Collection, London 7
Courtauld Institute of Art, University of London 200 u
Museum of London 144
ML Design 26, 32 u, 46, 82 f., 89 o, 156, 157 o
Landesmuseum Mainz 50, 55 f., 96, 120, 136 r, 139 or, 166, 175, 180
Foto Marburg 197
Senhouse Museum, Maryport 108 f.
Museo Nacional de Arte Romano, Mérida 73
Bayerische Staatsbibliothek, München 203 u
Museum of Antiquities, Newcastle upon Tyne 136 l
After Napoleon III, *Histoire Jules César* (1865–66) 9
Sally Nicholls 53, 189 ul
Museum Het Valkhof, Nijmegen 137
Musée du Louvre, Paris, Photo ©RMN 44 f., 211
Graeme Peacock 68, 189 o, 205 u
Museo della Civiltà Romana, Rom 34
Photo Scala 42 u, 195
Nach Schulten 32 o
Society for the Promotion of Roman Studies 173 o
South Shields Museum 102 u
I Musei Vaticani, Vatikan, Rom 77
Roger Wilson 4 ff., 8, 28, 30, 31 u, 33, 48, 59 o, 60, 63 l, 66 f., 69, 81 u, 84, 85 o, 87, 88 o, 98 f., 103, 116 o, 118, 121, 134, 140, 150, 152 f., 155, 157 u, 158 f., 160, 164, 167, 173 u, 187 r, 189 r, 193 o, u, 202, 213 u

Dank

Generationen von Wissenschaftlern haben viel Mühe darauf verwendet, das römische Heerwesen zu beschreiben, aber viele ihrer Entdeckungen sind außerhalb der akademischen Gemeinde unbekannt. Dieses Buch möchte einen Teil dieses Materials einem breiteren Publikum nahe bringen. Das Buch ist also eine Synthese und in weiten Teilen eine Synthese der Arbeit anderer, so dass nur recht und billig ist, wenn ich diesen Forschern hier danke. Die Bibliografie nennt die Werke, auf die ich mich gestützt habe oder die nützliches einführendes Material bieten, doch trotz ihres Umfangs umfasst sie nur einen Bruchteil der ständig wachsenden Literatur zu diesem Thema.

Der Text geht auf einige der wichtigsten Debatten über bestimmte Aspekte des Lebens und der Bräuche in der römischen Armee ein, im Rahmen dieses Buches konnte unmöglich auf alle wissenschaftlichen Kontroversen eingegangen werden. Ich hoffe, dass diese Darstellung einen Eindruck davon vermittelt, wie die Armee sich im Lauf der Zeit veränderte, und der Vorstellung von einer unwandelbaren, monolithischen Institution entgegenwirkt. Eine ausführlichere Darstellung der hier behandelten Zeit wird der Leser an anderer Stelle suchen müssen. Die Entscheidung, was ich in dieses Buch aufgenommen habe, und viele der darin vorgestellten Interpretationen zeigen, was ich persönlich für das Wichtigste halte. Und wenn ich mich auf die Arbeiten anderer berufe, so heißt das noch lange nicht, dass diese Autoren auch mit den von mir vorgetragenen Deutungen übereinstimmen.

Mein Dank geht an Ian Hughes vom Birkbeck College der Universität London, der die Rohfassung gelesen und nützliche Änderungsvorschläge gemacht hat. Obwohl er eigentlich ein Sabbatical hatte und mit eigenen Forschungen beschäftigt war, hat er große Teile des Buchs gelesen. Seine Kommentare waren doppelt wertvoll, weil er an vielen Stellen meinen Blick stärker auf archäologische Fragestellungen gelenkt hat. Dank verdienen auch Lawrence Keppie und Duncan Campbell, die das dem Verlag eingereichte Manuskript bearbeiteten. Ihr Beitrag ist dem Text zweifellos bekommen, auch wenn sie nicht alle im Text geäußerten Ansichten teilen. Ohne dass dies im Einzelnen noch anzugeben wäre, haben sich in dem Buch auch die Ergebnisse zahlreicher Gespräche auf Konferenzen und Seminaren mit Fachkollegen niedergeschlagen, die alle namentlich zu nennen ganz unmöglich ist; aber auch ihnen gilt mein Dank.

Register

Die Seitenangaben in *Kursivschrift* verweisen auf Abbildungslegenden.